자기주도학습 체크리스트

날짜	강의명	확인	날짜	강의명	확인
	강			강	
	강			강	
	강			강	
	강			강	
	강			강	
	강			강	
	강			강	
	강			강	
	강			강	
	강			강	
	강			강	
	강			강	
	강			강	
	강			강	
	강			강	
	강			강	
	강			강	
	강			강	
	강			강	
	강			강	
	강			강	
	강			강	
	강			강	

자기주도학습 체크리스트로 공부의 기쁨이 차곡차곡 쌓일 것입니다.

평생을 살아가는 힘,
문해력을 키워 주세요!

문해력을 가장 잘 아는 EBS가 만든 문해력 시리즈

예비 초등 ~ 중학

문해력을 이루는 핵심 분야별 / 학습 단계별 교재

| 어휘 | 쓰기 | ERI 독해 | 배경지식 | 디지털독해 |

우리 아이의 **문해력 수준은?**

더욱 효과적인 문해력 학습을 위한
EBS 문해력 진단 테스트

https://primary.ebs.co.kr/course/literacy

간단하게 문해력 수준을 확인하고
권장 단계에 맞추어 체계적 학습을 시작하세요!

NEW

등급으로 확인하는
문해력 수준

문해력
등급 평가

초1 - 중1

BOOK 1

개념책

BOOK 1 개념책으로
교과서에 담긴 **학습 개념**을
꼼꼼하게 공부하세요!

해설책 PDF 파일은 EBS 초등사이트(primary.ebs.co.kr)에서 내려받으실 수 있습니다.

| 교재
내용
문의 | 교재 내용 문의는 EBS 초등사이트
(primary.ebs.co.kr)의 교재 Q&A
서비스를 활용하시기 바랍니다. | 교 재
정오표
공 지 | 발행 이후 발견된 정오 사항을 EBS 초등사이트
정오표 코너에서 알려 드립니다.
교재 검색 ▶ 교재 선택 ▶ 정오표 | 교 재
정정
신청 | 공지된 정오 내용 외에 발견된 정오 사항이
있다면 EBS 초등사이트를 통해 알려 주세요.
교재 검색 ▶ 교재 선택 ▶ 교재 Q&A |

초등 기본서

 만점왕

국어

6·2

구성과 특징

BOOK 1

개념책

① 단원 도입

단원을 시작할 때마다 도입 그림을 눈으로 확인하며 안내 글을 읽으면, 공부할 내용에 대해 흥미를 갖게 됩니다.

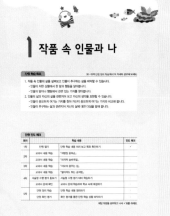

② 교과서 내용 학습

국어 교과서에 실린 지문, 활동을 꼼꼼하게 살펴보며 교과서에 담긴 개념을 빈틈없이 학습할 수 있습니다.

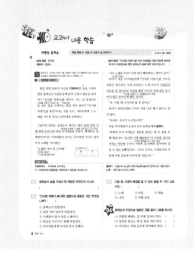

③ 서술형 수행 평가 돋보기

단원의 주요 개념과 관련된 서술형 문항을 심층적으로 학습하여, 학교에서 출제되는 서술형 수행 평가를 미리 준비할 수 있습니다.

④ 교과서 문제 확인

교과서 문제와 답을 제시하여 만점왕 하나로 학교 숙제까지 해결할 수 있도록 하였습니다.

⑤ 단원 정리 학습

지문과 활동을 통해 접했던 단원 학습 개념을 정리하는 단계입니다. 자세한 개념 설명과 그림, 예시를 통해 핵심 개념을 분명하게 파악할 수 있습니다.

⑥ 단원 확인 평가

평가를 통해 단원 학습을 마무리하고, 자신이 보완해야 할 점을 파악할 수 있습니다.

BOOK 2

실전책

❶ 핵심+쪽지시험

핵심 정리를 통해 학습한 내용을 복습하고, 간단한 쪽지 시험을 통해 자신의 학습 상태를 확인할 수 있습니다.

❷ 학교 시험 만점왕

앞서 학습한 내용을 바탕으로 보다 다양한 문제를 경험하여 단원별 수시 평가를 대비할 수 있습니다.

BOOK 1

개념책

자기주도 활용 방법

평상 시 진도 공부

교재(북1 개념책)로 공부하기

만점왕 북1 개념책으로 진도에 따라 공부해 보세요.

개념책에는 학습 개념이 자세히 설명되어 있어요. 따라서 학교 진도에 맞춰 만점왕을 풀어 보면 혼자서도 쉽게 공부할 수 있습니다.

앗, 만점왕 방송 시간이네!

이 부분은 잘 모르겠으니 인터넷으로 다시 봐야겠어.

TV(인터넷) 강의로 공부하기

개념책으로 혼자 공부했는데, 잘 모르는 부분이 있나요? 더 알고 싶은 부분도 있다고요?

만점왕 강의가 있으니 걱정 마세요.

만점왕 강의는 TV를 통해 방송됩니다. 방송 강의를 보지 못했거나 다시 듣고 싶은 부분이 있다면 인터넷(EBS 초등사이트)을 이용하면 됩니다.

만점왕 방송 시간: EBS홈페이지 편성표 참조
EBS 초등사이트: primary.ebs.co.kr

시험 대비 공부는 북2 실전책으로! (북2 2쪽 자기주도 활용 방법을 읽어 보세요.)

BOOK1 차례

친구들이 「난중일기」를 읽으면서 이순신 장군이 추구하는 삶에 대해 생각해 보고 있네요. 여러분도 작품 속 인물의 삶으로부터 영향을 받은 경험이 있나요?

이제, 1단원에서는 작품에 등장하는 인물의 삶을 자신의 삶과 관련지어 보고 자신의 생각을 표현해 볼 거예요.

1 작품 속 인물과 나

32~33쪽 단원 정리 학습에서 더 자세히 공부해 보세요.

단원 학습 목표

1. **작품 속 인물의 삶을 살펴보고 인물이 추구하는 삶을 파악할 수 있습니다.**
   - 인물이 처한 상황에서 한 말과 행동을 알아봅니다.
   - 인물의 말이나 행동에서 관련 있는 가치를 찾아봅니다.
2. **인물의 삶과 자신의 삶을 관련지어 보고 자신의 생각을 표현할 수 있습니다.**
   - 인물이 중요하게 여기는 가치를 찾아 자신이 중요하게 여기는 가치와 비교해 봅니다.
   - 인물이 추구하는 삶과 관련지어 자신의 삶에 대한 다짐을 말해 봅니다.

단원 진도 체크

회차		학습 내용	진도 체크
1차	단원 열기	단원 학습 내용 미리 보고 목표 확인하기	✓
2차	교과서 내용 학습	「의병장 윤희순」	✓
	교과서 내용 학습	「마지막 숨바꼭질」	✓
3차	교과서 내용 학습	「이모의 꿈꾸는 집」	✓
4차	교과서 내용 학습	「떨어져도 튀는 공처럼」	✓
	서술형 수행 평가 돋보기	서술형 수행 평가 대비 학습하기	✓
	교과서 문제 확인	교과서 문제 학습하며 학교 숙제 해결하기	✓
5차	단원 정리 학습	단원 학습 내용 정리하기	✓
	단원 확인 평가	확인 평가를 통한 단원 학습 상황 파악하기	✓

해당 부분을 공부하고 나서 ✓표를 하세요.

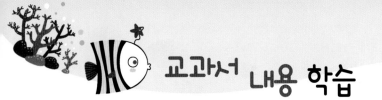

의병장 윤희순

학습 목표 ▶ 작품 속 인물의 삶 살펴보기

- 글의 종류: 전기문
- 글쓴이: 정종숙

- 글의 특징: 「안사람 의병가」를 지어 여성들을 의병 운동에 참여하게 하고 독립운동을 했던 윤희순의 삶에 대한 이야기입니다.

중심내용 윤희순은 「안사람 의병가」를 만들어 마을 아낙네들에게 널리 알리며 여성들도 독립운동에 참여해야 한다고 말했습니다.

1 앞부분 이야기

항일 의병 운동의 자금을 **지원하려고** 숯을 구워서 팔던 윤희순은 독립운동에 남녀 구분이 없음을 알리려고 「안사람 의병가」를 만든다. 어느 날 윤희순은
<u>아내를 낮추어 이르는 말. ↔ 바깥사람</u>
숯 굽는 일을 도와주는 옆집 처녀 담비가 「안사람 의병가」를 흥얼거리는 것을 듣고, 사람들에게 그 노래를 가르쳐 주라고 담비에게 부탁한다.

그날부터 담비는 윤희순이 시키는 대로 동에 번쩍 서
<u>종적을 걷잡을 수 없을 만큼 왔다 갔다 하며</u>
에 번쩍 쏘다니며 마을 아낙네들을 만났다. 빨래터든 물레방앗간이든 아낙네들이 모이는 곳이라면 어디든 달려가서 노래를 가르쳤다.

"노래란 것이 참 신기해."
<u>안사람 의병가</u>
"그러게 말이야."

★ 바르게 쓰기

숯	숫
(○)	(×)

"나도 노래를 부르다 보면 뭔가 해야겠다는 생각이 들어."
<u>안사람 의병가</u>
담비가 마을 아낙네들한테 「안사람 의병가」를 가르친 보람은 생각보다 크게 나타났다. 노래 하나가 <u>사람들의 마음을 한 덩어리로 모았을</u> 뿐만 아니라 전에 없던 용기
<u>「안사람 의병가」가 사람들에게 준 영향</u>
마저 불끈 솟아나게 했던 것이다.

"자, 이럴 때 나서시면 될 것 같아요."

담비가 윤희순한테 드디어 직접 나설 때가 왔다고 알려 왔다.

"여러분, 우리가 누구입니까?"

마을 아낙네들의 눈길이 모두 윤희순에게 **쏠렸다.**

"여태껏 우리 여자들은 집안을 돌보는 데 온 힘을 다해 왔습니다. 하지만 이제 왜놈들이 이 나라를 집어삼
<u>시대적 배경을 알 수 있는 부분</u>
키려는 마당에 우리가 가만히 집 안에만 틀어박혀 있을 순 없는 **노릇**입니다. 그러니 우리도 사내들처럼 다함께 의병 운동에 나서야 할 것입니다."

낱말 사전

지원하려고 지지하여 도우려고.
㉠ 수재민에게 생필품을 지원하려고 용돈을 모았습니다.

쏠렸다 마음이나 눈길이 어떤 대상에 끌려서 한쪽으로 기울어졌다.
노릇 어떤 일의 처지나 형편.

01 윤희순이 숯을 구워서 판 까닭은 무엇인지 쓰시오.

(   )

02 「안사람 의병가」에 대한 설명으로 알맞은 것은 무엇입니까? (   )

① 윤희순이 만들었다.
② 옆집 처녀 담비가 만들었다.
③ 사내들이 즐겨 부른 노래이다.
④ 한글을 가르치기 위해 만들었다.
⑤ 아낙네들에게 인기를 얻지 못했다.

03 다음 중 시대적 배경을 알 수 있는 말을 두 가지 고르시오. (,   )

① 노래   ② 마을   ③ 왜놈
④ 나라   ⑤ 의병 운동

 04 윤희순의 주장으로 알맞은 것을 골라 ○표를 하시오.

(1) 위험할 때에는 집 안에 있어야 한다. (   )
(2) 집안을 돌보는 데 온 힘을 써야 한다. (   )
(3) 여자들도 의병 운동에 참여해야 한다. (   )

중심 내용 윤희순은 여자들이 나선다고 뭐가 달라지겠냐는 말에 남자든 여자든 힘을 모아야 한다고 말했습니다.

② 그때 누군가가 말꼬리를 걸고 나섰다.
　　남의 말 가운데서 잘못 표현된 부분의 약점을 잡았다.

㉠"아니, 조정 대신이란 놈들이 나라를 팔아먹으려 드
　　시대적 배경을 알 수 있는 부분
는데 우리 같은 여자들이 나선다고 뭐가 달라지겠소?

자칫 괜한 목숨만 버릴 뿐이오."

그 말이 떨어지기가 무섭게 여기저기서 **술렁거렸다**. 기껏 뜨겁게 달아오른 **열기**가 금세 차갑게 식을 판이었다.

㉡"그럼 나라를 빼앗기고 왜놈들 종으로 살자는 것입
　　나라를 빼앗길 위기가 닥친 시대라는 것을 알 수 있음.
니까?"

윤희순이 다시 마음을 가다듬고 큰 소리로 부르짖자 마을 아낙네들의 눈길이 또다시 윤희순에게 쏠렸다. 윤희순은 그 틈을 안 놓치고 곧장 말을 이었다.

낱말 사전

술렁거렸다 자꾸 어수선하게 소란이 일었다.
열기(熱 더울 열, **氣** 기운 기) 흥분한 분위기.

"여기 계신 분들 가운데 자식을 왜놈의 종으로 살게 내버려두고 싶은 사람은 한 분도 없을 것입니다. 그러니 우리 여자들도 사내들을 도와 왜놈들을 몰아내는
　　의병 운동이 어려워져서 남녀 모두 힘을 모아야 하는 상황임.
데 한몫을 해야 하지 않겠습니까?"

거침없이 내뱉는 윤희순의 말에 여기저기서 고개를 끄덕였다. 그 틈에 누군가 **구성진** 목소리로 노래를 불렀다.

윤희순은 「안사람 의병가」를 지어 널리 알렸고, 독립운동에는 남녀 구분이 없다고 주장했어. 그리고 '노학당'이라는 학교를 세워 독립운동가를 교육했어.

구성진 천연스럽고 구수하며 멋진.
㉠ 할머니의 구성진 노랫소리가 들렸습니다.

05 윤희순에 대한 설명으로 알맞은 것은 무엇입니까?
（　　　）

① 조정 대신이다.
② 남자 독립 운동가이다.
③ 의병 운동을 하는 것을 두려워한다.
④ 나라를 구하는 것보다는 생명을 더 중요시한다.
⑤ 나라를 구하기 위해 남자와 여자 모두 힘을 모아야 한다고 생각한다.

중요 06 ㉠에서 알 수 있는 내용을 바르게 말한 친구의 이름을 쓰시오.

주원: 나라를 구하기 위해서는 목숨도 아끼지 않는 용기 있는 마음을 알 수 있어.
솔비: 조정 대신들이 나라를 되찾기 위해 노력할 것이라는 강한 믿음이 담겨 있어.
한빛: 여자들이 나선다고 뭐가 달라지겠냐는 말에서 남녀 차별이 있던 시대라는 것을 알 수 있어.

（　　　　）

07 이야기를 읽을 때 ㉡에 어울리는 목소리는 무엇입니까? （　　　）

① 다정한 목소리
② 신나는 목소리
③ 시무룩한 목소리
④ 겁먹은 듯한 목소리
⑤ 크고 확신에 찬 목소리

서술형 08 윤희순이 삶에서 추구한 가치와 관련 있는 낱말을 **보기**에서 고르고, 그 낱말을 선택한 까닭을 쓰시오.

보기

| 도전 | 열정 | 용기 | 배려 | 존중 |

도움말 인물이 처한 상황에서 어떤 말과 행동을 하는지 살펴보고 윤희순이 추구하는 삶의 가치를 생각해 봅니다.

3 아무리 왜놈들이 포악하고 **강성한들**
우리도 뭉쳐지면 왜놈 잡기 쉬울세라 ┐→「안사람 의병가」중
                                      ┘ 한 부분

담비였다. 둘레에 빙 둘러섰던 마을 아낙네들은 기다렸다는 듯이 노래를 따라 불렀다. 노래는 흩어졌던 마음을 다시 하나로 모았다. 마침내 윤희순은 마을 아낙네들을 끌어모아 안사람 의병대를 만들었다.

"의병을 도와 나라를 구합시다!"

맨 먼저 안사람 의병대는 집집마다 찾아다니며 모금을
                                    독립운동 자금을 마련하려고
했다.

"왜놈들이 우리나라를 집어삼키려 합니다. 의병을 도
                      차지하려
와주십시오."

안사람 의병대의 눈물 어린 **하소연**은 많은 사람의 마

음을 움직였다. 어떤 사람은 무기를 만들 수 있는 놋쇠와 구리를 내놓았고, 어떤 사람은 가진 돈을 몽땅 내놓기도 했다.

"우린 고구마밖에 없는데 괜찮다면 이거라도 내놓겠
네."
『 』: 일제의 침략으로 우리나라 사람들의 경제 상황이 어려웠다는 것을 알 수 있음.
『살림살이가 어려운 사람들도 의병을 돕겠다고 발 벗고
                                      적극적으로 나섰다.
나섰다.』안사람 의병대가 밤낮없이 애쓴 덕분에 춘천 의
                      언제나 늘.
병 부대는 날로 힘이 세졌다. 덩달아 의병들의 **사기**도 부
          날이 갈수록
쩍 드높아졌다.

■ 작품 속 인물의 삶 살펴보기
• 인물의 삶을 파악하고, 인물과 관련해 떠오르는 생각이나 느낌을 이야기해 봅니다.
• 인물의 삶과 관련 있는 가치를 찾아봅니다.
• 인물이 살아가면서 겪은 문제와 그것을 해결하는 태도로 인물이 추구하는 삶을 알아봅니다.

낱말 사전

강성한들 힘이 강하고 번성한들.
하소연 억울한 일이나 잘못된 일, 딱한 사정 따위를 말함.
⑩ 친구는 나를 만날 때마다 하소연을 늘어놓았습니다.

사기(士 선비 사, 氣 기운 기) 의욕이나 자신감 따위로 충만하여 굽힐 줄 모르는 기세.
⑩ 그의 한마디는 사람들의 사기를 높여 주었습니다.

09 담비가 갑자기 노래를 부르기 시작한 까닭은 무엇일지 쓰시오.

(   )

10 안사람 의병대가 한 일로 볼 수 <u>없는</u> 것은 무엇입니까? (   )

① 의병들의 사기를 높아지게 했다.
② 집집마다 찾아다니며 모금을 했다.
③ 무기를 만들어 직접 나가서 싸웠다.
④ 춘천 의병 부대의 힘이 세지게 했다.
⑤ 의병을 도와 달라고 사람들을 설득했다.

중요
11 윤희순이 추구하는 삶은 무엇인지 골라 ○표를 하시오.

(1) 자신의 행복과 안전을 추구하는 삶 (   )
(2) 성실하고 정직한 사람들을 도와주는 삶 (   )
(3) 올바른 행동을 하려고 많은 문제와 어려움을 이겨 내는 삶 (   )

서술형
12 자신이 안사람 의병대 중에 한 명이라면 어떤 말이나 행동을 할지 쓰시오.

_____

_____

도움말 자신이 작품 속 인물이라면 어떤 말이나 행동을 했을 지 생각해 봅니다.

마지막 숨바꼭질

• 글의 종류: 이야기(동화)   • 글쓴이: 백승자
• 글의 특징: 경민이는 소방관 일을 하시느라 항상 바쁘신 아버지에게 서운함을 느꼈지만 아버지가 소방관이 되기로 한 사연을 듣고 아버지를 더 이해하고 사랑하게 된다는 이야기입니다.

■ 인물의 삶과 자신의 삶을 관련짓는 방법
• 인물이 중요하게 여기는 가치를 찾아 자신이 중요하게 여기는 가치와 비교합니다.
• 인물이 덜 중요하게 여기는 가치에 대해 자신의 생각과 비교합니다.

중심내용 경민이는 모처럼 아버지와 함께하는 일요일인데도 잠만 주무시는 아버지에게 서운함을 느꼈습니다.

1 "이쪽이야, 이쪽! 빨리빨리!"

아버지의 잠꼬대가 오늘따라 유난스러웠다. 전에도 가쁜 숨을 몰아쉬며 손짓까지 섞어 잠꼬대를 하시는 바람
〔말로 해서는 부족한 감정이나 정황을 손을 움직여 표현하는 일.〕
에 어머니와 경민이가 깜빡 속은 적이 있었다.

목이 마르다고 **손사랫짓**까지 하시기에 마실 물을 가지고 와 보니 드르렁거리며 코를 골고 계셨던 것이다.

"아버지는 오늘 꿈속에서도 불을 끄시나……?"
〔아버지의 직업이 소방관임을 알 수 있음.〕
경민이는 아버지가 깨지 않게 어깨를 슬며시 밀어 숨을 편안히 쉬도록 했다.

"끄응……."

지난달에 소방 호스에 부딪힌 왼쪽 어깨가 아직도 아픈지 돌아눕는 아버지의 입에서 앓는 소리가 새어 나왔다.

낱말 사전

손사랫짓 손을 펴서 함부로 휘젓는 짓.
물리고 사람이나 물건 따위를 다른 자리로 옮겨 가게 하거나 옮겨 놓고. ㉤ 어머니께서는 밥상을 윗목으로 물리고 책을 보셨습니다.

"후유……."
〔안타깝고 속상한 경민이의 마음이 드러남.〕
㉠이번에는 경민이가 한숨을 내쉬었다. 모처럼 아버지와 함께 맞은 일요일인데, 아침 밥상을 **물리고** 잠깐만 쉬겠다던 아버지가 **한나절**이 다 지나도록 잠에 취하신 탓이다. / 잠든 아버지 곁에 엎드려 동화책을 읽고 있지만 경민이 머릿속은 온통 다른 생각뿐이었다.

"경민아, 엄마랑 둘이 바람 쐬러 나갈까?"
〔경민이의 마음을 풀어 주려는 어머니의 배려심이 나타남.〕
어머니는 경민이 마음을 언제나 꿰뚫고 계시니까 지금 경민이가 원하는 것도 훤히 아실 터였다.

아니, 이번에는 경민이가 먼저 어머니의 마음을 읽었는지도 모르겠다. 늘 **고단하신** 아버지의 낮잠을 위해 자리를 피해 주자는 게 어머니의 마음일 테니까 말이다.

★ 바르게 읽기

[업뜨려]	[업드려]
(○)	(×)

한나절 하루 낮 전체.
㉤ 거기까지 가는 데 한나절이 걸립니다.
고단하신 몸이 지쳐서 피곤하신.

---

13 이 글의 내용으로 알맞은 것은 무엇입니까? ( )

① 오늘은 토요일이다.
② 경민이의 어머니는 소방관이다.
③ 경민이의 아버지는 잠에 취한 상태이다.
④ 경민이는 아버지께 함께 나가자고 말했다.
⑤ 경민이는 아버지 곁에서 만화책을 읽고 있다.

14 경민이 아버지의 직업을 짐작할 수 있는 말을 두 가지 찾아 쓰시오.

(,)

15 ㉠에서 알 수 있는 경민이의 마음을 알맞게 짐작한 친구의 이름을 쓰시오.

주연: 아버지와 함께 시간을 보내고 싶은데 그럴 수 없어서 서운한 마음일 거야.
수호: 항상 바쁘고 고단하신 아버지가 깊이 주무시는 모습을 보고 다행스러운 마음일 거야.

( )

중요
16 어머니의 말과 행동을 보았을 때 어머니가 추구하는 삶의 가치는 무엇입니까? ( )

① 도전   ② 용기   ③ 안전
④ 배려   ⑤ 생명 존중

중심내용 서운해하는 경민이에게 어머니는 어제 아버지께서 두 차례나 화재현장에 출동하고 새벽녘에 집에 오셨다고 하셨습니다.

2 어머니와 경민이는 살그머니 집을 나섰다.

"쉬는 날이면 놀아 주지도 않고 낮잠만 주무시는 아버지가 야속하고 밉니?"

"아니에요. 전 아무래도 괜찮다니까요!"

대답은 그렇게 했지만 아무래도 경민이의 대답에는 <u>뾰로통한</u> 기색이 담겨 있었다. / 아들의 손을 끌어 길가의
<small>못마땅하여 얼굴에 성난 빛이 나타난.</small>
벤치에 앉힌 어머니는 경민이의 어깨를 끌어안았다.

너는 잘 몰랐을 테지만, 아버지는 어제 두 차례나 화재 현장에 출동하셨다가 새벽녘에나 집에 들어오셨단다. / 얼마나 힘들었던지 집에 와서도 영 마음이 가라앉지 않는다며, 여간해서 말을 안 하시는 화재 현장의 이야기를 하시더구나. <u>예고도 없이 닥치는 일</u>, 사납게 일
<small>화재</small>
렁이는 불 속에 갇힌 사람을 구해 내는 일이 얼마나 위험

하고 힘든지는 너도 알잖아.

특히 어제는 재래시장의 낡은 건물에서 불이 났대. 신고를 받은 소방관들이 출동했을 때, 시장 골목은 이미 구경하는 사람들로 <u>메워져 있었단다.</u>
<small>가득 차 있었단다.</small>
「문틈으로 나오는 검은 연기와 매캐한 냄새, 사람들의 비명…….」 『」:화재 현장 상황

소방관 세 명이 들기에도 벅찰 정도로 소방 호스는 쉴 새 없이 강한 물줄기를 뿜어내고, 네 아버지를 비롯한 두 팀의 구조대가 그 속을 파고들었단다.

<u>'무엇보다 먼저 사람의 목숨을 구한다!'</u>
<small>소방관의 희생과 봉사의 마음이 드러남.</small>
소방관들은 눈길이 마주칠 때마다 말 없는 약속을 확인하고 힘을 내곤 한다지. 그래서 한순간에 온몸을 집어삼킬 듯한 불길을 이리저리 피해 가며 연기에 질식한 사람을 업고 나올 때는 죽음조차 두렵지 않을 만큼 다급하단다.

★ 바르게 쓰기

새벽녘	새벽녁
(○)	(×)

---

17 어머니가 경민이에게 들려준 이야기는 무엇입니까?
( )

① 아버지가 소방관이 되기로 한 까닭
② 어머니가 쉬는 날 낮잠을 주무시는 까닭
③ 어제 화재 현장에서 아버지에게 있었던 일
④ 재래시장의 낡은 건물에 난 화재를 구경한 일
⑤ 아버지가 걱정되어 새벽까지 잠을 이루지 못한 일

18 다음 중 글의 내용을 확인하는 질문으로 알맞은 것은 무엇입니까? ( )

① 경민이처럼 속상했던 적이 있나요?
② 어제 아버지가 출동한 장소는 어디인가요?
③ 어머니가 경민이에게 이야기를 들려준 까닭은 무엇인가요?
④ 소방관들이 화재 현장에서 눈길을 나누며 힘을 내는 까닭은 무엇인가요?
⑤ 만약 자신이라면 사람을 구하기 위해서 사나운 불길 속으로 뛰어들 수 있나요?

 19 이 글에 나타난 아버지가 추구하는 삶으로 가장 알맞은 것을 골라 ○표를 하시오.

(1) 가족의 화목을 위해 서로를 아끼고 배려하는 삶 ( )
(2) 다른 사람들에게 잘했다는 칭찬을 받기 위해서 애쓰는 삶 ( )
(3) 생명을 존중하고 다른 사람을 위해 희생하고 봉사하는 삶 ( )

 20 다음과 같은 소방관들의 약속을 보고, 그 내용에 대한 자신의 생각이나 느낌을 쓰시오.

> 무엇보다 먼저 사람의 목숨을 구한다!

_____

_____

도움말 소방관들의 약속에 담겨진 삶의 가치를 생각해 보고 자신의 삶의 가치와 비교해 봅니다.

중심
내용 어머니는 경민이에게 재래시장에서 일어난 화재로 아버지가 목숨을 잃을 뻔했고, 동료를 잃었다는 것을 말씀해 주셨습니다.

❸ 어제도 네 아버지는 건물에 갇혀 울부짖는 두 사람을 업어 내왔단다. 온몸이 땀으로 범벅이 된 몸으로 또 한 번 들어가려는 순간, 시뻘건 불길이 혀를 날름거리며 건물의 입구를 막아 버린 거야.

"위험해, 더는 도저히 안 되겠어!"

소방관들은 구조를 중단하고 온몸이 오그라드는 듯한 열기 속에서 빠져나오기 시작했대.

"먼저 나가. 내가 한 번만 더……."
구조 대원의 포기하지 않는 의지와 도전 정신이 나타나 있음.
㉠그때 말릴 새도 없이 깨진 창문 사이로 뛰어 들어간 한 사람의 구조 대원이 있었단다.

너도 한번 생각해 보렴. 소방관에게도 지켜야 할 소중한 목숨이 있고, 우리처럼 **애타게** 기도하며 기다리는 가족이 있을 거 아니겠니?

아, 어쩌면 그렇게 짧고도 기막힌 순간이 또 있을까?

네 아버지가 빠져나오고 뒤를 돌아보았을 때, 불길에 무너지는 커다란 기둥이 그 구조 대원의 몸을 휩싸 안고 바닥으로 **꺼져 버렸단다**.

자기 목숨보다 남의 목숨을 먼저 생각한 용감한 소방관 아저씨의 최후……

그 이야기를 하시면서 아버지는 정말 뜨거운 눈물을
동료에 대한 사랑을 느낄 수 있는 부분
쏟으셨단다.

"만약에 빠져나오는 차례가 나와 바뀌었더라면 그가 살고 나는 지금 이 자리에 없는 거야……."

㉡그 말 끝에 나도 얼마나 울었는지 몰라. 마치 네 아버지가 다시 태어난 것처럼 반갑고 고맙더라니까!

이야기의 구조를 생각하며 글을 읽어 봐. 이 부분은 사건이 시작되고 인물 간의 갈등이 나타나기 시작하는 '전개'에 해당돼.

낱말 사전

애타게 몹시 답답하거나 안타까워 속이 끓는 듯하게.
예 시험에 합격했다는 소식을 애타게 기다렸습니다.

꺼져 버렸단다 물체의 바닥 따위가 내려앉아 빠져 버렸단다.
예 그 땅은 지진이 나서 푹 꺼져 버렸단다.

21 다음 중 아버지가 한 행동이 아닌 것은 무엇입니까?
( )

① 건물에 갇힌 두 사람을 구조했다.
② 함께 일했던 동료를 잃고 눈물을 흘렸다.
③ 화재 현장에서 있었던 일을 어머니에게 이야기했다.
④ 불이 크게 번지자 구조를 중단하고 건물에서 빠져나왔다.
⑤ 화재 현장에서 소중한 목숨을 지켜 달라고 애타게 기도했다.

중요
22 ㉠을 통해 알 수 있는 구조 대원이 추구하는 가치는 무엇입니까? ( )

① 정직과 절약   ② 안전과 건강
③ 사랑과 행복   ④ 존중과 배려
⑤ 용기와 열정

서술형
23 ㉠과 같은 상황에서 자신도 구조 대원으로 함께 있었다면 어떤 행동을 할지 생각하여 쓰시오.

_____

_____

 도움말 구조 대원의 행동에 나타난 가치와 자신의 삶의 가치를 비교하여 생각해 봅니다.

24 ㉡에서 알 수 있는 어머니의 마음을 골라 ○표를 하시오.

(1) 아버지를 사랑하는 마음 ( )
(2) 용감한 소방관 아저씨에게 고마운 마음 ( )
(3) 용감한 소방관 아저씨의 가족을 걱정하는 마음 ( )

중심 내용 어머니의 이야기를 듣고 마음이 풀린 경민이는 어머니와 함께 케이크도 사고 아버지의 생신상을 차렸습니다.

④ 어머니의 이야기에 경민이 마음이 한결 풀렸다. 덕분
<u>아버지께서 목숨을 잃을 뻔했다는 이야기</u>
에 집에 돌아오는 발걸음도 햇살처럼 가벼웠다.

아버지를 위한 특별한 장보기를 마치고 집에 돌아오
<u>아버지 생신상을 차리기 위한 장보기</u>
니, 아버지는 언제 잠꼬대까지 하며 낮잠을 잤느냐는 듯
환한 웃음으로 경민이를 맞으셨다.

"허허, 미안하다. 아빠가 우리 아들과의 약속도 못 지
킬 만큼 곯아떨어졌었구나!"

그사이 아버지는 내려앉은 경민이의 책상 서랍도 말짱
하게 고쳐 놓으시고, 이제 막 현관문의 헐렁해진 손잡이
를 고치시는 중이었다.

"아버지, 일은 그만하시고 이리 와서 앉으세요. 빨리
요!" / 경민이는 어머니와 찡긋 눈 맞춤을 하고는 거실
에 멋진 생일상을 차리기 시작했다.

"옳지, 요 녀석이 엄마를 졸라서 맛있는 케이크까지
사 왔구나."

낱말 사전

단출하게 식구나 구성원이 많지 않아서 홀가분하게.
예 이번 생일잔치는 가족끼리 단출하게 했습니다.

아버지는 여느 때보다도 기분 좋은 표정이셨다.

세 식구가 **단출하게** 둘러앉아서 케이크에 촛불을 켰
다. 큰 초 네 개와 작은 초 두 개에서 무지갯빛 환한 불
<u>아버지의 나이를 알 수 있음.</u>
이 살아났다. 고개를 갸웃하신 건 역시 아버지였다.

"어? 이게 누구 나이만큼 촛불을 켠 거냐?"

경민이는 대답 대신 예쁘게 포장해 온 선물을 아버지
께 내밀었다.

㉠<u>"아버지, 생신을 축하합니다. 그리고 위험 속에서
살아나 주셔서 고맙고, 또 사랑합니다!"</u>

어쩐지 쑥스러워서 마지막에 혀를 날름 내밀기는 했지
만, 늘 개구쟁이 노릇만 하던 경민이로서는 제법 의젓한
인사말이었다. 눈이 휘둥그레진 아버지께 어머니가 다
<u>경민이의 의젓한 말과 행동에 놀라서</u>
가앉으며 말했다.

"경민이에게 당신이 어제 화재 현장에서 고생하신 얘기
를 들려주었어요. 그랬더니 글쎄, 우리 아버지가 다시
태어나신 거나 마찬가지라고 저렇게 **야단**이랍니다."

야단 매우 떠들썩하게 일을 벌이거나 부산하게 법석거림. 또는 그
런 짓. 예 뭐가 좋아서 그렇게 야단이니?

중요
25 경민이의 마음이 풀린 까닭은 무엇입니까? ( )

① 아버지의 사과를 받아서
② 아버지가 책상을 고쳐 주셔서
③ 경민이의 생일잔치가 시작되어서
④ 맛있는 케이크를 먹을 수 있어서
⑤ 아버지가 위험 속에서 무사하셔서

26 경민이와 어머니가 집에 돌아왔을 때 아버지는 무엇
을 하고 계셨습니까? ( )

① 잠꼬대를 하고 계셨다.
② 현관문의 손잡이를 고치고 계셨다.
③ 화재 현장 출동 준비를 하고 계셨다.
④ 경민이에게 줄 선물을 포장하고 계셨다.
⑤ 경민이와 어머니께 줄 음식을 만들고 계셨다.

27 이 글의 인물이나 내용과 관련 있는 자신의 경험을 알
맞게 말한 친구의 이름을 쓰시오.

> 효민: 나도 동생과 함께 어머니 생신상을 차려드
> 린 적이 있어.
> 인범: 경민이는 어머니의 이야기를 듣고 아버지에
> 대해 더 잘 이해하게 된 것 같아.

( )

서술형
28 ㉠과 같은 경민이의 말을 들은 아버지의 기분이 어떠
했을지 짐작하여 쓰시오.

_____

_____

도움말 자신의 입장을 이해하는 경민이의 말을 들었을 때 아
버지의 기분을 생각해 봅니다.

중심내용 아버지께서는 감동하셔서 경민이에게 자신이 소방관이 되고자 결심한 사건을 들려주셨습니다.

5 경민이는 아버지의 잔과 자기의 콜라 잔을 부딪치며 힘차게 "브라보!"를 외쳤다.

　㉠"우리 아들, 고맙고 기특하구나. 이 아빠가 막 눈물이 날 것 같아."

　화재 현장에 갈 때마다 얼마나 많은 위기를 맞았던가!

　화재 진압을 마치고 나서 동료들끼리 늘 하는 말이 ㉡"우리는 오늘도 다시 태어났다."였는데…….

　이렇게 사랑하고 이해하는 가족이 있기에, 남들이 다 위험하다지만 그만큼 큰 **자부심**을 얻는다고 큰소리를 칠 수 있는 것이었다.

　그 자리에서 아버지는 경민이에게 자기가 처음으로 소방관이 되고자 결심한 어린 시절의 사건 하나를 들려주었다. _{다음에 이어질 내용}

　아, 그러니까 이 아빠가 꼭 너만 한 나이 때의 일이구나. / 그해 여름, 아마 장마가 막 시작될 무렵이었을 거

야. / 그날은 부모님이 먼 친척 집에 가셔서 두 살 아래의 동생과 나 둘이서만 하룻밤을 지내야 했단다.

　어머니가 해 놓으신 저녁밥을 일찌감치 먹고 난 우리는 뭔가 재미있는 일을 찾기 시작했지. _{아버지와 동생} / 숨바꼭질, 예나 지금이나 그보다 더 재미있는 놀이가 있을까?

　그날따라 정전이 되어 우린 마루에 촛불 하나를 켠 상태였어. 우리는 서로서로 술래를 해 가며 이불장이고 장이고 다 헤집고 숨어들었지. 내가 술래가 되어 마루의 기둥에서 오십까지 세기로 했을 때, 갑자기 동생을 놀리고 싶은 생각이 드는 게 아니겠니? _{장독 뒤에 숨어 버리는 것}

　그래서 동생을 찾아다니지 않고 오히려 술래인 내가 마당의 장독 뒤에 숨어 버렸지.

　이미 날은 어둡고 **으스스한** 기분을 꾹꾹 참으며, 시간이 얼마나 지났을까……! / 문득 번갯불처럼 환한 기운에 나는 **소스라쳐** 뛰어나왔지. 아, 그 순간의 놀라움이란! _{집 안에 불이 남.}

　우리 집 안방이 온통 불바다가 되어 버린 거야.

낱말 사전

자부심(自 스스로 자, 負 질 부, 心 마음 심) 자기 자신 또는 자기와 관련되어 있는 것에 대하여 스스로 그 가치나 능력을 믿고 당당히 여기는 마음. 예 엄마는 자기 일에 대한 자부심이 대단합니다.

으스스한 차거나 싫은 것이 몸에 닿을 때 크게 소름이 돋는 느낌이 있다.
소스라쳐 깜짝 놀라 몸을 갑자기 떠는 듯이 움직이며.

---

29 ㉠과 가장 관련 있는 아버지가 추구하는 가치는 무엇입니까? (　　)

① 동료에 대한 사랑
② 가족에 대한 감사
③ 포기하지 않는 의지
④ 화재 진압에 대한 도전
⑤ 다른 사람을 위한 희생

30 화재 진압을 마치고 나서 동료들끼리 ㉡과 같이 말하는 까닭을 골라 ○표를 하시오.

(1) 화재를 진압한 것이 뿌듯해서 　　(　　)
(2) 화재 현장에서 목숨을 잃지 않아서 　(　　)
(3) 화재 현장에서 동료들과 더 친해져서 (　　)

31 아버지가 동생을 놀리려고 숨은 장소는 어디인지 찾아 쓰시오.

(　　　　　　　　　　　　　　　)

32 아버지가 들려준 이야기의 내용으로 알맞지 <u>않은</u> 것은 무엇입니까? (　　)

① 여름에 있었던 일이다.
② 동생과 두 살 터울이다.
③ 동생과 숨바꼭질 놀이를 했다.
④ 장마로 인해 번개가 쳐서 불이 났다.
⑤ 정전이 되어 마루에 촛불을 켜 두었다.

중심 내용 아버지는 경민이와 비슷한 나이 때 집에서 동생과 숨바꼭질을 하다가 불이 나서 동생을 잃었습니다.

6 불이야! 불이야! 누가 좀 도와주세요!"

나는 뜨거운 불기운을 피해 달아나며 정말 목이 터지도록 소리쳤단다. / 아아, 어둠 속 메아리밖에 돌아오지 않던 그때의 막막함이란……

집에 불이 났는데 자신이 해결할 수 있는 문제가 아니라서

산골 마을이라 집들이 띄엄띄엄 있는 데다가 우리 집은 산모퉁이를 돌아 앉은 외딴집이었거든.

산모퉁이를 돌아 앉아 있는

"경수야! 어디 있니? 빨리 나와야지……."

어린 마음에도 동생을 찾아야 한다는 마음 하나로 불꽃이 널름거리는 방문 앞까지 몇 번이나 다가갔다가 물러 나왔는지 모른다. / 지금부터 삼십여 년 전이니 전화

불길이 밖으로 자꾸 빠르게 나왔다 들어갔다 하는

는커녕 불자동차는 장난감으로조차 본 적이 없는 시절이었단다.

소방차

공포의 시간이 얼마나 지났을까.

후둑후둑 빗방울이 떨어지기 시작할 때 언덕 너머 사시는 아저씨 두 분이 손전등을 비추며 **쇠스랑**과 낫을 가

지고 달려오셨어. 나의 애타는 목소리가 들린 게 아니라, 벌건 불기운이 노을처럼 비쳐 보였다는 거야.

꼭 전쟁을 겪은 것 같던 하룻밤이 어떻게 지났는지 몰라. / 사람들은 웅성웅성 달려왔지만, 나는 놀라고 지친 끝이라 불이고 동생이고 잊은 채 헛간 구석에서 죽음같★이 깊은 잠을 잤단다.

"아이고, 내 강아지야! 어떻게 이런 일이 다 있단 말이냐……!"

동생

『불타 버린 옷장 안에서 발견된 동생을 끌어안고 몇 번이나 **혼절**하시는 어머니, 핏발 선 눈빛으로 하늘만 보시는 아버지……』『』: 슬퍼하는 가족의 모습

동생은 위험하게도 촛불을 들고 안방 옷장 안으로 숨었던 거야. 씩씩한 사람으로 자라서 어려운 사람을 다

집에 불이 난 까닭

구하겠다던 녀석이 그렇게 어리석은 짓을 할 줄이야!

★ 바르게 읽기

[헌간]	[허간]
(○)	(×)

낱말 사전

쇠스랑 땅을 파헤쳐 고르거나 두엄, 풀 무덤 따위를 쳐내는 데 쓰는 갈퀴 모양의 농기구.

혼절 정신이 아찔하여 까무러침.
예 나는 너무 아파서 혼절하기 직전이었습니다.

---

33 이 글에서 느껴지는 분위기는 어떠합니까? (   )

① 밝고 경쾌하다.
② 조용하고 편안하다.
③ 긴박하고 위험하다.
④ 느긋하고 여유롭다.
⑤ 어둡고 으스스하다.

34 집에 불이 났을 때 어린 나이의 아버지가 한 행동으로 알맞은 것은 무엇입니까? (   )

① 소방서에 신고 전화를 했다.
② 무서운 마음이 들어 도망쳤다.
③ 언덕 너머로 사람들을 부르러 갔다.
④ 동생을 찾기 위해서 방문 앞을 서성였다.
⑤ 불 속에서 위험해 보이는 강아지를 구했다.

중요
35 글 **6**의 상황에서 어린 나이의 아버지가 느꼈을 감정으로 알맞지 <u>않은</u> 것은 무엇입니까? (   )

① 막막함.   ② 대견함.   ③ 공포감.
④ 두려움.   ⑤ 절망감

서술형
36 글 **6**의 중심 내용을 간추려 쓰시오.

_____

_____

도움말 각 문단의 중심 내용이 무엇인지 생각하며 간추려 씁니다.

중심 내용 아버지는 동생을 삼켜 버린 불길과 싸워 이기고자 소방관이 되셨다고 말씀해 주셨고, 아버지의 이야기를 들은 경민이는 아버지가 자랑스러웠습니다.

7 그렇게 동생이 하늘나라로 간 뒤부터 내 가슴속에는 확실한 꿈 하나가 자리 잡았단다. / 반드시 내 동생 경수
소방관이 되겠다는 꿈
를 삼켜 버린 불길과 싸워 이기겠다는 결심이었지. 나중
아버지께서 소방관이 되기로 결심하신 까닭
에서야 불길은 싸울 대상이 아니라 잘 다스려야 이긴다는 걸 알게 되었지만 말이다.

불이라는 말만 들어도 가슴이 **미어진다는** 부모님의 반
화재로 인해 동생을 잃었기 때문에
대를 무릅쓰고 나는 기어이 소방관의 꿈을 이루어 냈단다. 그리고 늘 기도하는 마음으로 맡은 일을 하지.

빨간 불자동차에 올라타고 다급한 사이렌을 울리며 화재 현장에 나갈 때마다, 나는 어린 시절 무서운 불길 속에서 구해 내지 못한 동생의 목소리를 떠올린단다. 그리고 주먹을 불끈 쥐며 두려움을 잊곤 하지. 동생과 나의 마지막 숨바꼭질처럼 소중한 추억을 영원히 잊지 않기 위해서 말이다.

낱말 사전

미어진다는 가슴이 찢어질 듯이 심한 고통이나 슬픔을 느낀다는.
⑩ 아버지께서 누나 생각에 가슴이 미어진다는 말씀을 하셨습니다.

아득한 그리움을 섞은 아버지의 긴 이야기가 끝났을 때는 어느덧 해 질 무렵이었다. 창밖 멀리 보이는 서쪽 하늘에 주홍색 노을이 물들어 있었다.

"어이쿠, 빨갛기도 해라! 난 저렇게 붉은 노을만 봐도 어디서 불이 났나 싶어 가슴이 철렁한다니까!"

아버지는 자기도 모르게 축축해진 눈가를 훔치며 애써 웃음을 보이셨다. 경민이는 얼른 아버지의 허리를 끌어안고 얼굴을 **비볐다.**

"우주의 전사보다 훨씬 더 멋진 우리 아버지! 아버지가 정말 자랑스러워요."

경민이는 오늘 하루 사이에 어쩐지 마음이 성큼 자란
아버지를 더 이해하고 사랑하게 됨.
것 같았다.

★ 바르게 쓰기

사이렌	싸이렌
(○)	(×)

아득한 까마득히 오래된.
비볐다 두 물체를 맞대어 문질렀다.

---

37 아버지가 소방관이 된 까닭을 찾아 쓰시오.

(   )

38 아버지의 행동을 바르게 이해하지 <u>못한</u> 친구의 이름을 쓰시오.

> 수영: 부모님의 반대를 무릅쓰고 소방관이 된 아버지는 이기적이야.
> 보라: 불에 대한 두려움을 이겨 내고 끝내 소방관이 되신 아버지의 노력이 정말 대단해.
> 준우: 동생은 구하지 못했지만 다른 사람의 생명을 구하고자 하는 아버지의 마음이 느껴져.

(   )

중요 39 아버지의 이야기를 들은 경민이의 마음으로 알맞은 것은 무엇입니까? (   )

① 아버지가 목숨을 잃으실까 봐 두려웠다.
② 아버지처럼 불길과 싸워 이기고 싶었다.
③ 아버지가 멋지고 자랑스럽게 느껴졌다.
④ 한번도 못 뵌 삼촌에 대한 그리움이 커졌다.
⑤ 아버지처럼 꿈을 이루겠다는 목표가 생겼다.

서술형 40 이 글의 아버지가 중요하게 여기는 삶의 가치와 자신이 중요하게 여기는 삶의 가치를 비교하여 쓰시오.

_____

_____

도움말 아버지의 말과 행동에서 아버지가 추구하는 삶의 가치가 무엇인지 찾아보고, 자신이 중요하게 여기는 가치와 비교해 봅니다.

이모의 꿈꾸는 집

· 글의 종류: 이야기(동화)   · 글쓴이: 정옥
· 글의 특징: 좋은 대학에 가는 것이 꿈인 진진, 평생 책과 함께하
는 것이 꿈인 이모, 훌륭한 피아니스트가 되기 위해서 항상 피아
노 연습을 하는 상수리, 날마다 날려고 노력하는 거위 어기, 춤추
기를 좋아하는 두레박 퐁의 모습을 통해 각각의 인물이 추구하는
다양한 삶의 모습을 알 수 있는 이야기입니다.

■ 인물이 추구하는 삶과 자신의 삶을 비교하는 방법
· 인물이 처한 상황에서 한 말이나 행동에서 인물이 추구하는 삶이
무엇인지 생각해 봅니다.
· 만약 인물과 같은 상황이라면 자신은 어떻게 할지 생각해 봅니다.
· 자신의 삶과 비슷한 점이나 다른 점은 무엇인지 생각해 보며 인물
이 추구하는 삶과 자신의 삶을 비교해 봅니다.

앞부분 이야기

진진은 엄마의 권유로 이모의 '꿈꾸는 집'이라는
괴상한 캠프에 참가한다. 동물도 사물도 말을 하는
엉뚱한 곳에서 진진이 어리둥절해하고 있을 무렵,
_{무슨 영문인지 잘 몰라서 얼떨떨한 상태로.}
또래 친구 상수리를 만난다. 피아니스트가 되는 게
꿈이며 어렸을 때부터 피아노를 쳐 온 상수리는 갑
자기 피아노 소리가 나지 않아 고민하고, 이모와 진
진은 상수리의 고민을 듣게 된다.

중심내용 피아노 소리가 나지 않아 힘들어하는 상수리에게 이모는 피아노 건
반을 씻어 오라고 하였습니다.

1 "근데 너 혹시 걔를 한동안 혼자 내버려뒀니?"
_{피아노}

"아니요. 제가 피아노 연습을 얼마나 열심히 하는데
요. 컴퓨터 게임을 할 시간도, 친구들이랑 축구할 시
간도, 만화책을 볼 시간도 없이 오로지 피아노 연습만
하는걸요."

"그렇게 아무것도 안 하고 피아노만 치면 재미있니?"

"아니요, 당연히 힘들죠. 정말 어떨 땐 너무 힘들어서

다 그만두고 싶어질 때도 있어요. 그래도 꼭 참고 연
습해요. 열심히 연습해야 훌륭한 피아니스트가 될 수
_{상수리의 꿈}
있잖아요."

이모는 고개를 끄덕거리며 크게 한숨을 내쉬었다.

"쳇, 그게 문제였군. 우울해질 만하군." / "예?"

"훌륭한 피아니스트가 되는 게 네 꿈이라고? 근데 네
피아노의 꿈도 훌륭한 피아니스트와 연주하는 거라
_{이모가 생각하는 피아노 소리가 나지 않는 원인}
던? 아마 아닐걸?"

이모는 먼지떨이를 놓아두고 뒷벽에 걸린 대바구니 두
개를 내렸다. 먼지가 보얗게 쌓인 바구니를 대충 털어,
_{연기나 안개가 낀 것처럼 선명하지 못하고 조금 하얗게.}
진진과 상수리에게 각각 하나씩 나눠 줬다.

"자, 여기다가 피아노 건반 따서 담아 와." / "왜요?"

"우울할 땐 그저 깨끗한 물에 목욕하고, 따뜻한 햇빛
을 듬뿍 쏘이는 게 최고야. 데리고 와서 물로 깨끗하
게 목욕시켜 준 다음 널어 줘. 그러면 걔네들도 기분
_{피아노 건반}
이 좀 나아질 거야."

(중략)

---

41 글 **1**에 나오는 등장 인물 세 명을 쓰시오.

(,   ,   )

42 상수리의 고민은 무엇입니까? (   )

① 엉뚱한 캠프에 참가한 것
② 피아노를 그만두고 싶은 것
③ 갑자기 피아노 소리가 나지 않는 것
④ 오로지 피아노만 연습해서 우울증에 걸린 것
⑤ 피아노 연습을 하느라 친구들과 놀 수 없는 것

중요 43 상수리가 추구하는 삶을 골라 ○표를 하시오.

(1) 성실하게 노력하는 삶   (   )
(2) 항상 새로움을 추구하는 삶   (   )

44 상수리의 고민을 들은 이모가 상수리에게 시킨 일을
골라 ○표를 하시오.

(1) 먼지가 쌓인 바구니를 씻어 오라고 함. (   )
(2) 깨끗한 물에 목욕하고 햇볕을 쬐라고 함. (   )
(3) 피아노 건반을 따서 깨끗이 씻어 오라고 함.

(   )

중심
내용 상수리와 진진은 피아노 건반을 깨끗이 씻어 빨랫줄에 널었습니다.

2 상수리는 피아노 덮개를 열고 하얀 건반을 하나씩 똑똑 따 냈다. 건반은 사과나무에서 사과 꼭지가 떨어지듯이 똑똑 떨어졌다. 진진도 검은 건반을 따서 담았다.

ㄱ"나는 정말 열심히 했는데. 내가 뭘 잘못한 걸까? 정말 꿈을 이루기 위해 최선을 다했는데."

상수리의 혼잣말에 진진은 마음이 아팠다. 건반을 모두 다 따 담고 나서, 상수리는 피아노 덮개를 가만히 덮어 주었다.

"가자."

상수리가 먼저 방문을 나갔다. 진진은 뒤따라 나가며 다시 한번 방 안을 휙 둘러보았다. 그러고는 악기들에게 주먹을 불끈 쥐어 보이며 눈을 흘겼다.

"까불지 마."

진진과 상수리는 바구니를 들고 우물가로 갔다. 상수리가 먼저 하얀 건반들을 대야에 쏟았다. 진진이 물을 퍼 올려 들이붓자 하얀 건반들에서 거무튀튀한 때가 불어 오르기 시작했다.
때를 닦은 지 오래 되었다는 것을 알 수 있음.

둘은 우물가에 쪼그리고 앉아서 손가락으로 건반을 하나씩 씻었다. 까만 때가 돌돌 말려 일어났다.

"에구구, 더러워. 얘는 도대체 얼마 만에 목욕을 하는 거야?"

풍은 구정물이 튈까 봐 멀찌감치 물러나서 지켜보았다.
두레박

상수리는 정성스럽게 건반을 하나하나 닦아 냈다. 진진도 뽀드득뽀드득 힘껏 문질렀다. 시간이 흐를수록 대야의 물이 시커멓게 변했다. 상수리는 더러워진 물을 버리고 새로 깨끗한 물을 받아 헹구었다. 물속에 잠긴 건반들이 눈이 부시도록 하얗게 반짝였다. 두 아이의 이마에는 어느새 땀이 송골송골 맺혔다. / 진진은 허리를 펴
땀이나 물방울 따위가 살갗이나 표면에 잘게 많이 돋아 있는 모양.
고, 어깨를 주물럭거리며 상수리에게 물었다.

"조금 쉬었다 할까?"

"아냐, 난 괜찮아. 힘들지? 넌 저기 그늘에 가서 좀 쉬어."

상수리는 흰 건반들을 바구니에 담아 물기를 빼면서 대답했다.

"아니야, 나도 괜찮아."

진진은 검은 건반들을 대야에 쏟아부었다. 검은 건반들에서 검은 물이 조금씩 배어 나왔다. 건반을 문지르는 아이들의 손에도 검은 물이 스몄다.

검은 건반까지 모두 다 깨끗하게 씻은 뒤, 상수리는 바지랑대를 내려 빨랫줄을 눈언저리까지 낮췄다.
빨랫줄을 받치는 긴 막대기.   눈가
"바구니 좀 들어 줘, 내가 집게로 집을게."

진진은 흰 건반이 담긴 바구니를 들고 왔다. 상수리는 아직도 물기가 흥건한 건반을 하나하나 집어서 널었다. 하얀 건반들은 양말들처럼 나란히 줄을 맞춰서 매달렸다.

하얀 건반을 다 매달고 나서 진진은 검은 건반을 든 바구니도 들고 왔다. 상수리는 검은 건반도 빨래집게로 꼭꼭 집어서 매달았다. 빨랫줄에는 하얀 건반과 검은 건반이 나란히 걸렸다.

"다 됐다."

"이제 얘 기분이 좀 좋아질까?"
피아노 건반
상수리는 이마에 솟은 땀을 팔로 닦으며 걱정스러운 표정으로 건반들을 쳐다봤다.

45 ㄱ에서 느껴지는 상수리의 마음으로 알맞은 것은 무엇입니까? (   )

① 지루함.　　　② 속상함.
③ 즐거움.　　　④ 외로움.
⑤ 신기함.

46 상수리처럼 꿈이나 장래 희망을 생각하며 고민했던 자신의 경험을 떠올려 쓰시오.

_____

_____

도움말 자신이 고민했던 경험을 생각해 봅니다.

중심내용 어기는 초리에게 나는 방법을 물으며 즐겁게 나는 꿈을 꾸었습니다.

3 두 아이는 마루에 가서 나란히 앉았다. 진진은 허리와 어깨와 허벅지를 토닥거렸다. 상수리는 마루에 누워 몸을 쭉 폈다. / 뒤뜰에서 초리가 날아왔다.

"풍, 나 물 좀 줘." / 곧이어 어기가 뒤따라 뛰어왔다.

"초리, 정말 암만해도 이해가 안 돼. 그러니까 날개를 한 번 휘젓는 데 몇 초가 걸린단 소리야?"

('아무래도'의 방언)

초리는 물을 한 모금 마시더니 갑갑하다는 듯 **앙잘앙잘 앙알거렸다.**

"어이구, 이해 따윌 해서 뭣 하게? 날개가 알아서 하게끔 내버려두라잖아."

(초리는 어기에게 나는 법을 알려 주고 있음.)

어기는 다시 긴 목을 빼며 물었다.

"내버려둬?"

"어떻게 하면 날 수 있을까, 그딴 생각 하지 말라고!"

"생각하고 또 해도 못 나는데, 생각하지 않고 어떻게 날아?"

초리는 까만 날개로 어기의 흰 날개를 툭툭 쳤다. 말

이 점점 빨라졌다.

"궁금해하지 말라니까. 그냥 날아. 날개에게 모든 걸 맡겨." / "그러니까 그게 무슨 뜻인지······."

"아, 몰라, 몰라. 네 멋대로 해."

초리는 물을 다 마시고 다시 포르르 날아올라 동백나무 위에 앉았다.

(작고 가볍게 떠는 모양.)

(중략)

진진이 어기의 하얀 깃을 어루만지며 물었다.

"어기, 힘들지? 그래도 기운 내."

어기는 고개를 가로저으며 씩씩하게 되물었다.

"하나도 안 힘들어. 꿈꾸는 게 왜 힘드니?"

"그래도 날마다 그렇게 열심히 연습했는데, 못 날면 속상하잖아."

㉠"아니, 속상하지 않아. 난 늘 즐거워. 만약 꿈꾸는 동안 즐겁지 않다면 그게 무슨 꿈이니?"

(꿈꾸는 것 그 자체를 즐거워하고 있음.)

어기는 물을 다 마시고 날개를 푸드덕푸드덕 힘차게 털어 냈다. / "자, 쉬었으니 또 신나게 날아오르러 가 볼까?"

낱말 사전

앙잘앙잘 작은 소리로 원망스럽게 종알종알 군소리를 자꾸 내는 모양.

앙알거렸다 윗사람에 대하여 조금 원망스럽게 자꾸 입속말로 군소리를 했다.

---

47 초리에 대한 설명으로 알맞은 것을 두 가지 고르시오.
(,)

① 초리는 새이다.
② 초리는 목이 길다.
③ 초리는 흰 날개를 가지고 있다.
④ 초리는 어기에게 나는 법을 배우고 있다.
⑤ 초리는 어기에게 나는 법을 가르치고 있다.

48 어기의 꿈은 무엇일지 짐작하여 쓰시오.
( )

중요
49 ㉠을 보고 알 수 있는 어기가 추구하는 삶은 무엇입니까? ( )

① 희망을 가지고 즐겁게 도전하는 삶
② 스스로 올바르게 살려고 노력하는 삶
③ 가족에게 아낌없는 사랑을 베푸는 삶
④ 성공을 위해서 모든 것을 포기하는 삶
⑤ 다른 사람이 시키는 대로만 따라 하는 삶

서술형
50 어기가 추구하는 삶에 대한 자신의 생각이나 느낌을 쓰시오.

_____

_____

도움말 어기가 추구하는 삶과 자신의 삶을 살펴보고 비슷한 점과 다른 점을 비교하여 씁니다.

중심내용 빨랫줄에 매달린 피아노 건반이 바람에 흔들리면서 피아노 소리가 들려왔고 상수리는 즐겁게 피아노를 연주하던 기억을 떠올렸습니다.

4 바람이 불었다. 동백나무 이파리가 나붓나붓 흔들렸
얇은 천이나 종이 따위가 나부끼어 자꾸 흔들리는 모양.
다. 바람은 상수리의 이마에 맺힌 땀을 훔치고, 진진의
닦아 주고.
머리칼도 살짝 띄워 주었다. 마루를 쓸면서 다시 마당
가운데로 불어 가 이번에는 피아노 건반들을 흔들었다.

　도로롱 도로롱.
피아노 건반이 바람에 흔들리며 내는 소리.
　빨랫줄에 나란히 매달린 건반들이 아늘아늘 흔들리면
빠르고 가볍게 춤추듯이 잇따라 흔들리는 모양.
서 가느다랗게 음악이 흘러나왔다. 진진은 귀를 기울여
음악 소리를 들었다.

　"들어 봐, 피아노 소리야." / "어, 이 곡은."

　"나 이 곡 아는데. 음, 뭐더라? 제목이……." / "백구."

　상수리는 잠시 눈을 감고 피아노 소리를 듣더니, 나지
막한 목소리로 노래를 따라 불렀다.

　"내가 아주 어릴 때였나, 우리 집에 살던 백구, 해마다
봄가을이면 귀여운 강아지 낳았지."

　상수리의 노랫소리는 바람이 연주하는 피아노 소리와
어우러져 퍼져 나갔다. 노래는 오래오래 이어지고 상수
리의 눈빛도 아련해졌다. 진진도 후렴을 함께 불렀다.

　"기인 다리에 새하얀 백구, 음 음."　★ 바르게 쓰기

짝꿍	짝꿍
(○)	(×)

　바람이 잦아들고, 피아노 소리가 그쳤다.
거칠거나 들뜬 기운이 가라앉아 잠잠해지고.

　"엄마가 늘 불러 주시던 노래야. 엄마는 내가 아기였
을 때 나를 옆에 앉히고 피아노를 치면서 이 노래를 불
러 주셨어. 피아노를 배워서 내 손으로 처음 이 곡을
쳤을 때 얼마나 기뻤는지. 이렇게 아름다운 소리를 가
진 게 있다니, 너무 신기해서."

　지붕 위에 앉아 쉬고 있던 바람이 다시 날아 내려왔
다. 피아노 건반들은 잘그랑잘그랑 빠르게 몸을 흔들었
작고 얇은 쇠붙이 따위가 조금 가볍게 자꾸 떨어지거나 맞부딪쳐 울리는 소리.
다. 「젓가락 행진곡」이다. 마루 위에 얹힌 상수리의 손이
달싹이며 건반을 짚는 흉내를 냈다. 진진도 어느새 고개
와 발을 까딱까딱 놀리고 있었다. 상수리의 뺨이 발그스
고개 따위를 자꾸 아래위로 가볍게 움직이는 모양.
름하게 물들어 갔다.

★
　"2학년 때 내 짝꿍이, 실은 내 첫사랑이야. 하루는 걔
가 우리 집에 놀러 왔는데, 그때 같이 이 곡을 연주했
어. 늘 양 갈래로 땋은 머리를 빨간 방울로 묶고 다니
던 애였는데, 정말 예뻤어."

　이야기를 이어 가는 상수리의 입가에는 벙싯 웃음이
입을 조금 크게 벌리며 소리 없이 가볍고 부드럽게 슬쩍 한 번 웃는 모양.
떠나지 않았다.

　바람의 손길이 조금씩 부드러워지면서, 곡목이 바뀌었
다. 사부작사부작 떨리는 건반들은 「고향의 봄」을 연주
별로 힘들이지 않고 계속 가볍게 행동하는 모양.
하기 시작했다. 진진은 노래를 따라 불렀다.

---

51 다음 중 소리를 흉내 낸 말은 어느 것입니까? (　　　)

① 나붓나붓　　　② 까딱까딱
③ 아늘아늘　　　④ 도로롱 도로롱
⑤ 사부작사부작

52 갑자기 피아노 소리가 들린 까닭은 무엇입니까?
(　　　)

① 진진이 음악을 틀어서
② 상수리가 피아노를 연주해서
③ 바람이 피아노 건반을 흔들어서
④ 상수리의 어머니가 피아노를 연주해서
⑤ 상수리의 첫사랑이 피아노를 연주해서

53 진진과 상수리가 들은 피아노 곡의 제목 세 가지를 찾아 쓰시오.

(　　　　　　,　　　　　　,　　　　　　)

중요 54 피아노 소리를 들은 상수리의 행동으로 알맞지 않은 것은 무엇입니까? (　　　)

① 눈을 감고 피아노 소리를 들었다.
② 나지막한 목소리로 노래를 따라 불렀다.
③ 2학년 때 짝꿍에 대한 기억을 떠올렸다.
④ 진진과 함께 마당에서 피아노를 연주했다.
⑤ 피아노 소리에 맞추어 건반을 짚는 흉내를 냈다.

중심내용 상수리는 자신이 꿈을 이루는 데 급급한 나머지 행복하게 꿈을 꾸는 것을 잊어버렸다는 것을 깨닫게 되었습니다.

⑤ "나의 살던 고향은 꽃 피는 산골, 복숭아꽃 살구꽃 아기 진달래. 울긋불긋 꽃 대궐 차린 동네, 그 속에서 놀던 때가 그립습니다."

그러나 상수리는 연주가 시작될 때부터 입을 꼭 다물고 담 너머 먼 산만 바라보았다.
_{할머니와의 추억과 할머니께 죄송한 기억이 떠올라서}

"꽃동네 새 동네 나의 옛 고향, 파란 들 남쪽에서 바람이 불면, 냇가에 수양버들 춤추는 동네, 그 속에서 놀던 때가 그립습니다."

노래를 부르며 얼핏 쳐다본 상수리의 눈시울이 빨갰다.
"왜 그래?" / 상수리는 고개를 숙이며 대답했다.
_{눈언저리의 속눈썹이 난 곳.}

"작년에 돌아가신 할머니가 좋아하시던 노래야. 내가 할머니 댁에 가서 이 곡을 연주하면 정말 좋아하셨는데."
_{「고향의 봄」}
"그랬구나."

"돌아가시기 전에 오랫동안 몸이 안 좋으실 때도, 난 피아노 학원 간다는 핑계로 한 번도 가질 않았어."

상수리의 눈에서 눈물이 툭 떨어진다. 진진은 괜히 멋쩍어 장독대 주위에 피어 있는 꽃들을 쳐다봤다.

'그러고 보니, 나도 할머니랑 할아버지한테 가 본 지가 꽤 됐네. 할머니 생신 때도 학원 가느라고 못 갔구나. 할머니가 전화해도 귀찮아서 안 받았는데.'

진진도 울컥했다. 상수리는 눈가를 쓱 닦아 내고는 일어섰다.

"아마 내 피아노는 피아노 학원에서 치던 어려운 곡보다 이 곡들을 더 치고 싶었나 봐. ㉠나는 모두 잊어버린 걸 아직도 기억하고 있었구나."
_{「백구」,「젓가락 행진곡」,「고향의 봄」}

상수리는 마당으로 내려가 바지랑대를 내렸다.

"다 마른 것 같아." / 진진은 바구니를 챙겨서 상수리 옆으로 다가갔다. 상수리는 건반들을 하나씩 걷어 담았다. 순식간에 뽀얗게, 까맣게 반들반들 윤이 나는 건반들이 바구니에 한가득 담겼다. 상수리는 바구니를 들여다보며 엷은 웃음을 지었다.
_{깨끗해진 피아노 건반들}

"예전엔 내 피아노와 함께 꿈꾸는 게 참 즐거웠는데, 어느 순간부터는 그게 너무 힘든 일이 되어 버렸어. 「아마 꿈을 꾸는 것보다 꿈을 이루고 싶은 마음이 더 커서 그랬나 봐. 꿈을 이루어야만 행복해지는 줄 알았는데, 꿈은 이루기 위해 있는 게 아니구나. 왜 그걸 미처 몰랐을까?」 「」: 꿈을 이루는 데 급급한 나머지 행복하게 꿈을 꾸는 것을 잊어버렸다는 것을 깨닫게 됨.

---

55 할머니에 대한 상수리의 마음을 알 수 있는 행동이 아닌 것은 무엇입니까? ( )

① 상수리의 눈시울이 빨갰다.
② 상수리는 고개를 숙이며 대답했다.
③ 입을 꼭 다물고 먼 산만 바라보았다.
④ 상수리의 눈에서 눈물이 툭 떨어진다.
⑤ 상수리는 건반을 하나씩 걷어 담았다.

56 돌아가신 할머니에 대한 상수리의 마음을 바르게 짐작한 것을 골라 ○표를 하시오.

(1) 더 이상 할머니께 피아노 연주를 들려 드리지 못해 화가 난 것 같아. ( )

(2) 피아노 연습을 한다는 핑계로 할머니를 만나러 가지 않은 것을 후회하는 것 같아. ( )

57 ㉠은 어떤 기억일지 생각하여 쓰시오.

( )

중요
58 피아노 건반을 씻고 말리면서 상수리가 깨달은 것은 무엇입니까? ( )

① 쉬운 곡을 쳐야 더 행복하다.
② 어려운 곡을 더 연습해야 한다.
③ 꿈을 이루어야만 행복한 것이다.
④ 꿈 자체를 즐기는 것이 중요하다.
⑤ 꿈을 꾸는 것은 너무나 힘든 일이다.

중심 내용 상수리는 예전에 즐겁게 피아노를 연주하며 꿈꾸었던 기억을 떠올리고 다시 피아노를 연주했습니다.

6 진진과 상수리는 바구니를 들고 노란 대문 집으로 갔다. 방으로 들어가 피아노 건반을 하나씩 맞춰 끼웠다. 깨끗하게 씻은 건반들을 다시 갖춘 피아노는 기분이 좋아 보였다.

상수리는 피아노 건반을 살포시 어루만졌다.

<u>살며시.</u>

"피아노야, 넌 내가 훌륭한 피아니스트가 되길 바란 게 아니었지? 넌 아마 내가 행복한 피아니스트가 되길 꿈꾸었을 거야. 근데 나는 그것도 모르고 너와 함께하는 시간이 지긋지긋해지도록 연습만 하는 게 최선인 줄 알았으니……. 그동안 네가 얼마나 힘들었을까? 미안해. 정말 미안해."

상수리는 피아노 의자를 당겨 앉았다. 그리고 건반 위에 두 손을 가만히 얹고, **지그시** 누르며 작은 소리로 속삭였다.

낱말 사전

지그시 슬며시 힘을 주는 모양.
예 누나는 내 손을 지그시 잡았습니다.

"손가락들아, 너희들도 정말 오랜만이지? 이렇게 즐거운 기분으로 피아노랑 노는 게. 너희들이 나보다 내 피아노의 기분을 먼저 알아차렸구나. 고마워."

상수리의 손가락을 따라 아주 **가녀린** 소리가 흘러나왔다. 지금껏 들어 본 그 어떤 피아노 소리보다 맑고 투명했다.

상수리는 바람이 연주한 곡들을 다시 연주했다. 상수리는 행복해 보였다. 오랜만에 친구의 행복한 웃음을 보는 피아노도 즐거워 보였다.

<u>「백구」, 「젓가락 행진곡」, 「고향의 봄」</u>

중간 부분 이야기

다시 피아노를 연주하게 된 상수리와 진진은 이모네 마당에서 음악회를 열고 모두 즐거운 시간을 보낸다. 다음 날, 상수리는 진진에게 빨리 꿈을 만나길 바란다는 편지를 남기고 떠난다. ㉠풀이 죽은 진진은 풍을 만나 대화를 나눈다.

<u>상수리가 떠나서</u>

가녀린 소리가 몹시 가늘고 힘이 없는.
예 어디선가 가녀린 노랫소리가 들렸습니다.

59 피아노에 대한 상수리의 마음 변화로 알맞은 것은 무엇입니까? (   )

① 지겹다. → 힘들다.
② 힘들다. → 지겹다.
③ 미안하다. → 힘들다.
④ 지겹다. → 행복하다.
⑤ 힘들다. → 지긋지긋하다.

60 글 **6**의 내용을 잘 간추린 것을 골라 ○표를 하시오.

(1) 상수리는 피아노에게 미안하다고 사과했다.
(   )

(2) 상수리는 이모의 집에서 피아노 음악회를 다시 열었다.
(   )

(3) 상수리는 즐겁게 연주하던 기억을 떠올리고 다시 피아노를 연주했다.
(   )

중요
61 ㉠과 바꾸어 쓸 수 있는 낱말은 무엇입니까? (   )

① 활발해진
② 씩씩해진
③ 의기양양해진
④ 의기소침해진
⑤ 기세등등해진

서술형
62 자신이 만약 피아노라면 상수리에게 어떤 말을 해 주고 싶은지 생각하여 쓰시오.

_____

_____

도움말 상수리의 사과를 들은 피아노의 마음이 어떠할지 생각해 봅니다.

7 "퐁, ㉠넌 나중에 뭐가 되고 싶니?"

"되고 싶은 거 없는데."

"되고 싶은 게 없어? 그럼 꿈이 없단 말이야?"

"꿈이야 있지. 근데 꿈이란 게 꼭 뭐가 되어야 하는 거야? 뭐가 안 되면 어때? 그냥 하면 되지. 내 꿈은 춤추는 거지. 신나게 춤추는 것. 그게 내 꿈이야."

퐁은 진진의 물음에 **꼬박꼬박** 대답하면서도 허리를 흔들며 춤을 췄다. 퐁의 몸짓을 따라 물결이 찰랑찰랑 **일었다.** 진진은 그런 퐁을 잠시 지켜보다 다시 물었다.

허리를 흔들며 춤을 추는
"넌 이미 충분히 즐겁게 춤추고 있잖아?"

「"오늘보다 내일은 더 즐겁게, 내일보다 모레는 더, 더 즐겁게. 모레보다 **글피**는 더, 더, 더 즐겁게, 글피보다 그글피는 더, 더, 더, 더 즐겁게. 내 꿈은 절대로 끝나지 않지."」→ 퐁은 무언가가 꼭 되기보다는 현재를 즐겁게 사는 것을 중요하게 생각함.

낱말 사전

꼬박꼬박 조금도 어김없이 고대로 계속하는 모양.
ⓔ 선생님의 질문에 은지는 꼬박꼬박 대답했습니다.
일었다 없던 현상이 생겼다.
ⓔ 어젯밤에는 바람이 불어 파도가 높게 일었다.

퐁은 진진을 올려다보며 오페라의 한 **소절**처럼 대답을 했다. 진진은 고개를 끄덕였다.

진진은 덩치가 마시다 남기고 간 물을 꼴깍꼴깍 마시고는, 동백나무 그늘로 갔다. 무릎을 끌어안고 앉으니 마루 뒷벽 가운데 높다랗게 걸려 있는 글씨가 눈에 들어왔다.

꿈꾸는 집.

진진은 주머니에서 상수리의 편지를 꺼내어 다시 읽었다.
진진도 빨리 꿈을 만나라는 내용
'내 꿈은 뭐지?'

이모가 자전거를 끌고 대문으로 들어서다가 동백나무 아래에 앉아 있는 진진을 보았다.

만약 인물과 같은 상황이라면 어떻게 할지, 자신의 삶과 어떤 점이 같거나 비슷한지 생각해 보면서 글을 읽어 봐.

글피 모레의 다음 날.
ⓔ 은지는 모레와 글피에도 눈이 오기를 바랐습니다.
소절 말, 글, 노래 따위의 한 도막.
ⓔ 유민이는 한 소절씩 노래를 따라 불렀습니다.

63 퐁의 꿈은 무엇인지 찾아 쓰시오.

( )

중요
64 다음의 빈칸에 알맞은 말을 골라 ○표를 하시오.

퐁이 추구하는 삶은 [ ]이다.

(1) 배려 ( )   (2) 인내 ( )

(3) 즐거움 ( )   (4) 부지런함 ( )

65 진진이 하고 있는 고민을 골라 ○표를 하시오.

(1) 꿈에 관심이 없는 것에 대한 고민 ( )
(2) 꿈꾸는 집이 어떤 곳인지에 대한 고민 ( )
(3) 자신의 진짜 꿈이 무엇인지에 대한 고민
( )

서술형
66 ㉠의 질문에 대한 자신의 대답을 생각하여 쓰시오.

_____

_____

도움말 자신의 꿈은 무엇인지 생각해 봅니다.

중심 내용 진진은 이모의 꿈이 재미있는 책들과 함께 노는 것과 꿈꾸는 아이들이 오는 집을 만드는 것임을 알게 되었습니다.

8 "뭐 하니?" / "아침부터 어디 갔다 오세요?"

이모는 자전거를 세우고 우물가로 가서 퐁을 우물 속으로 내렸다.

"자전거가 바람 쐬러 가자고 졸라 대서. 모두 나한테 어찌나 바라는 게 많은지. 정말 일일이 다 들어주려니까 몸이 열 개라도 모자라겠다. 이래서야 책 읽을 시간이 나겠니?" / "이모는 책 읽는 게 즐거워요?"

"그걸 말이라고 하니? 책 읽는 게 재미없다면 왜 읽겠니?" / "그래도 가끔 보면 재미없는 책도 있잖아요."

"재미없으면 안 읽으면 되지."

"다른 사람들이 다 읽고 재미있다고 하는 책을 나만 재미없다고 안 읽으면 좀 그렇잖아요."

진진의 말에 이모는 혀를 끌끌 찼다.

"넌 다른 사람이 맛있다고 하는 요리는 맛없어도 먹니? 그런 게 어디 있어? 내가 재미없으면 없는 거지."
<u>자신이 좋아하는 것을 하는 것을 중요하게 생각하는 이모의 모습</u>

이모는 퐁이 담아 올려 온 물을 받아서 꿀꺽꿀꺽 마셨다. 진진은 무릎을 안은 채, 이모를 빤히 쳐다봤다.

"왜? 내 얼굴에 뭐 묻었니?"

진진은 고개를 가로저으며 물었다.

"이모, 이모는 꿈이 뭐예요?"

이모는 퐁을 우물 속으로 던지고는 입을 삐죽거렸다.

"내 꿈? 나는 어른인데?"

"어른들도 꿈이 있잖아요. 꿈이 없는 사람이 어디 있어요?"

이모는 성큼성큼 다가와 진진의 눈앞에 쪼그려 앉더니 진진을 빤히 쳐다봤다. 빨간 안경 속 이모의 눈은 콩알만큼 작아 보였다.

"흥, 이젠 그렇게 생각한다는 말이지? 너도 꽤 똑똑해졌구나." / 그러고는 진진에게만 들리도록 조그맣게 속살거렸다.
<u>남이 알아듣지 못하도록 작은 목소리로 자질구레하게 자꾸 이야기했다.</u>
"꿈꾸는 집, 이 집이 바로 내 꿈이야."

"이 집이 이모의 꿈이라고요?"

"그럼, 내 꿈은 이 세상 재미있는 책들을 모두 불러 모아서 함께 노는 거야. 낄낄대며 웃는 재미, 콩닥콩닥 가슴 뛰는 재미, 두근두근 설레는 재미, 눈물 나게 가<u>슴</u> 아린 재미, 궁금한 것들을 알게 되는 재미, 생각하<u>가슴 아픈</u>지도 못했던 것을 상상하는 재미…… 재미있는 책들만 올 수 있는 집, 꿈꾸는 아이들만 올 수 있는 집, 이 집이 내 꿈이야."

---

67 이 글의 내용으로 보았을 때 퐁은 무엇이겠습니까?

( )

① 책   ② 콩알   ③ 음식
④ 두레박   ⑤ 자전거

68 이모의 꿈으로 알맞은 것을 두 가지 고르시오.

(,)

① 세계의 맛있는 요리를 모두 맛보고 싶다.
② 세계에서 가장 큰 도서관을 만들고 싶다.
③ 어른들의 꿈을 찾아 주는 집을 만들고 싶다.
④ 이 세상의 재미있는 책들과 함께 놀고 싶다.
⑤ 꿈꾸는 아이들만 올 수 있는 집을 만들고 싶다.

중요 69 이야기 속 인물이 추구하는 삶과 자신의 삶을 비교하여 알맞게 말한 친구의 이름을 쓰시오.

> 민호: 나는 도움이 필요한 사람을 도와주며 살고 싶어.
> 태욱: 진진이 자신의 행복을 위해 신나게 사는 점을 배워야겠어. 나도 진진처럼 꿈을 위해 노력할 거야.
> 자연: 나는 남들이 그렇다고 하면 실은 그렇지 않은데도 그렇다고 말하는 경우가 많았어. 자신이 좋아하는 것을 분명하게 이야기하는 이모의 모습을 닮고 싶어.

( )

떨어져도 튀는 공처럼

학습 목표 ▶ 자신이 꿈꾸는 삶을 작품으로 표현하기

- **글의 종류**: 시
- **글쓴이**: 정현종
- **글의 특징**: 떨어져도 튀어 오르는 공처럼 힘들어도 포기하거나 좌절하지 않고 다시 일어나서 도전하는 삶의 모습이 잘 나타난 시입니다.

그래 살아 봐야지
너도 나도 ㉠공이 되어
떨어져도 튀는 공이 되어
힘들거나 어려운 상황

살아 봐야지
쓰러지는 법이 없는 둥근
공처럼, 탄력의 나라의
왕자처럼

가볍게 떠올라야지
곧 움직일 준비 되어 있는 꼴
둥근 공이 되어

옳지 최선의 꼴
지금의 네 모습처럼
떨어져도 튀어 오르는 공
다시 일어나서 도전하는 삶의 모습
쓰러지는 법이 없는 공이 되어.

70 이 시에서 말하는 이는 무엇처럼 살아 봐야겠다고 했는지 찾아 쓰시오.

( )

71 ㉠의 특징으로 알맞지 <u>않은</u> 것은 무엇입니까? ( )

① 탄력이 없다.
② 가볍게 떠오른다.
③ 쓰러지는 법이 없다.
④ 떨어져도 튀어 오른다.
⑤ 항상 움직일 준비가 되어 있다.

72 이 시에 대한 설명으로 알맞은 내용 두 가지를 골라 ○표를 하시오.

(1) 반복되는 말을 사용하여 표현했다. ( )
(2) 말하는 이가 좋아하는 운동에 대한 내용이 나타나 있다. ( )
(3) 말하는 이가 꿈꾸는 삶의 모습을 다른 대상에 빗대어 표현했다. ( )

 73 이 시에서 말하는 이가 추구하는 삶의 모습은 무엇입니까? ( )

① 작은 것에도 만족하는 삶
② 포기하지 않고 도전하는 삶
③ 자신의 행복만을 추구하는 삶
④ 새로운 것을 찾아 알아가는 삶
⑤ 다른 사람을 위해 희생하는 삶

말하는 이가 추구하는 삶은 무엇인지 생각하며 시를 읽어 봐.

 74 자신이 꿈꾸는 삶의 모습을 생각하여 그 모습을 **보기**와 같이 다른 대상에 빗대어 쓰시오.

보기

나는 촛불 같은 삶을 살고 싶어. 촛불은 작지만 큰 방을 밝히는 것처럼 세상을 환하게 비추는 사람이 되고 싶어.

도움말 자신이 꿈꾸는 삶의 모습을 머릿속에 그려 보고 어떤 대상에 빗대어 표현하면 좋을지 생각해 봅니다.

서술형 수행 평가 돋보기

학교에서 출제되는 서술형 수행 평가를 미리 준비하세요.

◐ 다음 글을 읽고, 물음에 답하시오.

> "위험해, 더는 도저히 안 되겠어!" / 소방관들은 구조를 중단하고 온몸이 오그라드는 듯한 열기 속에서 빠져나오기 시작했대.
>
> "먼저 나가. 내가 한 번만 더……." / 그때 말릴 새도 없이 깨진 창문 사이로 뛰어들어간 ㉠한 사람의 구조 대원이 있었단다.
>
> 너도 한번 생각해 보렴. 소방관에게도 지켜야 할 소중한 목숨이 있고, 우리처럼 애타게 기도하며 기다리는 가족이 있을 거 아니겠니?
>
> 아, 어쩌면 그렇게 짧고도 기막힌 순간이 또 있을까?
>
> 네 아버지가 빠져나오고 뒤를 돌아보았을 때, 불길에 무너지는 커다란 기둥이 그 구조 대원의 몸을 휩싸 안고 바닥으로 꺼져 버렸단다.

문제 파악

글을 읽고, 인물이 추구하는 가치를 파악하고, 자신이 추구하는 가치와 비교하여 인물이 추구하는 삶에 대한 자신의 생각을 표현해 보는 문제입니다.

해결 전략

1 단계	글을 읽고, 글의 내용 파악하기
2 단계	인물이 추구하는 가치와 삶 파악하기
3 단계	인물이 추구하는 삶과 자신이 추구하는 삶의 모습 비교하기
4 단계	인물이 추구하는 삶에 대한 자신의 생각과 느낌을 글로 표현하기

1 ㉠의 구조 대원이 추구하는 가치는 무엇이겠는지 쓰시오.

_____

2 보기 의 구조 대원이 추구하는 가치를 보고, 자신의 가치 도표를 그려 보시오.

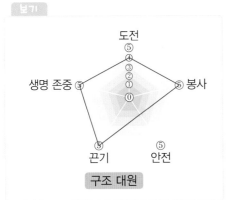

3 ㉠의 구조 대원이 추구하는 삶에 대한 자신의 생각이나 느낌을 담아 편지를 쓰시오.

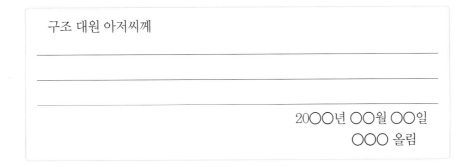

학교 선생님께서 알려 주시는 모범 답안과 채점 기준도 book❸ 해설책에서 꼭 확인해 보자!

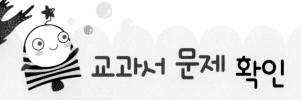 

「의병장 윤희순」 ○ 조선 시대 말 일본이 침략한 시기에 「안사람 의병가」를 지어 여성들의 의병 운동을 촉구하고 독립운동을 했던 윤희순의 삶에 대한 이야기

- 윤희순이 만든 「안사람 의병가」는 사람들에게 어떤 영향을 주었나요?
  - 예 사람들의 마음을 한 덩어리로 모았습니다.

    전에 없던 용기마저 불끈 솟아나게 했습니다.

    마을 아낙네들이 마음을 모으고 용기를 내어서 의병 운동에 참여하게 했습니다.

- 윤희순이 만든 안사람 의병대는 어떤 일을 했나요?
  - 예 집집마다 찾아다니며 모금을 했습니다.

- 인물의 말에서 시대적 배경을 찾아 이야기해 보세요.

    "아니, 조정 대신이란 놈들이 나라를 팔아먹으려 드는데 우리 같은 여자들이 나선다고 뭐가 달라지겠소? 자칫 괜한 목숨만 버릴 뿐이오."

  - 예 조정 대신이 나라를 팔아먹는다는 말에서 을사늑약이 강제로 체결된 뒤라는 것을 알 수 있습니다.

    여자들이 나선다고 뭐가 달라지겠냐는 말에서 남녀 차별이 있던 시대라는 것을 알 수 있습니다.

- 인물의 행동에서 시대적 배경을 찾아 말해 보세요.

    살림살이가 어려운 사람들도 의병을 돕겠다고 발 벗고 나섰다.

  - 예 일제의 침략으로 우리나라 사람들의 경제 상황이 어려웠다는 것을 알 수 있습니다.

    어려운 상황 속에서도 우리나라 사람들의 위기 극복 의지가 대단했다는 것을 알 수 있습니다.

- 시대적 배경을 알 수 있는 부분을 더 찾아보고 인물이 처한 상황을 말해 보세요.
  - 예 앞부분 이야기에서 항일 의병 운동의 자금을 지원하려고 숯을 구워서 팔았다는 부분을 보니 의병 운동을 하는 데 자금이 많이 부족했다는 것과 윤희순이 어떻게든 의병을 돕고 싶은 마음이 컸다는 것을 알 수 있습니다.

- 윤희순의 삶의 태도를 알 수 있는 부분을 찾아봅시다.

말	예 "그럼 나라를 빼앗기고 왜놈들 종으로 살자는 것입니까?"
행동	예 일제가 침략했다고 해서 포기하거나 좌절하지 않고 침략 세력을 물리치려고 의병 운동을 합니다.

- 윤희순이 삶에서 추구한 삶의 가치와 관련 있는 낱말을 고르고 그렇게 생각한 까닭을 말해 보세요.

    도전　　열정　　용기　　배려　　평등　　정의　　봉사　　존중

  - 예 '정의'입니다. 올바른 행동을 하려고 많은 문제와 어려움을 이겨 냈기 때문입니다.

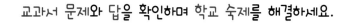

「마지막 숨바꼭질」

○ 경민이가 화재 현장에서 아버지가 목숨을 잃을 뻔했다는 이야기와 아버지가 소방관이 되기로 결심한 까닭을 듣고 아버지를 더 이해하게 된다는 이야기

• 이야기 구조에 따라 「마지막 숨바꼭질」의 내용을 간추려 봅시다.

이야기 구조	내용 간추리기
발단	모처럼 아버지와 함께 맞은 일요일인데도 낮잠만 주무시는 아버지에게 경민이는 서운함을 느꼈다.
전개	서운해하는 경민이에게 어머니는 어제 ⑩아버지가 두 차례나 화재 현장에 출동하고 새벽녘에나 집에 들어오셨다고 이야기했다. 재래시장에서 일어난 화재에서 아버지가 ⑩목숨을 잃을 뻔했다는 어머니의 이야기를 듣고 마음이 풀린 경민이는 어머니와 함께 ⑩케이크도 사고 아버지의 생일상을 차렸다. 아버지는 감동해서 ⑩자기가 처음으로 소방관이 되고자 결심한 어린 시절의 사건 하나를 들려주었다. 아버지는 경민이 나이 때의 어느 여름, ⑩부모님이 먼 친척 집에 가셔서 두 살 아래의 동생과 함께 하룻밤을 지내게 되었다.
절정	그날따라 정전이 되어 ⑩마루에 촛불 하나를 켜 둔 채로 동생과 함께 숨바꼭질을 하다가 불이 나서 동생을 잃었다. 결국, ⑩동생을 삼켜 버린 불길과 싸워 이기고자 소방관이 되었다고 했다.
결말	⑩아버지의 이야기를 들은 경민이는 아버지가 정말 자랑스럽게 느껴졌다.

• 아버지가 처한 상황에서 한 말이나 행동을 알아보세요.

인물이 처한 상황	인물이 한 말이나 행동
화재 현장에 출동한 상황	• 불이 난 재래시장의 낡은 건물 속으로 뛰어들었다. • ⑩ 불이 난 건물에 갇힌 사람들을 업고 나왔다.
눈앞에서 동료를 잃은 일을 이야기하는 상황	• 뜨거운 눈물을 쏟았다. • ⑩ "만약에 빠져나오는 차례가 나와 바뀌었더라면 그가 살고 나는 지금 이 자리에 없는 거야……."
화재로 동생을 잃은 상황	• ⑩ 동생을 삼켜 버린 불길과 싸워 이기겠다는 결심을 했다. • ⑩ 부모님의 반대를 무릅쓰고 소방관이 되었다. • ⑩ 화재 현장에 나갈 때마다 동생과의 추억을 떠올린다.

• 아버지가 한 말이나 행동을 보며 아버지의 삶과 관련 있는 삶의 가치를 고르고 그렇게 생각한 까닭을 말해 보세요.

⑩ 동료를 잃고 뜨거운 눈물을 쏟으며 안타까워하는 행동은 '생명 존중'과 동료에 대한 '사랑'과 관련 있습니다.

"우리 아들, 고맙고 기특하구나."라는 말에서 가족에 대한 '사랑'이 깊고, 가족이 이해해 주는 것을 '감사'하는 인물 같습니다.

• 가치 도표를 보며 아버지가 추구하는 삶이 무엇인지 써 보세요.

⑩ 생명을 존중하고 다른 사람을 위해 자신을 희생하고 봉사하는 삶을 추구합니다. / 불에 대한 두려움과 부모님의 반대를 이겨 내려고 끈기 있게 노력하고 도전하는 삶을 추구합니다. / 소방관은 다른 사람의 안전은 지키지만 자신의 안전은 희생하므로 안전한 삶을 추구하는 것 같지는 않습니다.

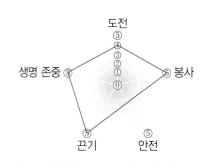

• 이 글의 인물이 추구하는 가치와 관련 있는 자신의 경험을 말해 보세요.

　예 저도 다른 사람을 위해 봉사한 적이 있습니다. 친구가 급식판을 떨어뜨려 당황했을 때 친구를 보건실로 보내고 자리를 대신 정리했습니다. / 강아지를 괴롭히는 동생들에게 모든 생명은 소중하고 존중받아야 한다고 알려 준 적이 있습니다. / 발표하는 것이 두려웠지만 끈기 있게 노력하고 도전해 지금은 발표를 잘할 수 있습니다.

교과서
74~77쪽

「이모의 꿈꾸는 집」　　○ 상수리, 어기, 이모, 퐁 등 다양한 등장인물의 꿈과 추구하는 삶이 나타나 있는 이야기

• 「이모의 꿈꾸는 집」을 읽고 사건의 흐름을 파악해 봅시다.

　　피아노 소리가 나지 않아 힘들어하는 상수리에게 이모는 예<u>피아노 건반을 씻어 오라고 한다.</u>

　　　　　　　　　　　↓

　　상수리와 진진이 피아노 건반을 씻고 있을 때 어기와 초리가 날아온다. 어기는 예<u>초리에게 나는 방법을 물으며 즐겁게 나는 꿈을 꾼다.</u>

　　　　　　　　　　　↓

　　빨랫줄에 매달린 피아노 건반이 바람에 흔들리면서 피아노 소리가 들려온다. 상수리는 예<u>예전에 즐겁게 피아노를 연주하며 꿈꾸었던 기억을 떠올리고 다시 피아노를 연주한다.</u>

　　　　　　　　　　　↓

　　진진은 퐁과 대화하며 퐁이 행복한 꿈을 꾸며 살고 있음을 알게 된다. 또 이모의 꿈은 예<u>재미있는 책들과 꿈꾸는 아이들이 오는 집임을 알게 된다.</u>

• 각 인물이 처한 상황을 생각해 보고 그 상황에서 그 인물이 한 말이나 행동을 찾아 써 보세요.

인물	인물이 한 말이나 행동
상수리	• 힘들어도 훌륭한 피아니스트가 되려고 놀거나 쉬는 시간을 아껴 가며 피아노 연습을 해 왔다. • 예 "넌 아마 내가 행복한 피아니스트가 되길 꿈꾸었을 거야. 근데 나는 그것도 모르고 너와 함께하는 시간이 지긋지긋해지도록 연습만 하는 게 최선인 줄 알았으니……. 그동안 네가 얼마나 힘들었을까?"
어기	• "생각하고 또 해도 못 나는데, 생각하지 않고 어떻게 날아?" • "아니, 속상하지 않아. 난 늘 즐거워. 만약 꿈꾸는 동안 즐겁지 않다면 그게 무슨 꿈이니?" • 예 "자, 쉬었으니 또 신나게 날아오르러 가 볼까?"라고 말하며 즐겁게 나는 연습을 계속했다.
퐁	• "신나게 춤추는 것, 그게 내 꿈이야." • 예 "오늘보다 내일은 더 즐겁게, 내일보다 모레는 더, 더 즐겁게. 모레보다 글피는 더, 더, 더 즐겁게, 글피보다 그글피는 더, 더, 더, 더 즐겁게. 내 꿈은 절대로 끝나지 않지."
이모	• "이래서야 책 읽을 시간이 나겠니?" • 예 "내 꿈은 이 세상 재미있는 책들을 모두 불러 모아서 함께 노는 거야. …… 재미있는 책들만 올 수 있는 집, 꿈꾸는 아이들만 올 수 있는 집, 이 집이 내 꿈이야."

• 인물을 한 명 골라 그 인물이 추구하는 삶이 무엇인지 생각해 보고, 그 삶과 관련 있는 낱말을 활용하여 표현해 보세요.

(예) 상수리)이/가 그렇게 말하고 행동한 까닭	예 자신이 열심히 노력해 왔지만 꿈을 이루는 데 급급한 나머지, 꿈을 꾸는 즐거움을 잊어버렸다는 것을 깨닫게 되었기 때문입니다.
(예) 상수리)이/가 추구하는 삶	예 '성실'하게 '노력'하는 삶을 추구합니다.

•「이모의 꿈꾸는 집」의 인물이 추구하는 삶과 자신의 삶을 비교해 친구들과 이야기해 봅시다.

예 나는 어기와 같은 상황이었다면 하늘을 나는 연습을 포기했을지도 몰라. 초리는 하늘을 잘만 나는데 나는 아무리 연습해도 되지 않으니 속상하고 힘들 것 같기 때문이야. 하지만 어기는 날 수 있다는 희망을 가지고 나는 연습을 하는 것 자체를 즐겁게 생각하고 있는 것 같아. 나도 그런 점을 본받고 싶어.

• 인물이 추구하는 삶을 생각하며 자신의 생각이나 느낌을 담아 편지를 써 보세요.

예 상수리에게

안녕? 나는 ○○○(이)라고 해. 「이모의 꿈꾸는 집」에서 너를 만나게 되어 기뻐. / 난 네가 피아니스트라는 꿈을 꾸고 있다는 것이 멋져 보였어. 난 아직 내 꿈이 정확하게 무엇인지 찾지 못했거든. 또 그 꿈을 이루려고 네가 열심히 노력하는 삶을 사는 건 더욱 멋지고 대단한 것 같아. / 비록 피아니스트가 되려고 노력하느라 피아노를 연주할 때 즐거움과 행복을 잠시 잊긴 했지만 다시 찾게 되어 다행이야.

나도 너처럼 성실하고 끈기 있게 꿈을 찾아 가고 또 노력하려고 해. 물론 그 과정에서 꿈을 꾸는 즐거움도 잊지 않을게. 고마워.

20○○년 ○○월 ○○일 / ○○○가

교과서
79~81쪽

「떨어져도 튀는 공처럼」

떨어져도 튀어 오르는 공처럼 힘들어도 포기하거나 좌절하지 않고 다시 일어나서 도전하는 삶의 모습이 잘 나타난 시

• 자신의 현재 삶을 되돌아보고 자신이 잘하고 있는 점과 더 노력해야 할 점을 생각해 보세요.

잘하고 있는 점	예 주말마다 아빠와 함께 요리 한 가지씩을 직접 만들어 보고 있다.
더 노력해야 할 점	예 오랜 시간 맛있는 음식을 만들려면 체력도 중요하기 때문에 꾸준히 운동도 해야겠다.

• 자신의 미래 모습을 상상해 보고 꼭 이루고 싶은 꿈이나 해야 할 일을 친구들과 이야기해 보세요.

예 세계 100대 명산에 오르기

가족과 우리나라 전국 일주하기

피아노 연주곡 열 곡을 외워서 연주하기

• 자신이 꿈꾸는 삶의 모습을 머릿속에 그려 보고 그 모습을 다른 대상에 빗대어 표현해 보세요.

예 나는 나무 같은 삶을 살고 싶어. 걷다가 힘든 사람들을 쉬어 가게 해 주는 나무처럼 다른 사람에게 도움이 되고 싶어.

• 자신이 꿈꾸는 삶의 모습을 어떠한 작품으로 표현하고 싶은지 생각해 보세요.

예 촛불처럼 타오르는 모습을 멋 글씨로 표현하기

단원 정리 학습

핵심 1 작품에서 인물이 추구하는 삶을 파악하는 방법

● 인물이 처한 상황을 떠올려 봅니다.
● 인물이 처한 상황에서 한 말이나 행동을 알아봅니다.

  ㉖ 「의병장 윤희순」에서 인물의 말이나 행동

처한 상황	인물의 말이나 행동	알 수 있는 시대적 배경
일제의 침략으로 우리나라가 어려운 상황	"아니, 조정 대신이란 놈들이 나라를 팔아먹으려 드는데 우리 같은 여자들이 나선다고 뭐가 달라지겠소? 자칫 괜한 목숨만 버릴 뿐이오."	• 일제의 침략으로 을사늑약이 강제로 체결됨. • 남녀 차별이 있던 시대임.
	살림살이가 어려운 사람들도 의병을 돕겠다고 발벗고 나섬.	• 일제의 침략으로 우리나라 사람들의 경제 상황이 어려움. • 우리나라 사람들의 위기 극복 의지가 대단함.
	"그럼 나라를 빼앗기고 왜놈들 종으로 살자는 것입니까?"	• 나라를 빼앗길 위기가 닥쳐서 절망스러움.
	"우리 여자들도 사내들을 도와 왜놈들을 몰아내는 데 한몫을 해야 하지 않겠습니까?"	• 일제의 침략을 받았음.
	숯을 구워 팔았음.	• 의병 운동 자금이 많이 부족함.

● 인물이 그렇게 말하고 행동한 까닭을 생각해 봅니다.
● 인물의 삶과 자신의 삶을 관련지어 생각해 봅니다.

인물이 처한 상황에서 어떤 말이나 행동을 하는지 살펴보면 인물이 추구하는 삶을 알 수 있어.

「의병장 윤희순」에서 윤희순의 말이나 행동을 보면 '열정'을 가지고 '정의'를 향해 '도전'하는 윤희순의 삶에 대한 태도를 찾을 수 있지.

핵심 2 　인물의 삶과 자신의 삶을 비교하며 작품을 읽고 자신의 생각 표현하기

１ 인물이 추구하는 삶을 파악하고 자신의 삶과 관련짓기

● 인물이 한 말이나 행동에서 관련 있는 삶의 가치를 찾고 인물이 추구하는 삶을 파악합니다.

| 인물의 말이나 행동 | 인물이 추구하는 삶 |

예
무엇보다 먼저 사람의 목숨을 구한다는 소방　➡　생명을 존중하고 다른 사람을 위해 자신을 희
관들의 약속　　　　　　　　　　　　　　　　　생하고 봉사하는 삶

부모님의 반대를 무릅쓰고 소방관이 된 아버　➡　불에 대한 두려움과 부모님의 반대를 이겨 내
지의 행동　　　　　　　　　　　　　　　　　려고 끈기 있게 노력하고 도전하는 삶

● 인물이 추구하는 삶에 대한 자신의 경험을 떠올려 말합니다.

　예「마지막 숨바꼭질」의 아버지처럼 생명을 구한 것은 아니지만 강아지를 괴롭히는 동생들에게 모든 생명은 소
　중하고 존중받아야 한다고 알려 준 적이 있습니다. / 발표하는 것이 두려웠지만 「마지막 숨바꼭질」의 아버지
　처럼 끈기 있게 노력하고 도전해 지금은 발표를 잘할 수 있습니다. / 「마지막 숨바꼭질」의 아버지처럼 끈기
　있게 노력해서 자전거를 잘 타게 되었습니다.

● 인물이 중요하게 여기는 가치를 자신이 중요하게 여기는 가치와 비교해 봅니다.

　예「마지막 숨바꼭질」을 읽고 가치 도표를 만들었을 때 아버지는 자신에게 이익이 돌아오지 않아도 다른 사람을
　돕는 옳은 뜻을 따라가기 때문에 '봉사'에 5점을 주었지만 저는 제가 불편하고 귀찮아질까 봐 힘든 친구를 돕
　지 않은 적도 있어서 3점을 주었습니다.

● 인물이 추구하는 삶과 관련지어 자신의 삶에 대한 다짐을 말해 봅니다.

　예「마지막 숨바꼭질」에 나온 아버지의 도전 정신을 본받아 저도 어렵다고 포기한 목표에 도전하겠습니다.
　　「마지막 숨바꼭질」에서 자신을 희생하며 봉사한 아버지처럼 주변의 친구들에게 도움을 실천하겠습니다.

２ 자신이 꿈꾸는 삶을 작품으로 표현하기

● 현재 자신의 모습을 되돌아보고 미래의 모습을 계획해 봅니다.

● 자신이 꿈꾸는 삶의 모습을 떠올려 다른 대상에 빗대어 표현해 봅니다.

　예
　　　　자유로운 삶　　　➡　　　　새

　　　　포기하지 않고 도전하는 삶　➡　　오뚝이

　　　　세상을 환하게 비추는 삶　➡　　　촛불

● 자신이 꿈꾸는 삶의 모습을 다양한 작품으로 표현해 봅니다.

단원 확인 평가

1. 작품 속 인물과 나

[01~05] 다음 글을 읽고, 물음에 답하시오.

(가) 담비였다. 둘레에 빙 둘러섰던 마을 아낙네들은 기다렸다는 듯이 노래를 따라 불렀다. 노래는 흩어졌던 마음을 다시 하나로 모았다. 마침내 윤희순은 마을 아낙네들을 끌어모아 안사람 의병대를 만들었다.

"의병을 도와 나라를 구합시다!"

맨 먼저 안사람 의병대는 집집마다 찾아다니며 모금을 했다.

"왜놈들이 우리나라를 집어삼키려 합니다. 의병을 도와주십시오."

안사람 의병대의 눈물 어린 하소연은 많은 사람의 마음을 움직였다. 어떤 사람은 무기를 만들 수 있는 놋쇠와 구리를 내놓았고, 어떤 사람은 가진 돈을 몽땅 내놓기도 했다.

"우린 고구마밖에 없는데 괜찮다면 이거라도 내놓겠네."

살림살이가 어려운 사람들도 의병을 돕겠다고 발 벗고 나섰다.

(나) 어제도 네 아버지는 건물에 갇혀 울부짖는 두 사람을 업어 내왔단다. 온몸이 땀으로 범벅이 된 몸으로 또 한 번 들어가려는 순간, 시뻘건 불길이 혀를 날름거리며 건물의 입구를 막아 버린 거야.

"위험해, 더는 도저히 안 되겠어!"

소방관들은 구조를 중단하고 온몸이 오그라드는 듯한 열기 속에서 빠져나오기 시작했대.

"먼저 나가. 내가 한 번만 더……."

그때 말릴 새도 없이 깨진 창문 사이로 뛰어 들어간 한 사람의 구조 대원이 있었단다.

너도 한번 생각해 보렴. 소방관에게도 지켜야 할 소중한 목숨이 있고, 우리처럼 애타게 기도하며 기다리는 가족이 있을 거 아니겠니?

아, 어쩌면 그렇게 짧고도 기막힌 순간이 또 있을까?

네 아버지가 빠져나오고 뒤를 돌아보았을 때, 불길에 무너지는 커다란 기둥이 그 구조 대원의 몸을 휩싸 안고 바닥으로 꺼져 버렸단다.

01 안사람 의병대가 한 일이 무엇인지 찾아 쓰시오.

(   )

02 글 (가)에서 알 수 있는 내용으로 알맞지 <u>않은</u> 것은 무엇입니까? (   )

① 일제가 우리나라를 침략했다.
② 우리나라의 경제 상황이 어려웠다.
③ 나라를 구하기 위한 의병이 생겼다.
④ 어려운 상황에서도 위기를 극복하려고 했다.
⑤ 여자들은 목숨을 잃을까 봐 걱정되어 눈물만 흘렸다.

03 글 (나)의 내용으로 알맞은 것은 무엇입니까? (   )

① 아버지는 어제 건물에 갇혀 있었다.
② 어제 아버지는 화재로 동료를 잃었다.
③ 아버지는 건물의 불을 끄고 동료를 구했다.
④ 아버지는 깨진 창문 사이로 뛰어 들어갔다.
⑤ 아버지는 화재 현장에서 네 명의 생명을 구했다.

04 글 (나)에 나타난 다음과 같은 가치와 관련된 아버지의 행동을 쓰시오.

> 봉사

_____

_____

05 중요

윤희순과 구조 대원이 공통적으로 추구하는 삶의 가치는 무엇이겠습니까? (   )

① 열정   ② 겸손
③ 포기   ④ 예의
⑤ 정직

[06~10] 다음 글을 읽고, 물음에 답하시오.

(가) 진진이 어기의 하얀 깃을 어루만지며 물었다.

"어기, 힘들지? 그래도 기운 내."

어기는 고개를 가로저으며 씩씩하게 되물었다.

"하나도 안 힘들어. 꿈꾸는 게 왜 힘드니?"

"그래도 날마다 그렇게 열심히 연습했는데, 못 날면 속상하잖아."

"아니, 속상하지 않아. 난 늘 즐거워. 만약 꿈꾸는 동안 즐겁지 않다면 그게 무슨 꿈이니?"

어기는 물을 다 마시고 날개를 푸드덕푸드덕 힘차게 털어 냈다.

"자, 쉬었으니 또 신나게 날아오르러 가 볼까?"

(나) 그래 살아 봐야지
너도 나도 공이 되어
㉠떨어져도 튀는 공이 되어

살아 봐야지
쓰러지는 법이 없는 둥근
공처럼, 탄력의 나라의
왕자처럼

가볍게 떠올라야지
곧 움직일 준비 되어 있는 꼴
둥근 공이 되어

옳지 최선의 꼴
지금의 네 모습처럼
떨어져도 튀어 오르는 공
쓰러지는 법이 없는 공이 되어.

06 글 (가)에서 어기가 처한 상황을 골라 ○표를 하시오.

(1) 하늘을 나는 것이 꿈이라서 날마다 연습한 끝에 꿈을 이루었다. ( )

(2) 하늘을 나는 것이 꿈이라서 날마다 연습을 하지만 날지 못하고 있다. ( )

(3) 하늘을 나는 것이 꿈이라서 높이 날고 싶지만 연습을 못해서 속상해하고 있다. ( )

07 글 (가)에서 어기의 삶의 모습을 보고 떠오른 생각이나 느낌을 바르게 말한 친구의 이름을 쓰시오.

주호: 이루지도 못할 꿈 때문에 시간을 보내고 힘들어 하는 모습이 어리석게 느껴져.

소정: 지금 당장 꿈을 이루지 못하더라도 희망을 가지고 즐겁게 도전하는 어기의 모습을 닮고 싶어.

효주: 꿈을 이루는 데 급급한 나머지 행복하게 꿈을 꾸는 것을 잊어버린 어기의 모습이 정말 안타까워.

( )

08 글 (나)에 대한 설명으로 알맞지 않은 것은 무엇입니까? ( )

① 4연으로 구성되어 있다.

② '–야지', '공이 되어'라는 말이 반복된다.

③ 말하는 이가 쓰러져 있는 장면이 떠오른다.

④ 공이 바닥에 떨어졌다가 튀어 오르는 장면이 떠오른다.

⑤ 말하는 이가 추구하는 삶의 모습을 사물에 빗대어 표현했다.

09 ㉠은 어떤 삶의 모습일지 생각하여 쓰시오.

( )

10 글 (나)의 말하는 이가 추구하는 삶과 자신의 삶을 비교하여 쓰시오.

_____

도움말 이 시의 중심 생각을 떠올려 보고 말하는 이가 추구하는 삶의 가치를 생각해 봅니다.

  민수는 아는 친구들이 참 많은가 봐요. 경진이는 민수가 발이 참 넓다며 부러워하고 있네요. 발이 넓다는 것은 어떤 뜻일까요? "발이 넓다."라는 관용어는 아는 사람이 많아서 활동 범위가 넓다는 뜻이에요. 이렇게 두 낱말이 합쳐져 새로운 뜻이 된 것을 관용어라고 해요.

  이제, 2단원에서는 관용 표현을 알아보고, 관용 표현을 넣어 생각을 효과적으로 표현해 볼 거예요.

2 관용 표현을 활용해요

49쪽 단원 정리 학습에서 더 자세히 공부해 보세요.

단원 학습 목표

1. **관용 표현을 활용하면 좋은 점을 정리해 봅니다.**
   - 전하고 싶은 말을 쉽게 표현할 수 있습니다.
   - 재미있는 표현이어서 듣는 사람의 관심을 불러일으킬 수 있습니다.
   - 하려는 말을 상대가 쉽게 알아들을 수 있습니다.
2. **관용 표현을 활용해 말해 봅니다.**
   - 주제에 대해 어떤 말을 할지 생각해 봅니다.
   - 생각에 어울리는 관용 표현을 떠올리고 말할 내용을 정리해 봅니다.
   - 관용 표현을 활용해 자신의 생각을 말해 봅니다.

단원 진도 체크

회차		학습 내용	진도 체크
1차	단원 열기	단원 학습 내용 미리 보고 목표 확인하기	✓
2차	교과서 내용 학습	관용 표현을 활용하면 좋은 점 알기	✓
	교과서 내용 학습	여러 가지 관용 표현의 뜻 알기 / 「꿈을 펼치는 길」	✓
3차	교과서 내용 학습	이야기를 듣고 말하는 사람의 의도 파악하기 / 「도산 안창호 선생의 연설」	✓
4차	교과서 내용 학습	생각이 효과적으로 드러나는 표현을 활용해 말하기	✓
	교과서 문제 확인	교과서 문제 학습하며 학교 숙제 해결하기	✓
5차	단원 정리 학습	단원 학습 내용 정리하기	✓
	단원 확인 평가	확인 평가를 통한 단원 학습 상황 파악하기	✓

해당 부분을 공부하고 나서 ✓표를 하세요.

교과서 86~89쪽 내용 학습 목표 ▶ 관용 표현을 활용하면 좋은 점 알기 교과서 86~89쪽

[01~03] 다음을 읽고, 물음에 답하시오.

> 가 남자아이: 정민아, 내일이 벌써 개학이야. 정말 시간이 빠르지 않니?
>
> 정민: 내일이 개학이라고? ㉠눈이 번쩍 뜨인다! 해야 할 일이 아직도 많은데 큰일이네.
>
> 나 남자아이: 소진아, 제주도에 다녀왔다며? 재미있었어?
>
> 소진: 제주도에 다녀온 것 말이야? 아까 민진이에게만 말했는데 넌 어떻게 알았어? 정말 ㉡발 없는 말이 천 리 가는구나.

01 ㉠의 뜻으로 알맞은 것은 무엇입니까? (   )

① 힘이 난다.
② 화가 난다.
③ 정말 고민이 된다.
④ 정신이 갑자기 든다.
⑤ 갑자기 기분이 좋아진다.

02 ㉡의 뜻으로 알맞은 것에 ○표를 하시오.

(1) 말이 비록 발이 없지만 천 리 밖까지도 순식간에 퍼진다. (   )
(2) 말이 비록 보이지 않아도 말의 가치는 영원히 계속 된다. (   )

중요
03 ㉡과 바꾸어 쓸 수 있는 관용 표현은 무엇입니까?

(   )

① 발이 넓다
② 오십 보 백 보이다
③ 세 살 버릇이 여든까지 간다
④ 돌다리도 두들겨 보고 건너라
⑤ 낮말은 새가 듣고 밤말은 쥐가 듣는다

[04~05] 다음을 보고, 물음에 답하시오.

너희는 네 명이 함께 그리는데도 문제가 전혀 없네.

너희는 역시 손발이 잘 맞아.

은수

영철

04 은수와 영철이의 말 가운데에서 더 간단한 표현은 누구의 말인지 이름을 쓰시오.

(   )

05 은수와 영철이의 말 가운데에서 듣는 사람의 관심을 끌 수 있는 표현은 누구의 말인지 이름을 쓰시오.

(   )

서술형
06 관용 표현을 활용하면 좋은 점을 한 가지 쓰시오.

_____

도움말 관용 표현을 활용해 말하면 하고 싶은 말이 어떻게 전달되는지 생각해 봅니다.

■관용 표현 알아보기
• 관용 표현: 둘 이상의 낱말이 합쳐져 그 낱말의 원래 뜻과는 다른 새로운 뜻으로 굳어져 쓰이는 표현입니다.
• 관용 표현을 활용하면 좋은 점: 전하고 싶은 내용을 쉽게 표현할 수 있습니다. / 재미있는 표현이어서 듣는 사람의 관심을 끌 수 있습니다. / 하려는 말을 상대가 쉽게 알아들을 수 있습니다.

교과서 90~91쪽 내용   **학습 목표 ▶** 여러 가지 관용 표현의 뜻 알기

[07~10] 다음을 읽고, 물음에 답하시오.

> 동생: ㉠오빠, 나도 이제 휴대 전화를 사 달라고 할 거
> 야. 쇠뿔도 단김에 빼라고 당장 구경해 보자.
> 오빠: 안 돼. 아직 부모님과 의논도 안 했잖아. 다음에 보
> 자.
> 동생: 에이, 당장 어떤 걸로 할지 결정하고 싶었는데, 오
> 빠 때문에 ㉡김이 식어 버렸잖아.

07 ㉠에서 관용 표현을 찾아 쓰시오.

(   )

08 ㉠에서 찾은 관용 표현의 뜻은 무엇인지 알맞은 것에
○표를 하시오.

(1) 어떤 일이든지 하려고 생각했으면 최선을 다해
야 한다는 뜻   (   )

(2) 어떤 일이든지 하려고 생각했으면 망설이지 말
고 곧 행동으로 옮겨야 한다는 뜻   (   )

09 ㉡의 뜻은 무엇입니까? (   )

① 맛이 없잖아.
② 자신이 없잖아.
③ 오래 기다렸잖아.
④ 결정을 못 하겠잖아.
⑤ 재미나 의욕이 없어졌잖아.

10 ㉡의 표현을 활용하여 짧은 글을 쓰시오.

_____

_____

도움말 '김이 식어 버렸다'의 뜻을 생각하며 짧은 글을 써 봅
니다.

[11~13] 다음을 읽고, 물음에 답하시오.

> 지현: 안나야!
> 안나: 아이고, 깜짝이야! ㉠간 떨어질 뻔했잖니.
> 지현: 미안해. 문구점에 같이 가자! 내일 미술 시간에 필
> 요한 준비물을 사야 하지? 일단 어떤 준비물이 있는
> 지 확인해 보자. 난 색 도화지 두 장, 색종이 한 묶
> 음, 딱풀을 사야겠다.
> 안나: 난 좀 넉넉하게 사야겠어. 색 도화지 열 장, 색종이
> 여덟 묶음, 딱풀이랑 물 풀이랑…….
> 지현: 너 정말 ㉡

11 어떤 상황을 보여 주는 대화입니까? (   )

① 가방을 함께 싸는 상황
② 알림장을 함께 적는 상황
③ 그림을 함께 그리는 상황
④ 여행을 함께 떠나는 상황
⑤ 문구점에서 준비물을 사는 상황

12 ㉠의 뜻은 무엇입니까? (   )

① 매우 놀라다.   ② 매우 무섭다.
③ 매우 슬프다.   ④ 매우 아프다.
⑤ 매우 배가 고프다.

13 ㉡에 들어갈 관용 표현으로 알맞은 것은 어느 것입니
까? (   )

① 간이 크구나.   ② 귀가 얇구나.
③ 발이 넓구나.   ④ 손이 크구나.
⑤ 손발이 잘 맞는구나.

꿈을 펼치는 길

• 글의 특징: 졸업생 선배가 들려주는 꿈을 펼치는 방법에 대한 글입니다.

★ 바르게 읽기

[질로]	[진노]
(○)	(×)

낱말 사전

진로(進 나아갈 진, 路 길 로) 앞으로의 삶의 방향.
확신(確 굳을 확, 信 믿을 신) 굳게 믿음.

안녕하십니까? 저는 내일초등학교 2000년도 졸업생 김영선입니다. 저는 지금 3년째 경찰로 일하고 있습니다. 초등학교 6학년 때부터 경찰이 되고 싶다는 꿈을 꾸었고 결국 그 꿈을 이루었습니다. 오늘 저는 여러분께 꿈을 펼치는 몇 가지 방법을 말씀드리려고 이 자리에 섰습니다.

저는 얼마 전부터 오늘을 ㉠손꼽아 기다렸습니다. 아마 여러분은 학교를 졸업하면 ㉡천하를 얻은 듯 신나서 바로 멋진 어른이 될 수 있으리라 생각할 것입니다. 하지만 자신의 꿈을 향해 달려 가는 일은 결코 쉬운 일도, ㉢마음대로 되는 일도 아니었습니다. 저는 여러분께 꿈을 펼치는 세 가지 방법을 말씀드리려고 합니다.

첫째, 자신의 진짜 꿈을 찾으려고 노력합시다. 한때 의사를 주인공으로 한 드라마가 큰 인기를 얻자, 분위기에 휩쓸려 자신의 **진로**를 의사로 결정하는 사람이 많았습니다. 하지만 시간이 지나자 대부분은 자신이 정말 하고 싶은 일은 따로 있다는 사실을 깨닫고 후회했습니다. 저는 초등학생 때 꿈이 계속 바뀌었는데, 6학년 때 안전 교육을 해 주신 경찰을 직접 만나 여러 가지 이야기를 들으면서 경찰이 되고 싶다는 꿈을 키우기 시작했습니다. 경찰이라는 직업을 자세히 알아보고 제 능력과 흥미를 살펴보면서 제 진짜 꿈이 경찰이라는 **확신**이 들었습니다. 쉽게 미래를 결정하는 것보다 자신의 진짜 꿈을 찾는 노력을 꾸준히 하는 것이 중요합니다.

14 ㉠~㉢ 중에서 오늘 이 자리에 선 졸업생 선배의 마음을 잘 표현해 주는 관용 표현은 무엇인지 기호를 쓰시오.

(　　　　　)

15 ㉠~㉢ 중에서 다음과 같은 뜻의 관용 표현은 무엇인지 기호를 쓰시오.

매우 기쁘고 만족스럽다.

(　　　　　)

16 선배는 후배들에게 무엇에 대하여 이야기하고 있습니까? (　　)

① 경찰이 하는 일
② 꿈을 펼치는 방법
③ 공부를 잘하는 법
④ 안전한 생활을 하는 법
⑤ 초등학교 생활을 잘 지내는 법

17 선배가 꿈을 키우기 시작한 계기는 무엇이라고 했습니까? (　　)

① 부모님의 권유를 받아
② 교통사고를 목격하게 되면서
③ 경찰을 주인공으로 한 드라마를 보면서
④ 6학년 때 안전 교육의 필요성을 알게 되면서
⑤ 6학년 때 경찰을 직접 만나 이야기를 들으면서

둘째, 자기 자신에게 자신감을 가집시다. 앞날에 대해 고민이 많고 꿈을 어떻게 이
_{꿈을 펼치는 방법 ②}
룰 것인지 걱정하고 계신가요? 만약 그렇다면 여러분은 꿈을 펼칠 준비가 된 것입니

다. 꿈을 키워 나가는 일은 ㉠눈 깜짝할 사이에 이루어지지 않습니다. 저는 5학년 때
_{관용 표현 – 매우 짧은 순간}
까지 매우 **허약한** 체질이었지만, 경찰이 되려고 몇 년 동안 식습관을 바꾸고 체력을

길렀습니다. 당장은 실패하더라도 쉽게 포기하지 말고 꾸준히 노력해야 자신의 꿈을

찾을 수 있습니다. 그 과정에서 **좌절하거나** 힘들어하지 말고, 열심히 노력하는 자기

자신을 충분히 칭찬해 줍시다.

　　셋째, 구체적인 목표를 세웁시다. 여러분이 꿈을 결정한 뒤 구체적인 목표가 없다
　　　　_{꿈을 펼치는 방법 ③}
면 꿈을 이루려는 노력에 금이 가기 쉽습니다. 저는 경찰이 되려고 '하루 30분 운동,
　　　　_{관용 표현 – 서로의 사이가 벌어지거나 틀어지기}
한 분야 공부'처럼 쉬운 목표부터 시작해 운동하고 공부하는 시간과 양을 조금씩 늘

려 나갔습니다. 초등학생 때 할 일, 중학생 때 할 일, 그리고 고등학생 때 할 일을 나

누어 정하거나, 단계적으로 실천할 행동 목표를 정한다면 언젠가는 꿈꾸던 인생의 막

을 열 수 있을 것입니다.
_{관용 표현–무대의 공연이나 어떤 행사를 시작할 수}
　　여러분, "**쇠뿔**도 단김에 빼라."라는 말이 있습니다. 지금부터 제 **조언**을 벗 삼아 꿈
　　　_{관용 표현 – 준비되었을 때 당장 행동에 옮겨라.}
을 찾아 떠나는 노력을 시작하시기 바랍니다. 자신만의 멋진 꿈을 향해 달려 가는 후

배들을 저도 응원하겠습니다.

■관용 표현
• 손꼽아 기다리다
• 천하를 얻은 듯
• 눈 깜짝할 사이
• 금이 가다
• 막을 열다
• 쇠뿔도 단김에 빼라

낱말 사전

허약한　기력이 튼튼하지 못하고 약한.
좌절하거나　어떤 일에 대한 의지나 기운이 꺾이거나.
쇠뿔　소의 뿔.
조언(助 도울 조, 言 말씀 언)　말로 거들거나 깨우쳐 주어서 도움. 또는 그 말.

---

18 이 글에서 다음과 같은 뜻을 가진 속담을 찾아 쓰시오.

> 어떤 일이든지 하려고 생각했으면 한창 열이 올랐을 때 망설이지 말고 곧 행동으로 옮겨라.

（　　　　　　　　　　　　）

19 선배가 꿈을 이루기 위해 한 일로 알맞지 <u>않은</u> 것은 어느 것입니까? （　　　）

① 체력을 길렀다.
② 전문가의 도움을 받았다.
③ 몇 년 동안 식습관을 바꾸었다.
④ 단계적으로 실천할 행동 목표를 정했다.
⑤ 운동하고 공부하는 시간과 양을 조금씩 늘려 갔다.

20 다음은 선배가 후배들에게 말한 꿈을 펼치는 세 가지 방법을 정리한 것입니다. 빈칸에 들어갈 알맞은 내용을 찾아 쓰시오.

> • 자신의 진짜 꿈을 찾으려고 노력합시다.
> • ［　　　　　　　　　　　　　　］
> • 구체적인 목표를 세웁시다.

（　　　　　　　　　　　　　　）

서술형 21 ㉠을 넣어 간단한 문장을 만들어 쓰시오.

＿＿＿＿＿＿＿＿＿＿＿＿＿＿＿＿＿

＿＿＿＿＿＿＿＿＿＿＿＿＿＿＿＿＿

도움말 '눈 깜짝할 사이'는 '매우 짧은 순간'이라는 뜻입니다.

- 글의 종류: 광고
- 글의 특징: '물을 아껴 쓰자.'는 생각을 관용 표현을 사용하여 효과적으로 나타낸 광고입니다.

■ 광고 파악하기

- 광고에서 말하는 내용: 우리가 물을 낭비한다는 것입니다.
- 광고에서 하고 싶은 말: 물 쓰듯 쓴다는 것이 아주 헤프게 쓴다는 뜻으로 쓰이지 않도록 물을 아껴 쓰자는 것입니다.

■ 말하는 사람이 관용 표현을 활용한 의도

- 듣는 사람이 자신의 이야기를 귀기울여 듣게 하려는 의도
- 이야기에 흥미를 느끼게 하려는 의도

물을

㉠ 물 쓰듯 쓰다

"물 쓰듯 쓰다"라는 말,
이제는 바뀌어야 합니다.

22 이 광고에 나타나 있는 관용 표현은 무엇인지 쓰시오.

( )

중요
23 ㉠의 뜻은 무엇입니까? ( )

① 아주 헤프게
② 아주 귀하게
③ 아주 평범하게
④ 아주 시원하게
⑤ 아주 적절하게

24 이 광고에서 하고 싶은 말은 무엇입니까? ( )

① 전기를 아끼자.
② 물을 아껴 쓰자.
③ 분리수거를 잘하자.
④ 오염 물질을 줄이자.
⑤ 새로운 것에 관심을 갖자.

서술형
25 이와 같이 관용 표현을 사용하여 광고를 만들면 어떤 점이 좋을지 쓰시오.

_____

_____

도움말 관용 표현을 사용했을 때의 좋은 점에 대해 생각해 봅니다.

도산 안창호 선생의 연설

학습 목표 ▶ 이야기를 듣고 말하는 사람의 의도 파악하기

중심내용 자기 생각뿐 아니라 다른 사람의 생각도 받아들일 줄 알아야 합니다.

1 오늘날 우리가 임시 정부를 위한 독립운동 단체를 조직하려면 준비할 것이 셀 수 없이 많습니다. 특히 사람이 많이 모이도록 힘써야 할 것이외다. 그러나 어려운 점이 있습니다. <u>누구나 자기가 한 가지 생각을 하면 다른 이의 생각을 무엇이든지 반대한다는 것입니다.</u> 사람들 사이의 문제점 예를 들어 말하면 전쟁을 원하는 자가 대화를 원하는 자를 반대해 말하기를 "대화가 무엇이냐, 지금이 어느 때라고! 우리는 폭탄을 들고 나가야 한다."라고 떠듭니다. 또 대화를 원하는 자는 말하기를 "**공연히** 젊은 놈들이 ㉠**애간장**이 타서 당장 폭탄을 들고 나가면 우리 독립이 되는가?"라고 합니다. 우리가 서로 자기 생각만 옳은 줄 알고 그것만 해야 한다고 하는 것은 ㉡<u>한 가지만 알고 두 가지는 모르는</u> 까닭이외다.

★ **바르게 쓰기**

공연히	공연이
(○)	(×)

도산 안창호 선생은 신민회, 흥사단을 조직하여 우리나라의 독립을 위해 애쓰셨어.

- **글의 종류**: 연설문
- **글의 특징**: 안창호 선생이 임시 정부를 유지하는 방법을 연설한 내용의 일부입니다.

■ 글에 활용된 표현의 뜻을 추론하는 방법
- 글 앞뒤에 있는 내용을 살펴봅니다.
- 표현에 쓰인 낱말이 평소에 어떤 뜻으로 쓰이는지 생각해 봅니다.
- 그러한 표현을 쓴 의도를 생각해 봅니다.

낱말 사전

공연히 아무런 까닭이나 실속이 없이.
애간장 '애(초조한 속마음)'를 강조하여 이르는 말.

---

26 도산 안창호 선생을 비롯한 사람들이 조직하려는 것은 무엇인지 쓰시오.

( )

중요 28 ㉠의 뜻은 무엇입니까? ( )

① 몹시 화가 나서
② 몹시 여유롭게 천천히
③ 몹시 시끄럽고 정신이 없이
④ 몹시 초조하여 속을 많이 태워서
⑤ 몹시 신중하지 못하고 급작스럽게

27 현재 모인 사람들 사이에 있는 문제는 무엇입니까?

( )

① 결론을 급하게 내는 것
② 자신의 생각을 말하지 않는 것
③ 나가서 싸우기를 두려워하는 것
④ 사람들이 모이는 것을 싫어하는 것
⑤ 다른 이의 생각을 무엇이든지 반대하는 것

서술형 29 ㉡의 뜻이 무엇인지 추론해 보고, 그 뜻을 쓰시오.

_____

도움말 글의 앞뒤 내용을 살펴보며 표현의 의미를 생각해 봅니다.

2. 관용 표현을 활용해요 **43**

중심 내용 서로 생각은 달라도 뜻을 함께하는 독립운동 단체를 조직하도록 하여야 합니다.

❷ 그러므로 이러한 마음을 꼭 고쳐야 하겠습니다. 독립운동은 할 일이 많고 복잡하므로 일을 나누어야 합니다.
자신의 의견만을 고집하는 마음
우리는 서로 생각은 달라도 말없이 뜻을 함께하고 독립운동 단체를 조직하도록 합해야 하겠습니다. 각각 자신만의 주장은 버리고 전 민중을 끌어 통일한 방향으로 나아가야 할 것입니다.
안창호 선생이 연설을 한 까닭
이렇게 하려 함에는 대표적 인물이 있어야 하겠습니다. 나는 진정으로 우리를 붙들고 나갈 만한 대표자가 내일 올 듯 ★ 모레 올 듯 하다고 생각합니다.

중심 내용 독립운동의 깃발 아래 우리의 뜻을 모아야 하겠습니다.

❸ 오늘 이 자리에 모인 여러분, 우리는 이제부터 누구의 장단점을 말하지 말고 **단결해** 나갑시다. 모두 함께 독립운동을 할 **배포**를 기릅시다. 독립을 달성하려고 하루에도 열두 번 노력합시다. 독립운동가가 될 만한 여러분, 독립운동 단체를 조직할 준비를 할 날이 오늘이외다. 그런즉 나와 여러분은 독립운동 단체가 실현되도록 각각의 의견을 버리고 모두의 한 목표를 이루려고 민족적 정신으로 **어금니를 악물고** 나갑시다.
고통이나 분노 따위를 참으려고 이를 악물어 굳은 의지를 나타내고
그래서 독립운동의 ㉠깃발 아래 우리의 뜻을 모아야 하겠습니다.

---

30 이 글에 나타난 관용 표현 중에서 다음과 같은 뜻을 가진 말을 글 ❸에서 찾아 쓰시오.

매우 자주

( )

중요
31 ㉠의 뜻은 무엇입니까? ( )

① 위험한 상황 아래
② 새로운 국기 아래
③ 하나의 목표를 품고
④ 다양한 의견을 받아들여
⑤ 위대한 조상의 뜻을 받들어

32 안창호 선생이 연설을 한 까닭은 무엇인지 두 가지를 고르시오. (,)

① 교육의 중요성을 강조하기 위해서
② 독립의 필요성을 강조하기 위해서
③ 독립운동 단체의 지도자를 뽑으려고
④ 독립운동을 위한 모금을 하기 위해서
⑤ 사람들의 의견을 하나로 모으기 위해서

33 글에 활용된 표현의 뜻을 추론하는 방법으로 알맞지 않은 것을 찾아 ○표를 하시오.

(1) 글 앞뒤에 있는 내용을 살펴본다. ( )
(2) 그러한 표현을 쓴 의도를 생각해 본다. ( )
(3) 글에서 똑같은 표현이 몇 번이나 쓰였는지 살펴본다. ( )
(4) 표현에 쓰인 낱말이 평소에 어떤 뜻으로 쓰이는지 생각해 본다. ( )

[34~37] 다음을 보고, 물음에 답하시오.

규영

혜선

고운

우리 반 친구들이 고운 말을 사용하면 좋겠습니다.

"가는 말이 고와야 오는 말이 곱다."라는 말이 있습니다. 내가 남에게 말이나 행동을 좋게 해야 남도 나에게 좋게 한다는 뜻입니다. 우리 반 친구들도 고운 말을 사용하면 좋겠습니다.

우리 반 친구들이 고운 말을 사용하면 좋겠습니다. 친구에게 나쁜 말을 했다가 자신도 나쁜 말을 들은 경험, 반대로 친구를 칭찬하고 자신도 칭찬을 들은 경험이 있을 것입니다. 가는 말이 고와야 오는 말이 곱습니다.

34 친구들은 무엇에 대하여 이야기하고 있는지 쓰시오.

( )

35 친구들 중에서 관용 표현을 사용하지 <u>않은</u> 친구는 누구인지 쓰시오.

( )

36 친구들이 사용한 관용 표현은 무엇인지 ○표를 하시오.

(1) 발 없는 말이 천 리 간다 ( )

(2) 가는 말이 고와야 오는 말이 곱다 ( )

(3) 콩 심은 데 콩 나고 팥 심은 데 팥 난다 ( )

중요
37 관용 표현을 활용하여 생각을 효과적으로 정리한 친구는 누구인지 이름을 쓰시오.

( )

[38~39] 다음 **보기** 를 보고, 물음에 답하시오.

보기

㉮ 눈에 띄다

㉯ 머리를 맞대다

㉰ 발 벗고 나서다

㉱ 공든 탑이 무너지랴

㉲ 말 한마디에 천 냥 빚도 갚는다

38 다음 빈칸에 들어갈 알맞은 관용 표현을 **보기** 에서 찾아 기호를 쓰시오.

'⬚⬚⬚⬚⬚⬚⬚⬚'라는 말이 있습니다. 모둠 과제를 열심히 준비했으니 반드시 좋은 결과가 있을 것입니다.

( )

서술형
39 우리 반을 행복하게 하려면 우리가 해야 할 일을 떠올려 보고, **보기** 의 ㉮~㉲ 중 하나의 관용 표현을 활용해 하고 싶은 말을 쓰시오.

_____

도움말 관용 표현을 활용해서 하고 싶은 말을 효과적으로 표현합니다.

■ 관용 표현을 활용할 때의 효과
• 말을 시작할 때 관용 표현을 활용하면 듣는 사람의 관심을 끌 수 있습니다.
• 말을 끝낼 때 관용 표현을 활용하면 생각을 효과적으로 정리할 수 있습니다.

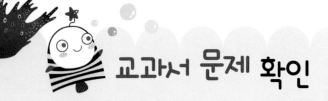

교과서 문제 확인

교과서 86~89쪽

○ 관용 표현을 활용하면 좋은 점 알기

• 대화 **가**에서 파란색으로 쓰인 표현은 어떤 뜻일까요? ㉔ 정신이 갑자기 든다는 뜻입니다.

• 대화 **나**에서 파란색으로 쓰인 표현은 어떤 뜻일까요?

　㉔ 말은 비록 발이 없지만 천 리 밖까지도 순식간에 퍼진다는 뜻입니다.

• 대화 **나**에서 파란색으로 쓰인 표현 대신에 쓸 수 있는 표현에는 어떤 것이 있을까요?

　㉔ '낮말은 새가 듣고 밤말은 쥐가 듣는다'는 표현이 있습니다.

• 은수와 영철이의 말 가운데에서 더 간단한 표현은 누구의 말인가요? ㉔ 영철이의 말입니다.

• 은수와 영철이의 말 가운데에서 듣는 사람의 관심을 끌 수 있는 표현은 누구의 말인가요? 그렇게 생각한 까닭은 무엇인가요?

　㉔ 영철이의 말입니다. 일반적인 설명이 아니라 함축적인 의미가 담겨 있기 때문입니다. / 영철이의 말이 한 번 더 생각하게 하는 표현이기 때문입니다.

• 관용 표현을 활용하거나 들은 경험을 친구들에게 소개하고 어떤 상황이었는지 설명해 봅시다.

관용 표현	관용 표현을 활용하거나 들은 상황
발이 넓다	다른 학교에도 아는 사람이 많은 친구를 소개할 때 활용했다.
㉔ 눈이 동그래지다	㉔ 아주 놀라서 눈을 크게 뜬 것을 말할 때 활용했다.
㉔ 말꼬리를 물고 늘어지다	㉔ 친구가 내 말 가운데에서 꼬투리를 잡아 자꾸 따져서 왜 그러냐고 물으며 활용했다.

• 관용 표현을 활용하면 좋은 점을 정리해 봅시다.

　㉔ 전하고 싶은 말을 쉽게 표현할 수 있다. / 재미있는 표현이어서 듣는 사람의 관심을 불러일으킬 수 있다. / 하려는 말을 상대가 쉽게 알아들을 수 있다.

교과서 90~91쪽

○ 여러 가지 관용 표현의 뜻 알기

• 어떤 상황을 보여 주는 대화인가요? ㉔ 동생이 오빠에게 휴대 전화를 구경해 보자고 하는 상황입니다.

• '쇠뿔도 단김에 빼라'는 무슨 뜻일까요?

　㉔ 어떤 일이든지 하려고 생각했으면 한창 열이 올랐을 때 망설이지 말고 곧 행동으로 옮겨야 한다는 뜻입니다.

• '김이 식다'는 무슨 뜻일까요? ㉔ 재미나 의욕이 없어진다는 뜻입니다.

• 어떤 상황을 보여 주는 대화인가요? ㉔ 지현이와 안나가 문구점에서 준비물을 사는 상황입니다.

• '간 떨어지다'는 무슨 뜻일까요? ㉔ 매우 놀란다는 뜻입니다.

• 지현이가 안나에게 '양을 많이 준비한다'는 뜻으로 활용할 수 있는 관용 표현에는 무엇이 있을까요?

　㉔ '손이 크다'와 같은 표현입니다.

「꿈을 펼치는 길」

○ 졸업생 선배가 들려주는 꿈을 펼치는 방법에 대한 글

• 찬이네 반에서는 '졸업생 만남의 날'을 맞아 졸업한 선배의 이야기를 들었습니다. 말하는 목적을 생각하며 「꿈을 펼치는 길」을 듣고, 질문을 만들어 친구들과 묻고 답해 봅시다.

「꿈을 펼치는 길」의 내용을 묻는 질문	• 말하는 사람은 어떻게 경찰이 되려는 꿈을 꾸게 되었나요? • (예) 꿈을 펼치고 키워 나가려면 어떤 마음가짐이 필요한가요? • (예) 말하는 사람이 경찰이 되려고 세운 구체적인 목표는 무엇인가요?
꿈과 관련한 생각이나 느낌을 묻는 질문	• 자신의 진짜 꿈은 어떻게 찾을 수 있을까요? • (예) 앞날에 대해 고민하거나 꿈을 어떻게 이룰지 걱정한 적이 있나요? • (예) 꿈을 이루려고 세울 수 있는 구체적인 목표에는 무엇이 있을까요?

• 말하기에 활용된 여러 가지 관용 표현과 그 뜻을 알아봅시다.

관용 표현	관용 표현의 뜻
손꼽아 기다리다	기대에 차 있거나 안타까운 마음으로 날짜를 꼽으며 기다리다.
천하를 얻은 듯	(예) 매우 기쁘고 만족스러움.
(예) 눈 깜짝할 사이	매우 짧은 순간.
금이 가다	(예) 서로의 사이가 벌어지거나 틀어지다.
막을 열다	(예) 무대의 공연이나 어떤 행사를 시작하다.
(예) 쇠뿔도 단김에 빼라	어떤 일이든지 하려고 생각했으면 한창 열이 올랐을 때 망설이지 말고 곧 행동으로 옮겨야 한다.

• 자신의 꿈을 말할 때 활용할 관용 표현을 찾아 그 뜻을 알아보고 말할 문장을 만들어 보세요.

관용 표현	관용 표현의 뜻	말할 문장
간이 크다	겁이 없고 매우 대담하다.	저는 어릴 적부터 겁이 없고 새로운 활동을 좋아해 간이 크다는 말을 많이 들었습니다.
(예) 귀가 얇다	(예) 남의 말을 쉽게 받아들인다.	(예) 저는 귀가 얇아서 친구들의 꿈을 들으면 저도 그것을 하고 싶었습니다.
(예) 눈에 띄다	(예) 두드러지게 드러나다.	(예) 선생님께서 제가 눈에 띄게 노래를 잘한다고 칭찬해 주셨습니다.

관용 표현과 그 뜻을 확인하고 싶을 때에는 속담 사전이나 관용어 사전 따위를 참고해 봐.

「도산 안창호 선생의 연설」   ○ 안창호 선생이 임시 정부를 유지하는 방법을 연설한 내용의 일부

• 안창호 선생을 비롯한 사람들이 조직하려는 것은 무엇인가요? 예 독립운동 단체입니다.

• 안창호 선생의 연설을 들으러 모인 사람들 사이에는 어떤 문제가 있나요? 예 서로 의견이 같지 않다는 것입니다.

• 연설을 다시 듣고 연설에 활용된 여러 가지 관용 표현과 그 뜻을 알아보세요.

관용 표현	관용 표현의 뜻
애간장이 타다	예 몹시 초조하고 안타까워서 속을 많이 태우다.
예 하루에도 열두 번	예 매우 자주.
예 어금니를 악물다	예 고통이나 분노 따위를 참으려고 이를 악물어 굳은 의지를 나타내다.

• 연설을 다시 듣고 연설에 활용된 '한 가지만 알고 두 가지는 모르는'의 뜻을 추론해 보세요.

> 먼저 앞뒤 내용을 살펴보자. 예 "서로 자기 생각만 옳은 줄 알고" (이)라는 내용이 있네.

> 또, 예 "누구나 자기가 한 가지 생각을 하면 다른 이의 생각을 무엇이든지 반대한다" (이)라는 내용도 있네.

> 결국 이 말은 예 다른 사람의 의견에도 좋은 점이 있다는 것을 모른다 / 서로의 의견을 합해야 좋다는 것을 모른다 / 자신의 의견만을 고집하고 더 많은 의견의 장점을 알지 못한다(이)라는 뜻일 거야.

• 연설문을 읽고 파란색으로 쓰인 부분이 어떤 상황을 설명하는지 생각해 보세요.

　예 독립운동을 하려고 모인 사람들이 자신의 의견만을 주장해 하나의 의견으로 합하지 못하고 있다는 것입니다.

• 연설 내용을 정리하며 생략된 부분에 어떤 내용이 들어가야 할지 생각해 보세요.

　예 자신의 의견만을 주장하는 마음을 바꾸어야 한다. / 우리의 의견을 모아 이끌어 줄 지도자가 필요하다.

• 「도산 안창호 선생의 연설」에 대해 더 알고 싶은 질문을 만들어 친구들과 이야기해 봅시다.

　예 안창호 선생은 독립 운동을 위해 어떻게 해야 한다고 주장했나요?

　예 연설을 듣는 사람의 마음은 어떠했을까요?

교과서 102~106쪽   ○ 생각이 효과적으로 드러나는 표현을 활용해 말하기

• 친구들은 무엇을 말하나요? 예 고운 말을 사용하자는 것입니다.

• 규영이, 고운이, 혜선이가 한 말에서 서로 다른 점은 무엇인가요?

　예 규영이는 관용 표현을 활용하지 않았고, 고운이와 혜선이는 관용 표현인 '가는 말이 고와야 오는 말이 곱다'를 활용했습니다.

• 고운이처럼 말을 시작할 때 관용 표현을 활용하면 어떤 효과를 얻을 수 있나요?

　예 듣는 사람의 관심을 끌 수 있습니다.

• 혜선이처럼 말을 끝낼 때 관용 표현을 활용하면 어떤 효과를 얻을 수 있나요?

　예 생각을 효과적으로 정리할 수 있습니다.

단원 정리 학습

핵심 1   관용 표현

1 관용 표현
- 둘 이상의 낱말이 합쳐져 그 낱말의 원래 뜻과는 다른 새로운 뜻으로 굳어져 쓰이는 표현을 관용 표현이라고 합니다.
- 관용 표현에는 관용어와 속담 따위가 있습니다.

2 관용 표현을 활용하면 좋은 점
- 전하고 싶은 말을 쉽게 표현할 수 있습니다.
- 재미있는 표현이어서 듣는 사람의 관심을 불러일으킬 수 있습니다.
- 하려는 말을 상대가 쉽게 알아들을 수 있습니다.

핵심 2   여러 가지 관용 표현

관용 표현	관용 표현의 뜻
손꼽아 기다리다	기대에 찬 마음으로 날짜를 꼽으며 기다리다.
천하를 얻은 듯	매우 기쁘고 만족스럽다.
눈 깜짝할 사이	매우 짧은 순간.
금이 가다	서로의 사이가 벌어지거나 틀어지다.
막을 열다	무대 공연이나 어떤 행사를 시작하다.
쇠뿔도 단김에 빼라	어떤 일이든지 하려고 생각했으면 열이 올랐을 때 망설이지 말고 곧 행동으로 옮겨야 한다.
간이 크다	겁이 없고 매우 대담하다.
귀가 얇다	남의 말을 쉽게 받아들인다.
눈에 띄다	두드러지게 드러나다.
애간장이 타다	몹시 초조하고 안타까워서 속을 많이 태우다.
하루에도 열두 번	매우 자주.
어금니를 악물다	고통이나 분노 따위를 참으려고 이를 악물어 굳은 의지를 나타내다.

핵심 3   생각이 효과적으로 드러나는 표현을 활용해 말하기

- 말하는 상황과 내용에 알맞은 관용 표현을 활용해 자신의 생각을 말합니다.
- 말을 시작할 때 관용 표현을 활용하면 듣는 사람의 관심을 끌 수 있습니다.
- 말을 끝낼 때 관용 표현을 활용하면 생각을 효과적으로 정리할 수 있습니다.

정답과 해설 12쪽

단원 확인 평가

2. 관용 표현을 활용해요

01 다음 대화에서 관용 표현을 찾아 밑줄을 그으시오.

> 남자아이: 정민아, 내일이 벌써 개학이야. 정말 시간이 빠르지 않니?
>
> 정민: 내일이 개학이라고? 눈이 번쩍 뜨인다! 해야 할 일이 아직도 많은데 큰일이네.

[04~05] 다음 글을 읽고, 물음에 답하시오.

> ㉮ 안녕하십니까? 저는 내일초등학교 2000년도 졸업생 김영선입니다. 저는 지금 3년째 경찰로 일하고 있습니다. 초등학교 6학년 때부터 경찰이 되고 싶다는 꿈을 꾸었고 결국 그 꿈을 이루었습니다. 오늘 저는 여러분께 꿈을 펼치는 몇 가지 방법을 말씀드리려고 이 자리에 섰습니다.
>
> ㉯ 자기 자신에게 자신감을 가집시다. 앞날에 대해 고민이 많고 꿈을 어떻게 이룰 것인지 걱정하고 계신가요? 만약 그렇다면 여러분은 꿈을 펼칠 준비가 된 것입니다. 새로운 꿈을 키워 나가는 일은 눈 깜짝할 사이에 이루어지지 않습니다. 저는 5학년 때까지 매우 허약한 체질이었지만, 경찰이 되려고 몇 년 동안 식습관을 바꾸고 체력을 길렀습니다. 당장은 실패하더라도 쉽게 포기하지 말고 꾸준히 노력해야 자신의 꿈을 찾을 수 있습니다. 그 과정에서 좌절하거나 힘들어하지 말고, 열심히 노력하는 자기 자신을 충분히 칭찬해 줍시다.

 02 다음의 뜻을 가진 관용 표현은 무엇입니까? ( )

> 말은 순식간에 멀리까지 퍼져 나가므로 말을 삼가야 한다.

① 쇠뿔도 단김에 빼라
② 발 없는 말이 천 리 간다
③ 세 살 버릇이 여든까지 간다
④ 돌다리도 두들겨 보고 건너라
⑤ 가는 말이 고와야 오는 말이 곱다

04 이 글에 나타난 '매우 짧은 순간'이라는 뜻을 가진 관용 표현을 찾아 쓰시오.

( )

03 빈칸에 쓸 수 있는 관용 표현은 무엇입니까? ( )

> 지현: 안나야!
>
> 안나: 아이고, 깜짝이야! ☐☐☐☐☐☐☐
>
> 지현: 미안해. 문구점에 같이 가자! 내일 미술 시간에 필요한 준비물을 사야 하지? 일단 어떤 준비물이 있는지 확인해 보자. 난 색 도화지 두 장, 색종이 한 묶음, 딱풀을 사야겠다.

① 귀가 얇다.
② 마음이 넓다.
③ 간 떨어질 뻔했다.
④ 눈 깜짝할 사이다.
⑤ 어금니를 악물었다.

05 이 글에서 꿈을 펼치기 위한 방법으로 제안한 것은 무엇입니까? ( )

① 자신감을 가져라.
② 식습관을 바꿔라.
③ 공부를 열심히 해라.
④ 다른 사람들을 칭찬하라.
⑤ 자신의 진짜 꿈을 찾아라.

[06~09] 다음 글을 읽고, 물음에 답하시오.

㉮ 오늘날 우리가 임시 정부를 위한 독립운동 단체를 조직하려면 준비할 것이 셀 수 없이 많습니다. 특히 사람이 많이 모이도록 힘써야 할 것이외다. 그러나 어려운 점이 있습니다. 누구나 자기가 한 가지 생각을 하면 다른 이의 생각을 무엇이든지 반대한다는 것입니다. ㉮예를 들어 말하면 전쟁을 원하는 자가 대화를 원하는 자를 반대해 말하기를 "대화가 무엇이냐, 지금이 어느 때라고! 우리는 폭탄을 들고 나가야 한다."라고 떠듭니다. 또 대화를 원하는 자는 말하기를 "공연히 젊은 놈들이 애간장이 타서 당장 폭탄을 들고 나가면 우리 독립이 되는가?"라고 합니다. 우리가 서로 자기 생각만 옳은 줄 알고 그것만 해야 한다고 하는 것은 한 가지만 알고 두 가지는 모르는 까닭이외다.

㉯ 오늘 이 자리에 모인 여러분, 우리는 이제부터 누구의 장단점을 말하지 말고 단결해 나갑시다. 모두 함께 독립운동을 할 배포를 기릅시다. 독립을 달성하려고 ㉠하루에도 열두 번 노력합시다. 독립운동가가 될 만한 여러분, 독립운동 단체를 조직할 준비를 할 날이 오늘이외다. 그런즉 나와 여러분은 독립운동 단체가 실현되도록 각각의 의견을 버리고 모두의 한 목표를 이루려고 민족적 정신으로 ㉡어금니를 악물고 나갑시다. 그래서 독립운동의 ㉢깃발 아래 우리의 뜻을 모아야 하겠습니다.

06 ㉮는 어떤 상황을 설명하는 것인지 쓰시오.

( )

07 글 ㉮와 ㉯ 사이에 생략된 내용은 무엇이겠습니까?

( )

① 이웃 나라의 어려움을 살펴야 한다.
② 우리 민족은 마침내 독립을 달성했다.
③ 하루하루 최선을 다해 생활하여야 한다.
④ 자신의 의견만 주장하는 마음을 바꾸어야 한다.
⑤ 세계 여러 나라에 우리 민족의 어려움을 알려야 한다.

08 ㉠~㉢ 중에서 다음과 같은 뜻을 가진 관용 표현은 무엇인지 기호를 쓰시오.

하나의 목표를 품고

( )

09 이 글에서 안창호 선생이 하고 싶은 말은 무엇인지 쓰시오.

( )

서술형
10 상황에 어울리는 관용 표현을 떠올려 보고 **보기** 와 같이 관용 표현을 활용해 하고 싶은 말을 정리하여 쓰시오.

보기

상황	어울리는 관용 표현	하고 싶은 말
사회 수업 시간에 힘들게 준비한 모둠 과제를 발표하는 상황	공든 탑이 무너지랴	"공든 탑이 무너지랴."라는 말이 있습니다. 모둠 과제를 열심히 준비했으니 반드시 좋은 결과가 있을 것입니다.

(1) 상황	(2) 어울리는 관용 표현	(3) 하고 싶은 말

도움말 상황에 어울리는 말을 좀더 효과적으로 나타낼 수 있는 관용 표현을 생각해 봅니다.

교실의 분실물 보관함에 친구들이 잃어버린 학용품이 있어요. 누군가가 학용품에 이름을 쓰자고 주장하는 글을 써 놓았어요.

이제, 3단원에서는 글을 읽고 글쓴이의 주장을 찾아보는 활동을 할 거예요. 또 주장에 대한 근거가 적절한지 판단하고, 논설문을 쓸 때에 알맞은 자료를 활용하는 방법도 알아볼 거예요.

3 타당한 근거로 글을 써요

69쪽 단원 정리 학습에서 더 자세히 공부해 보세요.

단원 학습 목표

1. 근거의 타당성을 판단하며 글을 읽습니다.
   - 근거가 주장과 관련 있는지, 근거가 주장을 뒷받침하는지 판단합니다.
   - 근거를 뒷받침하는 자료가 적절한지 판단합니다.
2. 자료의 적절성을 판단하며 글을 읽습니다.
   - 자료가 근거의 내용과 관련 있는지 살펴봅니다.
   - 믿을 수 있는 자료를 활용했는지 살펴봅니다.
   - 수를 제시할 때에는 정확한 숫자를 사용했는지 살펴봅니다.
   - 최신 자료를 사용했는지 살펴봅니다.
   - 출처를 보고 믿을 수 있는 자료인지 살펴봅니다.

단원 진도 체크

회차		학습 내용	진도 체크
1차	단원 열기	단원 학습 내용 미리 보고 목표 확인하기	✓
	교과서 내용 학습	「'그냥'이 아니라 '왜'」	✓
2차	교과서 내용 학습	「공정 무역 제품을 사용합시다」	✓
3차	교과서 내용 학습	논설문을 쓸 때 알맞은 자료를 활용하는 방법 알기	✓
	교과서 내용 학습	상황에 알맞은 자료를 활용해 논설문 쓰기	✓
	교과서 내용 학습	더 좋은 우리 동네를 만들기 위한 논설문 쓰기	✓
4차	서술형 수행 평가 돋보기	서술형 수행 평가 대비 학습하기	✓
	교과서 문제 확인	교과서 문제 학습하며 학교 숙제 해결하기	✓
5차	단원 정리 학습	단원 학습 내용 정리하기	✓
	단원 확인 평가	확인 평가를 통한 단원 학습 상황 파악하기	✓

해당 부분을 공부하고 나서 ✓표를 하세요.

'그냥'이 아니라 '왜'　　학습 목표 ▶ 글을 읽고 주장 찾기　　교과서 114~117쪽

- 글쓴이: 이어령
- 글의 특징: 수염이 긴 할아버지의 일화를 예로 들면서 우리도 습관적으로 '그냥'이라고 생각하지 말고 '왜' 또는 '어떻게'를 생각하면서 삶을 살아가자는 글쓴이의 주장이 담긴 글입니다.

중심내용 한 아이가 할아버지에게 주무실 때 수염을 이불 안에 넣는지, 꺼내 놓는지 물어보자 할아버지는 알쏭달쏭했습니다.

1 할아버지를 생각하면 긴 수염이 떠오르기도 하지? 정말 그렇게 수염을 길게 기른 할아버지 한 분이 마을 길을 걸어가고 있었단다. 그때 한 어린아이가 할아버지에게 다가왔어. 아이는 할아버지 가슴팍까지 내려온 하얗고 긴 수염을 신기한 눈으로 바라보았대. 그러고는 이렇게 물었지.

"할아버지! 할아버지는 주무실 때 그 수염을 이불 안에 넣나요, 아니면 꺼내 놓나요?"

할아버지는 "예끼! 이 버릇없는 놈." 하고 소리치려다
　때릴 듯한 기세로 나무라거나 화가 났을 때 내는 소리.
가 문득 자기도 궁금해졌단다. 왜냐하면 수염을 기른 채 몇십 년 동안이나 살아왔지만, 그때까지 한 번도 그런 궁금증을 지녀 본 적이 없었거든.

'허허, 그러고 보니 내가 정말 수염을 꺼내 놓고 잤나, 넣고 잤나?'

아무리 생각해 봐도 알쏭달쏭하기만 했지. 결국 할아버지는 난처한 얼굴을 하고는 아이에게 이렇게 말할 수밖에 없었단다.

"글쎄다. 허, 참. 이 녀석, 별걸 다 묻는구나. 정 궁금하다면 말이다. 오늘 밤에 한번 자 보고 내일 아침에 가르쳐 주마."

중심내용 할아버지는 수염을 어떻게 하고 잤는지 기억할 수가 없었고, 그 뒤로 밤마다 수염 때문에 편안하게 잠을 잘 수가 없었습니다.

2 할아버지는 집에 돌아오기 무섭게 이부자리를 펴고 누웠지. 우선 이불 속에 수염을 넣고 말이야. 그런데 너무 갑갑하고 거북해서 아무래도 수염을 밖에 내놓고 자
　몸이 찌뿌드드하고 괴로워 움직임이 자연스럽지 못하거나 자유롭지 못해서.
야 할 것 같았어.

★ 바르게 쓰기

이부자리	이불자리
(○)	(×)

---

01 아이가 신기한 눈으로 바라본 것은 무엇입니까?
　　　　　　　　　　　　　　　　(　)

① 할아버지의 지팡이
② 할아버지의 옷차림
③ 할아버지의 긴 수염
④ 할아버지의 생긴 모습
⑤ 할아버지의 걸어가는 모습

중요 02 아이가 할아버지에게 궁금했던 것은 무엇인지 쓰시오.
(　　　　　　　　　　　　　　　　　)

03 아이의 질문에 할아버지가 난처한 얼굴을 한 까닭은 무엇인지 쓰시오.
(　　　　　　　　　　　　　　　　　)

04 할아버지가 다시 수염을 밖에 내놓고 자야 할 것 같다고 생각한 까닭은 무엇입니까? (　)

① 너무 갑갑하고 거북해서
② 아이의 질문이 자꾸 생각나서
③ 수염이 정돈되지 않고 흐트러져서
④ 수염을 밖에 내놓고 자는 것이 편해서
⑤ 평소에 수염을 밖에 내놓고 자는 버릇이 있어서

'옳지! 수염을 이불 밖으로 꺼내 놓고 잔 게 분명해!'

할아버지는 얼른 수염을 이불 밖으로 꺼내 놓고 눈을 감아 봤어. 그런데 불편한 건 마찬가지였어. 이불 밖으로 내놓은 수염 때문에 왠지 허전하고 썰렁한 느낌이 들어서 마음이 편하지 않았던 거야. 아무리 자려고 해도 잠을 이룰 수가 없었지.

수염을 이불로 덮으니 갑갑하고, 이불 밖으로 꺼내 놓으면 허전하고……. 할아버지는 밤새도록 수염을 넣었다 꺼냈다 하느라고 **한숨**도 잘 수가 없었단다. 물론 할아버지는 다음 날 아침에 가르쳐 주겠노라고 했던 아이와의 약속도 지키지 못했지.

이상한 일 아니니? 분명 그건 할아버지 자신의 수염이고, 할아버지는 몇십 년 동안 하루도 빼놓지 않고 잠을
〔할아버지가 밤새 한 행동〕

잤는데 말이야. 그런데도 아이가 묻기 전까지 그 수염을 어떻게 하고 잤는지 기억할 수가 없었던 거야.

그렇다고 다른 사람에게 물어볼 수도 없는 노릇이었어. 물어본다고 한들 누가 가르쳐 줄 수도 없는 문제잖아. 정말 답답하고 **기막힌** 일이었지. 그 뒤로 할아버지는 밤마다 수염 때문에 편안하게 잠을 잘 수가 없었대.

[중심내용] 아무 생각 없이 모든 순간을 습관적으로 기계적으로 살아가는 사람은 이야기 속 할아버지와 똑같습니다.

❸ 재미있는 이야기라고 웃어넘길 일이 아니야. 가만히 생각해 보렴. 혹시 너에게도 그런 수염이 있는지 말이야. 아이들한테 무슨 수염이 있냐고? 아니야, 그렇지 않아. 너도 누가 질문을 할 때 가끔 '그냥'이라고 대답한 적이 있을 거야. 바로 그 '그냥'이라는 말이 너의 수염이란다. 아직도 잘 모르겠다고?

낱말 사전

한숨 숨을 한 번 쉴 동안 또는 잠깐 동안.
㉘ 친구와 다툰 나는 밤새 한숨도 못 잤습니다.

기막힌 어떠한 일이 놀랍거나 언짢아서 어이없는.
㉘ 친구들의 기막힌 이야기에 깜짝 놀랐습니다.

---

05 할아버지가 밤새 한숨도 잘 수 없었던 까닭은 무엇입니까? (　　　)

① 수염을 깎고 싶어서
② 수염을 이불로 덮으니 허전해서
③ 자신이 어떻게 잤는지 기억해 내려고
④ 아이에게 대답해 줄 일이 걱정되어서
⑤ 밤새도록 수염을 넣었다 꺼냈다 하느라고

07 우리에게 있는 '수염'이 의미하는 것을 바르게 이해한 친구의 이름을 쓰시오.

민서: 누가 질문을 하면 가장 먼저 정확한 대답을 하는 것을 말해.
정훈: 누가 질문을 할 때 깊은 생각 없이 '그냥'이라고 대답하는 것을 말해.

(　　　　　　　)

06 글쓴이가 자신의 주장을 뒷받침하기 위한 자료로 활용한 것은 무엇입니까? (　　　)

① 전문가의 의견
② 연구 및 실험 결과
③ 긴 수염 할아버지 이야기
④ 백과사전에서 조사한 내용
⑤ 인터넷에서 찾은 통계 자료

08 주장을 하기 위해 이 글에서와 같이 일화를 활용하면 좋은 점을 쓰시오.

_____

_____

[도움말] 긴 수염 할아버지의 이야기가 글쓴이의 주장에 어떤 도움이 되는지 생각해 봅니다.

우리는 ㉠아무 생각 없이 '그냥' 지내는 날이 얼마나 많은지 몰라. 그냥 먹고, 그냥 자고, 그냥 노는 날 말이야. 어떤 때에는 봄이 와서 꽃이 피어도, 아침이 되어 찬란한 태양이 떠올라도 아무 느낌 없이 그냥 **흘깃**★ 보고 지나쳐 버리기도 하지. 새들이 어떻게 짝을 지어 날아가고, 구름이 어떻게 모였다가 흩어지는지 몇 번이나 눈여겨보았니? 자신에게 또는 남들에게 궁금한 일을 몇 번이나 질문해 보았니? 남들이 하니까 그냥 따라 하고, 어른들이 시키니까 그냥 했던 일은 없었니?

자기 안에 물음표가 없어서 아무것도 묻지 못하는 사람은 건전지를 넣고 단추를 누르면 그냥 북을 쳐 대는 곰 인형과 별로 다를 것이 없어. 아무 생각 없이 모든 순간을 습관적으로 기계적으로 살아가는 사람은 이야기 속 할아버지와 똑같아. 자기 것이지만 자기 것이 아닌 '그냥 수염'을 달고 사는 사람 수염을 달고 있으니까 말이야.

중심내용 '그냥'이라고 생각하지 말고 '왜' 또는 '어떻게'를 생각해야 합니다.

④ '그냥 수염'을 달고 있는 사람은 어느 날 누가 "왜?" 또는 "어떻게?" 하고 물으면 아무 대답도 하지 못해. 아무리 자기가 한 일을 뒤돌아보고 생각해 내려고 애써도 지나온 날들은 이미 멀리 사라져 버려서 **흔적**조차 찾을 길이 없기 때문이지. 어느 날엔가 너한테도 누군가가 물어 올지 몰라. 그때를 위해서라도 '그냥'이라는 대답이 아닌 무언가를 준비해야겠지?

★ 바르게 읽기

[흘깃]	[흘낏]
(○)	(×)

낱말 사전

흘깃 가볍게 한 번 흘겨보는 모양.
㉠ 그 남자는 나를 흘깃 보더니 모른 척했습니다.

흔적(痕 흔적 흔, 跡 발자취 적) 어떤 현상이나 실체가 없어졌거나 지나간 뒤에 남은 자국이나 자취.

---

09 ㉠의 예로 알맞은 것을 골라 기호를 쓰시오.

㉮ 봄이 와서 꽃이 피어도 그냥 흘깃 보고 지나친다.
㉯ 새들이 어떻게 짝을 지어 날아가는지 관심 있게 쳐다본다.
㉰ 아침에 찬란한 태양이 떠오를 때 감탄을 하며 환호성을 지른다.

( )

10 '그냥 수염'을 달고 있지 않은 사람의 행동은 무엇이겠습니까? ( )

① 어른들이 시키니까 한다.
② 남들이 하는 것을 그대로 따라 한다.
③ 누가 "왜?"라고 물으면 대답하지 못한다.
④ 자신 혹은 남들에게 궁금한 것을 질문한다.
⑤ 모든 순간을 습관적으로 기계적으로 살아간다.

중요 11 글쓴이는 우리가 '그냥 수염'을 달지 않으려면 어떻게 해야 한다고 했는지 쓰시오.

( )

'그냥 수염'이 무엇을 의미하는지 생각해 볼까?

서술형 12 글쓴이의 주장은 무엇인지 쓰시오.

_____

_____

도움말 글쓴이가 말하는 '그냥 수염'이 무엇인지 생각해 봅니다.

공정 무역 제품을 사용합시다

학습 목표 ▶ 주장에 대한 근거가 적절한지 판단하며 글 읽기

교과서 120~124쪽

- **글의 종류:** 주장하는 글(논설문)
- **글의 특징:** 가난한 나라의 자립을 돕고, 환경을 보호하기 위해 공정 무역 제품을 사용하자는 내용의 주장하는 글입니다.

중심 내용 공정 무역이란 생산자의 노동에 정당한 대가를 지불해 생산자가 경제적 자립과 발전을 하도록 돕는 무역입니다. 우리도 공정 무역 제품을 사용해야 합니다.

1 '공정 무역 도시', '공정 무역 커피' 이런 말을 들어 본 적이 있나요? 2017년에 ○○광역시가 국내 최초로 '공정 무역 도시'로 공식 인정을 받았다는 신문 기사를 접할 수 있었습니다. 공정 무역이란 생산자의 노동에 정당한 대★가를[대까] 지불해 생산자가 경제적 자립과 발전을 하도록 돕는 무역입니다. ○○광역시는 공정 무역 상품을 사용하고 공정 무역을 확산시키려는 활동을 지원해 실질적인 변화를 만들어 내는 도시가 되었습니다. 우리도 공정 무역 제품을 사용해 이러한 변화에 동참해야 합니다.
→ 주장의 동기와 주장
★ 바르게 쓰기

대가	댓가
(○)	(×)

낱말 사전

공정(公 공평할 공, 正 바를 정) 공평하고 올바름.
예 뉴스에서는 사건을 공정 보도해야 합니다.

중심 내용 공정 무역 제품을 사용해야 하는 까닭 – 첫째, 생산자에게 돌아갈 정당한 이익을 지켜 줍니다.

2 공정 무역 제품을 사용해야 하는 까닭은 다음과 같습니다. 첫째, 생산자에게 돌아갈 정당한 이익을 지켜 줍니다. 「흔히 볼 수 있는 과일 가운데 하나인 바나나의 경우, 우리가 3천 원짜리 바나나 한 송이를 산다면 약 45원만이 생산자인 농민에게 이익으로 돌아갑니다. 그 까닭은 바나나 생산국에서 우리 손에 오기까지 바나나 농장 주인, 수출하는 회사, 수입하는 회사, 슈퍼마켓 등이 총수익의 98.5퍼센트를 가져가기 때문입니다. 공정 무역에서는 생산자 조합과 공정 무역 회사를 만들어 이러한 중간 **유통** 단계를 줄이고 실제로 바나나를 재배하는 생산자의 이익을 보장해 주었습니다.」 → 주장에 대한 근거 1
「」: 근거에 대해 예를 들어 설명함.

유통(流 흐를 유, 通 통할 통) 상품 따위가 생산자에서 소비자, 수요자에 도달하기까지 여러 단계에서 교환되고 분배되는 활동.

중요 13 글 **1**은 논설문의 짜임 중 어느 부분에 해당하는지 **보기** 에서 골라 기호를 쓰시오.

보기

㉮ 서론　　㉯ 본론　　㉰ 결론

(　　　　　　)

14 다음과 같은 의미의 말은 무엇인지 글에서 찾아 쓰시오.

> 생산자의 노동에 정당한 대가를 지불해 생산자가 경제적 자립과 발전을 하도록 돕는 무역.

(　　　　　　)

15 공정 무역에서 중간 유통 단계를 줄이려고 하는 까닭은 무엇입니까? (　　　)

① 생산자의 이익을 보장해 주기 위해
② 판매자의 이익을 보장해 주기 위해
③ 판매되는 물건의 종류를 늘리기 위해
④ 비용을 줄이고 많은 수익을 올리기 위해
⑤ 소비자에게 가능한 많은 양을 판매하기 위해

16 글쓴이가 공정 무역 제품을 사용해야 하는 근거로 제시한 것은 무엇입니까? (　　　)

① 물건을 판매한 수익이 증가한다.
② 생산자의 노동력이 적게 필요하다.
③ 소비자는 물건을 싼 값에 살 수 있다.
④ 많은 양의 물건을 수출하고 수입할 수 있다.
⑤ 생산자에게 돌아갈 정당한 이익을 지켜 준다.

중심내용 공정 무역 제품을 사용해야 하는 까닭 – 둘째, 아이들을 위험에서 보호할 수 있습니다.

3 둘째, 아이들을 위험에서 보호할 수 있습니다. 일부 다국적 기업들은 물건의 생산 비용을 낮추려고 임금이 상대적으로 낮은 어린이를 고용하기도 합니다. 예를 들어 우리가 좋아하는 초콜릿은 열대 과일인 카카오를 주재료로 해서 만듭니다. 카카오는 열대 지방에서만 자라는 식물로 아래의 「초콜릿 감옥」 동영상 자료에서처럼

근거에 활용한 자료

그 지방 어린이들이 학교도 가지 못하고 카카오를 재배하고 수확하는 경우가 많습니다. 하지만 공정 무역은 "안전하고 노동력 **착취** 없는 노동 환경이 유지되어야 한다."라는 조건을 지켜야 하기 때문에 아이들의 노동력 착취를 막을 수 있습니다. → 주장에 대한 근거 2

중심내용 공정 무역 제품을 사용해야 하는 까닭 – 셋째, 자연을 보호하고 생산자의 건강을 지키는 방법이 됩니다.

4 셋째, 자연을 보호하고 생산자의 건강을 지키는 방법

낱말 사전

착취(搾 짤 착, 取 가질 취) 계급 사회에서 생산 수단을 소유한 사람이 생산 수단을 갖지 않은 직접 생산자로부터 그 노동의 성과를 무상으로 취득함. 또는 그런 일.

이 됩니다. 공정 무역에서는 지구 환경을 보호하는 친환경 농사법을 권장합니다. 일반적으로 카카오나 바나나, 목화 같은 것은 재배할 때 많은 양을 싸고 빠르게 수확하려고 농약과 화학 비료를 사용합니다. 생산지에서는 농약 회사에서 권장하는 장갑과 마스크를 살 여유가 없기 때문에 해마다 가난한 나라의 농민 2만 명 이상이 작물 재배용 농약에 노출되어 여러 가지 질병을 앓고 있습니다. 『인간의 얼굴을 한 시장 경제, 공정 무역』이라는

근거에 활용한 자료

책에 따르면 바나나를 재배하는 대부분의 대농장은 원가를 절감하느라 위험한 농약을 대량으로 살포합니다. 대농장 가까이에 사는 노동자들의 음식과 식수는 이 **독극물**로 오염됩니다. 한 코스타리카 농장을 대상으로 한 연구에서 남성 노동자 가운데 20퍼센트가 그런 화학 물질을 다룬 뒤 **불임**이 되었다고 합니다.

★ 바르게 쓰기

초콜릿	초콜렛
(○)	(×)

독극물 독물과 극물을 아울러 이르는 말.
㉠ 독극물에 오염된 물고기들이 떼죽음을 당하였습니다.
불임 임신하지 못하는 일.

---

17 다국적 기업이 어린이를 고용하는 까닭은 무엇인지 쓰시오.

(   )

18 다음과 같은 공정 무역의 조건이 지켜질 때의 좋은 점은 무엇입니까? (   )

> 안전하고 노동력 착취 없는 노동 환경이 유지되어야 한다.

① 자연을 보호할 수 있다.
② 아이들에게 많은 월급을 줄 수 있다.
③ 아이들의 노동력 착취를 막을 수 있다.
④ 다국적 기업의 수를 감소시킬 수 있다.
⑤ 많은 양의 카카오를 재배하고 수확할 수 있다.

19 글 **3**과 **4**에서 공정 무역 제품을 사용해야 하는 근거 두 가지를 찾아 쓰시오.

(1) _____

(2) _____

중요
20 이와 같은 글에서 글쓴이가 제시한 근거의 타당성을 판단하려고 할 때, 그 방법으로 알맞지 <u>않은</u> 것은 무엇입니까? (   )

① 근거가 주장과 관련 있는지 확인한다.
② 근거가 주장을 뒷받침하는지 판단한다.
③ 근거를 뒷받침하는 자료가 적절한지 판단한다.
④ 제시한 자료가 믿을 수 있는 자료인지 살펴본다.
⑤ 글쓴이의 주장과 자신의 생각이 비슷한지 비교한다.

또 바나나를 채취해서 나르는 여성 노동자들은 백혈병에 걸릴 확률이 평균 발병률보다 두 배나 높게 나타난다고 합니다. 하지만 공정 무역은 농민들이 농약과 화학 비료를 적게 쓰고 유기농으로 농사를 짓게 하여 이러한 문제를 해결하려고 노력하고 있습니다. → 주장에 대한 근거 3

중심내용 공정 무역 제품을 사용해야 하는 까닭 – 넷째, 공정 무역 인증 표시는 국제기구가 생산지에서 공정 무역의 주요 원칙이 잘 지켜졌는지를 점검한 물건들에 붙일 수 있습니다.

5 넷째, 공정 무역 **인증** 표시는 국제기구가 생산지에서 공정 무역의 주요 원칙이 잘 지켜졌는지를 점검한 물건들에 붙일 수 있습니다. 국제공정무역기구의 조사원들은 농장과 관련 기관들을 찾아가서, 그들이 공정 무역의 규칙에 맞게 생산 활동을 하는지 평가합니다. 소비자들은 이 인증 표시를 보고 윤리적인 소비를 할 수 있습니다. 하지만 요즘은 공정 무역의 조건을 지키지 않고 공

정 무역을 흉내 낸 인증 표시를 만들어 소비자들에게 혼란을 주는 기업들도 있습니다. → 주장에 대한 근거 4

중심내용 가난한 나라의 자립을 도와주고, 환경을 보호할 수 있는 공정 무역 제품을 사용합시다.

6 여러분은 달콤한 초콜릿을 살 때 무엇을 보고 고르나요? 겉으로 보기에는 모두 똑같아 보이지만 그 초콜릿이 우리 손에 들어오기까지의 과정은 제품에 따라 매우 다를 수 있습니다. 그것을 만들려고 노력한 사람들이 학교도 못 다니고 음식도 제대로 먹지 못한, 여러분보다 어린 동생들이라면 그 초콜릿을 정말 맛있게 먹을 수 있을까요? 가난한 나라에 일시적인 **원조**를 제공하는 데 그치지 않고 자립하도록 도와주는 방법이자 우리 환경을 보호할 수 있는 공정 무역 제품, 이제는 우리가 관심을 기울이고 사용할 때입니다. → 본론 요약과 주장 강조

낱말 사전

인증(認 알 인, 證 증거 증) 어떠한 문서나 행위가 정당한 절차로 이루어졌다는 것을 공적 기관이 증명함.

원조(援 도울 원, 助 도울 조) 물품이나 돈 따위로 도와줌.
㉑ 어려움에 처한 사람에 대한 원조는 필요한 일입니다.

21 이 글을 통해 알 수 있는 공정 무역 제품의 특징을 잘못 설명한 것은 무엇입니까? (   )

① 생산자의 건강을 생각한다.
② 공정 무역 인증 표시가 있다.
③ 부자 나라에서 생산한 것이다.
④ 농약과 화학 비료를 적게 쓴다.
⑤ 유기농으로 농사를 지은 것이다.

23 글쓴이의 주장으로 알맞은 것은 무엇입니까?
(   )

① 공정 무역 제품을 사용하자.
② 공정 무역 인증 표시를 확인하자.
③ 공정 무역에 대해 많은 공부를 하자.
④ 가난한 나라에 일시적인 원조를 하자.
⑤ 초콜릿을 살 때에는 원산지를 확인하자.

24 글 **5**에서 제시한 근거가 적절한지 판단하고, 그렇게 판단한 까닭을 쓰시오.

_____

_____

도움말 글 **5**에서 제시한 근거가 이 글의 주장을 타당하게 뒷받침할 수 있는지 생각해 봅니다.

22 윤리적인 소비를 하기 위해 소비자들이 확인해야 할 것은 무엇인지 글 **5**에서 찾아 쓰시오.

공정 무역 (   )

■ 자료 조사 방법
• 설문 조사 하기   • 면담하기
• 인터넷 검색하기   • 책이나 신문에서 찾기

[25~28] 다음은 논설문을 쓰기 위해 수집한 자료입니다. 물음에 답하시오.

25 그림 자료를 통해 알 수 있는 숲의 좋은 점이 <u>아닌</u> 것은 무엇입니까? (   )

① 쾌적함을 준다.
② 건강을 증진시킨다.
③ 면역력을 향상시킨다.
④ 사람들에게 좋은 영향을 끼친다.
⑤ 숲속 동물들이 살기 좋은 환경을 제공한다.

26 두 가지 자료를 통해 짐작할 수 있는 논설문의 주장은 무엇이겠습니까? (   )

① 숲을 보호하자.
② 숲에 집을 짓자.
③ 숲으로 소풍을 가자.
④ 숲의 동물들을 보호하자.
⑤ 숲을 멋진 관광지로 조성하자.

27 26에서 답한 주장에 대한 알맞은 근거를 한 가지만 쓰시오.

_____

도움말 숲을 왜 보호해야 하는지, 숲을 보호하면 어떤 점이 좋은지에 대해 생각해 봅니다.

28 다음은 논설문을 쓰기 위해 추가로 수집한 자료입니다. 자료의 종류는 무엇입니까? (   )

○○신문
2000년 ○○월 ○○일

이산화 탄소 먹는 하마는 상수리나무

국립산림과학원의 연구 결과 우리나라의 가정이나 기업에서 1인당 평생 배출하는 이산화 탄소는 약 12.7톤이다. 개인이 배출한 이산화 탄소를 흡수하려면 평생 나무를 심어야 할지도 모른다. 이산화 탄소를 특히 잘 흡수하는 것은 상수리나무이다.

많은 양의 이산화 탄소를 흡수하고 지구 온난화 예방에도 큰 역할을 하는 나무 심기에 관심을 가지자. (◇◇◇ 기자)

① 표   ② 사진
③ 지도   ④ 기사문
⑤ 전문가의 말

자료의 종류에는 기사문, 사진, 그림, 표, 동영상, 지도, 전문가의 말이나 글 따위가 있어.

교과서 132~137쪽　　**학습 목표** ▶ 상황에 알맞은 자료를 활용해 논설문 쓰기

[29~32] 다음 대화방의 내용을 읽고, 물음에 답하시오.

← 소희네 가족 단체 대화방

 엄마　오늘은 다들 얼굴 볼 시간도 없이 바쁘구나. 오늘 저녁은 외식하려고 하는데 먹고 싶은 거 있니?

짜장면요. 나

 엄마　이웃집 아주머니가 △△식당의 짜장면이 맛있다고 추천하던데 거기 갈래?

 오빠　에이, 거기 식당 사장님은 불친절하고 음식 맛도 이상하대요.

그래? 어떻게 알았어? 나

 오빠　누리 소통망에서 그 가게를 이용한 손님이 쓴 글을 읽었지.

 아빠　음식점을 직접 이용한 손님이 쓴 정보를 쉽게 얻을 수 있으니 참 편하구나.

 엄마　이상하네. 그 식당은 깨끗하고 사장님도 친절하다고 동네에서 칭찬이 자자하던데.

정말요? ㉠누구 말을 믿어야 하지요? 나

29 소희 오빠는 △△식당에 대한 정보를 어떻게 얻었습니까? (　　)

① 친구가 알려 주어서
② 이웃집 아주머니가 알려 주어서
③ 직접 △△식당에 가 본 적이 있어서
④ 누리 소통망에 글을 쓴 사람과 아는 사이여서
⑤ 누리 소통망에서 △△식당을 이용한 손님이 쓴 글을 읽고

30 소희가 ㉠과 같이 말한 까닭은 무엇입니까? (　　)

① 짜장면이 먹고 싶어서
② 오빠의 말을 믿을 수 없어서
③ △△식당에 가고 싶지 않아서
④ △△식당에 가서 직접 확인하고 싶어서
⑤ △△식당에 대한 사람들의 의견이 달라서

서술형
31 소희 오빠가 알려 준 △△식당의 정보에 대해 소희네 가족이 어떻게 받아들이면 좋을지에 대해 자신의 의견을 쓰시오.

_____

도움말 누리 소통망에 손님이 쓴 글을 그대로 믿을 것인지 아니면 사실 여부에 관해 확인을 해 볼 것인지 생각해 봅니다.

중요
32 「소희네 가족 단체 대화방」을 읽고 만든 다음 질문 중에서 누리 소통망의 장점을 생각할 수 있는 질문으로 알맞은 것을 골라 기호를 쓰시오.

㉮ 소희네가 가려고 하는 식당이 이상한 소문이 난 까닭은 무엇인가요?
㉯ 소희네 가족이 단체 대화방에서 저녁 먹을 곳을 정하는 까닭은 무엇인가요?

(　　　　　　)

누리 소통망이란 '소셜 네트워크 서비스[SNS]'를 우리말로 다듬은 말이야.

[33~34] 다음은 성민이가 누리 소통망에 쓴 글입니다. 물음에 답하시오.

제발 저희 가게를 도와주세요

얼마 전, 누리 소통망에 퍼진 「△△식당 불매 운동」이라는 글을 보신 적이 있나요? 그 가게는 바로 저희 어머니께서 운영하시는 식당입니다. 하지만 누리 소통망에 실린 이야기는 사실과 다릅니다.

저도 기억합니다. 손님이 몰려들기 시작하는 토요일 점심시간에 한 손님께서 짜장면을 주문해서 드시고 계셨습니다. 그러다 곧 주문을 담당한 직원을 화난 표정으로 부르시더군요.

"여기 짜장면 맛이 왜 이래? 빨리 사장 나오라고 해!"

어머니께서 나오셔서 맛을 확인하고도 이상한 점을 발견하지 못해 갸우뚱하셨지만 손님께 짜장면을 새로 가져다드렸습니다. 하지만 손님께서는 새로 가져다드린 짜장면도 이상하다며 배상을 하라고 계속 소란을 피우셨습니다. 결국 저희는 음식값을 받지도 않고 연신 죄송하다고 사과하며 손님을 보내 드렸습니다.

며칠 뒤, 친구에게 연락이 왔습니다. 걱정스러운 목소리로 "성민아, 인터넷 누리 소통망에 너희 가게 이야기가 있는데, 너도 한번 보는 게 좋을 것 같아."라며 인터넷 글을 보내 주더군요. 그 글에는 며칠 전 있었던 일이 사실과는 다르게 적혀 있었습니다.

△△식당에서 짜장면을 먹었는데 맛이 이상한 짜장면을 그냥 먹으라고 하고 사과는커녕 자신을 밀치며 불친절하게 말했다는 겁니다. 사람들은 댓글에 모두 저희 가게를 욕하며 불매 운동을 벌이고 있었습니다. 게다가 저를 아는 누군가가 제 이름과 다니는 학교까지 인터넷에 올리는 바람에 학교에도 소문이 났습니다. 그리고 그 사건 뒤 저희 가게에는 정말 손님이 뚝 끊겨 저희 가족은 힘든 나날을 보내고 있습니다.

인터넷에 떠도는 소문이 아닌 제 말을 믿어 주시고, 이 글을 널리 퍼뜨려 주세요. 저희 가게를 도와주세요.

33 성민이와 손님이 누리 소통망에 글을 쓴 까닭은 무엇인지 쓰시오.

( )

34 손님이 누리 소통망에 쓴 글로 인해 성민이네 가게에는 어떤 일이 생겼는지 알맞은 것을 두 가지 고르시오. (,)

① 가게에 손님이 끊겼다.
② 가게에 많은 손님이 몰려왔다.
③ 성민이의 개인 정보가 유출되었다.
④ 맛있는 가게라고 널리 소문이 났다.
⑤ 텔레비전 뉴스에 가게가 보도되었다.

35 다음과 같은 주제로 논설문을 쓰려고 합니다. 주장을 뒷받침할 수 있는 근거로 알맞지 **않은** 것의 기호를 쓰시오.

> 누리 소통망을 올바르게 사용하자.

㉮ 개인 정보가 유출되기 쉽다.
㉯ 중독되어 시간을 낭비할 수 있다.
㉰ 잘못된 정보가 쉽게 퍼질 수 있다.
㉱ 다양한 정보를 얻는 것이 힘들 수 있다.

( )

36 **35**의 주제로 논설문을 쓰려고 할 때, 근거를 제시하기 위해 수집할 자료 내용으로 알맞은 것을 모두 골라 ○표를 하시오.

(1) 누리 소통망을 이용하는 시간 ( )
(2) 누리 소통망을 처음으로 만든 사람 ( )
(3) 누리 소통망으로 개인 정보가 유출된 사례 ( )

37 수집한 자료를 바탕으로 논설문을 쓰려고 합니다. 서론을 쓸 때 고려하면 좋은 점을 쓰시오.

_____

_____

도움말 주장을 제시한 글의 처음 부분에 어떤 내용으로 쓰면 좋을지 생각해 봅니다.

[38~40] 다음은 아파트 게시판에 붙은 공모 포스터입니다. 물음에 답하시오.

더 좋은 우리 동네 만들기

　더 좋은 우리 동네를 만들려는 첫 번째 노력! 우리 동네의 문제점을 해결하는 내용으로 논설문을 써서 보내 주세요.

- **공모 주제**: 더 좋은 우리 동네 만들기

- **참가 대상**: 개인

- **제출 사항**: 논설문 한 편

- **제출 방법**: ① 우편
　　　　　　　② ○○동네 누리집 게시판

- **심사 기준**: ① 더 좋은 동네를 만들기 위해 실천할
　　　　　　　　수 있는 주장인가?
　　　　　　　② 근거가 주장을 뒷받침하는가?
　　　　　　　③ 자료가 내용을 뒷받침하는가?
　　　　　　　④ 믿을 만한 자료를 활용했는가?
　　　　　　　⑤ 사용한 표현이 적절한가?

○○구 ○○동장

---

38 공모에 참가하기 위해 찾은 우리 동네의 문제점을 잘못 말한 친구의 이름을 쓰시오.

> 지윤: 쓰레기 분리 수거가 잘되고 있어.
> 영훈: 밤늦게 아파트 공원에서 시끄럽게 하는 사람들이 있어.
> 예빈: 아이들이 있는데도 길에서 담배를 피우는 사람들이 있어.
> 민수: 옆집을 생각하지 않고 이른 시간이나 늦은 밤에 뛰거나 악기를 연주하기도 해.

(　　　　　　　　　　　)

39 이 포스터를 만든 목적은 무엇입니까? (　　　)

① 더 좋은 우리 동네에 사는 사람들을 만나는 것
② 더 좋은 우리 동네가 되기 위한 시설을 갖추는 것
③ 더 좋은 우리 동네를 만들기 위한 모임을 만드는 것
④ 더 좋은 우리 동네를 만들기 위한 방법을 연구하는 것
⑤ 더 좋은 우리 동네를 만들기 위해 논설문을 공모하는 것

40 공모에 보낼 논설문의 주장으로 알맞지 <u>않은</u> 것은 무엇입니까? (　　　)

① 매일 일기 쓰는 습관을 가집시다.
② 쓰레기를 아무 곳에나 버리지 맙시다.
③ 좁은 골목의 벽에 함부로 낙서하지 맙시다.
④ 놀이터에 있는 시설을 함부로 훼손하지 맙시다.
⑤ 밤늦게 아파트 공원에서 시끄럽게 하지 맙시다.

41 심사 위원이 되어 논설문을 평가할 때, 평가 기준을 <u>잘못</u> 말한 친구는 누구입니까? (　　　)

① 실천할 수 있는 주장인지 확인해야 해. 유겸

② 인터넷 자료를 꼭 활용했는지 살펴봐야 해. 은우

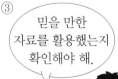
③ 믿을 만한 자료를 활용했는지 확인해야 해. 재범

④ 근거가 주장을 뒷받침하고 있는지 살펴봐야 해. 혜리

⑤ 사용한 표현이 적절한지 확인해야 해. 민형

서술형 수행 평가 돋보기

학교에서 출제되는
서술형 수행 평가를
미리 준비하세요.

◐ 다음 포스터를 보고, 물음에 답하시오.

더 좋은 우리 동네 만들기

더 좋은 우리 동네를 만들려는 첫 번째 노력! 우리 동네의 문제점을 해결하는 내용으로 논설문을 써서 보내 주세요.

- **공모 주제**: 더 좋은 우리 동네 만들기
- **참가 대상**: 개인
- **제출 사항**: 논설문 한 편
- **제출 방법**: ① 우편
  ② ○○동네 누리집 게시판
- **심사 기준**: ① 더 좋은 동네를 만들기 위해 실천할 수 있는 주장인가?
  ② 근거가 주장을 뒷받침하는가?
  ③ 자료가 내용을 뒷받침하는가?
  ④ 믿을 만한 자료를 활용했는가?
  ⑤ 사용한 표현이 적절한가?

○○구 ○○동장

🔍 문제 파악
포스터의 의도를 살펴보고 주장과 근거를 담은 논설문을 쓰는 문제입니다.

🔍 해결 전략

1 단계	포스터의 공모 주제 파악하기

↓

2 단계	공모 주제에 맞는 논설문의 주장과 근거 생각하기

↓

3 단계	논설문의 짜임에 맞게 논설문 쓰기

↓

4 단계	자신이 쓴 논설문을 읽고, 고쳐 쓰기

---

1 공모 주제는 무엇인지 쓰시오.

_____

2 공모 주제에 맞는 논설문의 주장을 정하고 근거를 두 가지 쓰시오.

주장	
근거	

3 우리 동네의 문제점을 해결하는 내용을 담은 논설문을 간단히 쓰시오.

학교 선생님께서
알려 주시는 모범 답안과
채점 기준도 book❸ 해설책에서
꼭 확인해 보자!

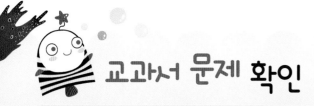

「'그냥'이 아니라 '왜'」

○ 우리도 습관적으로 '그냥'이라고 생각하지 말고 '왜' 또는 '어떻게'를 생각하면서 삶을 살아가자고 주장하는 내용의 글

• 아이가 한 질문에 할아버지는 왜 바로 대답하지 못했나요?

⑩ 수염을 기른 채 몇십 년 동안이나 살아왔지만, 그때까지 한 번도 그런 궁금증을 지녀 본 적이 없었기 때문입니다.

• 우리에게 있는 '수염'은 무엇이라고 했나요?

⑩ 누가 질문을 할 때 깊은 생각 없이 '그냥'이라고 대답하는 것입니다. / 남들이 하니까 그냥 따라 하고, 어른들이 시키니까 그냥 했던 일입니다.

• '그냥 수염'을 달지 않으려면 어떻게 해야 할까요?

⑩ 어떤 행동이나 일을 할 때 습관적으로 그냥 하는 것이 아니라 '왜' 또는 '어떻게'를 생각해야 합니다. / 남들이 하니까 그냥 따라 하는 것이 아니라 '왜' 또는 '어떻게'를 생각해야 합니다.

• 「'그냥'이 아니라 '왜'」의 글쓴이가 주장하는 것이 무엇인지 친구들과 이야기해 봅시다.

글쓴이의 주장	⑩ 습관적으로 그냥 살지 말고 자기 안에 물음표를 가지고 살자. / '그냥'이라고 생각하지 말고 '왜' 또는 '어떻게'를 생각하자.

교과서
123~125쪽

「공정 무역 제품을 사용합시다」

○ 가난한 나라의 자립을 돕고, 환경을 보호하기 위해 공정 무역 제품을 사용하자고 주장하는 내용의 글

• 공정 무역이란 무엇인가요?

⑩ 생산자의 노동에 정당한 대가를 지불해 생산자가 경제적 자립과 발전을 하도록 돕는 무역입니다.

• 공정 무역 제품을 사용하면 생산지의 아이들을 보호할 수 있는 까닭은 무엇인가요?

⑩ 공정 무역은 "안전하고 노동력 착취 없는 노동 환경이 유지되어야 한다."라는 조건을 지켜야 하기 때문입니다.

• 논설문의 짜임에 맞게 내용을 정리해 보세요.

서론	⑩ 우리나라에도 공정 무역 도시가 생기는 변화에 동참해 우리도 공정 무역 제품을 사용하자.
본론	근거 1: ⑩ 생산자에게 돌아갈 정당한 이익을 지켜 준다.
	근거 2: ⑩ 아이들을 위험에서 보호할 수 있다.
	근거 3: ⑩ 자연을 보호하고 생산자의 건강을 지키는 방법이 된다.
	근거 4: ⑩ 공정 무역 인증 표시는 국제기구가 생산지에서 공정 무역의 주요 원칙이 잘 지켜졌는지를 점검한 물건들에 붙일 수 있다.
결론	⑩ 우리가 공정 무역에 관심을 기울이고 공정 무역 제품을 사용하자.

• 이 글에서 주장하는 내용을 써 보세요.

⑩ 공정 무역 제품을 사용하자.

- 친구들과 근거의 타당성을 판단해 보세요.

근거	주장과 근거가 관련 있는가?	근거가 주장을 뒷받침하는가?
1	◎	◎
2	◎	◎
3	◎	◎
4	◎	△

매우 그렇다: ◎, 그렇다: ○, 보통이다: △

- 타당하지 않은 근거가 있다고 생각한다면 그렇게 생각한 까닭을 친구들과 이야기해 보세요.

  예 네 번째 근거는 공정 무역 제품을 사용해야 하는 까닭이 아니라 공정 무역 인증 표시에 대한 설명만 하고 있어서 주장을 직접적으로 뒷받침하지 못하기 때문에 타당하지 않다고 생각됩니다.

- 근거를 뒷받침하려고 어떤 자료를 활용했는지 찾아보세요.

자료	내용	종류
1	일반 무역 유통 단계와 공정 무역 유통 단계 비교	그림
2	카카오 농장에서 일하는 아이들의 실태를 담은 「초콜릿 감옥」	동영상
3	『인간의 얼굴을 한 시장 경제, 공정 무역』	책
4	공정 무역 인증 표시	그림

- 자료가 근거를 잘 뒷받침하는지 판단하는 방법을 친구들과 이야기해 보세요.

  - 자료가 예 근거의 내용과 관련 있어야 한다.
  - 예 믿을 수 있는 자료를 활용해야 한다.
  - 수를 제시할 때에는 예 정확한 숫자를 사용해야 한다.
  - 예 최신 자료를 사용해야 한다.
  - 예 자료의 출처가 분명한지 확인한다.

- 자료가 근거를 뒷받침하는지 판단해 보세요.

자료 1	자료 2	자료 3	자료 4
◎	◎	◎	△

매우 그렇다: ◎, 그렇다: ○, 보통이다: △

교과서 127~131쪽

○ 논설문을 쓸 때 알맞은 자료를 활용하는 방법 알기

• 논설문을 쓰려고 생각한 근거를 보고 주장이 무엇인지 찾아봅시다.

주장	⑩ 숲을 보호하자. / 숲을 살리자.

근거	① 숲은 미세 먼지를 잡아 주어 공기를 깨끗하게 해 준다.
	② 숲은 홍수와 산사태를 막아 준다.
	③ 숲은 지구 온난화를 막아 준다.
	④ 숲은 소중한 자원을 제공해 준다.

• 환경 사랑 동아리 친구들은 주장과 근거를 뒷받침할 수 있는 자료를 수집할 계획을 세웠습니다. 자료 수집이 필요하다고 생각하는 곳에 알맞은 내용을 써 봅시다.

근거	수집할 자료 내용
①	숲이 미세 먼지를 잡아 주는 증거
②	⑩ 숲이 홍수와 산사태를 막아 주는 사진이나 그림
③	⑩ 숲이 지구 온난화 예방에 도움이 된다는 증거
④	숲이 제공해 주는 자원

• 〈보기〉와 같이 수집한 자료를 자료 수집 카드로 정리해 보세요.

[자료 2]	종류	출처	알려 주는 것
	⑩ 동영상	⑩ KBS 뉴스	⑩ 숲은 미세 먼지를 잡아 준다.

[자료 3]	종류	출처	알려 주는 것
	⑩ 그림	△△산림박물관	⑩ 숲에서 벌목한 나무로 우리 생활에 필요한 물건을 만들 수 있다.

• 3에서 세운 자료 수집 계획을 보고 필요한 자료를 추가해 보세요.

내용	종류
	⑩ 그림
	출처
	⑩ ○○누리집(http://www.○○.co.kr)
	알려 주는 것
	⑩ 땅속으로 깊이 자란 나무뿌리는 주변 토양을 지탱해서 홍수와 산사태를 막아 준다.

교과서 132~136쪽

○ 상황에 알맞은 자료를 활용해 논설문 쓰기

• 두 글과 관련한 질문을 만들어 모둠 친구들과 묻고 답해 보세요.

	질문	답
1	소희네 가족이 단체 대화방에서 저녁 먹을 곳을 정하는 까닭은 무엇인가요?	⑩ 한 곳에 모여 의논하기 어려웠기 때문입니다.
2	⑩ 소희 오빠는 식당 정보를 어떻게 알았나요?	⑩ 누리 소통망에 손님이 쓴 글을 읽고 알았습니다.
3	⑩ 성민이와 손님은 왜 누리 소통망에 글을 썼을까요?	⑩ 많은 사람이 보게 하려고 글을 썼습니다. / 글을 복사해서 널리 알리려고 썼을 것입니다.
4	⑩ 성민이네 가게는 손님이 쓴 글 때문에 어떤 피해를 입었나요?	⑩ 가게에 손님이 끊겼습니다. / 성민이의 개인 정보가 유출되었습니다.

• 만든 질문 가운데에서 누리 소통망의 장점과 단점을 생각할 수 있는 질문을 골라 분류해 보세요.

장점을 생각할 수 있는 질문	단점을 생각할 수 있는 질문
⑩ 질문 1, 질문 2, 질문 3	⑩ 질문 4

• 누리 소통망의 장점과 단점을 친구들과 이야기해 보고 누리 소통망 이용과 관련한 자신의 주장을 정해 보세요.

내 주장	⑩ 누리 소통망을 올바르게 사용하자.

• 글을 읽을 사람과 게시할 곳을 정해 보세요.

읽을 사람	⑩ 우리 반 친구
게시할 곳	⑩ 우리 반 누리집

• 주장을 뒷받침할 수 있는 적절한 근거를 생각해 보세요.

⑩

근거	• 잘못된 정보가 쉽게 퍼질 수 있다. • 개인 정보가 유출되기 쉽다. • 중독되어 시간을 낭비할 수 있다.

• 자료 수집 계획을 세워 보세요.

주장	⑩ 누리 소통망을 올바르게 사용하자.

근거	수집할 자료 내용
1	⑩ 누리 소통망으로 개인 정보가 유출된 사례(인터넷 기사)
2	⑩ 누리 소통망으로 잘못된 정보가 퍼진 사례(인터넷 기사나 동영상)
3	⑩ 누리 소통망을 이용하는 시간(친구들 설문 조사)
4	⑩ 내 주장과 어울리는 속담(속담책)

자료를 수집할 때에는 출처를 살펴보고 전문가의 의견인지, 객관적인 자료인지, 최신 자료인지 살펴보자.

단원 정리 학습

핵심 1   주장에 대한 근거가 적절한지 판단하여 글 읽기

1 근거의 타당성 판단하기

- 근거가 주장과 관련 있는지 판단해 봅니다.
- 근거가 주장을 뒷받침하는지 판단해 봅니다.
- 근거를 뒷받침하는 자료가 적절한지 판단해 봅니다.

  예 주장을 뒷받침하는 근거와 그렇지 못한 근거

주장		공정 무역 제품을 사용하자.
근거	주장을 뒷받침하는 근거	근거 1: 생산자에게 돌아갈 정당한 이익을 지켜 준다.
		근거 2: 아이들을 위험에서 보호할 수 있다.
		근거 3: 자연을 보호하고 생산자의 건강을 지키는 방법이 된다.
	주장을 뒷받침하지 못하는 근거	근거 4: 공정 무역 인증 표시는 국제기구가 생산지에서 공정 무역의 주요 원칙이 잘 지켜졌는지를 점검한 물건들에 붙일 수 있다. → 공정 무역 제품을 사용해야 하는 까닭이 아니라 공정 무역 인증 표시에 대한 설명만 하고 있다.

2 자료의 적절성 판단하기

- 자료가 근거의 내용과 관련 있는지 살펴봅니다.
- 믿을 수 있는 자료를 활용했는지 살펴봅니다.
- 수를 제시할 때에는 정확한 숫자를 사용했는지 살펴봅니다.
- 최신 자료를 사용했는지 살펴봅니다.
- 자료의 출처가 분명하지 확인합니다.

핵심 2   수집한 자료를 활용해 논설문 쓰기

- 자료 조사 방법에는 설문 조사 하기, 면담하기, 인터넷 검색하기, 책이나 신문에서 찾기 따위가 있습니다.
- 자료의 종류에는 기사문, 사진, 그림, 표, 동영상, 지도, 전문가의 말이나 글 따위가 있습니다.
- '서론 – 본론 – 결론'의 짜임에 맞게 씁니다.

제목	서론	본론	결론
• 주장이 드러나도록 제목을 붙입니다. • 읽는 사람의 흥미를 불러일으키면 좋습니다.	• 문제 상황이나 주장의 동기, 자신의 주장을 씁니다. • 흥미를 끄는 질문으로 시작해도 좋습니다.	• 주장을 뒷받침하는 근거 두세 가지를 제시합니다. • 구체적이고 사실적인 자료를 활용합니다.	• 본론을 요약하고 주장을 다시 한번 강조합니다. • 주장을 실천했을 때 나타날 긍정적 모습을 써도 좋습니다.

- 자신이 쓴 글을 읽고 스스로 점검해 봅니다.
- 글에 사용한 표현이 적절한지 점검하고 고쳐 써 봅니다.

단원 확인 평가

3. 타당한 근거로 글을 써요

[01~05] 다음 글을 읽고, 물음에 답하시오.

㉮ 공정 무역이란 생산자의 노동에 정당한 대가를 지불해 생산자가 경제적 자립과 발전을 하도록 돕는 무역입니다. ○○광역시는 공정 무역 상품을 사용하고 공정 무역을 확산시키려는 활동을 지원해 실질적인 변화를 만들어 내는 도시가 되었습니다. 우리도 공정 무역 제품을 사용해 이러한 변화에 동참해야 합니다.

㉯ 첫째, 생산자에게 돌아갈 정당한 이익을 지켜 줍니다. 흔히 볼 수 있는 과일 가운데 하나인 바나나의 경우, 우리가 3천 원짜리 바나나 한 송이를 산다면 약 45원만이 생산자인 농민에게 이익으로 돌아갑니다. 그 까닭은 바나나 생산국에서 우리 손에 오기까지 바나나 농장 주인, 수출하는 회사, 수입하는 회사, 슈퍼마켓 등이 총수익의 98.5퍼센트를 가져가기 때문입니다. 공정 무역에서는 생산자 조합과 공정 무역 회사를 만들어 이러한 중간 유통 단계를 줄이고 실제로 바나나를 재배하는 생산자의 이익을 보장해 주었습니다.

㉰ 셋째, 자연을 보호하고 생산자의 건강을 지키는 방법이 됩니다. 공정 무역에서는 지구 환경을 보호하는 친환경 농사법을 권장합니다. 일반적으로 카카오나 바나나, 목화 같은 것은 재배할 때 많은 양을 싸고 빠르게 수확하려고 농약과 화학 비료를 사용합니다. 생산지에서는 농약 회사에서 권장하는 장갑과 마스크를 살 여유가 없기 때문에 해마다 가난한 나라의 농민 2만 명 이상이 작물 재배용 농약에 노출되어 여러 가지 질병을 앓고 있습니다. 『인간의 얼굴을 한 시장 경제, 공정 무역』이라는 책에 따르면 바나나를 재배하는 대부분의 대농장은 원가를 절감하느라 위험한 농약을 대량으로 살포합니다. 대농장 가까이에 사는 노동자들의 음식과 식수는 이 독극물로 오염됩니다.

중요
01 글쓴이의 주장은 무엇인지 쓰시오.

( )

02 글 ㉰에서 글쓴이가 자신의 주장에 대한 근거를 뒷받침하려고 활용한 자료는 무엇입니까? ( )

① 책　　② 그림　　③ 그래프
④ 동영상　　⑤ 전문가의 말

03 공정 무역은 어떤 방법으로 생산자의 이익을 보장해 줍니까? ( )

① 친환경 농사법을 권장했다.
② 가난한 나라의 농민들에게 장갑과 마스크를 사 주었다.
③ 카카오나 바나나를 재배할 때 농약과 화학 비료를 사용했다.
④ 생산자 조합과 공정 무역 회사를 만들어 중간 유통 단계를 줄였다.
⑤ 농장 주인, 수출하는 회사, 수입하는 회사, 슈퍼마켓이 총수익의 대부분을 가져가게 했다.

04 공정 무역이 자연을 보호하고 생산자의 건강을 지키는 방법이 될 수 있는 까닭은 무엇입니까? ( )

① 친환경 농사법을 권장한다.
② 농약과 화학 비료를 사용한다.
③ 카카오와 바나나, 목화를 많이 수확한다.
④ 생산자 조합과 공정 무역 회사를 만든다.
⑤ 원가를 절감하는 방법으로 농사를 짓는다.

서술형
05 글쓴이가 제시한 근거가 타당한지에 대해 쓰고, 그렇게 생각한 까닭을 쓰시오.

_____

_____

 도움말 글쓴이가 제시한 근거가 글쓴이의 주장과 관련이 있는지, 근거가 주장을 뒷받침하고 있는지를 생각해 봅니다.

06 다음과 같은 주장과 근거로 논설문을 쓰려고 할 때, 수집할 자료의 내용으로 알맞지 <u>않은</u> 것은 무엇입니까? ( )

주장	숲을 보호하자.
근거	① 숲은 미세 먼지를 잡아 주어 공기를 깨끗하게 해 준다. ② 숲은 홍수와 산사태를 막아 준다. ③ 숲은 지구 온난화를 막아 준다. ④ 숲은 소중한 자원을 제공해 준다.

① 숲이 제공해 주는 자원의 예
② 나무와 관련된 동요와 속담들
③ 숲이 미세 먼지를 잡아 주는 증거
④ 숲이 지구 온난화 예방에 도움이 된다는 증거
⑤ 숲이 홍수와 산사태를 막아 주는 사진이나 그림

07 주장과 근거를 뒷받침할 수 있는 자료를 수집할 때, 자료 수집 계획을 세우면 좋은 점이 <u>아닌</u> 것은 무엇입니까? ( )

① 어떤 자료가 필요한지 미리 생각할 수 있다.
② 읽는 사람에게 감동을 주는 글을 쓸 수 있다.
③ 다양한 종류의 자료를 수집하는 데 도움이 된다.
④ 근거의 내용과 관련이 있는 자료를 수집할 수 있다.
⑤ 자료 내용을 보고 조사 방법을 미리 생각할 수 있다.

08 수집한 자료를 바탕으로 논설문을 쓸 때, 결론에 들어갈 내용으로 알맞은 것은 무엇입니까? ( )

① 문제 상황
② 흥미를 끄는 질문
③ 주장을 하게 된 동기
④ 본론을 요약하는 내용
⑤ 주장을 뒷받침하는 근거

[09~10] 다음 글을 읽고, 물음에 답하시오.

더 좋은 우리 동네 만들기

더 좋은 우리 동네를 만들려는 첫 번째 노력! 우리 동네의 문제점을 해결하는 내용으로 논설문을 써서 보내 주세요.

- **공모 주제**: 더 좋은 우리 동네 만들기
- **참가 대상**: 개인
- **제출 사항**: 논설문 한 편
- **제출 방법**: ① 우편
  　　　　　　　② ○○동네 누리집 게시판
- **심사 기준**:

㉠

○○구 ○○동장

---

09 ㉠에 들어갈 심사 기준의 내용으로 알맞지 <u>않은</u> 것은 무엇입니까? ( )

① 사용한 표현이 적절한가?
② 근거가 주장을 뒷받침하는가?
③ 믿을 만한 자료를 활용했는가?
④ 전문가의 의견을 받아들였는가?
⑤ 더 좋은 동네를 만들기 위해 실천할 수 있는 주장인가?

 서술형 10 공모에 제출할 논설문의 주장으로 알맞은 것을 생각해 쓰시오.

_____

_____

도움말 더 좋은 동네를 만들기 위해 우리가 실천할 수 있는 내용을 생각해 봅니다.

남자아이가 자신의 꿈을 친구들에게 소개할 때 어떤 자료를 활용할지 고민하고 있어요. 어떤 자료를 활용해야 전하고 싶은 내용을 효과적으로 전달할 수 있을까요?

이제, 4단원에서는 매체 자료의 특징과 발표 상황에 맞는 영상 자료를 만드는 방법을 알아보고, 다양한 매체 자료를 활용하여 내용을 효과적으로 전할 수 있는 발표 자료를 만들어 볼 거예요.

4 효과적으로 발표해요

87쪽 단원 정리 학습에서 더 자세히 공부해 보세요.

단원 학습 목표

1. 여러 가지 매체 자료를 살펴보고 주제에 맞는 매체 자료를 찾을 수 있습니다.
   - 매체 자료에는 사진, 영상, 표, 지도, 도표, 그림, 소리, 음악 등이 있습니다.
   - 주제에 맞는 매체 자료를 활용하면 자신의 생각을 효과적으로 전달할 수 있습니다.
2. 발표 상황에 맞는 영상 자료를 만드는 방법을 알고 다양한 매체 자료를 활용해 내용을 효과적으로 전할 수 있습니다.
   - 영상 자료를 제작하고 발표하는 과정은 '발표 상황 파악하기, 주제 정하기, 내용 및 장면 정하기, 촬영 계획 세우기, 촬영하기, 편집하기, 발표하기'입니다.
   - 효과적인 발표 자료를 만들어 친구들 앞에서 발표해 봅니다.

단원 진도 체크

회차		학습 내용	진도 체크
1차	단원 열기	단원 학습 내용 미리 보고 목표 확인하기	✓
2차	교과서 내용 학습	여러 가지 매체 자료 살펴보기	✓
	교과서 내용 학습	주제에 맞는 매체 자료 찾기	✓
3차	교과서 내용 학습	발표 상황에 맞는 영상 자료를 만드는 방법 알기	✓
4차	교과서 내용 학습	효과적인 발표 자료 만들기	✓
	서술형 수행 평가 돋보기	서술형 수행 평가 대비 학습하기	✓
	교과서 문제 확인	교과서 문제 학습하며 학교 숙제 해결하기	✓
5차	단원 정리 학습	단원 학습 내용 정리하기	✓
	단원 확인 평가	확인 평가를 통한 단원 학습 상황 파악하기	✓

해당 부분을 공부하고 나서 ✓표를 하세요.

교과서 146~147쪽 내용 | 학습 목표 ▶ 여러 가지 매체 자료 살펴보기 | 교과서 146~147쪽

[01~03] 다음을 보고, 물음에 답하시오.

01 대화 **1**과 **2**에서 세미가 친구에게 보여 준 매체 자료는 무엇인지 쓰시오.

(1) **1**: (   )

(2) **2**: (   )

서술형
02 대화 **1**과 **2**에서 독도의 날 기념 율동을 설명하려고 할 때 더 효과적인 매체 자료는 무엇일지 찾아 그 까닭과 함께 쓰시오.

_____

_____

도움말 각 매체 자료의 특징은 무엇인지 생각해 봅니다.

03 대화 **1**과 **2**를 보고 알게 된 점을 바르게 말한 친구의 이름을 쓰시오.

> 은서: 매체 자료에는 사진과 영상만 있다는 것을 알게 되었어.
>
> 지용: 전하려는 내용에 따라 효과적인 매체 자료가 다르다는 점을 알게 되었어.

(   )

04 제주도에서 본 주상 절리의 기이한 모습을 친구들에게 설명할 때에는 어떤 매체 자료를 활용하는 것이 가장 효과적이겠습니까? (   )

① 도표   ② 지도   ③ 소리

④ 사진   ⑤ 음악

05 다음 빈칸에 공통으로 들어갈 매체 자료의 종류는 무엇입니까? (   )

> 연극 공연을 할 때 즐거운 장면에서는 경쾌한 ☐☐☐을/를, 슬픈 장면에서는 우울한 ☐☐☐을/를 사용하니 장면의 느낌이 더 잘 전달되었어.

① 표   ② 도표   ③ 사진

④ 지도   ⑤ 음악

■ 매체 자료
• 매체 자료에는 영상, 사진, 표, 지도, 도표, 그림, 소리, 음악 등이 있습니다.
• 어떤 사실이나 정보, 의견을 담아서 듣는 사람에게 전하려고 할 때 매체 자료를 활용할 수 있습니다.

[06~08] 다음을 보고, 물음에 답하시오.

우리나라 기후가 점점 아열대화되면서 농산물 주산지가 바뀌고 있습니다. 이 지도를 보면 제주도에서만 재배되던 감귤이 이제 내륙에서도 재배된다는 것을 쉽게 알 수 있습니다.

06 발표자가 사용한 매체 자료는 무엇입니까? (   )

① 표   ② 영상   ③ 음악
④ 도표   ⑤ 그림지도

중요
07 매체 자료의 내용으로 알맞은 것을 찾아 ○표를 하시오.

(1) 사과의 주산지가 영월에서 영천으로 이동하고 있다.   (   )
(2) 감귤의 주산지가 제주에서 진주, 통영으로 이동하고 있다.   (   )

08 주요 농작물의 주산지가 이동하는 까닭을 바르게 파악한 친구의 이름을 쓰시오.

유리: 미세 먼지가 많아져서 공기가 더 깨끗한 지역에서 농작물을 키우려고 하고 있어.
지민: 주요 농작물을 더 많이 소비할 수 있는 인구가 많은 곳으로 주산지가 변하고 있어.
인호: 지구 온난화 현상으로 인해서 농작물의 주산지가 점차 북쪽으로 이동하고 있어.

(   )

09 친구들이 소개하려는 내용과 효과적인 매체 자료가 가장 알맞게 연결된 것은 어느 것입니까? (   )

① 폴란드의 민속춤 – 그림
② 프랑스의 달팽이 요리 – 표
③ 베트남의 전통 의상 – 사진
④ 우리나라의 판소리 – 지도
⑤ 이탈리아의 건축물 – 음악

서술형
10 친구들에게 소개하고 싶은 내용을 한 가지 쓰고, 어떤 매체 자료를 활용하고 싶은지 그 까닭과 함께 쓰시오.

(1) 소개하고 싶은 내용: _____

_____

(2) 활용하고 싶은 매체와 그 까닭: _____

도움말 소개하고 싶은 내용을 효과적으로 설명할 수 있는 매체 자료는 무엇일지 생각해 봅니다.

■ 다양한 매체 자료

도표	• 수량의 변화 정도를 알 수 있다. • 정확한 수치를 나타낼 수 있다.
지도	• 주제에 대한 내용을 한눈에 쉽게 이해할 수 있다.
정보 그림 (인포그래픽)	• 정보나 지식을 시각적으로 표현하여 정보를 빠르고 쉽게 표현할 수 있다.

[11~15] 다음을 보고, 물음에 답하시오.

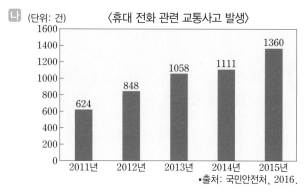

11 가와 나의 공통점으로 알맞은 것은 무엇입니까?

( )

① 전하려고 하는 주제가 같다.
② 교통 안전에 대한 자료이다.
③ 온라인 언어 폭력에 관한 자료이다.
④ 휴대 전화 사용 습관과 관련이 있는 자료이다.
⑤ 주제를 전하기 위해서 같은 매체 자료를 활용했다.

12 가에서 주제를 나타내기 위해서 활용한 매체 자료는 무엇입니까? ( )

① 도표   ② 사진   ③ 영상
④ 음악   ⑤ 그림지도

13 가에서 전하려는 주제로 알맞은 것을 골라 ○표를 하시오.

(1) 걸을 때나 운전할 때 휴대 전화를 사용하면 위험하다. ( )
(2) 휴대 전화 때문에 가족이나 친구 사이에서 대화가 늘고 있다. ( )
(3) 하루 종일 휴대 전화를 잡고 있는 등 휴대 전화에 중독된 사람이 많다. ( )

14 나에 대한 설명으로 알맞은 것은 무엇입니까? ( )

① 교통안전에 대한 공익 광고이다.
② 교통안전 표지판에 대한 내용이다.
③ 교통사고의 유형에 대한 자료이다.
④ 휴대 전화 관련 교통사고 발생을 나타낸 도표이다.
⑤ 휴대 전화 관련 교통사고 발생을 나타낸 그림지도이다.

중요
15 나에서 활용한 매체 자료의 장점을 두 가지 찾아 기호를 쓰시오.

> ㉮ 한눈에 실태를 파악할 수 있다.
> ㉯ 소리와 음악을 사용하여 더 실감 나게 주제를 전달할 수 있다.
> ㉰ 교통사고 발생과 관련된 수치를 넣어서 정확한 통계를 알 수 있다.
> ㉱ 휴대 전화가 사람을 붙잡고 있는 모습을 사진으로 잘 표현하여 전하려는 주제를 쉽게 알 수 있다.

(,)

[16~19] 다음 영상 자료의 장면과 설명을 보고, 물음에 답하시오.

배경 음악 무서운 느낌의 배경 음악이 흐른다.
해설 당신은 능력자입니다. 손가락만 까딱하면 누군가를 울릴 수도, 아프게 할 수도, 포기하게 할 수도 있습니다.

배경 음악 경쾌한 배경 음악이 흐른다.
해설 하지만 당신은 누군가를 기쁘게 할 수도, 행복하게 할 수도 있으며, 다시 뛰게 할 수도 있습니다. 손가락만 까딱하면.

해설 온라인 댓글, 당신은 어떻게 쓰시겠습니까?

16 이 영상 자료에서 전하려는 주제는 무엇입니까?
(   )

① 휴대 전화는 능력자이다.
② 휴대 전화 과몰입을 예방하자.
③ 자신의 능력을 과시하지 말자.
④ 온라인 댓글을 긍정적으로 쓰자.
⑤ 온라인에서 언어 사용을 하지 말자.

중요
17 이 영상 자료의 특징으로 알맞은 것을 두 가지 고르시오. (,   )

① 배경 음악을 사용하여 주제를 효과적으로 표현했다.
② 설문 조사 결과를 사용하여 보는 사람의 흥미를 끌고 있다.
③ 자막을 넣어 보는 사람이 내용을 더 잘 이해할 수 있게 했다.
④ 촬영한 장소를 지도에 표시하여 보는 사람이 쉽게 알 수 있게 했다.
⑤ 수치의 변화를 도표로 정리하여 한눈에 실태를 파악할 수 있게 했다.

18 ㉠의 효과를 바르게 짐작한 친구의 이름을 쓰시오.

수아: 검은색 글자를 사용해서 영상을 보는 사람이 무섭게 느껴지도록 했어.
시준: 질문을 자막으로 넣어서 영상을 보는 사람이 스스로를 돌아보게 했어.

(   )

서술형
19 이 영상 자료의 주제를 다른 매체 자료로 표현한다면 어떤 매체 자료를 선택할지 그 활용 방법과 함께 쓰시오.

_____

_____

도움말 매체 자료의 종류와 특징을 생각해 봅니다.

20 다음 중 영상 자료를 활용해 직접 발표한 경험을 바르게 말한 친구의 이름을 쓰시오.

> 은지: 1학기에 연극 공연을 할 때 음악을 사용하니 장면의 느낌이 더 살아났어.
> 현재: 꿈 발표 시간에 내가 존경하는 피아니스트의 연주 영상을 친구들에게 보여 준 적이 있어.
> 민용: 제주도에서 봤던 주상 절리의 기이한 모습을 사진으로 보여 주며 설명하니 친구들이 잘 이해했어.

(　　　　　　　)

21 영상 자료를 제작하고 발표하는 과정에서 가장 먼저 해야 할 일은 무엇입니까? (　　)

① 촬영하기
② 편집하기
③ 촬영 계획 세우기
④ 발표 상황 파악하기
⑤ 내용 및 장면 정하기

[22~23] 다음은 영상 자료를 만드는 과정 중 '발표 상황 파악하기' 단계입니다. 물음에 답하시오.

22 발표 목적은 무엇인지 쓰시오.

(　　　　　　　　　　　　　　　)

 23 발표 상황에서 고려할 점으로 알맞지 <u>않은</u> 것은 무엇입니까? (　　)

① 주제가 흥미로워야 한다.
② 건강에 도움을 줄 수 있어야 한다.
③ 발표 내용이 발표 목적에 맞아야 한다.
④ 1~6학년 모두가 이해하기 쉬워야 한다.
⑤ 영상 자료의 내용을 최대한 길게 해야 한다.

서술형 24 다음은 영상 자료를 만드는 과정 중 '주제 정하기' 단계입니다. 재현이네 반 친구들이 다음과 같이 주제를 정할 때 고려할 점을 생각하여 쓰시오.

> '맨발 걷기'가 새로운 주제라서 흥미롭다는 의견이 많았습니다. 따라서 우리 반은 맨발 걷기를 주제로 영상 자료를 만들어 봅시다.

_____

도움말 발표 주제를 정할 때에는 어떤 내용의 주제를 정할지, 어떤 방법으로 정할지 생각해 봅니다.

■ 영상 자료를 제작하고 발표하는 과정
① 발표 상황 파악하기　② 주제 정하기
③ 내용 및 장면 정하기　④ 촬영 계획 세우기
⑤ 촬영하기　⑥ 편집하기
⑦ 발표하기

[25~27] 다음은 영상 자료를 만드는 과정 중 '내용 및 장면 정하기' 단계입니다. 물음에 답하시오.

맨발 걷기가 건강에 좋은 점을 효과적으로 알릴 수 있는 내용을 생각해 보자.

요즘 맨발 걷기를 하는 사람이 많다는 것을 먼저 알려 주자.

내가 맨발 걷기를 해 봤더니 스트레스가 해소되고 기분이 좋아졌어.

25 친구들은 무엇을 하고 있습니까? (　　)

① 발표를 하고 있다.
② 촬영을 하고 있다.
③ 편집을 하고 있다.
④ 촬영 계획을 세우고 있다.
⑤ 발표 내용을 정하고 있다.

26 발표 내용을 정할 때 고려할 점은 무엇입니까?
(　　)

① 알맞은 자막이나 배경 음악을 넣는다.
② 전하려는 내용이 잘 드러나게 촬영한다.
③ 친구들을 배려하는 자세로 역할을 정한다.
④ 영상에 나오는 사람들에게 미리 동의를 얻는다.
⑤ 주제를 효과적으로 전할 수 있는 내용을 정한다.

■ 발표 내용을 정하는 방법
• 주제를 효과적으로 전할 수 있는 내용을 정합니다.
• 주제와 관련해 중요한 내용을 선별합니다.

27 친구들이 촬영할 내용으로 알맞지 <u>않은</u> 것을 골라 ○ 표를 하시오.

(1) 맨발 걷기를 하는 모습　　　　　(　　)
(2) 맨발 걷기의 효과를 정리한 내용　（　　)
(3) 맨발 걷기를 하지 않는 사람과의 면담 (　　)
(4) 맨발 걷기를 권하는 문구를 적어서 들고 있는 장면　　　　　　　　　　　　(　　)

28 영상 자료의 촬영 계획을 세울 때 정해야 할 것으로 알맞지 <u>않은</u> 것은 무엇입니까? (　　)

① 장면 번호　　　　　② 역할 정하기
③ 촬영 준비물　　　　④ 촬영 일시와 장소
⑤ 영상 편집 프로그램의 종류

29 ^{중요} 영상 자료를 촬영하는 방법으로 알맞은 내용 두 가지를 찾아 기호를 쓰시오.

㉮ 모든 촬영은 한 번에 끝내야 한다.
㉯ 전하려는 내용이 잘 드러나게 촬영한다.
㉰ 화면을 이동할 때에는 빠르게 이동한다.
㉱ 촬영할 때 음성이 기록되는지 확인한다.
㉲ 최대한 자세하고 화려한 내용으로 촬영한다.

(　　,　　)

■ 영상 자료를 촬영하는 방법
• 전하려는 내용이 잘 드러나게 촬영합니다.
• 삼각대를 이용하여 흔들림 없이 안정된 자세로 촬영합니다.
• 화면을 이동할 때에는 너무 빠르지 않게 합니다.
• 음성이 기록되는지 확인합니다.
• 면담 촬영은 질문 내용을 미리 준비하며 면담 대상이 몸을 많이 움직이지 않도록 합니다.
• 보완할 점이 있으면 다시 촬영하거나 여러 번 촬영해 알맞은 장면을 골라 사용할 수도 있습니다.

[30~33] 다음은 영상 자료를 제작하는 과정 중 '편집하기'와 '발표하기' 단계입니다. 물음에 답하시오.

30 그림 **1**의 단계에서 해야 할 일로 알맞은 것은 무엇입니까? (   )

① 발표를 하는 목적을 정한다.
② 알맞은 제목이나 자막을 넣는다.
③ 주제에 알맞은 촬영할 장면을 정한다.
④ 삼각대를 이용하여 흔들림 없이 촬영한다.
⑤ 듣는 사람에게 도움이 되는 주제를 정한다.

■ 편집하는 방법
• 알맞은 영상 편집 프로그램을 정합니다.
• 촬영한 영상에서 발표에 사용할 장면을 고릅니다.
• 발표 효과를 높이는 다른 매체 자료(표, 도표, 신문 기사)를 활용합니다.
• 장면을 차례에 맞게 편집합니다.
• 제목, 자막, 배경 음악 등을 넣습니다.
• 자막은 필요한 내용만 간단하게 넣습니다.
• 인용한 내용은 출처를 넣습니다.

31 그림 **2**에서 맨발 걷기 장면에 어울리는 배경 음악으로 가장 알맞은 것은 무엇입니까? (   )

① 우울한 분위기의 음악
② 어두운 분위기의 음악
③ 경쾌한 분위기의 음악
④ 쓸쓸한 분위기의 음악
⑤ 긴장감을 고조시키는 음악

중요
32 그림 **2**와 같이 발표를 할 때 효과적으로 발표하는 방법으로 알맞지 **않은** 것은 무엇입니까? (   )

① 발표 내용에 집중하면서 발표를 한다.
② 온라인이나 오프라인에서 발표를 할 수 있다.
③ 영상이나 음성에 문제가 없는지 미리 확인한다.
④ 어떤 내용의 자막을 넣을지 생각하며 발표한다.
⑤ 발표 전이나 발표 뒤에 말할 부탁하는 내용을 다양한 방법으로 준비한다.

서술형
33 영상 자료를 만들어서 인터넷에 올릴 때 주의할 점을 찾아 한 가지만 쓰시오.

_____

_____

도움말 인터넷과 영상 자료의 특성을 생각하며 주의할 점은 무엇인지 찾아봅니다.

■ 영상 자료를 인터넷에 올릴 때 주의할 점
• 영상 자료가 보는 사람들에게 좋은 영향을 주는지 생각합니다.
• 영상에 나오는 사람의 동의를 얻습니다.
• 영상에 매체 자료를 넣을 때에는 그 자료의 출처를 밝힙니다.

교과서 160~163쪽 내용   **학습 목표 ▶** 효과적인 발표 자료 만들기

[34~35] 다음을 보고, 물음에 답하시오.

> 5분 영상 발표회를 개최합니다. 우리 반은 어떻게 준비해야 할까요?

> **5분 영상 발표회**
> ○○초등학교 6학년을 대상으로 인물 탐구 영상 발표회를 개최합니다.
> • 때: ○○월 ○○일 ○○시
> • 곳: 시청각실
> • 대상: ○○초등학교 6학년 누구나
> • 주제: 주변 인물 탐구

> 모둠 친구들이 관심 있는 사람을 정하고 그 사람과 면담하는 장면을 촬영하면 어떨까요?

34 발표회에 대한 알맞은 내용을 골라 ○표를 하시오.

(1) 발표를 듣는 사람은 전교생이다.　　　(　　)
(2) 발표 주제는 주변 인물 탐구이다.　　　(　　)
(3) 영상 자료의 분량은 자유롭게 정해도 된다.

　　　　　　　　　　　　　　　　(　　)

35 다음과 같이 발표할 내용을 정했을 때 친구들이 전하려는 주제는 무엇이겠습니까? (　　)

> • 구체적인 꿈과 관련해 친구를 면담한 내용
> • 친구가 날마다 두 시간 이상씩 연주 연습을 꾸준히 한다는 것
> • 친구가 최근 연습하는 곡을 면담자에게 직접 들려주는 모습

① 여러 가지 꿈을 가지자.
② 꿈을 가지고 재능을 꾸준히 키워 가자.
③ 자신의 실력은 전문가에게 점검해야 한다.
④ 악기를 연주하는 것은 삶을 풍요롭게 해 준다.
⑤ 연주회에 나가서 실수하지 않는 것이 중요하다.

36 영상을 촬영할 때 주의할 점으로 알맞지 <u>않은</u> 것은 무엇입니까? (　　)

① 필요할 경우에는 다시 촬영을 한다.
② 촬영 대상에게 미리 양해를 구한다.
③ 촬영 장비는 비싼 것으로 준비한다.
④ 촬영하는 과정에서 수정할 점을 점검한다.
⑤ 촬영 대상에게 촬영하는 상황을 미리 알린다.

37 촬영한 영상을 효과적으로 편집하는 방법으로 알맞지 <u>않은</u> 것의 기호를 찾아 쓰시오.

> ㉮ 장면을 차례에 맞게 편집한다.
> ㉯ 면담의 질문 내용을 미리 준비한다.
> ㉰ 제목과 자막을 필요한 장면에 알맞게 넣는다.
> ㉱ 배경 음악을 필요한 장면에 어울리게 넣는다.
> ㉲ 발표 효과를 높이는 다른 매체 자료를 활용한다.

　　　　　　　　　　　　　(　　　　　　)

38 모둠이 제작한 영상을 점검할 때 할 수 있는 질문으로 알맞은 것은 무엇입니까? (　　)

① 영상을 촬영하면서 겪은 일은 무엇인가요?
② 촬영하는 동안 기억에 남는 일은 무엇인가요?
③ 주제가 잘 전달되지 않는 부분은 어디인가요?
④ 영상을 촬영하면서 새로 알게 된 내용은 무엇인가요?
⑤ 영상을 제작하고 발표하면서 생각하거나 느낀 점은 무엇인가요?

■ **영상을 촬영할 때 주의할 점**
• 촬영 대상에게 촬영 상황을 미리 알리고 양해를 구합니다.
• 촬영하는 과정에서 수정하거나 보완할 점을 점검합니다.
• 필요한 경우에는 다시 촬영합니다.

서술형 수행 평가 돋보기

학교에서 출제되는
서술형 수행 평가를
미리 준비하세요.

◉ 다음을 보고, 물음에 답하시오.

폴란드의
민속춤을 소개할 때
영상을 보여 줘야지.

베트남의 전통 의상을
소개하고 싶어. 베트남의
옷 사진을 찾아봐야겠어.

진아   별이

🔍 **문제 파악**

친구들의 대화를 보고 친구들이 소개하려
는 내용과 매체 자료의 종류와 특징을 정
리해 보고, 자신은 어느 나라의 문화를 어
떤 매체 자료로 소개할지 생각하여 써 보
는 문제입니다.

🔍 **해결 전략**

1단계	그림을 보고 내용 파악하기
2단계	친구들이 활용하려는 매체 자료의 종류 파악하기
3단계	매체 자료를 활용하여 얻을 수 있는 효과를 정리하기
4단계	자신이 소개하고 싶은 문화를 어떤 매체 자료를 활용하여 표현할지 써 보기

1 이 글에서 친구들이 활용하려는 매체 자료의 종류를 쓰시오.

이름	매체 자료의 종류
진아	(1)
별이	(2)

2 **1**에서 답한 매체 자료를 활용해 얻을 수 있는 효과는 무엇인지 쓰시오.

	얻을 수 있는 효과
진아	(1)
별이	(2)

학교 선생님께서
알려 주시는 모범 답안과
채점 기준도 book ❸ 해설책에서
꼭 확인해 보자!

3 자신이라면 어느 나라의 문화를 어떤 매체 자료를 활용하여 친구들에게 소개할
지 쓰시오.

_____

_____

_____

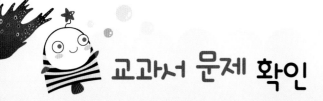

교과서 문제 확인

교과서 146~149쪽　　　ㅇ　여러 가지 매체 자료 살펴보기

• 세미는 친구에게 무엇을 말하나요? ⑩ 학습 발표회에서 할 독도의 날 기념 율동을 말합니다.

• 대화 ❶과 대화 ❷에서 서로 다른 점은 무엇인가요?

　⑩ 대화 ❶은 사진을 보여 주며 설명하고 대화 ❷는 영상을 보여 주며 설명합니다.

　　듣는 사람은 대화 ❶보다 대화 ❷에서 율동 동작을 더욱 생생하게 잘 알 수 있습니다.

• 여러 가지 매체 자료를 활용한 경험을 떠올려 친구들과 이야기해 봅시다.

　⑩ 1학기에 연극 공연을 할 때 음악을 사용하니 장면의 느낌이 더 잘 전달되었어.

• 매체 자료를 보고 질문을 만들어 짝과 묻고 답해 보세요.

　⑩ 이 매체 자료는 무엇의 변화를 알려 주나요? (지구 온난화로 인한 주요 농산물 주산지 이동 변화입니다.)

　　감귤 주산지는 어디에서 어디로 이동하고 있나요? (제주도에서 진주, 통영 등으로 이동하고 있습니다.)

　　영천에서 정선, 영월, 양구로 주산지가 이동한 과일은 무엇인가요? (사과입니다.)

• 활용한 매체 자료의 종류와 그 매체 자료를 활용하면 좋은 점을 써 보세요.

매체 자료의 종류	활용하면 좋은 점
⑩ 그림지도	⑩ 듣는 사람들이 주요 농산물이 주로 생산되는 지역이 바뀌고 있다는 것을 쉽게 이해할 수 있다.

• 친구들이 활용하려는 매체 자료의 종류와 그 매체 자료를 활용해 얻을 수 있는 효과는 무엇일까요?

이름	매체 자료의 종류	얻을 수 있는 효과
진아	⑩ 영상	⑩ 민속춤의 움직임이나 특징을 더 자세하게 파악할 수 있고 영상을 보면서 민속춤을 따라 출 수 있다.
별이	⑩ 사진	⑩ 매체 자료 없이 설명하면 상상만 해야 하는데 사진을 보면 어떤 전통 의상인지 쉽게 이해할 수 있다.

교과서 150~153쪽　　　ㅇ　주제에 맞는 매체 자료 찾기

• 매체 자료 ②와 ④를 자세히 살펴보고 그 내용을 알아보세요.

②	④
사람이 휴대 전화를 붙잡고 있다.	휴대 전화 관련 교통사고가 점점 늘어나고 있다.
⑩ 휴대 전화가 사람을 꽉 붙잡고 있다.	⑩ 휴대 전화 사용으로 생긴 교통사고가 2012년 이후 1년에 1000건이 넘는다.

- 매체 자료 **가**와 **나**에서 전하려는 주제를 선으로 이어 보세요.

매체 자료		전하려는 주제
가 •		• 걸을 때나 운전할 때 휴대 전화를 사용하면 위험하다.
나 •		• 하루 종일 휴대 전화를 잡고 있는 등 휴대 전화에 중독된 사람이 많다.

- 매체 자료 **가**와 **나**가 주제를 잘 전하는지 생각해 보세요. 그렇게 생각한 까닭을 매체 자료의 종류나 효과와 관련지어 친구들과 이야기해 보세요.

매체 자료	주제를 잘 전하는가?	그렇게 생각한 까닭
가	예 ◎	예 공익 광고의 글이 질문 형식이라 더 생각하게 합니다. 휴대 전화가 사람을 꽉 붙잡고 있는 모습을 사진으로 잘 표현했습니다.
나	예 ◎	예 도표로 나타내니 연도별로 휴대 전화 관련 교통사고 발생량이 크게 늘어난 것을 알 수 있습니다. 교통사고 수치도 넣어 더 정확한 통계를 알 수 있습니다.

매우 그렇다: ◎, 그렇다: ○, 보통이다: △

- 휴대 전화 사용 습관을 소재로 발표하고 싶은 주제와 활용할 매체 자료를 스스로 정해 보세요.

발표하고 싶은 주제	예 스마트폰 과몰입을 예방하자. 스몸비족이 되지 않게 주의하자. 좋은 댓글을 달자.
활용할 매체 자료	예 도표 사진 누리 소통망 서비스
매체 자료를 정한 까닭	예 도표로 정리하면 한눈에 실태를 파악할 수 있기 때문입니다. 외국의 교통 표지판 사진을 제시하면 세계적인 운동임을 알릴 수 있기 때문입니다. 댓글을 직접 제시해 좋은 댓글과 나쁜 댓글의 영향을 비교할 수 있기 때문입니다.

- 가장 인상 깊은 장면은 무엇인가요?
  예 손가락이 악마도 되고 천사도 되는 장면

  좋은 댓글을 보고 사람들이 밝게 웃는 장면

  "온라인 댓글, 당신은 어떻게 쓰시겠습니까?"로 끝나는 마지막 장면

- 어떤 주제를 전하고 싶었을까요?
  예 온라인 언어폭력을 하지 맙시다.

  읽는 사람을 배려하면서 온라인 댓글을 씁시다.

  온라인 댓글을 긍정적으로 씁시다.

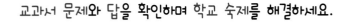

• 영상 자료를 다시 보면서 주제를 효과적으로 표현하려고 어떤 방법을 사용했는지 살펴보세요.

장면 구성	• 학생의 표정이나 행동을 대조되는 장면으로 구성했다. • 예 손가락에 검정 망토, 푸른 망토를 둘러 어떤 댓글을 쓰는지에 따라 손가락의 능력이 달라짐을 나타냈다.
음악, 소리	• 예 나쁜 댓글을 쓰는 장면은 배경 음악이 무섭다. • 예 좋은 댓글을 쓰는 장면은 배경 음악이 경쾌하다.
비유적 표현	• 당신은 누군가를 아프게도 기쁘게도 하는 예 능력자(이)라고 비유했다. • 상대에게 영향을 주는 댓글을 다는 예 손가락을/를 악마 또는 천사의 모습으로 비유했다.
자막, 해설	• 예 해설자의 해설로 내용을 더 잘 이해할 수 있다. • 예 마지막 장면에서 질문을 자막으로 넣어 영상을 보는 사람이 스스로를 돌아보게 했다.

교과서
154~159쪽

교과서 154~159쪽

○ 발표 상황에 맞는 영상 자료를 만드는 방법 알기

• 영상 자료를 제작하고 발표하는 과정을 생각해 봅시다.

발표 상황 파악하기 → 예 주제 정하기 → 내용 및 장면 정하기 → 촬영 계획 세우기 → 촬영하기 → 편집하기 → 예 발표하기

• 발표 목적은 무엇인가요?

예 '건강 주간'을 맞아 건강을 주제로 한 작품을 발표하는 것입니다.

• 듣는 사람은 누구인가요?

예 전교생입니다.

• 발표 상황에서 고려할 점은 무엇일까요?

예 전교생을 대상으로 하므로 1~6학년까지 모두 이해하기 쉬워야 합니다.

학교 방송으로 보여 주므로 주제가 흥미롭고 내용이 새로우면 좋습니다.

건강에 도움을 줄 수 있어야 합니다.

• 주제를 정할 때 고려할 점은 무엇일까요?

예 발표를 듣는 사람들이 흥미를 느낄 만한 주제를 정합니다. / 친구들과 토의해서 다양한 의견을 나눕니다. / 발표 상황과 관련한 자료를 더 찾아봅니다.

• 발표를 효과적으로 하려면 어떻게 해야 할까요?

예 소개하거나 부탁할 내용과 같이 발표하기 전이나 발표한 뒤에 말할 내용을 다양한 방법으로 준비할 수 있습니다.

발표를 하거나 들 때 집중하고 듣는 사람이나 발표하는 사람을 존중합니다.

• 영상 자료를 만들어서 인터넷에 올릴 때 주의할 점은 무엇일지 친구들과 이야기해 봅시다.

예 영상 자료가 보는 사람들에게 좋은 영향을 주는지 생각합니다. / 영상에 나오는 사람의 동의를 얻습니다.

교과서 160~163쪽 　　○ 효과적인 발표 자료 만들기

• 주제를 정해 봅시다.

우리 모둠이 정한 인물	예 친구 ○○	그 까닭	예 꿈을 가지고 재능을 꾸준히 키워 가기 때문에
전하고 싶은 주제	예 꿈을 가지고 재능을 꾸준히 키워 가자.		

• 영상으로 제작하고 발표할 내용을 토의해 봅시다.

　예 친구가 날마다 두 시간 이상씩 연주 연습을 꾸준히 한다는 것 / 친구를 면담한 내용(구체적인 꿈, 노력하는 과정 등과 관련한 질문) / 친구가 여러 가지 연주회에서 연주하는 모습을 담은 사진(친구에게 받음.) / 친구가 최근 연습하는 곡을 면담자에게 직접 들려주는 모습

• 촬영할 장면을 토의하여 정해 봅시다.

장면 1	예 친구의 연주회 사진	장면 2	예 면담자의 친구 소개와 질문	장면 3	예 친구가 질문에 답하는 장면
장면 4	예 친구가 직접 연주하는 장면	장면 5	예 친구를 응원하는 한마디	장면 6	예 친구가 별 모둠 친구들과 어깨동무하는 장면

• 우리 모둠이 제작한 영상을 점검해 보고, 친구들에게 발표하기 전에 수정하거나 보완해 봅시다.

제목	예 꿈을 응원합니다.
주제가 잘 전달되지 않는 부분은 어디인가?	예 인물을 소개하는 부분입니다.
부족한 자료가 무엇인가?	예 평소에 피아노 연습을 하는 장면을 담은 영상입니다.
더 보완할 점은 무엇인가?	예 자막 내용을 더 요약해 이해하기 쉽게 편집해야 합니다.

교과서 164~166쪽 　　○ 영상 발표회 하기

• 영상을 보여 준 뒤에 할 수 있는 활동을 생각해 보세요.

　예 영상에서 가장 인상 깊은 장면이 무엇인지 물어 보자. / 영상을 촬영하면서 겪은 일을 이야기해 보자.

• 다른 모둠의 발표를 들을 때 주의할 점을 말해 보세요.

　예 전하려는 주제를 파악하며 듣습니다. / 촬영이나 편집에서 효과적인 부분을 찾으며 듣습니다.

• 영상 자료를 발표해 봅시다. 그리고 다른 모둠에서 제작하고 발표한 영상을 보고 의견을 나누어 봅시다.

모둠 이름	제목	주제	잘된 점이나 보완할 점
예 ○○	예 사랑의 수의사	예 동물을 사랑으로 치료합니다.	예 • 잘된 점은 동물을 치료하는 장면을 생생하게 촬영한 것이다. • 보완할 점은 조사한 자료의 출처를 밝혀야 한다는 것이다.

단원 정리 학습

핵심 1 주제에 맞는 매체 자료를 찾는 방법 알기

1 매체 자료의 종류

- 어떤 사실이나 정보, 의견을 담아서 듣는 사람에게 전하려고 매체 자료를 활용할 수 있습니다.
- 매체 자료에는 영상, 사진, 표, 지도, 도표, 그림, 소리, 음악 등이 있습니다.

2 매체 자료 활용의 효과 살펴보기

- 발표 내용과 발표를 듣는 대상의 특성, 발표 상황에 맞는 매체 자료를 알맞게 활용하면 발표 효과를 높일 수 있습니다.

  예

  | 보행 중 휴대 전화 사용을 조심하자는 내용 | ➡ | 연도별 휴대 전화 관련 교통사고 발생과 관련된 도표를 제시하면 한눈에 실태를 파악하기 쉽고 정확한 통계를 알 수 있음. |

핵심 2 영상 자료를 만드는 방법 알기

1 영상 자료를 제작하고 발표하는 과정

단계	고려할 점
① 발표 상황 파악하기	• 발표 목적과 듣는 사람이 누구인지 파악한다.
② 주제 정하기	• 발표 상황과 관련한 자료를 더 찾아본다. • 듣는 사람들이 흥미를 느낄 만한 주제를 정한다.
③ 내용 및 장면 정하기	• 주제를 효과적으로 전할 수 있는 내용을 정한다. • 주제와 내용이 체계적으로 전달되고 이해하기 쉽도록 장면 내용과 차례를 정한다.
④ 촬영 계획 세우기	• 배려하고 솔선하는 태도로 역할(연출, 편집, 촬영, 대본)을 정한다. • 장면 번호, 촬영 내용, 촬영 일시와 장소, 준비물 등을 준비한다.
⑤ 촬영하기	• 전하려고 솔선하는 내용이 잘 드러나게 촬영한다. • 보완할 점이 있으면 다시 촬영하거나 여러 번 촬영해 알맞은 장면을 골라 사용할 수 있다.
⑥ 편집하기	• 알맞은 영상 편집 프로그램을 정한다. • 장면을 차례에 맞게 편집하고 제목, 자막, 배경 음악 등을 넣는다.
⑦ 발표하기	• 발표 전이나 발표 뒤에 말할 소개하거나 부탁하는 내용을 다양한 방법으로 준비한다. • 발표를 하거나 들을 때 집중하고 듣는 사람이나 발표하는 사람을 존중한다. • 다른 모둠의 발표를 들을 때는 전하려는 주제를 파악하며 듣고 촬영이나 편집에서 효과적인 부분을 찾으며 듣는다.

2 영상 자료를 만들어서 인터넷에 올릴 때 주의할 점

- 영상 자료가 보는 사람들에게 좋은 영향을 주는지 생각하고 영상에 나오는 사람의 동의를 얻습니다.
- 영상에 매체 자료를 넣을 때에는 출처를 밝힙니다.

단원 확인 평가

서술형
01 보기 와 같이 매체 자료를 활용한 경험을 떠올려 쓰시오.

> **보기**
>
> 치과 의사 선생님께서 제 치아 사진을 화면으로 보여 주면서 설명해 주셨습니다.

_____

_____

도움말 표, 도표, 그림, 사진, 영상 등과 같은 매체 자료를 활용한 경험을 떠올려 봅니다.

[02~03] 다음을 보고, 물음에 답하시오.

02 그림의 내용으로 알맞은 것은 무엇입니까? ( )

① 세미는 친구에게 독도 사진을 보여 주고 있다.

② 세미는 친구에게 사진 자료를 보여 주고 있다.

③ 세미는 친구에게 영상 자료를 보여 주고 있다.

④ 세미는 친구에게 독도의 날이 언제인지 알려 주고 있다.

⑤ 세미는 친구에게 독도의 날 기념 행사에 대해 조언을 구하고 있다.

4. 효과적으로 발표해요

중요
03 세미가 활용한 매체 자료에 대한 설명으로 알맞은 것을 골라 ○표를 하시오.

(1) 친구와 함께 매체 자료를 보면서 율동을 따라 할 수 있어. ( )

(2) 세미가 활용한 매체 자료를 사용하면 전하려고 하는 내용을 효과적으로 전달하기 어려워. ( )

[04~05] 다음을 보고, 물음에 답하시오.

04 발표자가 활용한 매체 자료의 종류는 무엇인지 쓰시오.

( )

05 발표자가 활용한 매체 자료를 바르게 이해한 것을 두 가지 고르시오. (,)

① 주요 농산물의 주산지가 변하고 있다.

② 지구 온난화로 주산지가 이동하고 있다.

③ 제주도에서는 더 이상 감귤 농사를 지을 수 없다.

④ 주산지가 점차 북쪽에서 남쪽으로 이동하고 있다.

⑤ 해안 지방보다 내륙 지방에서 농산물이 잘 자란다.

[06~07] 다음을 보고, 물음에 답하시오.

06 이 매체 자료가 전하려는 주제는 무엇입니까? ( )

① 좋은 댓글을 달자.
② 휴대 전화에 몰입하자.
③ 휴대 전화에 중독되지 말자.
④ 온라인 언어폭력을 하지 말자.
⑤ 보행 중 휴대 전화의 사용을 줄이자.

서술형
07 06에서 말한 주제를 다른 매체 자료를 활용하여 표현한다면 어떤 매체 자료를 선택할지 그 활용 방법과 함께 쓰시오.

_____

도움말 다양한 매체 자료의 특징을 떠올려 보고, 어떻게 효과적으로 활용할 수 있을지 생각해 봅니다.

중요
08 영상 자료를 제작하고 발표하는 과정에 따라 차례대로 기호를 쓰시오.

㉮ 촬영 계획 세우기	㉯ 촬영하기
㉰ 주제 정하기	㉱ 편집하기
㉲ 발표하기	㉳ 발표 상황 파악하기
㉴ 내용 및 장면 정하기	

(㉳) → ( ) → ( ) → (㉮) →
( ) → ( ) → (㉲)

09 요리사를 소개하는 영상 자료를 만들어 발표하려고 할 때 촬영할 내용이나 장면으로 알맞지 <u>않은</u> 것은 무엇입니까? ( )

① 요리사가 요리를 하는 장면
② 요리사를 직접 면담한 내용
③ 요리사의 종류를 조사한 내용
④ 요리를 열심히 하는 촬영자의 모습
⑤ 요리사가 만든 요리를 맛있게 먹는 모습

10 다음은 영상 자료를 만들어서 인터넷에 올릴 때 주의할 점입니다. 빈칸에 알맞은 말을 쓰시오.

영상 자료를 인터넷에 올릴 때에는 보는 사람들에게 좋은 영향을 주는지 생각해 본다. 또 영상에 매체 자료를 넣을 때에는 그 자료의 출처를 밝히고, 영상에 나오는 사람의 [   ]을/를 얻어야 한다.

( )

두 친구가 같은 기사를 읽고 있는데 한 친구는 표정이 밝고, 다른 한 친구는 많이 놀란 표정이네요. 이처럼 같은 내용을 읽어도 사람마다 관점은 다를 수 있어요.

이제, 5단원에서는 글쓴이의 생각을 파악하며 글을 읽어야 하는 까닭을 알아보고, 글쓴이의 생각을 파악하는 방법을 알아볼 거예요.

5 글에 담긴 생각과 비교해요

104~105쪽 단원 정리 학습에서 더 자세히 공부해 보세요.

단원 학습 목표

1. 글쓴이의 생각을 파악하며 글을 읽어야 하는 까닭을 알 수 있습니다.
- 글의 내용을 깊이 있게 이해할 수 있습니다.
- 글쓴이가 글을 쓴 의도나 목적을 알 수 있습니다.

2. 글을 읽고 글쓴이의 생각을 파악하는 방법을 알 수 있습니다.
- 제목과 글에 사용한 표현을 보면 글쓴이의 생각을 알 수 있습니다.
- 글의 내용 파악으로 글쓴이가 알려 주고 싶은 생각을 찾을 수 있습니다.
- 예상 독자가 누구일지 생각해 봅니다.
- 글에 포함된 사진이나 그림을 살펴봅니다.
- 글쓴이가 글을 쓴 의도와 목적을 살펴봅니다.

단원 진도 체크

회차		학습 내용	진도 체크
1차	단원 열기	단원 학습 내용 미리 보고 목표 확인하기	✓
	교과서 내용 학습	「무엇으로 보이십니까?」 / 「내가 원하는 우리나라」	✓
2차	교과서 내용 학습	「로봇세 도입, 더 이상 미룰 수 없다」	✓
	교과서 내용 학습	「로봇세 도입을 늦추어야 한다」	✓
3차	교과서 내용 학습	자신의 생각과 상대의 생각을 비교하며 토론하기	✓
	서술형 수행 평가 돋보기	서술형 수행 평가 대비 학습하기	✓
4차	교과서 문제 확인	교과서 문제 학습하며 학교 숙제 해결하기	✓
5차	단원 정리 학습	단원 학습 내용 정리하기	✓
	단원 확인 평가	확인 평가를 통한 단원 학습 상황 파악하기	✓

해당 부분을 공부하고 나서 ✓표를 하세요.

무엇으로 보이십니까?

학습 목표 ▶ 글쓴이의 생각을 파악하며 글을 읽어야 하는 까닭 알기

- 글의 종류: 광고
- 광고에서 전하고자 하는 뜻: 우리말을 사랑합시다.

■ 관점
사물이나 현상을 관찰할 때 그 사람이 바라보는 태도나 방향 또는 처지를 뜻합니다. 관점에 따라 사물이나 현상이 다르게 보일 수 있습니다.

■ 관점이 서로 다른 까닭
- 사람마다 가지고 있는 지식이 다르기 때문입니다.
- 사람마다 경험이 다르기 때문입니다.
- 사람마다 속한 문화가 다르기 때문입니다.

무엇으로 보이십니까?

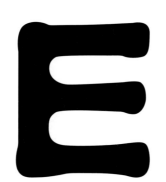

혹시 알파벳 'E'로 보시지 않으셨습니까?
많은 분들이 우리말의 'ㅌ'보다는
알파벳의 'E'라고 생각하셨을 것입니다.

지금 우리의 아이들은 우리말의 'ㅌ'보다
알파벳의 'E'를 먼저 배우고 있습니다.
아이에서부터 어른에 이르기까지 국어보다
영어에 익숙해진 우리들.

자랑스러운 우리말은 우리 민족의 정신입니다.

우리말을 사랑합시다.

---

01 사람들이 'ㅌ'를 보는 두 가지 관점은 무엇인지 쓰시오.

(1) (   )
(2) (   )

02 광고에서 다루고 있는 문제는 무엇입니까? (   )

① 사람들이 우리말을 잘 모른다.
② 사람들이 국어보다 영어에 익숙하다.
③ 영어와 우리말의 글자가 매우 비슷하다.
④ 사람들이 어릴 때부터 우리말을 배운다.
⑤ 사람들이 알파벳을 무시하는 경향이 있다.

 중요
03 광고에서 전하고자 하는 뜻은 무엇인지 쓰시오.

(   )

서술형
04 사람들이 'ㅌ'를 보는 관점이 서로 다른 까닭은 무엇인지 쓰시오.

_____

_____

도움말 자신이 가지고 있는 지식이나 경험, 속한 문화가 자신의 생각, 관점에 어떤 영향을 끼치는지 생각해 봅니다.

내가 원하는 우리나라

학습 목표 ▶ 글쓴이의 생각을 파악하며 글을 읽어야 하는 까닭 알기

- **글의 종류:** 주장하는 글
- **글쓴이:** 김구

- **글의 특징:** 광복 후의 우리나라가 어떤 나라가 되었으면 좋을지에 대해 자신의 의견을 제시하고, 그러한 나라를 만들기 위해 교육에 힘써야 한다는 생각을 담은 글입니다.

중심 내용 나는 우리나라가 세계에서 가장 아름다운 나라가 되기를 원합니다.

1 나는 우리나라가 세계에서 가장 아름다운 나라가 되기를 원한다. 가장 부강한 나라가 되기를 원하는 것은 아니다. <u>부유하고 강한 나라</u> 내가 남의 침략에 가슴이 아팠으니, 내 나라가 남을 침략하는 것을 원치 아니한다. 우리의 부는 우리 생활을 **풍족히** 할 만하고, 우리의 힘은 남의 침략을 막을 만 <u>충분하다.</u> 하면 족하다. 오직 한없이 가지고 싶은 것은 높은 문화의 힘이다. 문화의 힘은 우리 자신을 행복하게 하고, 나아가서 남에게도 행복을 주기 때문이다. 지금 인류에게 부족한 것은 **무력**도 아니요, 경제력도 아니다. 자연 과학의 힘은 아무리 많아도 좋으나, 인류 전체로 보면 현재의 자연 과학만 가지고도 편안히 살아가기에 넉넉하다.

중심 내용 나는 우리나라가 높고 새로운 문화의 근원이 되고, 목표가 되고, 모범이 되어 세계 평화가 우리나라로 말미암아 세계에 실현되기를 원합니다.

2 인류가 현재에 불행한 근본 이유는 인의가 부족하고, 자비가 부족하고, 사랑이 부족한 때문이다. 이 마음만 <u>인의, 자비, 사랑</u> 발달이 되면, 현재의 물질력으로 인류 20억이 다 편안히 살아갈 수 있을 것이다. 인류에게 이 정신을 **배양하는** 것 ★ 은 오직 문화이다. 나는 우리나라가 남의 것을 **모방하는** 나라가 되지 말고, <u>이러한 높고 새로운 문화의 근원이</u> <u>글쓴이가 원하는 것</u> <u>되고, 목표가 되고, 모범이 되기를 원한다.</u> 그래서 진정한 세계의 평화가 우리나라에서, 우리나라로 말미암아 세계에 실현되기를 원한다.

★ 바르게 읽기

[일류]	[인뉴]
(○)	(×)

낱말 사전

풍족히 매우 넉넉하여 부족함이 없이.
무력(武 호반 무, 力 힘 력) 때리거나 부수는 따위의 육체를 사용한 힘. 예 무력을 이용하여 상대를 누르는 것은 옳지 않습니다.

배양(培 돋을 배, 養 기를 양)하는 인격, 역량, 사상 따위가 발전하도록 가르치고 키우는.
모방(模 법 모, 倣 본뜰 방)하는 남의 것을 본뜨거나 따라 하는.

---

05 글쓴이가 바라는 우리나라는 어떤 나라입니까?
( )

① 가장 부강한 나라
② 남을 침략하는 나라
③ 자연 과학이 발달한 나라
④ 무력과 경제력을 가진 나라
⑤ 세계에서 가장 아름다운 나라

06 글쓴이가 한없이 가지고 싶어 하는 것은 무엇입니까?
( )

① 부
② 무력
③ 경제력
④ 높은 문화의 힘
⑤ 자연 과학의 힘

07 글쓴이는 인류가 현재에 불행한 근본 까닭을 무엇이라고 했습니까? ( )

① 문화의 힘이 강해서
② 현재의 물질력이 부족해서
③ 인의, 자비, 사랑이 부족해서
④ 진정한 세계 평화가 이루어지지 않아서
⑤ 남의 나라 것을 모방하는 버릇이 있어서

중요 08 이와 같은 글을 바르게 읽은 친구는 누구인지 이름을 쓰시오.

윤주: 잘못된 정보가 없는지 확인하며 읽었어.
재은: 운율이 드러나 있는지 살펴가며 읽었어.
미소: 글에 담긴 글쓴이의 생각을 파악하며 읽었어.

( )

홍익인간이라는 우리 **국조** 단군의 이상이 이것이라고
_{세계 평화의 실현}
믿는다. 또 우리 민족의 재주와 정신과 과거의 단련이
이 사명을 달성하기에 넉넉하고, 국토의 위치와 기타의
_{맡겨진 임무.}
지리적 조건이 그러하며, 또 제1차·제2차 세계 대전을
치른 인류의 요구가 그러하며, 새로 나라를 고쳐 세우는
우리가 서 있는 시기가 그러하다고 믿는다. 우리 민족이
주연 배우로 세계의 무대에 등장할 날이 눈앞에 보이지
_{멀지 않았다는 뜻}
아니하는가.

중심 내용 우리가 할 일은 사상의 자유를 확보하는 정치 양식의 건립과 국민 교육의 완비입니다.

3 ㉠이 일을 하기 위하여 우리가 할 일은 사상의 자유
를 확보하는 정치 양식의 건립과 국민 교육의 **완비**이다.
내가 위에서 자유의 나라를 강조하고, 교육의 중요성을
말한 것도 이 때문이다. 최고의 문화를 건설하는 사명을

낱말 사전

국조(國 나라 국, 祖 조상 조) 나라의 시조.
예 우리나라의 국조는 단군 왕검입니다.
완비(完 완전할 완, 備 갖출 비) 빠짐없이 완전히 갖춤.
살벌(殺 죽일 살, 伐 칠 벌) 행동이나 분위기가 거칠고 무시무시함.

달성할 민족은 한마디로 말하면 국민 모두를 성인으로
만드는 데 있다. 대한 사람이라면 간 데마다 신용을 받
고 대접을 받아야 한다.

우리의 적이 우리를 누르고 있을 때에는 미워하고 분
해하는 **살벌** 투쟁의 정신을 길렀지만, 적은 이미 물러갔
으니 우리는 증오의 투쟁을 버리고 화합의 건설을 일삼
_{우리가 해야 할 일}
을 때다. 집안이 불화하면 망하듯, 나라 안이 갈려서 싸
우면 망한다. 동포 간의 증오와 투쟁은 망할 징조이다.
우리의 **용모**에서는 **화기**가 빛나야 한다. 우리 국토 안에
는 언제나 봄바람이 가득해야 한다. 이것은 우리 국민
_{따뜻한 화합의 기운}
각자가 한번 마음을 고쳐먹음으로써 가능하게 되고, 그
러한 정신을 교육함으로 영원히 이어질 것이다.
_{화합하는 마음}   ★ 바르게 쓰기

교육함으로	교육하므로
(○)	(×)

용모(容 얼굴 용, 貌 모양 모) 사람의 얼굴 모양.
예 공식적인 자리에서는 용모 단정한 태도를 보여야 합니다.
화기(和 화할 화, 氣 기운 기) 온화한 기색. 또는 화목한 분위기.
예 우리 반은 화기애애한 분위기입니다.

09 ㉠에 해당하는 것을 두 가지 고르시오.
(,)

① 국민 교육의 완비
② 단군의 이상 국가 건설
③ 새로 나라를 고쳐 세우는 일
④ 우리 민족의 세계 무대 등장
⑤ 사상의 자유를 확보하는 정치 양식의 건립

10 글쓴이는 '대한 사람'이라면 어떤 대접을 받아야 한다
고 생각합니까? ( )

① 시기의 대상이 되어야 한다.
② 어른으로서 대우를 받아야 한다.
③ 두려워서 피하는 대상이 되어야 한다.
④ 나라의 힘이 없으니 무시 당해야 한다.
⑤ 간 데마다 신용을 받고 대접을 받아야 한다.

11 글쓴이는 앞으로의 우리에게 필요한 것은 무엇이라고
했습니까? ( )

① 집안의 불화
② 화합의 건설
③ 동포 간의 증오
④ 동포 간의 투쟁
⑤ 살벌 투쟁의 정신

12 글쓴이가 이 글의 제목을 「내가 원하는 우리나라」라고
정한 까닭은 무엇일지 생각하여 쓰시오.

_____

_____

도움말 글의 제목을 통해 글쓴이가 어떤 말을 하고 싶은지 생
각해 봅니다.

중심내용 우리는 이기적 개인주의자가 되어서는 안 됩니다.

4 최고의 문화로 인류의 모범이 되는 것을 사명으로 삼는 우리 민족의 개개인은 이기적 개인주의자가 되어서는 안 된다. 우리는 개인의 자유를 <u>극도로</u> 주장하되, 그 것은 저 짐승들과 같이 저마다 제 배를 채우기에 쓰는 자유가 아니요, 제 가족을, 제 이웃을, 제 국민을 잘 살게 하는 데 쓰이는 자유이다. 공원의 꽃을 꺾는 자유가 아니라 공원에 꽃을 심는 자유이다. 우리는 남의 것을 빼앗거나 남의 덕을 보려는 사람이 아니라 가족에게, 이웃에게, 동포에게 주는 것을 즐거움으로 삼는 사람이다. 이것이 우리말에 이른바 선비요 점잖은 사람이다.

더할 수 없는 정도로 · 개인의 자유

그러므로 우리는 게으르지 아니하고 부지런하다. 사랑하는 처자를 가진 가장은 부지런할 수밖에 없다. 한없이 주기 위함이다. 힘든 일은 내가 앞서 하니 사랑하는 동포를 아낌이요, 즐거운 것은 남에게 권하니 사랑하는 자를 위하기 때문이다. 이것이 ㉠우리 조상들이 좋아하던 인자하고 어진 덕이다.

아내와 자식을 아울러 이르는 말.

중심내용 내가 앞에서 말한 대로 한다면 우리나라는 화평하고, 불행하려 해도 불행할 수 없고, 망하려 해도 망할 수 없을 것입니다.

5 이러함으로써 우리나라 산에는 삼림이 무성하고, 들에는 오곡백과가 <u>풍성</u>하며, 촌락과 도시는 깨끗하고 풍성하고 <u>화평</u>할 것이다. 그리하여 우리 동포, 즉 대한 사람은 남자나 여자나 얼굴에는 항상 <u>화기</u>가 있고, 몸에서는 <u>어진 향기</u>를 발할 것이다. 이러한 나라는 불행하려 해도 불행할 수 없고, 망하려 해도 망할 수 없는 것이다. 민족의 행복은 결코 <u>계급 투쟁</u>에서 오는 것이 아니요, 개인의 행복이 이기심에서 오는 것도 아니다. 계급 투쟁은 끝없는 계급 투쟁을 <u>낳아서</u>★ 국토에 피가 마를 날 없고, ㉡<u>내가 이기심으로 남을 해하면 천하가 이기심으로 나를 해할 것이니,</u> 이것은 조금 얻고 많이 <u>빼앗기는</u> 것이다. 일본이 이번 전쟁에 패해 <u>보복당한</u> 것은 국제적·민족적으로 그것을 증명하는 가장 좋은 실례다.

온갖 곡식과 모든 과일.

항상 화기가 있고 어진 향기를 발휘하는 대한 사람의 나라

남이 저에게 해를 준 대로 저도 그 해를 당한

★ 바르게 쓰기

낳아서	나아서
(○)	(×)

---

13 글쓴이가 말하는 '선비' 혹은 '점잖은 사람'에 해당하는 사람은 누구입니까? (   )

① 이기적 개인주의자
② 남의 덕을 보려고 하는 사람
③ 남의 것을 빼앗으려고 하는 사람
④ 제 배를 채우기 위한 자유를 주장하는 사람
⑤ 가족, 이웃, 동포에게 주는 것을 즐거움으로 삼는 사람

14 ㉠을 잘못 이해한 친구는 누구인지 이름을 쓰시오.

> 정은: 힘든 일은 남에게 시켜야 해.
> 율준: 즐거운 것은 남에게 권해야 해.
> 재경: 게으르지 아니하고 부지런해야 해.

(   )

15 글쓴이가 ㉡의 예로 제시한 나라를 이 글에서 찾아 쓰시오.

(   )

16 다음 중 이 글에서 사용된 낱말이 주는 느낌이 <u>다른</u> 하나는 무엇입니까? (   )

① 풍성
② 화평
③ 화기
④ 어진 향기
⑤ 계급 투쟁

중심내용 내가 바라는 우리나라는 우리의 힘으로, 교육의 힘으로 만들 수 있을 것입니다.

6 이상에 말한 것은 내가 바라는 새 나라의 용모의 **일단**을 그린 것이다. 동포 여러분! 이러한 나라가 된다면 얼마나 좋겠는가. 우리 자손에게 이러한 나라를 남기고 가면 얼마나 만족하겠는가. 옛날 한나라 지역의 기자가 우리나라를 **사모하여** 왔고, 공자께서도 우리 민족이 사는 데 오고 싶다고 하셨으며 우리 민족을 인을 좋아하는 민족이라 하였다. 옛날에도 그러하였거니와, 앞으로 세계 인류가 모두, 우리 민족의 문화를 이렇게 사모하도록 하지 아니하려는가. 나는 우리의 힘으로, 특히 교육의 힘으로 반드시 이 일이 이루어질 것이라고 믿는다. 우리나라의 젊은 남녀가 다 이 마음을 가진다면 아니 이루어지
우리의 힘으로 이루어질 것이라는 마음   반드시 이루어질 것이다.
고 어찌하랴!

낱말 사전

일단(一 하나 일, 段 층계 단) 문장, 이야기 따위의 한 토막.
사모(思 생각 사, 慕 그릴 모)하여 우러러 받들고 마음속 깊이 따라.
㉑ 우리는 백범 김구 선생을 매우 동경하고 사모합니다.

나는 일찍이 황해도에서 교육에 종사하였거니와, 내가
몸과 마음을 다하였거니와
교육에서 바라던 것이 이것이었다. 내 나이 이제 일흔이 넘었으니 직접 국민 교육에 종사할 **시일**이 넉넉지 못하지만, 나는 천하의 교육자와 남녀 **학도**들이 한번 크게 마음을 고쳐먹기를 빌지 아니할 수 없다.

★ 바르게 쓰기

넉넉지	넉넉치
(○)	(×)

1947년

새문 밖에서
'돈의문'의 다른 이름.

글에는 글쓴이의 생각이 담겨 있어. 글쓴이는 글을 읽는 사람에게 자신의 생각을 전하려고 노력하지.

시일(時 때 시, 日 날 일) 때와 날을 아울러 이르는 말.
㉑ 우리가 다시 만날 시일을 기다리고 있습니다.
학도(學 배울 학, 徒 무리 도) 학생. 학문을 닦는 사람.

17 글 **6**의 앞부분에 제시된 내용이라고 짐작되는 것은 무엇입니까? (   )

① 우리 문화의 역사
② 우리 민족의 단점
③ 교육의 힘을 키우는 방법
④ '내'가 바라는 새 나라의 모습
⑤ 세계 인류가 바라는 우리의 미래 모습

19 다음 빈칸에 들어갈 알맞은 말을 글에서 찾아 쓰시오.

글쓴이는 [   ]의 힘으로 세계 인류가 모두 우리 민족의 문화를 사모하도록 할 수 있다고 했다.

(   )

18 글쓴이는 자신이 쓴 이 글을 누가 읽을 것이라고 생각하면서 썼습니까? (   )

① 공자
② 동포들
③ 세계 인류
④ 세계의 교육자
⑤ 옛날 한나라 지역의 기자

서술형 20 이와 같은 글을 읽을 때 글쓴이의 생각을 파악하며 글을 읽어야 하는 까닭은 무엇인지 쓰시오.

도움말 글에 담긴 글쓴이의 생각은 글의 주제라고 할 수 있습니다. 글을 읽을 때 글의 주제를 파악해야 하는 까닭을 생각해 봅니다.

로봇세를 도입해야 한다

학습 목표 ▶ 글을 읽고 글쓴이의 생각 파악하기

- **글의 종류**: 주장하는 글
- **글의 특징**: 자연에서 인간과 로봇이 공존할 수 있도록 로봇세를 부과해야 한다고 주장하는 내용의 글입니다.

■ **글쓴이의 생각을 파악하는 방법**
- 제목과 글에 사용한 표현, 글의 내용을 살펴봅니다.
- 글에 포함된 사진이나 그림을 살펴봅니다.
- 글쓴이가 글을 쓴 의도와 목적, 예상 독자를 생각해 봅니다.

중심 내용 우리도 로봇세를 도입해야 합니다.

1 인공 지능 기술이 발전하면서 로봇이 사람을 대신해 일하는 영역이 늘어나고, 그 규모도 커지고 있다. 이에 따라 외국에서는 로봇을 소유한 기업이나 로봇에게 세금을 부과하자는 주장이 나오고 있다. 우리도 로봇세를 도 _{부담하게 하자는} _{로봇이 노동으로 생산하는 경제적 가치에 부과하는 세금.} 입하여 인간과 로봇이 함께 살아가는 방법을 찾아야 한다.

중심 내용 로봇세를 도입하여 활용하면, 일자리를 찾기 위한 사람들의 재교육 에 사용할 수 있습니다.

2 세계 경제 포럼은 로봇이나 인공 지능이 이끄는 4차 산업 혁명으로 수많은 사람이 일자리를 잃을 것이라고 전망했다. 로봇 때문에 일자리를 잃고 소득을 얻지 못하 _{내다보았다.} 는 사람들은 새로운 일자리를 찾기 위해 재교육을 받아 야 한다. 로봇세를 도입하면 그 세금으로 일자리를 잃은 사람들에게 진로 상담이나 적성 검사, 기술 교육 등을 할 수 있다. 또 로봇세를 활용하면 일자리를 잃은 사람들이 재교육을 받고 새로운 일자리를 찾는 데 도움을 줄 수 있다.

중심 내용 로봇세를 도입하기 위한 법적 근거를 마련해야 합니다.

3 미래 사회에는 소수의 사람이 로봇으로 소득을 독점 할 수 있다. 로봇을 소유하고 이용하는 사람이나 로봇에

게 세금을 부과하면 소득의 독점을 막을 수 있다. 그런데 로봇에게 세금을 부과하려면 법적 근거를 마련해야 한 다. 법적인 의미에서 자연인과 법인에게만 세금을 부과 할 수 있다. 현행법으로는 기계인 로봇에게 세금을 부과 할 수 없다. 그래서 2017년에 유럽 의회는 장기적으로 로봇에게 '특수한 권리와 의무를 가진 전자 인간'으로 법 적 지위를 부여하는 입법을 집행 위원회가 추진하도록 _{밀고 나아가도록} 결의했다. 이는 로봇을 소유하고 이용하는 사람뿐만 아 니라 로봇에게도 세금을 부과할 수 있는 근거가 된다. 또 로봇세를 활용하면 소득을 재분배함으로써 국민의 복지 향상에 도움을 줄 수 있다.

중심 내용 인간과 로봇이 공존하는 방법을 찾을 수 있도록 지금이라도 로봇세 를 도입해야 합니다.

4 최근 과학의 발달에서 로봇의 변화는 눈부시다. 우리 나라도 이미 2008년에 「지능형 로봇 개발 및 보급 촉진 법」을 제정해 로봇 산업의 법적 기반을 마련했다. 인간 _{기초가 될 만한 바탕.} 과 로봇이 공존하는 방법을 찾을 수 있도록 지금이라도 로봇세를 도입해야 한다.

★ 바르게 읽기

[일짜리]	[일자리]
(○)	(×)

21 로봇세에 관한 글쓴이의 주장은 무엇입니까? ( )

① 로봇에 세금을 부과하자.
② 자연인과 법인만 세금을 납부해야 한다.
③ 로봇에 세금을 부과하는 것은 너무 이르다.
④ 로봇은 기계이므로 세금을 내지 않아도 된다.
⑤ 인공 지능이 이끄는 4차 산업이 발전하고 있다.

22 글 **2**에서 세계 경제 포럼이 전망한 내용을 쓰시오.

( )

23 글쓴이가 말한 로봇세 도입의 장점을 한 가지 쓰시오.

( )

24 (중요) 글에 나타난 글쓴이의 생각을 알 수 있는 방법으로 알 맞지 <u>않은</u> 것은 무엇입니까? ( )

① 제목을 살펴본다.
② 글의 내용을 파악해 본다.
③ 글에 사용한 표현을 살펴본다.
④ 글에 나타난 문단의 수를 파악해 본다.
⑤ 글쓴이가 예상한 독자가 누구일지 생각해 본다.

• 글의 종류: 주장하는 글

• 글의 특징: 로봇 산업이 로봇 기술 개발에 더욱 집중할 수 있도록 로봇세 도입을 늦추어야 한다고 주장하는 내용의 글입니다.

중심내용 로봇세 도입은 로봇 산업의 발전과 국가의 미래 경쟁력에 부정적인 영향을 줍니다.

1 로봇을 소유한 기업이나 로봇에게 세금을 부과하자는 주장이 나오고 있다. 로봇이 인간의 일거리를 대신 맡아 할 수 있기 때문에 인간에게 필요한 비용을 로봇세로 보충하려는 것이다. 하지만 로봇세 도입은 로봇 산업의 발전과 국가의 미래 경쟁력에 부정적인 영향을 끼칠 수 있다.

중심내용 로봇세 도입은 로봇 산업 발전에 도움이 되지 않습니다.

2 로봇 산업이 본격적으로 발전하면 로봇은 인간을 대신하여 일을 하게 된다. 이럴 경우에 인간은 위험하거나 단순한 일, 반복적인 일에서 해방될 수 있다. 그런데 인간을 대신하여 일을 할 로봇에게 성급하게 세금을 부과한다면 로봇 산업 발전을 더디게 할 것이다. 특히 로봇 개발자는 개발 비용에 세금까지 더하여 마음의 부담을 느낄 수 있다. <u>로봇 개발자가 느끼는 마음의 부담은 로</u>
로봇세 도입의 단점
<u>봇을 개발하는 과정에서 혁신적인 생각을 발전시키거나</u>
<u>과감한 투자를 하는 데에 걸림돌이 될 수 있다.</u> 로봇세는 이제 발전하려는 로봇 산업에 방해가 된다.

중심내용 국가의 미래 경쟁력을 기르려면 로봇 기술 개발에 더욱 집중할 때입니다.

3 로봇세를 부과하는 근거가 명확하지 않기 때문에 세계의 모든 국가가 동시에 로봇세를 도입하기 어렵다. 서둘러 로봇세를 도입한 국가가 다른 국가에 비해 미래 경쟁력에서 뒤처질 수 있다. 지금도 로봇 기술은 외국의 대기업들이 독차지하고 있다. 그래서 우리의 기술 없이 로
혼자서 모두 차지하고 있다.
봇을 만들면 막대한 특허 사용료를 외국에 지급해야 한다. 그렇게 될 경우 <u>로봇세를 도입한 국가는 다른 국가에</u>
로봇세 도입으로 겪을 어려움
<u>비해 기술 개발이 늦어질 수 있다.</u> 국가의 미래 경쟁력을 기르려면 로봇 기술의 개발이 먼저 이루어져야 한다.

중심내용 로봇세 도입을 늦추어야 합니다.

4 지금은 로봇 산업 발전에 투자해야 할 때이다. 특히 로봇 개발에 필요한 원천 기술에 더 집중해야 한다. 그
사물의 근원
래야 우리나라의 재산을 지키고 국내 로봇 산업을 이끌 수 있는 힘을 기를 수 있다. 따라서 <u>우리나라의 미래 경쟁력인 로봇 산업을 키울 수 있도록 로봇세 도입을 늦추</u>
글쓴이의 주장
<u>어야 한다.</u>

---

 25 글쓴이의 주장으로 알맞은 것에 ○표를 하시오.

(1) 로봇세를 도입하지 말자. 　　(　　)
(2) 로봇세 도입을 늦추자. 　　(　　)

중요 26 로봇세에 관한 글쓴이의 생각을 알 수 있게 해 주는 <u>표현이 아닌</u> 것은 무엇입니까? (　　)

① 로봇은 인간을 대신하여 일을 하게 된다.
② 이제 발전하려는 로봇 산업에 방해가 된다.
③ 과감한 투자를 하는 데에 걸림돌이 될 수 있다.
④ 국가의 미래 경쟁력에 부정적인 영향을 끼칠 수 있다.
⑤ 로봇 개발자는 개발 비용에 세금까지 더하여 마음의 부담을 느낄 수 있다.

27 글쓴이가 자신의 주장에 대한 근거로 제시한 것을 두 가지 골라 기호를 쓰시오.

> ㉮ 로봇세 도입은 로봇 산업 발전에 도움이 되지 않는다.
> ㉯ 지금은 로봇세가 아니라 로봇 기술 개발에 더 집중해야 한다.
> ㉰ 로봇이 인간의 일거리를 대신 맡아 할 것이므로 인간에게 필요한 비용을 로봇세로 보충해야 한다.

(　　, 　　)

 서술형 28 이 글에 나타난 글쓴이의 생각을 쓰시오.

_____

_____

[29~32] 다음 「착한 사마리아인의 법」에 관한 영상 사진을 보고, 물음에 답하시오.

1 1928년 미국의 한 부둣가…
산책하던 중 실수로 바다에 빠진 남자

2 "살려 주세요."
"살려 주세요."

3 그런데

4 다급한 구조 요청에도 무관심

5 젊은이를 상대로 소송을 낸 익사자 가족
"그때 도와줬다면 내 아들은 죽지 않았어요."

6 소송 기각
현재 민법엔 구조의 의무가
명시돼 있지 않다.

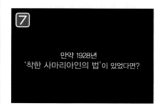
7 만약 1928년
'착한 사마리아인의 법'이 있었다면?

8 착한 사마리아인의 법:
위험에 처한 사람을 돕지 않으면
처벌할 수 있는 법 제도

■ 착한 사마리아인의 법: 착한 사마리아인의 법이란 강도를 만나 길에서 죽어 가는 사람을 어느 사마리아인만이 구해 줬다는 성서의 이야기에서 비롯되었습니다. 프랑스에서는 위험에 처해 있는 사람을 구조해 주어도 자기가 위험에 빠지지 않음에도 불구하고, 고의로 구조하지 않은 사람에 대하여 교도소에 가두거나 벌금에 처하도록 하고 있습니다. 이 밖에 폴란드, 독일, 스위스, 네덜란드 등에서도 이와 관련한 내용을 법으로 규정하여 처벌하고 있습니다.

29 익사자 가족이 젊은이를 상대로 소송을 낸 까닭은 무엇입니까? (　)

① 구조 요청을 하지 않아서
② 남자를 물에 빠지게 해서
③ '착한 사마리아인의 법'이 없어서
④ 물에 빠진 남자를 구해 주지 않아서
⑤ 착한 사마리아인의 법을 지키지 않아서

30 '착한 사마리아인의 법'의 내용은 무엇입니까?
(　)

① 위험한 상황을 만들지 않아야 한다.
② 착한 사마리아인을 도와주어야 한다.
③ 모든 사람들에게 착하게 행동해야 한다.
④ 위험에 처한 사람을 돕지 않으면 처벌한다.
⑤ 위험에 처한 사람을 함부로 도와주면 안 된다.

중요
31 '착한 사마리아인의 법'에 대한 두 의견과 그에 대한 근거를 알맞게 선으로 이으시오.

(1) '착한 사마리아인의 법'을 법으로 정해야 한다. ・

・① 도덕까지 법으로 규제하는 것은 옳지 않다.

(2) '착한 사마리아인의 법'을 법으로 정하지 않아야 한다. ・

・② 당연히 지켜야 할 도덕적 의무를 따르지 않는다면 법으로 처벌하는 게 옳다.

서술형
32 '착한 사마리아인의 법'에 관해 다음과 같은 논제로 토론을 할 때, 자신의 입장과 그에 대한 까닭을 쓰시오.

착한 사마리아인의 법을 제정해야 한다.

＿＿＿＿＿＿＿＿＿＿＿＿＿＿＿＿＿＿

도움말 착한 사마리아인의 법을 제정하는 것에 대해 찬성하는 입장인지 반대하는 입장인지를 정하고, 그 까닭을 생각해 봅니다.

서술형 수행 평가 돋보기

학교에서 출제되는
서술형 수행 평가를
미리 준비하세요.

◑ 다음 글을 읽고, 물음에 답하시오.

로봇을 소유한 기업이나 로봇에게 세금을 부과하자는 주장이 나오고 있다. 로봇이 인간의 일거리를 대신 맡아 할 수 있기 때문에 인간에게 필요한 비용을 로봇세로 보충하려는 것이다. 하지만 로봇세 도입은 로봇 산업의 발전과 국가의 미래 경쟁력에 부정적인 영향을 끼칠 수 있다.

로봇 산업이 본격적으로 발전하면 로봇은 인간을 대신하여 일을 하게 된다. 이럴 경우에 인간은 위험하거나 단순한 일, 반복적인 일에서 해방될 수 있다. 그런데 인간을 대신하여 일을 할 로봇에게 성급하게 세금을 부과한다면 로봇 산업 발전을 더디게 할 것이다. 특히 로봇 개발자는 개발 비용에 세금까지 더하여 마음의 부담을 느낄 수 있다. 로봇 개발자가 느끼는 마음의 부담은 로봇을 개발하는 과정에서 혁신적인 생각을 발전시키거나 과감한 투자를 하는 데에 걸림돌이 될 수 있다. 로봇세는 이제 발전하려는 로봇 산업에 방해가 된다.

로봇세를 부과하는 근거가 명확하지 않기 때문에 세계의 모든 국가가 동시에 로봇세를 도입하기 어렵다. 서둘러 로봇세를 도입한 국가가 다른 국가에 비해 미래 경쟁력에서 뒤처질 수 있다. 지금도 로봇 기술은 외국의 대기업들이 독차지하고 있다. 그래서 우리의 기술 없이 로봇을 만들면 막대한 특허 사용료를 외국에 지급해야 한다. 그렇게 될 경우 로봇세를 도입한 국가는 다른 국가에 비해 기술 개발이 늦어질 수 있다. 국가의 미래 경쟁력을 기르려면 로봇 기술의 개발이 먼저 이루어져야 한다.

지금은 로봇 산업 발전에 투자해야 할 때이다. 특히 로봇 개발에 필요한 원천 기술에 더 집중해야 한다. 그래야 우리나라의 재산을 지키고 국내 로봇 산업을 이끌 수 있는 힘을 기를 수 있다. 따라서 우리나라의 미래 경쟁력인 로봇 산업을 키울 수 있도록 로봇세 도입을 늦추어야 한다.

🔍 문제 파악
'로봇세'에 대한 글쓴이의 관점과 그에 대한 자신의 생각을 까닭과 함께 써 보는 문제입니다.

🔍 해결 전략

1 단계	글쓴이가 대상을 바라보는 관점 파악하기
2 단계	글에 나타난 글쓴이의 생각과 자신의 생각 비교하기
3 단계	자신의 생각과 그렇게 생각한 까닭 쓰기

1 '로봇세'에 대한 글쓴이의 관점을 파악하여 쓰시오.

2 '로봇세'에 대한 글쓴이의 생각과 자신의 생각을 비교하여 같은 점과 다른 점을 쓰시오.

3 '로봇세'에 대한 자신의 생각을 쓰고, 그렇게 생각한 까닭을 쓰시오. (만약 글을 읽은 후, 자신의 생각에 변화가 있었다면 변화된 생각과 그 까닭을 쓰시오.)

학교 선생님께서
알려 주시는 모범 답안과
채점 기준도 book ❸ 해설책에서
꼭 확인해 보자!

「내가 원하는 우리나라」

○ 백범 김구 선생이 광복 후의 우리나라가 어떤 나라가 되었으면 좋을지에 대해 자신의 의견을 제시하고, 그러한 나라를 만들기 위해 교육에 힘써야 한다는 생각을 담은 내용의 글

• 「내가 원하는 우리나라」를 읽고 질문을 만들어 친구들과 묻고 답해 봅시다.

질문	백범 김구 선생은 어떤 나라를 원한다고 했나요?	
㉫ 세계에서 가장 아름다운 나라입니다.		답
질문	㉫ 백범 김구 선생이 우리나라의 젊은 남녀가 가지기를 바라는 마음은 무엇이라고 생각하나요?	
㉫ 인자하고 어진 덕이라고 생각합니다.		답

• 백범 김구 선생이 「내가 원하는 우리나라」라고 글 제목을 정한 까닭은 무엇인지 생각해 봅시다.

㉫ 글 내용을 잘 설명할 수 있는 제목이기 때문입니다. / 읽는 사람의 관심을 끌 수 있는 제목이기 때문입니다. / 백범 김구 선생의 생각을 잘 드러낼 수 있는 제목이기 때문입니다.

제목은 글쓴이의 생각을 잘 드러낼 수 있어야 해. 글쓴이가 이 글을 쓴 까닭이 무엇인지 생각해 봐.

• 「내가 원하는 우리나라」에 드러난 글쓴이의 생각은 무엇인지 친구들과 이야기해 봅시다.

㉫ 백범 김구 선생은 광복 후의 우리나라가 세계에서 가장 아름다운 나라가 되기를 원한다고 하였습니다.

• 글 내용만 이해하고 읽을 때와 글쓴이의 생각을 파악하며 읽을 때를 비교해 봅시다.

글 내용만 이해하고 읽으면 제목을 그렇게 정한 까닭을 알기 어려워.

제목에는 글쓴이의 생각이 담기는 경우가 많아. 글을 읽는 사람은 제목을 보고 글에 호기심을 느낄 수 있어.

글에서 인상 깊은 부분은 글쓴이의 생각을 파악하며 읽을 때 찾을 수 있어.

㉫ 글쓴이의 생각을 파악하며 글을 읽으면 글의 주제를 쉽게 찾을 수 있어.

• 글쓴이의 생각을 파악하며 글을 읽어야 하는 까닭을 말해 봅시다.
  – ㉫ 글 내용을 좀 더 깊이 있게 이해할 수 있다.
  – ㉫ 글쓴이가 글을 쓴 의도와 목적을 알 수 있다.

「로봇세를 도입해야 한다」　　　◯ 자연에서 인간과 로봇이 공존할 수 있도록 로봇세를 부과해야 한다고 주장하는 내용의 글

• 글 **가**에 나타난 글쓴이의 생각을 파악하는 방법으로 알맞은 말을 **보기**에서 찾아 써 봅시다.

보기

| 표현 | 제목 | 내용 파악 | 의도와 목적 | 예상 독자 |

 글쓴이가 「로봇세를 도입해야 한다」라고 (예 **제목**)을/를 정한 까닭은 무엇일까?

로봇세를 걷는 것이 필요하다고 생각하기 때문이야.

 글에서 '도입', '인간과 로봇이 함께 살아가는 방법', '소득을 재분배' 같은 말을 쓴 까닭은 무엇일까?

글쓴이의 생각이 낱말이나 문장 같은 (예 **표현**)(으)로 드러나기 때문이야.

 글쓴이가 의도적으로 이런 말을 사용했구나.

 로봇에게 세금을 부과하자는 까닭은 무엇일까?

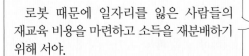로봇 때문에 일자리를 잃은 사람들의 재교육 비용을 마련하고 소득을 재분배하기 위해서야.

 글을 자세히 읽고 (예 **내용 파악**)을/를 해야 글쓴이의 생각을 알 수 있어.

 글쓴이는 자신의 글을 누가 읽을 것이라고 생각했을까?

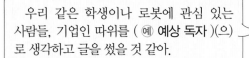우리 같은 학생이나 로봇에 관심 있는 사람들, 기업인 따위를 (예 **예상 독자**)(으)로 생각하고 글을 썼을 것 같아.

 글쓴이가 이 글을 쓴 (예 **의도와 목적**)은/는 무엇일까?

• 글 **가**에 나타난 글쓴이의 생각을 써 봅시다.
  예 로봇세를 걷으면 일자리를 잃은 사람들이 재교육을 받고 새로운 일자리를 찾는 데 도움을 줄 수 있고, 소득을 재분배함으로써 국민의 복지 향상에 도움을 줄 수 있다.

「로봇세 도입을 늦추어야 한다」

○ 로봇 산업이 로봇 기술 개발에 집중할 수 있도록 로봇세 도입을 늦추어야 한다고 주장하는 내용의 글

• 모둠에서 찾은 방법을 추가해 글 **나**에 나타난 글쓴이의 생각을 파악해 봅시다.

제목을 그렇게 정한 까닭 살피기

 글쓴이가 제목을 「로봇세 도입을 늦추어야 한다」라고 정한 까닭은 무엇일까?

⑩ 로봇 산업 발전을 더디게 하기 때문이야. / 로봇 기술 개발에 집중할 때이기 때문이야.

글쓴이의 생각이 담긴 낱말이나 문장 같은 표현 찾기

 글쓴이가 자신의 생각을 나타내려고 쓴 낱말이나 문장 같은 표현에는 무엇이 있을까?

⑩ '부담', '걸림돌', '막대한 특허 사용료를 외국에 지급' 따위가 있어.

글 내용 파악하기

 로봇세 도입이 로봇 산업 발전에 도움이 되지 않는다고 한 까닭은 무엇일까?

⑩ 로봇 개발자가 마음의 부담을 느껴 혁신적인 생각을 발전시키거나 과감한 투자를 하는 데에 걸림돌이 되기 때문이야.

글쓴이가 예상하는 독자 생각하기

 글쓴이는 자신의 글을 누가 읽을 것이라고 생각했을까?

⑩ 우리 같은 학생이나 로봇에 관심 있는 사람들, 기업인 따위를 예상 독자로 생각하고 글을 썼을 거야.

(추가한 방법의 예) 사진이나 그림 살피기

 글쓴이는 왜 글에 그림을 넣었을까?

⑩ 자신의 생각을 강조하려고 그림을 넣었을 것 같아.

글쓴이가 글을 쓴 의도와 목적 살피기

 글쓴이가 이 글을 쓴 의도와 목적은 무엇일까?

⑩ 로봇세 도입이 필요하다고 생각하는 사람들에게 다른 관점으로도 생각할 수 있게 하려고 이 글을 썼을 거야.

• 글 **나**에 나타난 글쓴이의 생각을 써 봅시다.

⑩ 로봇세 도입은 로봇 산업 발전에 걸림돌이 될 수 있으며 지금은 로봇 기술 개발에 더욱 집중할 때이므로 로봇세 도입을 늦추어야 한다.

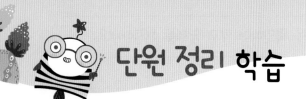 

단원 정리 학습

핵심 1   사람마다 관점이 다른 까닭 이해하기

1 관점의 뜻

사물이나 현상을 관찰할 때 그 사람이 바라보는 태도나 방향 또는 처지를 뜻합니다.

2 사람마다 관점이 다른 까닭

- 사람마다 가지고 있는 지식이 다르기 때문입니다.
- 사람마다 경험이 다르기 때문입니다.
- 사람마다 속한 문화가 다르기 때문입니다.

핵심 2   글쓴이의 생각을 파악하는 방법 알기

- 제목과 글에 사용한 표현을 보면 글쓴이의 생각을 알 수 있습니다.

  예 「로봇세 도입을 늦추어야 한다」 / '부담', '걸림돌', '막대한 특허 사용료를 외국에 지급'

- 글의 내용 파악으로 글쓴이가 알려 주고 싶은 생각을 찾을 수 있습니다.

  예 로봇세 도입이 로봇 산업 발전에 도움이 되지 않습니다.

- 예상 독자가 누구일지 생각해 봅니다.

  예 우리 같은 학생이나 로봇에 관심 있는 사람들, 기업인 따위를 예상 독자로 생각하고 글을 썼을 거야.

- 글에 포함된 사진이나 그림을 살펴봅니다.

  예 자신의 생각을 강조하려고 그림을 넣었을 것 같아.

- 글쓴이가 글을 쓴 의도와 목적을 살펴봅니다.

  예 로봇세 도입이 필요하다고 생각하는 사람들에게 다른 관점으로도 생각할 수 있게 하려고 이 글을 썼을 거야.

> 생각은 관점, 의도, 마음, 의견, 주장 따위도 포함하는 것으로, 느끼고 상상하는 것이나 무엇인가를 하고 싶어 하는 것도 생각의 한 종류야.

핵심 3 **글쓴이의 생각과 자신의 생각 비교해 보기**

● 글쓴이의 생각과 자신의 생각을 비교하며 같은 점과 다른 점을
이야기해 봅니다.

● 글을 읽고 자신의 생각에 변화가 있는지 생각해 봅니다.

● 자신의 생각에 변화가 있었다면 변화된 생각과 그 까닭을 이야기해 봅니다.

글쓴이의 생각을 자신의
생각과 비교하며 글을
읽으면 글을 비판적으로
읽을 수 있고 자신의 생각을
점검하는 데에 도움이 돼.

핵심 4 **자신의 생각과 상대의 생각을 비교하며 토론하기**

● 자신의 생각을 정합니다.

  • 논제를 확인합니다.
  토론의 주제

● 토론을 준비합니다.

자신의 생각을 나타내려고
할 때에는 긍정적이거나
부정적인 어감이 드는
낱말을 사용하거나
속담을 인용할 수도 있어.

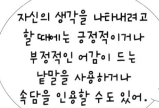

  • 토론 역할을 정합니다.
  사회자, 찬성편 토론자, 반대편 토론자, 참관자로 역할을 나눔.

  • 토론을 위한 근거를 마련합니다.

  • 토론을 위한 반론을 예상합니다.

  • 근거를 설명할 수 있는 뒷받침 자료를 찾습니다.

  (근거에 대한 설명을 위해 신문 기사, 통계 자료, 전문가의 의견, 책 등의 다양한 매체를 예로 들 수 있습니다.)

● 토론을 합니다.

  • 토론을 위한 효과적인 표현을 정합니다.

  • 규칙과 절차에 따라 찬반 토론을 합니다.

● 정리 및 평가를 합니다.

  • 토론을 한 뒤에 생각의 변화나 느낀 점을 이야기해 봅니다.

  ⑩ 토론을 해 보니 다른 사람의 이야기를 잘 듣는 태도가 중요하다는 걸 알겠어. / 다른 사람의 이야기를 잘 들었을
  때 그 사람의 태도를 이해할 수 있었어. / 토론하는 과정에서 나와 다른 생각을 존중해야 한다고 생각했어. / 나
  와 다른 생각을 알게 되니 내용을 더 깊이 있게 이해할 수 있었어.

단원 확인 평가

5. 글에 담긴 생각과 비교해요

[01~02] 다음 글을 읽고, 물음에 답하시오.

㉮ 인류가 현재에 불행한 근본 이유는 인의가 부족하고, 자비가 부족하고, 사랑이 부족한 때문이다. ㉠이 마음만 발달이 되면, 현재의 물질력으로 인류 20억이 다 편안히 살아갈 수 있을 것이다. 인류에게 이 정신을 배양하는 것은 오직 문화이다. 나는 우리나라가 남의 것을 모방하는 나라가 되지 말고, 이러한 높고 새로운 문화의 근원이 되고, 목표가 되고, 모범이 되기를 원한다. 그래서 진정한 세계의 평화가 우리나라에서, 우리나라로 말미암아 세계에 실현되기를 원한다.

㉯ 이상에 말한 것은 내가 바라는 새 나라의 용모의 일단을 그린 것이다. 동포 여러분! 이러한 나라가 된다면 얼마나 좋겠는가. 우리 자손에게 이러한 나라를 남기고 가면 얼마나 만족하겠는가. 옛날 한나라 지역의 기자가 우리나라를 사모하여 왔고, 공자께서도 우리 민족이 사는 데 오고 싶다고 하셨으며 우리 민족을 인을 좋아하는 민족이라 하였다. 옛날에도 그러하였거니와, 앞으로 세계 인류가 모두, 우리 민족의 문화를 이렇게 사모하도록 하지 아니하려는가. 나는 우리의 힘으로, 특히 교육의 힘으로 반드시 이 일이 이루어질 것이라고 믿는다. 우리나라의 젊은 남녀가 다 이 마음을 가진다면 아니 이루어지고 어찌하랴!

01 ㉠에 해당하지 <u>않는</u> 것을 두 가지 고르시오.

(,)

① 사랑   ② 자비
③ 욕심   ④ 인의
⑤ 불만

02 (중요) 이 글에 어울리는 제목을 정하여 쓰시오.

( )

[03~06] 다음 글을 읽고, 물음에 답하시오.

세계 경제 포럼은 로봇이나 인공 지능이 이끄는 4차 산업 혁명으로 수많은 사람이 일자리를 잃을 것이라고 전망했다. 로봇 때문에 일자리를 잃고 소득을 얻지 못하는 사람들은 새로운 일자리를 찾기 위해 재교육을 받아야 한다. 로봇세를 도입하면 그 세금으로 일자리를 잃은 사람들에게 진로 상담이나 적성 검사, 기술 교육 등을 할 수 있다. 또 로봇세를 활용하면 일자리를 잃은 사람들이 재교육을 받고 새로운 일자리를 찾는 데 도움을 줄 수 있다.

미래 사회에는 소수의 사람이 로봇으로 소득을 독점할 수 있다. 로봇을 소유하고 이용하는 사람이나 로봇에게 세금을 부과하면 소득의 독점을 막을 수 있다. 그런데 로봇에게 세금을 부과하려면 법적 근거를 마련해야 한다. 법적인 의미에서 자연인과 법인에게만 세금을 부과할 수 있다. 현행법으로는 기계인 로봇에게 세금을 부과할 수 없다. 그래서 2017년에 유럽 의회는 장기적으로 로봇에게 '특수한 권리와 의무를 가진 전자 인간'으로 법적 지위를 부여하는 입법을 집행 위원회가 추진하도록 결의했다. 이는 로봇을 소유하고 이용하는 사람뿐만 아니라 로봇에게도 세금을 부과할 수 있는 근거가 된다. 또 로봇세를 활용하면 소득을 재분배함으로써 국민의 복지 향상에 도움을 줄 수 있다.

최근 과학의 발달에서 로봇의 변화는 눈부시다. 우리나라도 이미 2008년에 「지능형 로봇 개발 및 보급 촉진법」을 제정해 로봇 산업의 법적 기반을 마련했다. 인간과 로봇이 공존하는 방법을 찾을 수 있도록 ㉠

03 로봇에게 세금을 부과할 수 없는 까닭을 쓰시오.

( )

04 ㉠에 들어갈 말로 알맞은 것은 무엇입니까? ( )

① 로봇세는 내지 않아야 한다.
② 로봇세 도입은 미뤄야 한다.
③ 지금이라도 로봇세를 도입해야 한다.
④ 로봇세를 내야 한다는 것은 말이 안 된다.
⑤ 로봇세를 낸다는 것은 있을 수 없는 일이다.

05 글쓴이는 로봇에게 세금을 부과해 어디에 쓰자고 했습니까? ( )

① 로봇 산업의 발전을 위한 비용으로 쓴다.
② 로봇법을 재정하는 데 필요한 비용으로 쓴다.
③ 4차 산업이 발전하는 데 필요한 비용으로 쓴다.
④ 새로운 일자리를 만드는 데 드는 비용으로 쓴다.
⑤ 일자리를 잃은 사람들을 위한 재교육 비용으로 쓴다.

06 이 글에 나타난 글쓴이의 생각과 같은 생각을 가진 친구는 누구인지 이름을 쓰시오.

> 하은: 로봇세를 부과하면 로봇 산업이 발전하는 데 방해가 될 거야.
> 규빈: 로봇세를 활용하면 소득을 재분배함으로써 국민의 복지 향상에 도움을 줄 수 있어.

( )

[07~10] 다음 글을 읽고, 물음에 답하시오.

로봇을 소유한 기업이나 ㉠로봇에게 세금을 부과하자는 주장이 나오고 있다. 로봇이 인간의 일거리를 대신 할 수 있기 때문에 인간에게 필요한 비용을 로봇세로 보충하려는 것이다. 하지만 ㉡로봇세 도입은 로봇 산업의 발전과 국가의 미래 경쟁력에 부정적인 영향을 끼칠 수 있다.

로봇 산업이 본격적으로 발전하면 로봇은 인간을 대신하여 일을 하게 된다. 이럴 경우에 인간은 위험하거나 단순한 일, 반복적인 일에서 해방될 수 있다. 그런데 인간을 대신하여 일을 할 로봇에게 성급하게 세금을 부과한다면 로봇 산업 발전을 더디게 할 것이다. 특히 로봇 개발자는 개발 비용에 세금까지 더하여 마음의 부담을 느낄 수 있다. 로봇 개발자가 느끼는 마음의 부담은 로봇을 개발하는 과정에서 혁신적인 생각을 발전시키거나 과감한 투자를 하는 데에 걸림돌이 될 수 있다. 로봇세는 이제 발전하려는 로봇 산업에 방해가 된다.

로봇세를 부과하는 근거가 명확하지 않기 때문에 세계의 모든 국가가 동시에 로봇세를 도입하기 어렵다. 서둘

러 로봇세를 도입한 국가가 다른 국가에 비해 미래 경쟁력에서 뒤처질 수 있다. 지금도 로봇 기술은 외국의 대기업들이 독차지하고 있다. 그래서 우리의 기술 없이 로봇을 만들면 막대한 특허 사용료를 외국에 지급해야 한다. 그렇게 될 경우 로봇세를 도입한 국가는 다른 국가에 비해 기술 개발이 늦어질 수 있다. 국가의 미래 경쟁력을 기르려면 로봇 기술의 개발이 먼저 이루어져야 한다.

07 ㉠, ㉡ 중 글쓴이의 생각은 무엇인지 기호를 쓰시오.

( )

08 글쓴이의 생각에 대한 근거가 될 수 <u>없는</u> 것의 기호를 쓰시오.

> ㉮ 로봇세 도입은 로봇 산업 발전에 도움이 되지 않는다.
> ㉯ 지금은 로봇세가 아니라 로봇 기술 개발에 더 집중할 때다.
> ㉰ 로봇이 인간의 일거리를 대신 할 것이므로 로봇세를 거둬 실직자를 지원해야 한다.

( )

09 이 글의 제목으로 알맞은 것은 무엇입니까? ( )

① 로봇세란 무엇인가
② 로봇세를 도입하자
③ 로봇 산업을 발전시키자
④ 로봇세 도입을 늦추어야 한다
⑤ 우리의 기술로 로봇을 개발하자

10 이와 같은 글을 읽을 때 글쓴이의 생각을 파악할 수 있는 방법은 무엇인지 한 가지만 쓰시오.

_____

_____

도움말 내용을 더 깊이 있게 읽을 수 있는 방법을 생각해 봅니다.

번개처럼 빠른
번개 운동화
이 운동화를 신으면
나도 금메달

남자아이는 광고 속 운동화를 신고 달리면 1등할 수 있다고 생각하고 있네요. 광고 내용에서처럼 번개 운동화를 신으면 빨리 달릴 수 있을까요?

이제, 6단원에서는 광고와 뉴스를 보고 표현의 적절성과 정보의 타당성을 판단하는 방법을 알아볼 거예요. 이를 바탕으로 관심 있는 내용을 뉴스로 직접 만들어 볼 거예요.

6 정보와 표현 판단하기

122~123쪽 단원 정리 학습에서 더 자세히 공부해 보세요.

단원 학습 목표

1. 뉴스가 우리 생활에 미치는 영향을 알 수 있습니다.
   - 사람들에게 새로운 정보를 알려 줍니다.
   - 어떤 일을 긍정적이거나 비판적인 시각으로 보게 합니다.
   - 여러 사람의 생각에 영향을 주어 여론을 형성합니다.

2. 광고에 나타난 표현의 적절성을 찾아봅니다.
   - 무엇을 광고하는지 살펴봅니다.
   - 광고에서 과장하거나 감추는 내용이 있는지 알아봅니다.

3. 뉴스에 나타난 정보의 타당성을 알아봅니다.
   - 가치 있고 중요한 뉴스인지 살펴봅니다.
   - 뉴스의 관점과 보도 내용이 서로 관련 있는지, 활용한 자료들이 뉴스의 관점을 뒷받침하는지, 자료의 출처가 명확한지 살펴봅니다.

단원 진도 체크

회차		학습 내용	진도 체크
1차	단원 열기	단원 학습 내용 미리 보고 목표 확인하기	✓
	교과서 내용 학습	뉴스와 광고를 보고 세계에 관심 가지기	✓
2차	교과서 내용 학습	광고에 나타난 표현의 적절성 살펴보기	✓
	교과서 내용 학습	뉴스에 나타난 정보의 타당성 알기	✓
3차	교과서 내용 학습	관심 있는 내용으로 뉴스 원고 쓰기	✓
4차	서술형 수행 평가 돋보기	서술형 수행 평가 대비 학습하기	✓
	교과서 문제 확인	교과서 문제 학습하며 학교 숙제 해결하기	✓
5차	단원 정리 학습	단원 학습 내용 정리하기	✓
	단원 확인 평가	확인 평가를 통한 단원 학습 상황 파악하기	✓

해당 부분을 공부하고 나서 ✓표를 하세요.

교과서 248~251쪽 내용

학습 목표 ▶ 뉴스와 광고를 보고 세계에 관심 가지기

[01~04] 다음 뉴스 보도 내용을 읽고, 물음에 답하시오.

파리 기후 협약 체결, 기온 상승 폭 2도 제한

지구 온난화를 막기 위해 전 세계가 참가한 보편적 기후 변화 협정이 프랑스 파리에서 체결됐습니다.

31쪽 분량의 '파리 협정' 최종 합의문 핵심은 지구의 기온 상승 폭을 산업화 이전 대비 섭씨 2도 아래로 억제하고, 가능하면 섭씨 1.5도까지 낮추는 것입니다.

또 온실가스 감축을 위해 선진국들이 2020년까지 매년 천억 달러, 우리 돈 118조 원의 기금을 개발 도상국에 지원하도록 하는 내용도 담겼습니다.

파리 협정은 선진국만 온실가스 감축 의무가 있었던 교토 의정서와는 달리, 개발 도상국을 포함한 195개 당사국 모두가 지켜야 하는 구속력 있는 첫 합의입니다.

중요
01 뉴스에서 알리려고 하는 내용은 무엇입니까? ( )

① 지구 온난화 현상
② 파리 협정의 체결
③ 교토 의정서의 의의
④ 지구의 기온 상승 폭
⑤ 개발 도상국에 대한 지원

■ **뉴스의 특성**
- 뉴스란 사람들에게 중요하거나 흥미로운 사건을 때에 알맞게 보도하는 것을 말합니다.
- 사회적으로 영향을 끼칠 수 있는 특별한 정보나 사건들을 시간적으로 빠르게 알립니다.
- 뉴스는 우리 생활에 도움이 되는 정보를 다룹니다.

02 세계 여러 나라가 지구의 기온 상승 폭을 낮추고, 온실가스를 감축하려고 노력하는 이유는 무엇이겠습니까? ( )

① 지구 온난화를 막기 위해
② 교토 의정서를 지키기 위해
③ 지구촌 시대에 대비하기 위해
④ 세계 여러 나라의 경제 성장을 위해
⑤ 개발 도상국이 선진국으로 도약하기 위해

03 파리 협정의 주요 내용으로 알맞지 <u>않은</u> 것은 무엇입니까? ( )

① 온실가스 감축 의무에 해당하는 나라는 선진국들이다.
② 지구의 기온 상승 폭을 가능하면 섭씨 1.5도까지 낮춘다.
③ 지구의 기온 상승 폭을 산업화 이전 대비 섭씨 2도 아래로 억제한다.
④ 개발 도상국을 포함한 195개 당사국 모두가 협약의 내용을 지켜야 한다.
⑤ 온실가스 감축을 위해 선진국들이 2020년까지 매년 천억 달러의 기금을 개발 도상국에 지원한다.

04 뉴스 보도 내용을 읽은 뒤 나눈 대화입니다. 뉴스에서 전하는 내용을 <u>잘못</u> 이해한 친구의 이름을 쓰시오.

> 재윤: 파리에는 볼 만한 것이 많아서 꼭 한번 여행을 가 보고 싶어.
> 민우: 전 세계가 지구 온난화를 막으려고 함께 노력하는 모습이 인상 깊어.
> 윤주: 온실가스를 줄이려면 우리가 할 수 있는 일이 무엇인지 생각해 보자.

( )

[05~07] 다음은 뉴스 「파리 기후 협약 체결, 기온 상승 폭 2도 제한」을 본 사람들의 반응입니다. 물음에 답하시오.

05 대화 ㉮~㉰ 중에서 다음과 관련 있는 것의 기호를 쓰시오.

> 사람들에게 새로운 정보를 알려 준다.

( )

06 ㉠에 대한 자신의 생각을 쓰시오.

_____

_____

도움말 다음 세대를 위해 환경을 보전하는 일에 대해 어떤 생각이 드는지 떠올려 봅니다.

중요
07 이와 같은 뉴스가 우리 생활에 주로 미치는 영향이 아닌 것을 두 가지 고르시오. (,)

① 사람들에게 새로운 정보를 알려 준다.
② 사람들로 하여금 물건을 사려는 생각이 들게 한다.
③ 어떤 일을 긍정적이거나 비판적인 시각으로 보게 한다.
④ 뉴스는 많은 사람에게 감동과 재미를 제공해 준다.
⑤ 여러 사람의 생각에 영향을 주어 여론을 형성한다.

08 다음 빈칸에 들어갈 알맞은 말을 보기 에서 골라 쓰시오.

보기

표현	의도	동기

> 광고에서 전하려는 것을 광고의 ☐☐☐(이)라고 한다.

( )

09 자신이 관심 있는 세계 지역의 문제에 대해 알맞게 말한 친구의 이름을 쓰시오.

> 정국: 한류를 세계적으로 확산시킬 수 있는 다양한 방법을 찾아보자.
> 태형: 아직도 세계에서 기아와 빈곤으로 고통을 겪는 사람이 많이 있어.
> 민아: 우리 주변에서 등·하굣길의 어린이 교통사고 발생률이 점점 높아지고 있어.

( )

[10~13] 다음 공익 광고를 보고, 물음에 답하시오.

뭘 이렇게 많이 시켜?
다 못 먹으면 남기면 되지.

냉장고의 음식들은 다 어쩔 거니?
다 버릴 거예요.

남은 음식 싸 달라고 할까?
싸 가긴 뭘 싸 가, 창피하게.

음식물 쓰레기 경제적 손실
연간 약 20조 원

중형차 100만 대를 버리는 것과 같습니다.

버려야 할 것은
잘못된 음식 문화입니다.

공익 광고는 기업이나 단체가 공공의 이익을 목적으로 하는 광고를 말해. 위 공익 광고는 어떤 공공의 이익을 이야기하고 있을지 생각해 보며, 광고에 드러난 의도와 표현 특성에 주목하여 살펴보자.

10 한 해에 버려지는 음식물 쓰레기를 비교한 것은 무엇입니까? (　　　)

① 중형차　　　　　② 냉장고
③ 에어컨　　　　　④ 텔레비전
⑤ 바닷속 생물

11 광고를 눈에 쉽게 띄게 하려고 광고의 글자와 색깔을 표현한 방법은 무엇입니까? (　　　)

① 배경에 있는 그림을 모두 없앴다.
② 다른 글자보다 크기를 작게 했다.
③ 글자의 모양을 그림처럼 표현했다.
④ 글자를 화면의 아래쪽에 배치했다.
⑤ 중요한 글자의 배경을 빨간색으로 표시했다.

서술형
12 이 광고의 의도는 무엇인지 생각해 쓰시오.

_____

_____

도움말 광고의 그림과 글을 보면서 광고에서 전하려고 하는 것이 무엇인지 잘 생각해 봅니다.

중요
13 이와 같은 광고의 표현 특성에 대한 설명으로 알맞지 <u>않은</u> 것은 무엇입니까? (　　　)

① 글씨체나 글씨 크기를 다르게 한다.
② 인상 깊은 사진이나 그림을 넣는다.
③ 사실이 아닌 것을 사실처럼 표현한다.
④ 효과적으로 표현하기 위해 강조법을 사용한다.
⑤ 오래 기억될 수 있도록 같은 말을 반복해서 사용한다.

■ 광고의 표현 특성
• 인상 깊은 사진이나 그림, 글, 소리를 찾아봅니다.
• 광고 내용을 두드러지게 하려고 사용한 글씨체, 글씨 크기, 화면, 색, 말도 살펴봅니다.

교과서 254~255쪽 내용　**학습 목표** ▶ 광고에 나타난 표현의 적절성 살펴보기

무료하고 따분하고 재미있는 일이 없을 때, 당신의 일상에 **신바람**이 일어납니다.

건강해지려고 아령도 들고 줄넘기도 해 보지만 체력이 여전히 바닥일 때, 당신의 건강에 **신바람**이 일어납니다.

당신의 즐거운 일상과 건강한 체력을 책임져 줄 단 한 가지! **신바람 자전거!**

소비자 만족도 **1위**

독보적인 디자인

튼튼한 내구성

독보적인 디자인과 튼튼한 내구성을 인정받아 **소비자 만족도 1위**를 달성했습니다.

신바람 자전거

기분 최고, 건강 최고, 기술력 최고! **신바람 자전거**가 선사합니다.

광고를 읽을 때에는 과장하거나 감추는 내용이 무엇인지 살펴봐야 해. '무조건', '절대로', '최고', 'I00퍼센트' 같은 표현은 과장된 표현으로 적절하지 않은 표현이야.

14 무엇을 광고하고 있는지 쓰시오.

( )

15 이 광고에 대해 비판적 관점에서 친구들과 생각을 나눌 때 질문의 예로 알맞지 <u>않은</u> 것은 무엇입니까?

( )

① 신바람 자전거의 가격은 얼마인가?
② 광고에서 과장하거나 감추는 내용은 무엇인가?
③ 광고에서 글과 그림은 어떻게 구성되어 있는가?
④ 글자의 모양과 크기를 다르게 한 까닭은 무엇인가?
⑤ 광고 화면을 밝고 긍정적으로 표현한 까닭은 무엇인가?

16 광고에서 오래 기억하도록 하기 위해 반복적으로 표현한 문구를 두 가지 고르시오. (,)

① 최고
② 신바람
③ 단 한 가지!
④ 당신의 일상
⑤ 선사합니다.

중요
17 이와 같은 광고를 볼 때 비판적으로 보아야 할 부분은 무엇입니까? ( )

① 광고의 처음과 끝 부분
② 글자의 모양이 다른 부분
③ 상품의 이름이 드러나 있는 부분
④ 과장하거나 감추는 내용을 담은 부분
⑤ 상품을 만든 회사의 이름이 있는 부분

[18~20] 다음 광고를 보고, 물음에 답하시오.

깃털 책가방

이보다 가벼울 수는 없다! 초경량 책가방
교과서를 모두 넣어도 찢어질 염려 없는 튼튼한 재질
거품 없는 가격과 최고의 품질
한국에서 직접 디자인하고 직접 만든 책가방
멘 듯 안 멘 듯 깃털처럼 가벼운 깃털 책가방

책가방을 살 때에는 깃털 책가방을 사세요.
세련된 디자인과 특수한 가공으로 품질을 인정받아
해외로 수출하는 우수 제품입니다.
깃털 책가방

18 이 광고의 의도는 무엇입니까? (   )

① 깃털 책가방을 사라.
② 깃털 책가방을 만들자.
③ 깃털 책가방을 수출하자.
④ 깃털 책가방을 선물로 주겠다.
⑤ 깃털 책가방의 품질을 높이겠다.

■ 과장 광고와 허위 광고
• 과장 광고: 상품이 잘 팔리게 하려고 상품 기능을 실제보다 부풀린 광고입니다.
• 허위 광고: 있지도 않은 상품 기능을 있는 것처럼 설명하는 광고입니다.

19 다음 설명과 관련하여 과장된 표현이 사용된 문장을 광고에서 찾아 쓰시오.

> 더 가벼운 책가방이 있을 수 있기 때문에 과장된 표현이다.

(   )

서술형
20 이와 같은 광고를 볼 때 비판적으로 보지 않으면 어떤 문제가 생기는지 생각해 쓰시오.

_____

도움말 광고를 비판적으로 보지 않으면 깃털 책가방에 대해 어떤 마음이 들게 될지 생각해 봅니다.

중요
21 광고에 나타난 표현의 적절성을 살펴볼 때의 좋은 점은 무엇입니까? (   )

① 상품을 저렴하게 구입할 수 있다.
② 광고의 내용을 그대로 수용할 수 있다.
③ 광고에서 재미있고 기발한 표현을 찾아낼 수 있다.
④ 광고를 만든 사람의 의도를 마음대로 바꿀 수 있다.
⑤ 과장 광고나 허위 광고가 무엇인지 판단할 수 있다.

교과서 258~259쪽 내용   **학습 목표** ▶ 뉴스에 나타난 정보의 타당성 알기

[22~25] 다음 뉴스 보도 내용을 읽고, 물음에 답하시오.

┌─ ㉠ ─┐

즐거운 성탄절이지만 어려움 속에서 도움을 기다리는 곳도 적지 않습니다. 다행히 기부가 늘어나고 있는데요. 올해 구세군에 모금된 금액은 44억 원으로 지난해보다 4억 원이 많아졌습니다. 사랑의 열매에는 1700억 원 넘게 모여서 목표액의 절반 이상을 채웠고 사랑의 온도 탑도 수은주가 50도를 넘어섰습니다. 어려운 경기 속에도 이렇게 기부가 늘어난 데는 재미와 감동이 함께하는 이른바 '스마트 기부'가 한몫을 하고 있습니다. 신방실 기자가 전해 드립니다.

┌─ ㉡ ─┐

거리에 등장한 자선냄비가 뭔가 색다릅니다. 한 시민이 돼지 저금통을 갈라 모금함에 돈을 넣는가 했더니, 먼저 주사위를 모니터 위에 놓습니다. 선택한 것은 여성과 다문화, 기부 대상을 직접 고를 수 있는 스마트 자선냄비입니다.

〈면담〉 ○○○(서울시 용산구)

"자기가 마음 가는 단체에 기부할 수 있어서 편리한 것 같습니다. 좋은 것 같습니다."

기부 자판기도 새로 등장했습니다. 메뉴판엔 물이나 신발, 약이 있고 2천5백 원부터 만 원까지 금액도 있어, 원하는 것을 고르면 지구 반대편 어린이에게 그대로 전달됩니다.

이렇게 걷는 것만으로도 기부할 수 있는 스마트폰 앱도 있습니다. 100미터에 10원씩 기부금이 쌓이는 동안 건강까지 챙길 수 있습니다. / 게임을 하고 광고 동영상을 시청하면서 기부할 수 있는 앱도 등장했습니다.

〈면담〉 ○○○(△△△병원 정신건강의학과 교수)

"기부에 있어서 마일리지나 포인트 등을 이용할 수 있게 유도한다는 것은 조금 더 사람들이 기부에 손쉽게 다가갈 수 있는 방법 중 하나입니다."

이타적인 동정심으로 기부를 결심하기도 하지만, 기부하면서 느끼는 재미와 보람 같은 개인적 욕구를 채워 주는 점이 요즘 기부의 특징입니다.

┌─ ㉢ ─┐

디지털 기술의 진화가 이웃 사랑을 실천하는 촉매제가 되고 있습니다. KBS 뉴스 신방실입니다.

■ 뉴스의 짜임
• 진행자의 도입: 뉴스에서 보도할 내용을 유도하거나 전체를 요약해 안내합니다.
• 기자의 보도: 시청자의 이해를 도우려고 면담 자료나 통계 자료로 설명합니다.
• 기자의 마무리: 전체 내용을 요약하거나 핵심 내용을 강조합니다.

22 뉴스에서 보도하는 내용은 무엇입니까? (   )

① 거리에 자선냄비가 등장했다.
② 디지털 기술이 진화하고 있다.
③ '스마트 기부'가 확산되고 있다.
④ 스마트폰 앱의 종류가 다양하다.
⑤ 게임을 하고 광고 동영상을 만들 수 있다.

23 뉴스에서 다음과 같은 역할을 하는 사람은 누구인지 보기 에서 골라 쓰시오.

보기

기자   진행자   면담자

뉴스의 핵심 내용을 요약해 안내한다.

(   )

24 ㉠~㉢은 뉴스의 짜임 중에서 무엇에 해당하는지 쓰시오.

(1) ㉠: (   )
(2) ㉡: (   )
(3) ㉢: (   )

25 뉴스에서 시청자의 이해를 돕고 뉴스의 핵심 내용을 보여 주기 위해 사용한 자료는 무엇입니까? (   )

① 관련 실험   ② 책의 인용
③ 연구 결과   ④ 면담 내용
⑤ 통계 자료

[26~29] 다음 뉴스 원고를 읽고, 물음에 답하시오.

진행자의 도입

　독감 때문에 요즘 감염 걱정이 많죠? 하지만 '30초 손 씻기'만 제대로 실천해도 웬만한 감염병은 막을 수 있다고 합니다. '30초의 기적'이라고까지 하는 올바른 손 씻기 방법을 이선주 기자가 알려 드립니다.

기자의 보도

　하루에도 몇 번씩 씻는 손, 손을 씻는 방법은 제각각입니다.

면담　박윤철　6학년 1반 학생
"평소에는 그냥 물로 씻는 편이에요."

면담　금성혜　6학년 3반 학생
"그냥 물휴지 정도로 닦는 편이에요."

　손을 어떻게 씻어야 손에 번식하는 세균을 없앨 수 있을지 알아보려고 손에 형광 물질을 바르고 실험했습니다. 10초 동안 비누로 손바닥과 손가락을 비벼 가며 열심히 씻는 것이 중요합니다. 이렇게 수시로 30초 동안 손을 씻으면 감염병의 70퍼센트는 예방할 수 있습니다.

면담　하영은　보건 선생님

"감기를 비롯해 장염, 식중독 따위도 모두 손을 깨끗이 씻으면 예방할 수 있습니다."

㉠

　특히 중요한 것은 손으로 얼굴을 자주 만지지 않는 것입니다. 우리는 평균 한 시간에 3.6회나 얼굴을 만진다는 연구 결과도 있는데요, 이렇게 자주 얼굴을 만지면 눈, 코, 입으로 세균이 들어가 감염되기 쉽습니다.　△△△ 뉴스 이선주입니다.

■ **뉴스의 타당성을 판단하는 방법**
• 자료의 출처가 명확한지 살핍니다.
• 가치 있고 중요한 뉴스인지 살핍니다.
• 활용한 자료들이 뉴스의 관점을 뒷받침하는지 살핍니다.
• 뉴스의 관점과 보도 내용이 서로 관련 있는지 살핍니다.

26 뉴스의 짜임 중 ㉠에 들어갈 알맞은 말은 무엇인지 쓰시오.

（　　　　　　　　　）

27 이 뉴스 원고에서 뉴스의 관점을 뒷받침하기 위해 활용한 자료는 무엇인지 모두 골라 기호를 쓰시오.

㉮ 연구 결과	㉯ 관련 실험
㉰ 전문가 면담	㉱ 책에 있는 내용

（　　　　，　　　　，　　　　）

28 뉴스의 타당성을 판단하는 기준과 거리가 <u>먼</u> 것을 두 가지 고르시오. （　　　，　　　）

① 재미있는 뉴스인가?
② 자료의 출처가 명확한가?
③ 뉴스가 사람들에게 감동을 주는가?
④ 자료가 뉴스의 관점을 뒷받침하는가?
⑤ 뉴스의 관점과 보도 내용이 서로 관련 있는가?

29 다음과 같은 기준으로 이 뉴스의 타당성을 판단하여 간단히 쓰시오.

가치 있고 중요한 뉴스인지 살피기

＿＿＿＿＿＿＿＿＿＿＿＿＿＿＿＿＿

도움말 뉴스에서 알려 주는 내용이 우리에게 가치가 있고, 중요한 내용인지 생각해 봅니다.

[30~32] 다음 뉴스를 만드는 과정을 살펴보고, 물음에 답하시오.

1 어떤 내용을 보도할지 회의한다.

2 알리려는 내용을 취재한다.

3 뉴스 원고를 쓴다.

4 취재한 내용을 효과적으로 알릴 수 있게 뉴스 영상을 제작하고 편집한다.

5 NEWS 사람들에게 전하고 싶은 내용을 뉴스로 보도한다.

30 **1**~**5** 중에서 다음과 관련 있는 과정은 무엇인지 번호를 쓰시오.

> • 새로운 정보는 무엇인지 생각해 본다.
> • 우리 주변에서 최근 일어난 일은 무엇인지 살펴본다.

(　　　　　　)

31 뉴스를 만드는 과정에서 **2**의 역할을 하는 사람은 누구입니까? (　　)

① 기자　　　② 진행자
③ 편집자　　④ 면담자
⑤ 뉴스 시청자

32 중요 **3**에서 주의해야 할 점으로 알맞지 <u>않은</u> 것은 무엇입니까? (　　)

① 타당한 정보를 제시한다.
② 짧고 간결한 표현을 사용한다.
③ 사람들이 쉽게 이해할 수 있도록 쓴다.
④ 기자의 개인적인 생각이 드러나도록 쓴다.
⑤ 내용이 분명하게 전달될 수 있도록 정확한 표현을 쓴다.

33 다음 그림의 상황에 알맞은 뉴스 주제는 무엇입니까? (　　)

운동장에서 안전하게 노는 방법을 알려 주면 좋겠어.

① 올바른 운동장 사용 방법
② 안전한 운동장 놀이 방법
③ 다양한 종류의 운동장 놀이
④ 운동장 놀이의 장점과 단점
⑤ 운동장 놀이를 좋아하는 사람들

34 뉴스 원고를 쓴 뒤에 고쳐야 할 점을 이야기하고 있습니다. 알맞지 <u>않게</u> 말한 친구의 이름을 쓰시오.

> 해인: 되도록 모호한 표현을 많이 쓰는 것이 좋겠어.
> 예진: 어려운 말은 쉽게 풀어서 말하듯이 쓰는 것이 좋겠어.
> 지민: 뉴스로서 가치가 있는 내용인지 살피는 것이 좋겠어.
> 흥민: 시청자가 관심을 가지도록 원고를 구성했는지 살피는 것이 좋겠어.

(　　　　　　)

서술형 수행 평가 돋보기

학교에서 출제되는
서술형 수행 평가를
미리 준비하세요.

◐ 다음 글을 읽고, 물음에 답하시오.

진행자의 도입

　　독감 때문에 요즘 감염 걱정이 많죠? 하지만 '30초 손 씻기'만 제대로 실천해도 웬만한 감염병은 막을 수 있다고 합니다. '30초의 기적'이라고까지 하는 올바른 손 씻기 방법을 이선주 기자가 알려 드립니다.

기자의 보도

　　하루에도 몇 번씩 씻는 손, 손을 씻는 방법은 제각각입니다.

　　면담　박윤철 6학년 1반 학생
　　"평소에는 그냥 물로 씻는 편이에요."

　　면담　금성혜 6학년 3반 학생
　　"그냥 물휴지 정도로 닦는 편이에요."

　　손을 어떻게 씻어야 손에 번식하는 세균을 없앨 수 있을지 알아보려고 손에 형광 물질을 바르고 실험했습니다. 10초 동안 비누로 손바닥과 손가락을 비벼 가며 열심히 씻는 것이 중요합니다. 이렇게 수시로 30초 동안 손을 씻으면 감염병의 70퍼센트는 예방할 수 있습니다.

　　면담　하영은 보건 선생님
　　"감기를 비롯해 장염, 식중독 따위도 모두 손을 깨끗이 씻으면 예방할 수 있습니다."

기자의 마무리

　　특히 중요한 것은 손으로 얼굴을 자주 만지지 않는 것입니다. 우리는 평균 한 시간에 3.6회나 얼굴을 만진다는 연구 결과도 있는데요, 이렇게 자주 얼굴을 만지면 눈, 코, 입으로 세균이 들어가 감염되기 쉽습니다. △△△ 뉴스 이선주입니다.

🔍 문제 파악
뉴스에서 알려 주는 내용을 파악하고, 뉴스의 타당성을 판단하는 문제입니다.

🔍 해결 전략

1 단계	뉴스에서 알려 주는 내용 확인하기

↓

2 단계	뉴스의 관점을 뒷받침하기 위해 이용한 자료 확인하기

↓

3 단계	뉴스의 타당성을 판단하는 기준 살펴보기

↓

4 단계	기준에 맞추어 뉴스의 타당성 판단하기

1　뉴스에서 알려 주는 내용은 무엇인지 쓰시오.

_____

2　뉴스의 관점을 뒷받침하려고 활용한 자료는 무엇인지 쓰시오.

_____

3　다음 기준에 맞추어 뉴스의 타당성을 판단하여 쓰시오.

기준	뉴스의 타당성
가치 있고 중요한 뉴스인가?	
뉴스의 관점과 보도 내용이 서로 관련 있는가?	
활용한 자료들이 뉴스의 관점을 뒷받침하는가?	

학교 선생님께서
알려 주시는 모범 답안과
채점 기준도 book ❸ 해설책에서
꼭 확인해 보자!

교과서 문제 확인

교과서 문제와 답을 확인하며 학교 숙제를 해결하세요.

교과서 250~251쪽

교과서 248~251쪽

○ 뉴스와 광고를 보고 세계에 관심 가지기

• 뉴스를 본 사람들의 반응과 뉴스가 우리 생활에 미치는 영향을 빈칸에 써 보세요.

뉴스를 본 사람	뉴스를 본 사람들의 반응	뉴스가 우리 생활에 미치는 영향
㉮	예 • 기후 협약이 무엇인지 궁금하다. / • 기후 협약은 지구 온난화를 막으려고 여러 나라가 체결한 협약이다.	사람들에게 새로운 정보를 알려 준다.
㉯	• 기후 협약이 체결되면 우리나라에서도 온실가스 배출 규정이 강화되어 사람들의 생활이 불편해질 수 있다. • 기후 협약에 참여하지 않는 나라는 비판받을 만하다.	예 어떤 일을 긍정적이거나 비판적인 시각으로 보게 한다.
㉰	• 지금은 힘들겠지만 다음 세대를 위해 환경을 보전하는 일은 꼭 필요하다. • 우리가 실천할 수 있는 방법을 찾아봐야겠다.	예 여러 사람의 생각에 영향을 주어 여론을 형성한다.

• 공익 광고를 보고 어떤 광고인지 친구들과 이야기해 봅시다.

　예 아름다운 바닷속에 플라스틱 쓰레기가 쌓여 있어.

교과서 253~257쪽

교과서 252~257쪽

○ 광고에 나타난 표현의 적절성 살펴보기

• 한 해에 버려지는 음식물 쓰레기를 무엇과 비교했나요?

　예 중형차 백만 대와 비교했습니다.

• 자동차가 바다에 떨어지는 장면을 보여 준 까닭은 무엇인가요?

　예 음식물 쓰레기를 버리는 장면과 비슷하기 때문입니다.

• 광고를 눈에 쉽게 띄게 하려고 광고의 글자와 색깔을 어떻게 표현했나요?

　예 중요한 글자의 배경을 빨간색으로 표시하고 더 크게 하여 강조했습니다.

• 소리를 들으며 광고를 보면 어떤 점이 좋은가요?

　예 주제를 더 잘 파악할 수 있습니다. / 내용이 더 인상 깊게 느껴집니다.

• 광고 「중형차 백만 대를 버렸다」를 다시 보고 광고에 드러난 의도와 표현 특성을 친구들과 이야기해 봅시다.

　예 주제가 잘 드러나도록 글과 사진을 효과적으로 사용했어. / 오래 기억되도록 같은 말을 반복해 사용했어. / 효과적으로 표현하려고 강조법을 사용했어.

• 광고와 관련 있는 질문을 생각해 보세요.

광고에서 확인할 수 있는 질문	• 무엇을 광고하나요? • 어떤 표현이 반복되나요? • 예 신바람 자전거는 어떤 점이 좋다고 했나요? / 외모, 장애, 이주, 학력 같은 사람의 어떤 특징을 차별하며 광고하나요?
친구들과 생각을 나누고 싶은 질문	• 광고 화면을 밝고 긍정적으로 표현한 까닭은 무엇일까요? • 예 광고에서 글과 그림은 어떻게 구성되어 있나요? / 광고에서 과장하거나 감추는 내용은 없나요?

- (1)에서 광고 표현의 적절성을 판단할 수 있는 질문을 고르고 그 까닭을 말해 보세요.
  - ㉵ "광고에서 과장하거나 감추는 내용은 없나요?"라는 질문입니다. 왜냐하면 이 질문은 광고에서 적절한 표현을 사용하는지, 비판적으로 읽어야 할 부분은 없는지 등을 파악할 수 있기 때문입니다.
- 광고 문구에서 과장하거나 감추는 내용을 써 보세요.

광고 문구	과장하거나 감추는 내용
당신의 일상에 신바람이 일어납니다.	자전거를 탄다고 누구나 신바람이 나는 것은 아니므로 과장된 내용이다.
당신의 즐거운 일상과 건강한 체력을 책임져 줄 단 한 가지!	㉵ '단 한 가지'가 신바람 자전거만 될 수 있는 것이 아니므로 과장된 표현이다.
소비자 만족도 1위	㉵ 언제, 어떤 조사에서 소비자 만족도가 1위였는지와 관련한 정보를 감추고 있다.
기분 최고, 건강 최고, 기술력 최고! 신바람 자전거가 선사합니다.	㉵ 기분, 건강, 기술력에 각각 '최고'라는 표현이 과장되었다.

- 무엇을 광고하나요? ㉵ 깃털 책가방을 광고합니다.
- 광고 문구에서 과장하거나 감추는 내용은 무엇인가요?

광고 문구	과장하거나 감추는 내용
이보다 가벼울 수는 없다!	더 가벼운 책가방이 있을 수 있기 때문에 과장되었다.
㉵ 교과서를 모두 넣어도 찢어질 염려 없는	㉵ 교과서를 모두 넣을 때 무거우면 찢어질 수도 있기 때문에 과장되었다.
㉵ 거품 없는 가격과 최고의 품질	㉵ 가격에 거품이 있을 수 있고, 최고의 품질이라는 말은 과장되었다.
㉵ 멘 듯 안 멘 듯 깃털처럼 가벼운	㉵ 멘 듯 안 멘 듯 깃털처럼 가볍다는 말은 소비자에 따라 느낌이 다를 수 있으므로 과장되었다.
㉵ 해외로 수출하는 우수 제품입니다.	㉵ 어떤 나라로 수출하는지와 관련 있는 자세한 정보를 감추고 있다.

- 광고 내용을 그대로 믿으면 어떤 문제점이 생길지 친구들과 이야기해 봅시다.
  - ㉵ 비판하지 않고 광고를 보면 그 내용을 모두 사실이라고 믿을 수 있기 때문에 위험해. / 광고 내용을 모두 믿고 제품을 구입하면 피해를 입을 수 있어.

교과서 258~263쪽

교과서 258~263쪽　　　　　○ 뉴스에 나타난 정보의 타당성 알기

- 요즘에 관심 있게 본 뉴스를 친구들과 이야기해 봅시다. ㉵ 나는 하늘을 나는 미래 자동차를 다룬 뉴스를 관심 있게 보았어.
- 뉴스에서 보도하는 내용은 무엇인가요? ㉵ 재미와 감동이 함께하는 '스마트 기부'가 확산된다는 내용입니다.
- 뉴스에서 진행자와 기자는 각각 어떤 역할을 하나요?
  - ㉵ 진행자는 뉴스의 핵심 내용을 요약해 안내합니다. / 기자는 취재한 내용을 뉴스로 보도합니다.

• 뉴스에서 면담이나 통계 자료를 보여 주는 까닭은 무엇인가요?

예 사람들의 이해를 돕고 뉴스 내용을 일목요연하게 보여 줄 수 있기 때문입니다. / 뉴스 내용을 체계적으로 보여 줄 수 있기 때문입니다.

• 「스마트 기부 확산」을 다시 보고 뉴스의 짜임에 알맞은 내용을 보기 에서 찾아 써 봅시다.

'진행자의 도입'에는 어떤 내용을 쓸까?	예 뉴스에서 보도할 내용을 유도하거나 전체를 요약해 안내하기
'기자의 보도'에는 어떤 내용을 쓸까?	예 시청자의 이해를 도우려고 면담 자료나 통계 자료로 설명하기
'기자의 마무리'에는 어떤 내용을 쓸까?	예 전체 내용을 요약하거나 핵심 내용 강조하기

• 뉴스의 타당성을 판단하는 방법을 보기 에서 찾아 써 보세요.

이 뉴스는 스마트 기부가 우리 사회에서 가치 있고 중요하기 때문에 이를 보도 내용으로 다루었어.	예 가치 있고 중요한 뉴스인지 살피기
뉴스의 관점에 맞게 스마트 기부의 종류를 소개하고, 스마트 기부의 장점과 특징을 소개했어.	예 뉴스의 관점과 보도 내용이 서로 관련 있는지 살피기
뉴스의 관점을 뒷받침하려고 시민·전문가와의 면담 자료, 통계 자료를 활용했어.	예 활용한 자료들이 뉴스의 관점을 뒷받침하는지 살피기
스마트 기부를 하는 사람들의 동기를 분석한 통계 자료의 출처를 정확히 밝혔어.	예 자료의 출처가 명확한지 살피기

• 선주네 학교 방송반에서 「'30초의 기적' …… 올바른 손 씻기 방법은?」 뉴스를 만들려고 합니다. 뉴스 원고를 보고 질문을 만들어 친구들과 묻고 답해 봅시다.

질문	대답
뉴스를 보고 알 수 있는 내용은 무엇인가요?	예 올바른 손 씻기 방법입니다.
뉴스 원고에서 궁금한 내용은 무엇인가요?	예 손 씻기로 예방할 수 있는 병에는 또 무엇이 있는지 궁금합니다.
예 관점을 뒷받침하려고 활용한 자료는 무엇인가요?	예 관련 실험, 전문가 면담, 주제와 관련한 연구 결과입니다.

• 선주네 학교 방송반에서 만들려는 뉴스가 타당성이 있도록 의견을 더해 봅시다.

타당성을 판단하는 방법	의견 더하기
가치 있고 중요한 뉴스인지 살피기	예 감염병을 예방할 수 있는 올바른 손 씻기 방법을 알려 주어서 가치 있고 중요한 뉴스라고 생각한다.
뉴스의 관점과 보도 내용이 서로 관련 있는지 살피기	예 뉴스의 관점과 관련해 사람들의 손 씻는 방법이 제각각임을 소개하고, 올바른 손 씻기 방법을 제시했다.
활용한 자료들이 뉴스의 관점을 뒷받침하는지 살피기	예 뉴스의 관점을 뒷받침하려고 관련 실험, 전문가 면담, 주제와 관련한 연구 결과를 활용했는데, 조금 더 자세하고 타당하게 실험 결과나 연구 결과를 밝히면 좋을 것 같다.
자료의 출처가 명확한지 살피기	예 전문가와 관련한 정보를 정확히 밝혔다. / 기자의 마무리 부분에 제시한 연구 결과의 출처가 없으므로 명확하게 제시해야 한다.

단원 정리 학습

핵심 1 뉴스가 우리 생활에 미치는 영향 알기

- 사람들에게 새로운 정보를 알려 줍니다.
- 어떤 일을 긍정적이거나 비판적인 시각으로 보게 합니다.
- 여러 사람의 생각에 영향을 주어 여론을 형성합니다.

핵심 2 광고에 나타난 표현의 적절성 살펴보기

1 광고의 표현 특성 알기

- 주제가 잘 드러나도록 글, 그림, 사진을 효과적으로 사용합니다.
- 오래 기억되도록 같은 말을 반복해 사용합니다.
- 효과적으로 표현하려고 강조법을 사용합니다.

2 광고를 보는 바람직한 자세 알기

- 과장하거나 감추는 내용을 담은 부분을 비판적으로 보아야 합니다.
- 광고에 나타난 표현의 적절성을 알아보아야 합니다.

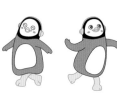

뉴스에 나타난 정보의 타당성 판단하기

1 뉴스의 짜임

진행자의 도입	기자의 보도	기자의 마무리
뉴스에서 보도할 내용을 유도하거나 전체를 요약해 안내합니다.	시청자의 이해를 도우려고 면담 자료나 통계 자료로 설명합니다.	전체 내용을 요약하거나 핵심 내용을 강조합니다.

2 뉴스의 타당성 판단하기

 가치 있고 중요한 뉴스인지 살펴봅니다.

 뉴스의 관점과 보도 내용이 서로 관련 있는지 살펴봅니다.

 활용한 자료들이 뉴스의 관점을 뒷받침하는지 살펴봅니다.

　－ 관련 실험, 전문가 면담, 주제와 관련한 연구 결과 등을 자료로 활용합니다.

 자료의 출처가 명확한지 살펴봅니다.

뉴스의 제작 과정 알기

어떤 내용을 보도할지 회의합니다.

⬇

알리려는 내용을 취재합니다.

⬇

뉴스 원고를 씁니다.

⬇

취재한 내용을 효과적으로 알릴 수 있게 뉴스 영상을 제작하고 편집합니다.

⬇

사람들에게 전하고 싶은 내용을 뉴스로 보도합니다.

> 뉴스 원고를 쓸 때에는 뉴스를 보는 사람을 고려해서 써야 해. 어려운 말은 쉽게 풀어서 말하듯이 쓰고, 인격을 존중하는 말을 사용해야 해.

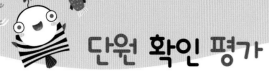

6. 정보와 표현 판단하기

[01~02] 다음 공익 광고를 보고, 물음에 답하시오.

중요
01 광고에서 자동차가 바다에 떨어지는 장면을 보여 준 까닭은 무엇입니까? (   )

① 실제로 자동차가 바다에 떨어져서
② 자동차와 음식의 비슷한 점이 많아서
③ 음식물 쓰레기를 버리는 장면과 비슷해서
④ 일 년에 중형차 백만 대가 버려지고 있어서
⑤ 버려지는 자동차로 인해 경제적 손실이 발생해서

02 광고에서 전하고자 하는 내용은 무엇입니까? (   )

① 자동차 이용을 줄이자.
② 음식물 쓰레기를 줄이자.
③ 자동차 사고를 조심하자.
④ 바다 오염의 심각성을 깨닫자.
⑤ 바다에 쓰레기를 버리지 말자.

[03~05] 다음 광고를 보고, 물음에 답하시오.

03 광고 화면을 밝고 긍정적으로 표현한 까닭을 알맞게 말한 친구의 이름을 쓰시오.

> 지수: 광고를 만드는 사람이 좋아하는 표현이기 때문이야.
> 소율: 신바람 자전거의 이미지를 소비자에게 긍정적으로 전달할 수 있기 때문이야.

(   )

04 ㉠~㉤ 중에서 과장하거나 감추는 내용이 <u>아닌</u> 광고 문구를 찾아 기호를 쓰시오.

(   )

서술형
05 이와 같은 광고에서 표현의 적절성을 알아볼 때의 좋은 점은 무엇인지 쓰시오.

_____

도움말 광고를 볼 때 과장하거나 감추는 부분을 왜 잘 살펴보아야 하는지 생각해 봅니다.

[06~08] 다음 뉴스 보도 내용을 읽고, 물음에 답하시오.

(가) ┌─────── ㉠ ───────┐

　즐거운 성탄절이지만 어려움 속에서 도움을 기다리는 곳도 적지 않습니다. 다행히 기부가 늘어나고 있는데요. 올해 구세군에 모금된 금액은 44억 원으로 지난해보다 4억 원이 많아졌습니다. 사랑의 열매에는 1700억 원 넘게 모여서 목표액의 절반 이상을 채웠고 사랑의 온도 탑도 수은주가 50도를 넘어섰습니다. 어려운 경기 속에도 이렇게 기부가 늘어난 데는 재미와 감동이 함께하는 이른바 '스마트 기부'가 한몫을 하고 있습니다. 신방실 기자가 전해 드립니다.

(나) **기자의 보도**

　거리에 등장한 자선냄비가 뭔가 색다릅니다. 한 시민이 돼지 저금통을 갈라 모금함에 돈을 넣는가 했더니, 먼저 주사위를 모니터 위에 놓습니다. 선택한 것은 여성과 다문화. 기부 대상을 직접 고를 수 있는 스마트 자선냄비입니다.

〈면담〉○○○(서울시 용산구)
　"자기가 마음 가는 단체에 기부할 수 있어서 편리한 것 같습니다. 좋은 것 같습니다."

　기부 자판기도 새로 등장했습니다. 메뉴판엔 물이나 신발, 약이 있고 2천5백 원부터 만 원까지 금액도 있어, 원하는 것을 고르면 지구 반대편 어린이에게 그대로 전달됩니다.
　이렇게 걷는 것만으로도 기부할 수 있는 스마트폰 앱도 있습니다. 100미터에 10원씩 기부금이 쌓이는 동안 건강까지 챙길 수 있습니다.
　게임을 하고 광고 동영상을 시청하면서 기부할 수 있는 앱도 등장했습니다.

(다) **기자의 마무리**

　디지털 기술의 진화가 이웃 사랑을 실천하는 촉매제가 되고 있습니다. KBS 뉴스 신방실입니다.

06 ㉠에 들어갈 뉴스의 짜임은 무엇인지 쓰시오.

(　　　　　　　　)

07 (나)에서 면담한 자료를 보여 주는 까닭으로 알맞은 것을 두 가지 고르시오. (　 , 　)

① 사람들의 이해를 돕기 위해
② 뉴스의 짜임을 맞추기 위해
③ 뉴스의 길이를 늘이기 위해
④ 뉴스를 재미있게 보도하기 위해
⑤ 뉴스의 관점을 뒷받침하기 위해

08 이와 같은 뉴스에서 다음과 같은 역할을 하는 사람은 누구인지 쓰시오.

┌──────────────────────────┐
│ 취재한 내용을 뉴스로 보도한다. │
└──────────────────────────┘

(　　　　　　　　)

09 뉴스를 볼 때 다음과 같은 기준으로 뉴스를 보아야 하는 까닭은 무엇인지 빈칸에 알맞은 말을 쓰시오.

┌──────────────────────────────────┐
│ • 자료의 출처가 명확한가? │
│ • 가치 있고 중요한 뉴스인가? │
│ • 자료가 뉴스의 관점을 뒷받침하는가? │
│ • 뉴스의 관점과 보도 내용이 서로 관련 있는가? │
└──────────────────────────────────┘

　뉴스의 (　　　　　　)을 판단하기 위해

10 뉴스를 만드는 과정에서 가장 먼저 해야 할 일은 무엇입니까? (　)

① 알리려는 내용을 취재한다.
② 보도를 위한 뉴스 원고를 쓴다.
③ 어떤 내용을 보도할지 회의한다.
④ 사람들에게 전하려는 내용을 보도한다.
⑤ 취재한 내용을 알리기 위한 뉴스 영상을 제작하고 편집한다.

11월 21일 일요일 날씨: 맑음
가족과 함께 소풍 나들이를 다
녀왔다. 놀이공원도 가고 자전
거도 탔다. 오랜만에 가족과 함
께 시간을 보내서 즐거웠다. 동
생이 계속 배가 고프다고 해서
회오리감자를 사 먹었는데 너무
맛있었다.

어? 선생님께서 이상한 표시를 해 주셨네. 무슨 뜻일까?

선생님께서 승우가 쓴 글을 알맞게 고쳐 주셨어요. 그런데 승우는 교정 부호가 무엇을 나타내는지 모르나 봐요. 교정 부호에 따라 글을 어떻게 고치면 좋을까요?
이제, 7단원에서는 글을 고쳐 쓰는 방법을 알아보고, 자신이 쓴 글을 직접 고쳐 보는 활동을 해 볼 거예요.

7 글 고쳐 쓰기

137쪽 단원 정리 학습에서 더 자세히 공부해 보세요.

단원 학습 목표

1. **글을 고쳐 쓰면 좋은 점을 알 수 있습니다.**
   - 읽는 사람이 글을 더 쉽게 이해할 수 있습니다.
   - 글쓴이의 생각을 더 잘 전달할 수 있습니다.

2. **글을 고쳐 쓰는 방법을 알 수 있습니다.**
   - 글, 문단, 문장, 낱말 수준에서 고쳐 씁니다.
   - 교정 부호를 사용하여 고쳐 씁니다.

단원 진도 체크

회차		학습 내용	진도 체크
1차	단원 열기	단원 학습 내용 미리 보고 목표 확인하기	✓
	교과서 내용 학습	글을 고쳐 쓰면 좋은 점 알기	✓
2차	교과서 내용 학습	글을 고쳐 쓰는 방법 알기	✓
3차	교과서 내용 학습	「동물의 희생, 동물 실험을 반대한다」 / 「동물 실험을 없애도 괜찮을까」	✓
4차	교과서 내용 학습	우리 모둠 글 모음집 만들기	✓
	서술형 수행 평가 돋보기	서술형 수행 평가 대비 학습하기	✓
	교과서 문제 확인	교과서 문제 학습하며 학교 숙제 해결하기	✓
5차	단원 정리 학습	단원 학습 내용 정리하기	✓
	단원 확인 평가	확인 평가를 통한 단원 학습 상황 파악하기	✓

해당 부분을 공부하고 나서 ✓표를 하세요.

교과서 274~277쪽 내용 　　학습 목표 ▶ 글을 고쳐 쓰면 좋은 점 알기　　교과서 274~277쪽

[01~05] 글 🌑는 글 🌑를 고쳐 쓴 것입니다. 다음 글을 읽고, 물음에 답하시오.

> **🌑** 　　　　쓰레기가 되는 불량 식품
>
> 　여러분, 불량 식품을 먹지 맙시다. ㉠불량 식품을 먹고 나서 쓰레기를 버리는 사람이 많습니다. 그렇게 버린 쓰레기들이 우리 학교 주변을 더럽혀 보기에도 좋지 않고, 악취도 납니다. 불량 식품에는 무엇이 들어갔는지, 그리고 유통 기한은 언제까지인지 정확히 적혀 있지 않습니다. 불량 식품을 먹으면 해로운 물질이 몸에 들어가 병에 걸리기 쉽습니다. 불량 식품은 아무리 ㉡맛있어서 먹으면 안 됩니다.
>
> **🌑** 　　　　건강을 해치는 불량 식품
>
> 　여러분, 불량 식품을 먹지 맙시다. 불량 식품에는 무엇이 들어갔는지, 그리고 유통 기한은 언제까지인지 정확히 적혀 있지 않습니다. 불량 식품을 먹으면 해로운 물질이 몸에 들어가 병에 걸리기 쉽습니다. 그리고 유통 기한을 알 수 없어 신선하지 않은 식품을 먹게 될 수도 있습니다. 불량 식품은 아무리 [　㉢　] 먹지 말아야 합니다.

01 글 🌑의 문제점으로 알맞지 않은 것을 두 가지 고르시오. (　　,　　)

① 맞춤법이 틀린 낱말이 있다.
② 은어나 비속어가 나타나 있다.
③ 제목이 주제를 잘 드러내지 못한다.
④ 글의 주제와 관련 없는 문장이 있다.
⑤ 문장의 호응에 맞지 않는 표현이 있다.

서술형
02 글 🌑에서 제목을 바꾸어 쓴 까닭을 짐작하여 쓰시오.

_____

_____

　도움말 제목은 글의 주제를 잘 드러낼 수 있어야 합니다.

03 글 🌑와 🌑에서 글쓴이가 말하려는 내용은 무엇입니까? (　　)

① 규칙적인 생활을 하자.
② 유통 기한을 확인하자.
③ 불량 식품을 먹지 말자.
④ 건강을 위해 운동을 하자.
⑤ 쓰레기를 함부로 버리지 말자.

중요
04 글 🌑에서는 ㉠을 어떤 방법으로 고쳐 썼습니까?
(　　)

① 내용을 삭제했다.
② 틀린 낱말을 고쳤다.
③ 대화글로 바꾸어 썼다.
④ 문장 호응에 맞게 고쳤다.
⑤ 더 자세한 내용으로 고쳤다.

05 ㉡을 문장 호응에 알맞게 고쳐 ㉢에 들어갈 수 있도록 쓰시오.

(　　　　　　　　　　)

　■ 글을 고쳐 쓰면 좋은 점
• 적절하지 않은 낱말이나 틀린 문장이 없으면 읽는 사람이 글을 더 쉽게 이해할 수 있습니다.
• 군더더기 없는 글을 쓰면 자신의 생각을 더 잘 전달할 수 있습니다.
• 필요한 내용을 더 쓰면 자세하고 내용이 풍부한 글이 됩니다.

교과서 278~283쪽 내용　　**학습 목표 ▶ 글을 고쳐 쓰는 방법 알기**　　교과서 278~283쪽

다른 사람을 존중하자

1 ㉠요즘 많은 어린이가 이야기할 때 은어나 비속어를 사용했다. 국립국어원 조사에 따르면 조사 대상 초등학생의 93퍼센트가 비속어를 사용한 적이 있다고 한다. 만약 학생 열 명이 [　　㉡　　] 적어도 아홉 명은 비속어를 사용한 적이 있는 것이다.

호응하는 말: 만약 ~다면

비속어가 아닌 고운 말을 사용해야 하는 까닭은 무엇일까?

2 고운 말을 사용하면 서로 존중하는 마음을 전할 수 있다. 흔히 말이 눈에 보이지 않는 마음임을 표현할 때 "말은 마음의 거울"이라는 **격언**을 사용한다. 고운 말을 사용해야 하는 것은 어린이만이 아니다. 존중하는 마음이 없다면 고운 말도 나오지 않는다.

글에서 필요 없는 문장

■ **글을 고쳐 쓰는 방법**

글 수 준	・글의 내용이 잘 드러나는 제목으로 고쳐 씁니다. ・글을 쓴 목적에 맞게 고쳐 씁니다. ・글에서 더하거나 뺄 내용을 살펴봅니다.	문 단 수 준	・글의 흐름에 맞게 고쳐 씁니다. ・중심 문장의 내용과 관련 없는 문장을 삭제합니다. ・중심 문장을 뒷받침 문장들과 어울리게 고쳐 씁니다.
문 장 수 준	・문장 호응에 맞게 고쳐 씁니다. ・표현이 적절하지 않은 문장을 고쳐 씁니다. ・지나치게 긴 문장은 나누어 씁니다.	낱 말 수 준	・알맞은 낱말을 골라 추가합니다. ・뜻에 맞지 않게 사용한 낱말을 고쳐 씁니다.

・**글의 종류**: 주장하는 글
・**글의 특징**: 고운 말을 사용하자는 글쓴이의 주장과 그렇게 주장하는 까닭이 담긴 글입니다.

> 글을 고쳐 쓸 때에는 글, 문단, 문장, 낱말 수준에서 잘 살펴봐야 해.

낱말 사전

격언(格 바로 잡을 격 **言** 말씀 언) 사리에 꼭 맞아 인생의 교훈이 될 만한 짧은 말.

---

06 이 글을 쓴 목적은 무엇입니까? (　　　)

① 감동　　　　② 설득
③ 설명　　　　④ 재미
⑤ 정보 전달

07 '요즘'이라는 말에 주의하여 ㉠을 바르게 고쳐 쓰시오.

(　　　　　　　　　　　)

중요
08 ㉡에 들어갈 호응하는 말로 알맞은 것은 무엇입니까?
(　　　)

① 있고　　　　② 있어서
③ 있다면　　　④ 있기 때문에
⑤ 있음에도 불구하고

09 글 **2**에서 고운 말을 사용해야 하는 까닭을 무엇이라고 했는지 쓰시오.

(　　　　　　　　　　　　　　　　　)

10 이 글의 제목을 바르게 고친 것은 무엇입니까?
(　　　)

① 고운 말을 쓰자
② 인사를 잘 하자
③ 자연을 보호하자
④ 문화유산을 잘 지키자
⑤ 서로 존중하는 마음을 갖자

■ 교정 부호

교정 부호	쓰임
∨	띄어 쓸 때
⌒	붙여 쓸 때
⊙	한 글자를 고칠 때
⌣	여러 글자를 고칠 때
℘	글자를 뺄 때
Y	글의 내용을 추가할 때

낱말 사전

은어(隱 숨길 은 語 말씀 어) 특수한 집단이나 사회, 계층에서 남이 모르게 자기들끼리만 알도록 쓰는 말.

비속어 격이 낮고 속된 말.

투쟁(鬪 싸움 투 爭 다툴 쟁) 어떤 대상을 이기거나 극복하기 위한 싸움.

3 고운 말은 다른 사람을 존중하는 마음을 전할 수 있게 하고, 다른 사람과 대화를
고운 말은 다른 사람을 존중하는 마음을 전할 수 있게 한다. 그리고 다른 사람과 대화를 원활하게 할 수 있게 한다.
원활하게 할 수 있게 한다. 또 ㉠무조건 고운 말을 사용하는 것만이 우리말을 아름답

게 가꾸고 지키는 일이다. ㉡이제라도 고운 말을 사용하는 바른 언어 습관을 기르려

고 노력하면 좋을 수도 있다.

4 고운 말을 사용하면 다른 사람과 [★]원활하게 대화할 수 있다. **은어**나 **비속어**는 대화
고운 말을 써야 하는 까닭
를 어렵게 하고 오해를 불러일으킨다. 단순히 재미있으려고 은어나 비속어를 사용했

다가 친구들끼리 **투쟁**으로 이어지는 경우도 있고, 어른과 어린이의 일상적인 대화가

어려워지는 경우도 있다.

5 ㉢고운 말을 사용하면 친구 관계가 좋아진다. 말은 우리 민족의 혼이 담긴 소중한
→ 뒷받침 문장과 어울리지 않음.
문화유산이다. 은어나 비속어를 사용한다면 그것이 우리 후손에게 그대로 전해질 것

이다. 고운 말을 사용해 아름다운 우리말을 지켜야 한다.

★ 바르게 쓰기

원활하게	원할하게
(○)	(×)

---

11 ㉠과 ㉡을 문장 수준에서 바르게 고쳐 쓰시오.

(1)
> ㉠: 무조건 고운 말을 사용하는 것만이 우리말을 아름답게 가꾸고 지키는 일이다.

➡ _____

_____

(2)
> ㉡: 이제라도 고운 말을 사용하는 바른 언어 습관을 기르려고 노력하면 좋을 수도 있다.

➡ _____

_____

도움말 (1)은 지나치게 단정적인 표현을 고쳐야 하고, (2)는 글쓴이의 주장이 잘 드러나도록 고쳐야 합니다.

12 글 **3**~**5** 중에서 글의 마지막 부분에 오면 좋을 내용은 무엇인지 번호를 쓰시오.

(   )

13 ㉢을 뒷받침 문장들과 어울리게 고친 것은 무엇입니까? (   )

① 고운 말을 사용하면 사이가 좋아진다.
② 고운 말을 사용하면 기분이 좋아진다.
③ 고운 말을 사용하면 칭찬을 받을 수 있다.
④ 우리 민족은 은어를 사용하기 위해 노력했다.
⑤ 고운 말을 사용하는 것은 우리말을 지키는 것과 같다.

14 교정 부호를 사용해 다음 글에서 파란색으로 쓰인 부분을 고쳐 쓰시오.

> 비록 한 끼라서 아침밥을 거르거나 대충 때우면 하루 온종일 열량과 영양소가 부족해 건강을 잃게 된다.

동물의 희생, 동물 실험을 반대한다

학습 목표 ▶ 자료를 활용해 글 쓰기

교과서 284~287쪽

의약품 따위를 만드는 실험으로 전 세계에서 해마다 약 6억 마리의 동물이 희생되
<u>동물 실험의 결과</u>
고 있다. 개발한 약품을 사람에게 바로 사용하지 않고 동물을 대상으로 먼저 실험해
보기 때문이다. 예를 들면 피부에 사용하는 약품을 개발할 때 토끼의 눈에 화학 물질
을 넣어 부작용이 생기는지 확인한다. 토끼는 눈 깜빡임과 눈물이 적어 실험 결과를
<u>토끼를 동물 실험에 사용하는 까닭</u>
오래 관찰할 수 있기 때문이다. 눈에 화학 물질이 들어간 토끼는 눈에서 피가 나기도
<u>동물 실험에 이용된 토끼의 모습</u>
하고 심한 경우 눈이 멀기도 한다.

동물 실험을 반대하는 사람들이 늘어나고 있다. 사람과 동물의 몸은 차이가 크기
때문에 이러한 동물 실험은 소용이 없다고 주장한다. 실제로 동물 실험을 통과한 **신
약** 후보 열 개 가운데 아홉 개는 사람에게 효과가 없거나 부작용을 일으킨다고 한다.

동물 실험을 다른 방법으로 대체해야 한다는 목소리도 높다. 한 국민 의식 조사에
따르면 동물 실험을 대체할 수 있도록 사회적 지원을 하는 데 응답자 대부분이 찬성
했다. 특히 동물 실험을 **대체**하는 연구에 자신이 내는 세금을 사용할 수 있도록 하는
데 85퍼센트가 동의했다.

• **글의 특징:** 동물 실험에 반대한다는 주장과 관련한 자료입니다.

낱말 사전
신약(新 새 신 藥 약 약) 새로 발명한 약.
대체 대신할 만한 것으로 바꿈.

---

15 이 글을 통해 알 수 있는 내용을 찾아 ○표를 하시오.

(1) 동물 실험을 반대하는 사람들이 늘어나고 있다. ( )

(2) 동물 실험을 하면 약품의 부작용을 완전히 없앨 수 있다. ( )

16 동물 실험을 다른 방법으로 대체해야 하는 까닭은 무엇이겠습니까? ( )

① 세금을 적게 낼 수 있다.
② 질병의 종류를 줄일 수 있다.
③ 동물의 희생을 줄일 수 있다.
④ 의약품의 종류를 늘릴 수 있다.
⑤ 동물 실험에 걸리는 시간을 줄일 수 있다.

17 동물 실험을 통과한 신약 후보 대부분이 효과가 없거나 부작용을 일으키는 까닭을 찾아 쓰시오.

( )

중요
18 이 글을 근거로 하여 내세울 수 있는 주장은 무엇입니까? ( )

① 인간을 위한 동물 실험이 필요하다.
② 인간을 위한 동물 실험을 하지 말자.
③ 인간과 동물을 동등하게 대해야 한다.
④ 인간을 위한 동물 실험을 더 늘려야 한다.
⑤ 동물의 질병 치료를 위한 연구가 필요하다.

19 이 글에 추가할 수 있는 뒷받침 내용을 알맞게 말한 친구의 이름을 쓰시오.

> 도현: 화장품을 개발할 때 동물 실험을 하는 것을 금지하는 법이 나왔다는 뉴스를 봤어.
> 민규: 동물 실험을 다른 방법으로 대체하는 데에는 시간도 많이 걸리고 비용도 많이 들 거야.

( )

• **글의 특징:** 동물 실험에 찬성한다는 주장과 관련한 자료입니다.
• **주장하는 글의 짜임**

짜임	내용
서론	문제 상황과 문제와 관련한 자신의 주장
본론	주장의 근거와 뒷받침 자료
결론	내용 정리 및 주장 강조

낱말 사전

백신 전염병에 대하여 인공적으로 면역을 얻기 위해 쓰는 항원.
투여했다 복용하게 하거나 주사했다.

최근 미국 ○○대학교 연구진은 전 세계적으로 680여 명이 희생된 중동호흡기증후군[메르스]의 **백신**을 개발했다. 연구진이 동물 실험으로 그 효과를 확인하려고 백신을 원숭이에게 **투여했다.** 그리고 이 백신이 중동호흡기증후군[메르스]을 예방할 수 _{동물 실험을 함.} 있다는 확신을 가졌다. 이렇게 동물 실험은 새로운 약 개발에 중요한 역할을 한다.

동물 실험도 하지 않고 개발한 약을 사람들에게 사용하면 부작용이 발생할 수 있다. 1937년에 한 제약 회사에서 술파닐아미드라는 약을 새롭게 개발했다. 그런데 동물 실험을 거치지 않고 사람들에게 이 약을 판매했다. 그 결과, 이 약을 복용한 많은 사람이 부작용으로 사망하는 불행한 일이 일어났다.

일부 사람들은 동물 실험을 당장 다른 방법으로 대체해야 한다고 주장한다. 그러나 대체 방법을 개발하는 데 6년 이상의 시간과 약 400억 원 이상의 비용이 필요하다. 이처럼 오랜 개발 기간과 막대한 비용 때문에 빠른 시일 안에 동물 실험을 대체하기는 어렵다.

중요

20 이 글에 나타난 주장은 무엇입니까? (　　　)

① 동물 실험을 해야 한다.
② 동물 실험은 사라져야 한다.
③ 예방 백신 접종은 꼭 해야 한다.
④ 동물 실험을 대체할 방법이 필요하다.
⑤ 중동호흡기증후군에 대한 연구가 필요하다.

21 이 글의 주장을 뒷받침하는 근거로 알맞은 내용을 골라 ○표를 하시오.

(1) 동물의 생명보다 인간의 생명이 더 소중하다.
(　　　)

(2) 전 세계적으로 해마다 많은 동물들이 동물 실험으로 희생되고 있다. (　　　)

22 동물 실험을 대체할 방법을 개발하기 어려운 까닭은 무엇인지 쓰시오.

(　　　　　　　　　　　　　　　　　　　)

서술형

23 동물 실험에 대한 자신의 주장과 그에 대한 근거를 쓰시오.

(1) 주장	
(2) 근거	

도움말 동물 실험의 단점이나 장점을 주장에 대한 근거로 들 수 있습니다.

24 주장하는 글의 짜임에 들어갈 내용을 찾아 기호를 쓰시오.

　㉮ 내용 정리 및 주장 강조
　㉯ 주장의 근거와 뒷받침 자료
　㉰ 문제 상황과 문제와 관련한 자신의 주장

(1) 서론: (　　　)　　(2) 본론: (　　　)
(3) 결론: (　　　)

[25~29] 다음을 보고, 물음에 답하시오.

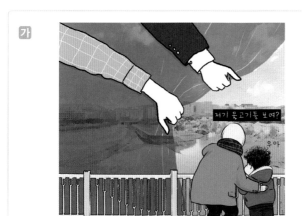

가

콘크리트로 덮여 있던 하천이나 생활 하수로 악취가 나던 하천들을 복원하고 있어.

나

내복도 입고, 찬 바람도 막아서 따뜻하게 지내자.

25 **가**를 보고 알 수 있는 것은 무엇입니까? ( )

① 사람들이 자연을 파괴하고 있다.
② 시간을 계획적으로 사용하고 있다.
③ 사람들이 날씨에 관심을 갖기 시작했다.
④ 교통량을 늘려 도시를 발전시키고 있다.
⑤ 하천을 복원하여 자연을 보호하고 있다.

26 **나**에서 자연과 조화를 이루기 위해 에너지를 절약하는 실천 방안 두 가지를 고르시오. (,)

① 내복을 입는다.
② 물건을 아껴 쓴다.
③ 전기차를 사용한다.
④ 쓰레기 분리 수거를 한다.
⑤ 문틈의 찬 바람을 막는다.

서술형 27 **가**와 **나**처럼 인간과 자연이 조화를 이루며 발전하기 위해 우리가 할 수 있는 실천 방안을 생각하여 쓰시오.

_____

_____

도움말 자연을 보호하기 위해 우리가 직접 실천할 수 있는 방안을 생각해 봅니다.

28 인간과 자연이 조화를 이루며 발전해야 하는 까닭 두 가지를 골라 ○표를 하시오.

(1) 지구는 인간만의 것이 아니기 때문이다.
( )

(2) 자연을 보호하는 비용을 늘릴 수 있기 때문이다.
( )

(3) 깨끗한 자연 속에서 인간이 행복하게 살 수 있기 때문이다. ( )

29 인간과 자연이 조화를 이루며 발전할 수 있는 실천 방안을 글로 쓸 때 활용할 수 있는 자료로 알맞지 <u>않은</u> 것을 두 가지 고르시오. (,)

① 친환경 제품의 예
② 전기차의 사용 현황
③ 전 세계 자동차의 종류
④ 자연환경이 아름다운 여행지를 찾는 방법
⑤ 인간과 자연이 조화를 이루며 발전한 나라의 사례

중요 30 글을 점검하여 고쳐 쓰는 방법으로 알맞지 <u>않은</u> 것은 무엇입니까? ( )

① 문장 호응이 잘 이루어지게 고쳐 쓴다.
② 글 내용에 어울리는 제목으로 고쳐 쓴다.
③ 무엇을 쓴 글인지 알 수 있게 고쳐 쓴다.
④ 중심 문장과 뒷받침 문장이 자연스럽게 연결되게 고쳐 쓴다.
⑤ 한 문단에 글쓴이의 중심 생각이 여러 개 나타나도록 고쳐 쓴다.

서술형 수행 평가 돋보기

학교에서 출제되는 서술형 수행 평가를 미리 준비하세요.

◐ 다음 글을 읽고, 물음에 답하시오.

> **쓰레기가 되는 불량 식품**
>
> 여러분, 불량 식품을 먹지 맙시다. 불량 식품에는 무엇이 들어갔는지, 그리고 유통 기한은 언제까지인지 정확히 적혀 있지 않습니다. 불량 식품을 먹으면 해로운 물질이 몸에 들어가 병에 걸리기 쉽습니다. ㉠그리고 비록 유통 기한을 알수 없어 신선하지 않은 식품을 먹게 될 수도 있습니다. ㉡불량 식품은 아무리 맛있어서 먹으면 안 됩니다.

🔍 문제 파악

글을 고쳐 쓰는 방법을 알고 글을 읽고 고쳐 보는 문제입니다.

🔍 해결 전략

1 단계	글에 어울리는 제목 붙이기

↓

2 단계	교정 부호를 사용하여 문장 고치기

↓

3 단계	글을 읽고 글쓴이의 주장 알기

↓

4 단계	글을 알맞게 고쳐 쓰기

1 이 글의 제목을 글의 내용에 알맞게 고쳐 쓰시오.

( )

2 ㉠이 알맞은 문장이 되도록 교정 부호를 사용하여 고쳐 쓰시오.

> 그리고 비록 유통 기한을 알수 없어 신선하지 않은 식품을 먹게 될 수도 있습니다.

3 이 글에 나타난 글쓴이의 주장은 무엇인지 쓰시오.

( )

4 ㉠과 ㉡을 알맞게 고쳐 쓰고 **1**에서 답한 제목을 붙여서 글 전체의 내용을 완성하시오.

학교 선생님께서 알려 주시는 모범 답안과 채점 기준도 book ❸ 해설책에서 꼭 확인해 보자!

교과서 문제 확인

교과서 문제와 답을 확인하며
학교 숙제를 해결하세요.

교과서 274~277쪽　　○ 글을 고쳐 쓰면 좋은 점 알기

- 도현이가 쓴 글에는 어떤 문제가 있는지 찾아보세요.
  - 이 글에서 ⑩ 읽는 사람이/가 잘 이해하기 어려운 부분이 있어.
  - ⑩ 주제과/와 관련 없거나 보충할 내용을 찾아보면 좋겠어.
- 지혜가 도현이를 도울 수 있는 일이 무엇인지 친구들과 이야기해 보세요.
  ⑩ 어색한 문장을 고치면 좋겠어.
  　필요 없는 내용을 삭제하면 좋겠어.
- 도현이를 도와 지혜가 고쳐 쓴 글입니다. 어떻게 고쳐 썼는지 알아봅시다.

고쳐 쓴 부분	고쳐 쓴 방법	고쳐 쓴 까닭
㉠	제목 바꾸기	⑩ 주제를 잘 드러내는 제목이 아니어서
㉡	⑩ 내용 삭제하기	글의 주제와 관련 없는 내용이기 때문에
㉢	내용 추가하기	⑩ 앞 문장을 더 자세히 설명하려고
㉣	⑩ 문장 호응에 맞게 고치기	'아무리'는 '~아도/어도'와 호응하기 때문에

- 글을 고쳐 쓰면 좋은 점을 정리해 보세요.

고쳐 쓸 때 생각할 점	고쳐 쓰면 좋은 점
적절하지 않은 낱말이나 틀린 문장이 있는지 확인한다.	적절하지 않은 낱말이나 틀린 문장이 없으면 읽는 사람이 글을 더 쉽게 이해할 수 있다.
⑩ 중심 생각과 관련 없는 부분이 있는지 확인한다.	⑩ 군더더기 없는 글을 쓰면 자신의 생각을 더 잘 전달할 수 있다.
⑩ 더 필요한 내용이 있으면 알맞은 곳에 써넣는다.	⑩ 필요한 내용을 더 쓰면 자세하고 내용이 풍부한 글이 된다.

교과서 278~283쪽　　○ 글을 고쳐 쓰는 방법 알기

- 글쓴이가 이 글을 쓴 목적은 무엇인지 말해 보세요.
  ⑩ 고운 말을 사용해야 한다고 주장하려는 것입니다.
- 제목을 알맞게 바꾸어 말해 보세요.
  ⑩ 고운 말을 사용하자
- 글에서 더하거나 뺄 내용을 써 보세요.
  ⑩ 고운 말을 사용해야 하는 근거가 아닌 내용 빼기
  　고운 말을 사용하면 좋은 점 추가하기
  　고운 말을 사용해야 하는 근거 추가하기

• 글의 흐름에 맞게 문단 **1**~**5**의 차례를 정해 보세요.

　　예 (　**1**　) → (　**2**　) → (　**4**　) → (　**5**　) → (　**3**　)

• 문단 **2**에서 필요 없는 문장을 찾아 밑줄을 그어 보세요.

> **2** 고운 말을 사용하면 서로 존중하는 마음을 전할 수 있다. 흔히 말이 눈에 보이지 않는 마음임을 표현할 때 "말은 마음의 거울"이라는 격언을 사용한다. <u>고운 말을 사용해야 하는 것은 어린이만이 아니다.</u> 존중하는 마음이 없다면 고운 말도 나오지 않는다.

• 문단 **5**를 다시 읽고 밑줄 그은 중심 문장을 뒷받침 문장들과 어울리게 고쳐 써 보세요.

　　예 고운 말을 사용하는 것은 우리말을 지키는 것과 같다.

• 밑줄 그은 부분에 주의하며 문단 **1**의 다음 문장을 바르게 고쳐 써 보세요.

　－ <u>요즘</u> 많은 어린이가 이야기할 때 은어나 비속어를 <u>사용했다.</u>

　　➡ 예 요즘 많은 어린이가 이야기할 때 은어나 비속어를 사용한다.

　－ <u>만약</u> 학생 열 명이 <u>있기 때문에</u> 적어도 아홉 명은 비속어를 사용한 적이 있는 것이다.

　　➡ 예 만약 학생 열 명이 있다면 적어도 아홉 명은 비속어를 사용한 적이 있는 것이다.

• 밑줄 그은 부분에 주의하며 문단 **3**의 다음 문장을 바르게 고쳐 써 보세요.

　－ <u>무조건</u> 고운 말을 사용하는 <u>것만이</u> 우리말을 아름답게 가꾸고 지키는 일이다.

　　➡ 예 고운 말을 사용하는 것은 우리말을 아름답게 가꾸고 지키는 일이다.

　－ 이제라도 고운 말을 사용하는 바른 언어 습관을 기르려고 <u>노력하면 좋을 수도 있다.</u>

　　➡ 예 이제라도 고운 말을 사용하는 바른 언어 습관을 기르려고 노력하자.

• 다음의 긴 문장을 두 문장으로 나누어 고쳐 써 보세요.

　－ 고운 말은 다른 사람을 존중하는 마음을 전할 수 있게 하고, 다른 사람과 대화를 원활하게 할 수 있게 한다.

　　➡ 예 고운 말은 다른 사람을 존중하는 마음을 전할 수 있게 한다. 그리고 다른 사람과 대화를 원활하게 할 수 있게 한다.

• 문장의 ☐ 안에 들어갈 낱말을 찾아 써 보세요.

　－ 은어나 비속어는 　예 원활한 　대화를 어렵게 하고 오해를 불러일으킨다.

• 문장에서 어색한 낱말을 찾아 ○표를 하고 바르게 고쳐 써 보세요.

> 단순히 재미있으려고 은어나 비속어를 사용했다가 친구들끼리 (투쟁)으로 이어지는 경우도 있고, 어른과 어린이의 일상적인 대화가 어려워지는 경우도 있다.

　➡ 예 싸움

단원 정리 학습

핵심 1 글을 고쳐 쓰면 좋은 점

- 적절하지 않은 낱말이나 틀린 문장이 없으면 읽는 사람이 글을 더 쉽게 이해할 수 있습니다.
- 군더더기 없는 글을 쓰면 자신의 생각을 더 잘 전달할 수 있습니다.
- 필요한 내용을 더 쓰면 자세하고 내용이 풍부한 글이 됩니다.

핵심 2 글을 고쳐 쓰는 방법

1 글 수준

- 글의 내용이 잘 드러나는 제목으로, 글을 쓴 목적에 맞게 고쳐 씁니다.
- 글에서 더하거나 뺄 내용을 살펴봅니다.

2 문단 수준

- 글의 흐름에 맞게 고쳐 씁니다.
- 중심 문장의 내용과 관련 없는 문장을 삭제합니다.
- 중심 문장을 뒷받침 문장들과 어울리게 고쳐 씁니다.

3 문장 수준

- 문장 호응에 맞게 고쳐 씁니다.
  - 예 만약 학생이 열 명이 있기 때문에 ➡ 만약 학생이 열 명이 있다면
- 표현이 적절하지 않은 문장을 고쳐 씁니다.
- 지나치게 긴 문장은 나누어 씁니다.

4 낱말 수준

- 알맞은 낱말을 골라 추가합니다.
- 뜻에 맞지 않게 사용한 낱말을 고쳐 씁니다.

핵심 3 교정 부호

교정 부호	쓰임	사용한 예	교정 부호	쓰임	사용한 예
∨	띄어 쓸 때	기분 좋은∨하루	⌣	여러 글자를 고칠 때	온 가족이 모여서 마신게(맛있게) 먹었다.
⌒	붙여 쓸 때	사랑 하는 사람을	℘	글자를 뺄 때	가족과 함께 저녁 음식을 먹었다.
⌒○	한 글자를 고칠 때	마(만)나러 간다.	Y	글의 내용을 추가할 때	내가 사랑하는 사람은 (바로) 가족이다.

정답과 해설 34쪽

7. 글 고쳐 쓰기

[01~02] 글 (나)는 (가)를 고쳐 쓴 글입니다. 글을 읽고, 물음에 답하시오.

(가) 여러분, 불량 식품을 먹지 맙시다. ㉠불량 식품을 먹고 나서 쓰레기를 버리는 사람이 많습니다. 그렇게 버린 쓰레기들이 우리 학교 주변을 더럽혀 보기에도 좋지 않고, 악취도 납니다. 불량 식품에는 무엇이 들어갔는지, 그리고 유통 기한은 언제까지인지 정확히 적혀 있지 않습니다. 불량 식품을 먹으면 해로운 물질이 몸에 들어가 병에 걸리기 쉽습니다. ㉡불량 식품은 아무리 맛있어서 먹으면 안 됩니다.

(나) 여러분, 불량 식품을 먹지 맙시다. 불량 식품에는 무엇이 들어갔는지, 그리고 유통 기한은 언제까지인지 정확히 적혀 있지 않습니다. 불량 식품을 먹으면 해로운 물질이 몸에 들어가 병에 걸리기 쉽습니다. ㉢그리고 유통 기한을 알 수 없어 신선하지 않은 식품을 먹게 될 수도 있습니다. ⎡ ㉣ ⎤ 먹지 말아야 합니다.

01 ㉠과 ㉢을 고쳐 쓴 방법으로 알맞은 것을 찾아 선으로 이으시오.

(1) ㉠ • • ① 내용 삭제하기

(2) ㉢ • • ② 내용 추가하기

중요
02 ㉡이 ㉣에 들어갈 수 있도록 교정 부호를 사용하여 고쳐 쓰시오.

> 불량 식품은 아무리 맛있어서

[03~04] 다음 글을 읽고, 물음에 답하시오.

고운 말을 사용하면 다른 사람과 원활하게 대화할 수 있다. 은어나 비속어는 대화를 어렵게 하고 오해를 불러일으킨다. ㉠단순히 재미있으려고 은어나 비속어를 사용했다가 친구들끼리 투쟁으로 이어지는 경우도 있고, 어른과 어린이의 일상적인 대화가 어려워지는 경우도 있다.

03 다음 문장의 빈칸에 들어갈 낱말을 보기에서 찾아 쓰시오.

> **보기**
>
> 편리한　　　지나친　　　원활한

> 은어나 비속어는 ⎡　　　　⎤ 대화를 어렵게 하고 오해를 불러일으킨다.

(　　　　　　　　　　)

04 ㉠에서 어색한 낱말을 찾아 바르게 고쳐 쓰시오.

(　　　　　) → (　　　　　)

05 다음 문장을 두 문장으로 나누어 고쳐 쓰시오.

> 은어나 비속어를 사용한다면 그것이 우리 후손에게 그대로 전해질 것이므로 고운 말을 사용해 아름다운 우리말을 지켜야 한다.

06 교정 부호를 사용해 파란색으로 쓰인 부분을 고쳐 쓰시오.

> 아침밥은 장수의 필수 조건이다. 날마다 아침밥을 거르면 밤새 분비된 위산이 중화되지 않아 위가 불편해졌다. 이런 습관이 오래지속되면 위염이나 위궤양으로 진행될 수 있다.

[07~09] 다음 글을 읽고, 물음에 답하시오.

(가) 의약품 따위를 만드는 실험으로 전 세계에서 해마다 약 6억 마리의 동물이 희생되고 있다. 개발한 약품을 사람에게 바로 사용하지 않고 동물을 대상으로 먼저 실험해 보기 때문이다. 예를 들면 피부에 사용하는 약품을 개발할 때 토끼의 눈에 화학 물질을 넣어 부작용이 생기는지 확인한다. 토끼는 눈 깜빡임과 눈물이 적어 실험 결과를 오래 관찰할 수 있기 때문이다. 눈에 화학 물질이 들어간 토끼는 눈에서 피가 나기도 하고 심한 경우 눈이 멀기도 한다.

동물 실험을 반대하는 사람들이 늘어나고 있다. 사람과 동물의 몸은 차이가 크기 때문에 이러한 동물 실험은 소용이 없다고 주장한다. 실제로 동물 실험을 통과한 신약 후보 열 개 가운데 아홉 개는 사람에게 효과가 없거나 부작용을 일으킨다고 한다.

(나) 최근 미국 ○○대학교 연구진은 전 세계적으로 680여 명이 희생된 중동호흡기증후군[메르스]의 백신을 개발했다. 연구진이 동물 실험으로 그 효과를 확인하려고 백신을 원숭이에게 투여했다. 그리고 이 백신이 중동호흡기증후군[메르스]을 예방할 수 있다는 확신을 가졌다. 이렇게 동물 실험은 새로운 약 개발에 중요한 역할을 한다.

동물 실험도 하지 않고 개발한 약을 사람들에게 사용하면 부작용이 발생할 수 있다. 1937년에 한 제약 회사에서 술파닐아미드라는 약을 새롭게 개발했다. 그런데 동물 실험을 거치지 않고 사람들에게 이 약을 판매했다. 그 결과, 이 약을 복용한 많은 사람이 부작용으로 사망하는 불행한 일이 일어났다.

07 글 (가)의 주장을 뒷받침할 수 있는 근거는 무엇입니까? ( )

① 신약을 개발할 때에 동물 실험은 중요하다.
② 동물 실험으로 많은 동물들이 희생되고 있다.
③ 동물은 사람과 비슷해서 동물 실험이 중요하다.
④ 중동호흡기증후군의 백신은 동물 실험을 하지 않았다.
⑤ 동물 실험을 하지 않으면 신약에 부작용이 발생할 수 있다.

08 글 (가)와 (나) 중에서 다음과 같은 주장에 대한 뒷받침 자료로 활용할 수 있는 것을 찾아 기호를 쓰시오.

> 동물 실험을 해야 한다.

( )

서술형
09 동물 실험과 관련한 자신의 생각과 그에 대한 까닭을 쓰고, 고쳐 쓸 부분이 있는지 찾아보시오.

_____

_____

도움말 교정 부호의 종류와 쓰임을 생각하며 글을 알맞게 고쳐 봅니다.

10 글을 고쳐 쓰기 위한 점검 질문으로 알맞지 <u>않은</u> 것은 무엇입니까? ( )

① 글쓴이의 이름은 무엇인가?
② 문장 호응이 잘 이루어지는가?
③ 무엇을 쓴 글인지 알 수 있는가?
④ 한 문단에 하나의 중심 생각만 있는가?
⑤ 중심 문장과 뒷받침 문장이 자연스럽게 연결되는가?

남자 아이가 엄마와 함께 재미있는 영화를 보는 것 같아요. 영화 내용과 관련 있는 자신의 경험을 떠올리며 신이 났네요. 우리는 영화를 보며 어떤 생각을 하나요?

이제, 8단원에서는 자신의 경험을 떠올리며 작품을 감상하고 감상문을 써 볼 거예요. 또, 친구들과 함께 짧은 영화도 만들어 보기로 해요.

8 작품으로 경험하기

156~157쪽 단원 정리 학습에서 더 자세히 공부해 보세요.

단원 학습 목표

1. **영화 감상문을 쓸 수 있습니다.**
   - 영화 속 내용과 비슷한 자신의 경험을 씁니다.
   - 주인공을 자신이라고 생각해 씁니다.
   - 자신이 본 영화나 책의 내용과 비교해 씁니다.
   - 영화를 보게 된 까닭을 씁니다.

2. **자신의 경험을 떠올리며 작품을 감상해 봅니다.**
   - 작품 속 내용에 대해 친구들과 묻고 답해 봅니다.
   - 작품에서 인상 깊은 장면과 떠오르는 자신의 경험을 비교해 봅니다.
   - 자신의 경험을 떠올리며 독서 감상문을 써 봅니다.

단원 진도 체크

회차		학습 내용	진도 체크
1차	단원 열기	단원 학습 내용 미리 보고 목표 확인하기	✓
	교과서 내용 학습	영상을 보고 경험한 내용 이야기하기	✓
2차	교과서 내용 학습	「서로를 따뜻하게 감싸안는 대한민국이 되자」	✓
3차	교과서 내용 학습	「대상주 홍라」 / 경험한 내용을 영화로 만들기	✓
4차	서술형 수행 평가 돋보기	서술형 수행 평가 대비 학습하기	✓
	교과서 문제 확인	교과서 문제 학습하며 학교 숙제 해결하기	✓
5차	단원 정리 학습	단원 학습 내용 정리하기	✓
	단원 확인 평가	확인 평가를 통한 단원 학습 상황 파악하기	✓

해당 부분을 공부하고 나서 ✓표를 하세요.

교과서 내용 학습

01 우리나라 지도에서 여행 가 본 곳과 그곳을 여행했을 때 생각하거나 느낀 점을 쓰시오.

(1) 여행 가 본 곳	
(2) 생각하거나 느낀 점	

서술형

02 자신이 여행 가고 싶은 곳과 그 까닭을 쓰시오.

(1) 여행 가고 싶은 곳	
(2) 그 까닭	

도움말 여행 가고 싶은 구체적인 지명을 써 보고 그곳에 여행 가고 싶은 까닭도 써 봅니다.

■ 여행 계획서 만들기
• 여행 가고 싶은 곳의 자료를 수집해 봅니다.
• 도서관에 있는 책, 누리집에 있는 사진 자료와 영상 자료, 지역 소개 자료 따위에서 정보를 얻어 여행 계획서를 만들어 봅니다.
• 정리한 자료를 활용해 여행 기간과 장소, 같이 가고 싶은 사람과 준비할 일, 여행 일정, 여행 비용 따위의 계획을 세워 씁니다.

중요

03 여행 계획서를 작성할 때 꼭 들어가야 할 내용이 <u>아닌</u> 것은 무엇입니까? (　　　)

① 여행 일정
② 여행 비용
③ 여행 기간과 장소
④ 여행 장소에서 보고 들은 것
⑤ 같이 가고 싶은 사람과 준비할 일

04 가고 싶은 곳의 여행 자료에 대하여 찾고 싶을 때 어떠한 자료를 이용할 수 있을지 한 가지만 쓰시오.

(　　　　　　　　　　　　　　　　　)

05 다음과 같은 내용은 여행 계획서에서 어떤 부분에 관한 내용입니까? (　　　)

> 입장료는 무료이지만 주차비와 교통비가 필요합니다.

① 여행 시간   ② 여행 장소
③ 여행 일정   ④ 여행 비용
⑤ 같이 가고 싶은 사람

서술형

06 여행을 하면 어떤 점이 좋은지 생각하여 한 가지만 쓰시오.

_____

_____

도움말 여행을 한 경험을 떠올려 어떤 점이 좋았는지 생각해 봅니다.

서로를 따뜻하게 감싸안는 대한민국이 되자

학습 목표 ▶ 영화 감상문 쓰기

「피부 색깔=꿀색」이라는 영화를 보았다. 제목부터가 뭔가 전하고 싶은 이야기가 많은 영화라고 생각했다. 이 영화는 벨기에에 **입양된** 우리 동포 융이라는 사람이 어린 시절을 **회상하며** 이야기가 시작된다.
제목에서 받은 느낌
「 」: 영화를 보게 된 까닭

「융은 다섯 살에 해외로 입양된다. 하지만 융은 벨기에의 가족과 자신의 피부색이 다르다는 사실과 한국에 친부모가 있을지도 모른다는 생각에 잘 적응하지 못하고 힘들어한다. 게다가 융의 가족은 한국에서 여자아이를 한 명 더 입양한다. 융은 한국에서 새로 입양된 여동생과 자신이 닮았다는 말을 듣기 싫어하며 동생과 가족을 멀리한다. 그리고 융은 학교에서 말썽을 일으키고 집에서 거짓말까지 하면서 점점 더 엇나가는 행동을 한다.」「 」: 영화의 줄거리

「융의 장난만큼은 아니지만 나도 가끔은 친구나 동생에게 심한 장난을 한다. 하지만
영화 속 내용과 비슷한 자신의 경험
융의 행동이 주위의 관심과 사랑을 받고 싶고 자신이 누구인지를 찾으려는 몸부림이라는 것을 알았을 때 마음이 많이 아팠다.」자신이 누구인지 알 수 없어 방황하던 융은
「 」: 영화 속 인물에 대한 생각
영화의 마지막에 이렇게 말한다. "엄마, 누가 내 고향을 물으면 여기도 되고 거기도 된다고 하세요." 나는 융의 말을 모두 이해할 수는 없지만 '꿀색'이라는 말이 따뜻하게 느껴졌다.

• **글의 종류:** 영화 감상문
• **글의 특징:** 「피부 색깔=꿀색」이라는 영화를 보고 난 후의 생각이나 느낌을 쓴 글입니다.

낱말 사전

입양(入 들 입, **養** 기를 양)**된** 양자로 들어가게 된.
회상(回 돌 회, **想** 생각할 상)**하는** 돌이켜 생각하는.

07 이 글의 종류는 무엇입니까? (　　　)

① 편지
② 설명문
③ 기행문
④ 독서 감상문
⑤ 영화 감상문

중요
10 융에 대한 설명으로 알맞지 <u>않은</u> 것은 어느 것입니까? (　　　)

① 융은 잘 적응하지 못했다.
② 융은 자신이 누구인지 고민했다.
③ 융은 한국에 가서 살고 싶어 했다.
④ 융은 다섯 살에 벨기에에 입양되었다.
⑤ 융은 사람들의 관심을 받기 위해 장난을 쳤다.

08 글쓴이가 본 영화의 제목은 무엇인지 쓰시오.

(　　　　　　　　　)

11 글쓴이는 융에 대하여 어떤 생각을 했습니까?

(　　　)

① 관심을 받으려는 융이 안쓰럽다.
② 외국에서 살고 있는 융이 부럽다.
③ 꿋꿋하게 지내는 융이 자랑스럽다.
④ 특이한 행동을 하는 융이 신기하다.
⑤ 나쁜 행동을 하는 융에게 화가 난다.

09 융이 듣기 싫어하는 말은 무엇인지 쓰시오.

(　　　　　　　　　)

■ 영화 감상문에 들어갈 내용 ⑩
• 줄거리
• 영화를 보며 떠오른 자신의 경험
• 영화를 본 느낌과 감상
• 영화에서 영상의 특성
• 인물의 성격
• 인물들의 관계
• 가장 흥미로운 사건
• 영화 주제

「예전에 「국가대표」라는 영화를 보았다. 그 영화에서 주인공은 엄마를 찾으려고 국가대표가 되려고 했다. 해외 입양 문제는 우리나라의 아픈 역사를 보여 주는 한 부분이다.」

이 영화를 보면서 나는 융이라는 사람에게 이런 말을 해 주고 싶었다. "비록 우리나라의 아픈 역사 때문에 벨기에에서 살지만 우리는 똑같은 한국인입니다." 라고 말이다. <u>영화의 주인공에게 해 주고 싶은 말</u>

「영화를 보는 내내 나는 입양된 사람들이 우리 역사에서 겪은 ㉠아픔을 생각했다. 본인의 의지와 상관없이 다른 나라에서 살아야 하는 사람들, 그리고 우리나라에 온 사람들까지. 나는 우리가 지금 서로를 따뜻하게 감싸안아야 할 때라고 생각한다.」

「 」: 영화를 본 뒤의 전체적인 느낌이나 주제

12 「 」부분에 나타나 있는 것은 무엇입니까? (　　　)

① 떠오르는 책의 제목
② 떠오르는 영화의 내용
③ 우리나라의 역사적 특징
④ 영화 내용과 비슷한 자신의 경험
⑤ 영화를 보고 난 후의 생각이나 느낌

14 이 글 전체에 나타나 있는 내용이 아닌 것은 어느 것입니까? (　　　)

① 영화의 줄거리
② 영화 속 영상의 특징
③ 영화 속 인물에 대한 생각
④ 영화를 본 후의 생각이나 느낌
⑤ 영화 속 인물에게 해 주고 싶은 말

영화 감상문을 쓸 때에는 영화 내용과 비슷한 자신의 경험, 떠오르는 책이나 다른 영화를 소개하면 좋아.

15 이 글을 읽고 질문을 만든 것입니다. 무엇과 관련된 질문인지 보기 에서 찾아 기호를 쓰시오.

보기
㉮ 영화 내용을 확인하는 질문
㉯ 영화 내용을 추론하는 질문
㉰ 친구들 생각을 알고 싶은 질문

(1) 주인공 이름은 무엇인가요? (　　　)
(2) 주인공을 만난다면 어떤 말을 해 주고 싶나요? (　　　)
(3) 주인공은 외국에 처음 갔을 때 어떤 마음이 들었을까요? (　　　)

13 ㉠은 무엇을 말하는 것입니까? (　　　)

① 저출산 문제
② 도시화 문제
③ 환경 오염 문제
④ 해외 입양 문제
⑤ 민족의 분단 문제

대상주 홍라

앞부분 이야기

열세 살인 홍라는 금씨 상단 대상주의 딸이다. 대상주인 어머니를 따라 일본으로 교역을 갔다가 바다에서 **풍랑**을 만난다. 그래서 홍라는 어머니와 헤어지고 겨우 살아남아 집으로 돌아온다. 상단으로 돌아온 홍라에게 남은 건 교역의 실패로 생긴 엄청난 빚
물건을 사고 파는 것.
뿐이다. 홍라는 아무것도 할 수 없다고 생각한다. 그러다가 위급할 때 열어 보라고 어머니께서 주신 묘원의 열쇠를 기억한다. 묘원에는 숨겨 둔 **소그드**의 은화가 있었다. 이제 홍라는 솔빈으로 가서 그 은화를 바꾸어 **이문**을 남길 수 있는 교역을 하려고 한다.

**중심
내용** 홍라는 지도를 펼쳐 놓고 어머니를 그리워했습니다.

1 홍라는 탁자 위에 지도를 펼쳤다. 오래된 가죽 냄새를 맡으니 어머니에 대한 그리
어머니를 만나지 못하는 홍라의 마음
움이 밀려들었다. 어머니는 지도를 펼치는 것으로 하루를 시작했다. 어머니 손길로 반들반들해진 지도였다. 지도에 새겨진 길을 손끝으로 더듬자 어머니의 목소리가 들려오는 것 같았다.

㉠ 보아라, 길이다. 세상 모든 곳으로 통하는 길이다.
어머니가 홍라에게 한 말
돈피 지도의 윗부분에는 금씨 **상단**이라는 네 글자와 목단꽃 그림이 새겨져 있었다.
돼지가죽   홍라가 속한 상단의 이름   금씨 상단의 문양
그 아래에는 발해에서 사방으로 뻗어 나가는 **교역로**가 있었다.

「상경에서 동경을 거쳐 뱃길로 가는 일본도, 상경에서 서쪽으로 곧장 뻗어 나가는 거란도, 상경에서 동경을 거쳐 해안을 따라 남하하는 신라도, 그리고 상경에서 출발해 서경을 지나 압록강 하구의 박작구에서 배를 타고 등주를 거쳐 장안으로 가는 압록도, 상경에서 거란의 영주를 거쳐 육로를 통해 장안으로 가는 영주도가 있었다.」
「 」: 지도를 통해 알 수 있는 교역로

• 글의 종류: 이야기
• 글쓴이: 이현
• 글의 특징: 홍라가 실종이 된 어머니가 돌아오기 전 빚을 갚기 위해 교역을 떠나기로 결심하면서 이를 준비하는 과정이 나타나 있는 이야기입니다.

낱말 사전

풍랑(風 바람 풍, 浪 물결 랑) 바람과 물결을 아울러 이르는 말.
소그드 옛날 이란 사람들을 말함.
이문 이익이 남는 돈.
상단(商 장사 상, 團 모일 단) 무역을 하기 위해 만든 사람들 단체.
교역로(交 사귈 교, 易 바뀔 역, 路 길 로) 상인이 물건을 사고팔고 바꾸기 위하여 지나다니는 길.

16 **1**에서 이야기가 시작되는 상황으로 알맞은 것은 무엇입니까? (   )

① 홍라가 어머니를 찾고 있다.
② 홍라가 지도를 만들고 있다.
③ 홍라가 교역을 준비하고 있다.
④ 어머니와 홍라가 교역을 떠나고 있다.
⑤ 홍라가 지도를 펼치며 어머니를 떠올리고 있다.

17 이 글에서 느낄 수 있는 어머니에 대한 홍라의 마음은 무엇입니까? (   )

① 고마움   ② 그리움
③ 답답함   ④ 미안함
⑤ 짜증스러움

18 지도에 나타나 있는 것은 무엇입니까? (   )

① 발해의 자연 환경
② 발해의 유명한 특산물
③ 발해 사람들의 생활 모습
④ 발해의 주요 성곽의 위치와 해안
⑤ 발해에서 사방으로 뻗어 나가는 교역로

중요
19 ㉠에서 느껴지는 마음은 무엇입니까? (   )

① 슬픔   ② 희망
③ 미안함   ④ 두려움
⑤ 걱정스러움

■ 홍라가 교역을 떠나기로 결심한 까닭
• 어머니가 돌아오기 전에 빚을 갚기 위해서
• 상단을 지키기 위해서

★ 바르게 읽기

[갑쎄]	[가베]
(○)	(×)

낱말 사전

초피 담비 종류 동물의 모피를 통틀어 이르는 말.
명마(名 이름 명, 馬 말 마) 매우 우수한 말.

상경성에서 북상한 다음 서쪽으로 사마르칸트까지 가는 길은 담비의 길이라고 했
<u>담비의 길</u>
다. 서역 상인들이 **초피**를 사러 오는 길이라서 그렇게 부르는 것이다. 솔빈도 그 담비
<u>담비의 길이라고</u>
의 길 위에 있었다.

 홍라는 어머니가 돌아오기 전에 빚을 갚기 위해 교역을 하러 가기로 결심했습니다.

2 홍라는 소그드의 은화를 가만히 들여다보았다. 그러다 다시 지도로 눈길을 돌렸다.

솔빈으로 가서 은화를 팔고……. 그래! 솔빈의 말을 사자!

솔빈의 말은 당나라까지 널리 알려진 **명마**다. 솔빈의 말을 장안으로 가져가면 비싼
★
값에 팔 수 있다. 그리고 장안에서 비단을 싸게 사서 온다면……. 가만히 앉아 있으면
묘원의 은화는 비단 오백 필 값. 그러나 길을 나선다면 천 필, 아니 이천 필 값이 될
<u>교역을 떠난다면</u>   <u>오백 필 값이 배 이상이 될 수 있음.</u>
수 있다.

가자. 교역을 하러 가자. 어머니가 돌아오기 전에 빚을 갚는 거야. 상단을 지키는
<u>교역을 떠나는 까닭</u>
거야. 대상주 금기옥의 딸답게.

홍라는 눈물을 닦았다. 언제부터인가 울고 있었던 것이다. 하지만 이제는 울지 않
<u>슬프고 불안한 마음이 들어서</u>   <u>용기를 내기로 함.</u>
을 생각이었다. 상단을 이끌고 교역을 떠나야 했다. 상단을 지켜야 했다.

따로 상단의 일을 배운 적은 없지만, 상단의 딸이다. 나면서부터 교역에 대해 보고
<u>태어나면서부터</u>
들었다. 어떻게 해야 하는지 알 수 있었다.

---

20 상경성에서 북상한 다음 서쪽으로 사마르칸트까지 가는 길을 '담비의 길'이라고 부르는 까닭은 무엇인지 쓰시오.

( )

21 홍라가 소그드의 은화를 보며 결심한 것은 무엇입니까? ( )

① 상단을 버려야 한다.
② 숨겨진 보물을 찾아야 한다.
③ 어머니를 찾아 나서야 한다.
④ 교역을 통해 상단을 지켜야 한다.
⑤ 상단의 사람들을 멀리 보내야 한다.

중요
22 홍라가 교역을 통해 이루려고 하는 것은 무엇입니까?

( )

① 어머니를 만나는 것
② 상단을 세계에 알리는 것
③ 새로운 교역로를 개척하는 것
④ 자신의 능력을 증명해 보이는 것
⑤ 어머니가 돌아오시기 전에 빚을 갚는 것

23 홍라는 장안에서 무엇을 팔고 무엇을 사 올 생각입니까? ( )

① 은화를 팔고 말을 사자.
② 말을 팔고 은화를 사자.
③ 비단을 팔고 말을 사자.
④ 말을 팔고 비단을 사자.
⑤ 은화를 팔고 비단을 사자.

중심 내용 홍라는 월보와 비녕자에게 교역에 함께 가자고 했습니다.

■ 홍라가 처한 상황
· 일본에서 풍랑을 만나 상단을 이끌었던 어머니가 실종되고 상단이 많은 빚을 지게 됨.
· 일꾼들을 풍랑으로 거의 잃고 남아 있는 사람들이 거의 없음.

③ "친샤!" / 홍라가 부르자 곧 친샤가 검으로 마루를 툭툭 쳐서 **기척**을 보냈다. 홍라는 밖으로 나갔다.
밖에서 대기하고 있다는 의미

"월보는 떠났어?" / 상단의 믿음직한 일꾼들은 지난 풍랑으로 거의 잃었다. 상단에 남아 있던 일꾼들은 대상주를 찾기 위해 동경에 가 있었다. 그러고도 남아 있는 일꾼들은 나이가 많거나 혹은 너무 어렸다. 그렇다고 표 나게 사람을 모을 수는 없었다.
★
빚쟁이들의 눈총이 무서웠다.

다행히 친샤가 고개 저으며 **바깥채**를 가리켰다. 월보는 아직 금씨 상단에 머무르고
월보가 있는 곳
있는 모양이다. 그리고 친샤는 다시 바깥채를 가리키며 손가락을 하나 더 폈다. 월보 말고 또 다른 누군가가 있다는 뜻이다.

곧 친샤가 월보와 어느 소년을 데리고 왔다.
친샤가 데려온 인물
홍라는 소년을 보고서 **미간**을 찌푸리며 기억을 더듬었다. 분명 낯익은 얼굴인데, 누구인지 잘 기억나지 않았다. / 월보가 소년을 소개했다.

"아가씨, 비녕자이옵니다. 동경의 해안에서 우리를 구해 주었던……." / "아!"
비녕자가 동경에서 한 일
홍라는 그제야 기억이 났다. 비녕자. 말값으로 금가락지를 주고 떠나며 금씨 상단
그때에야 비로소   홍라가 비녕자에게 한 약속
으로 찾아오라 했다. 목숨 구해 준 값도 **후하게** 치르겠다고 약속했다.

"그런데 우리가 떠나고 얼마 되지 않아 비녕자의 아비와 어미가 그만 세상을 버렸다고 합니다. 작은 고깃배를 타고 바다에 나갔다가 풍랑에 휩쓸려서 그만……. 그
세상을 떠났다고 합니다.
래서 금씨 상단에 의지하고 지낼 수 있을까 해서 왔다고 합니다."
비녕자가 찾아온 까닭

★ **바르게 쓰기**

빚쟁이	빚장이
(○)	(×)

낱말 사전

기척 누군가가 있는 줄을 알 수 있게 하는 소리나 기색.
바깥채 안팎의 두 채로 되어 있는 집의 구조에서, 바깥쪽에 있는 집채.
미간(眉 눈썹 미, 間 사이 간) 두 눈썹 사이.
후하게 인색하지 않고 넉넉하게.

---

24 홍라가 상단의 일꾼을 잃은 까닭은 무엇입니까?
( )

① 풍랑을 만나서   ② 흉년이 들어서
③ 전쟁이 일어나서   ④ 전염병이 돌아서
⑤ 어머니가 실종이 되어서

25 홍라가 함께 떠날 사람들을 표 나게 모을 수 없었던 까닭은 무엇입니까? ( )

① 사람들이 홍라를 싫어해서
② 빚쟁이들의 눈총이 무서워서
③ 사람들의 생각을 알 수 없어서
④ 비용이 많이 들어갈 것 같아서
⑤ 사람들이 모이지 않을 것 같아서

26 비녕자가 홍라를 찾아온 까닭은 무엇입니까? ( )

① 일을 배우기 위해서
② 사람들이 보고 싶어서
③ 어머니를 찾기 위해서
④ 금가락지 값을 받기 위해서
⑤ 상단에 의지하고 지내기 위해서

서술형 27 이 이야기를 읽고 이야기에 대한 친구들의 생각을 알고 싶다면 어떤 질문을 하면 좋을지 한 가지만 쓰시오.

_____

_____

도움말 글에 직접 나와 있지 않지만 이야기의 상황에 따라 알 수 있는 것을 생각해 보고 친구들은 그에 대하여 어떤 생각을 가지고 있는지 질문을 만들어 알아봅니다.

■ 이야기의 내용을 추론하는 질문 예

• 제목에서 홍라를 '대상주'라고 부른 까닭은 무엇일까요?
• 홍라는 비녕자가 함께 간다고 하자 왜 애써 엄한 표정을 지었을까요?

낱말 사전

선심(善 착할 선, 心 마음 심) 남에게 베푸는 후한 마음.
반색해 몹시 반가워해.
수선 마음을 어지럽고 혼란스럽게 하는 말이나 행동.
요란하게 지나칠 정도로 야단스럽게.

언제든 찾아오라고 큰소리쳤다. 더구나 지금은 한 사람이 아쉬운 상황이었다. 비녕자는 소리 소문 없이 데려가기에 적당한 일꾼이었다. 망설일 이유가 없었다.
_{교역을 함께 떠날 사람을 찾고 있기 때문에}

"장안으로 교역을 나설 거야. 월보, 비녕자, 같이 갈 수 있지?"
_{중국의 수도}

선심 쓰는 듯 말했지만, 속으로 좀 걱정이 되었다. 월보에게도 아직 품삯을 주지 못
_{월보가 함께 간다고 하지 않을까 봐}
했다. 상단이 망해 간다는 소문이 파다한데, 월보가 따라나서 줄지 걱정이었다. 비녕자의 불만에 찬 표정도 마음에 걸렸다.

하지만 월보는 **반색해** 주었다.

"자, 장안이라고요? 네! 네, 갈게요. 가겠습니다!"

비녕자는 여전히 뚱한 얼굴이지만 그래도 고개를 끄덕였다.
_{비녕자도 함께 가겠다고 함.}
반가워서 손이라도 잡아 주고 싶었다. 하지만 대상주답게 굴어야 했다. 홍라는 애써 엄한 표정을 지었다.
_{대상주답게 행동하기 위해서}

"**수선** 피우지 마. **요란하게** 떠날 입장이 아니야. 그러니 출발할 때까지 입조심해. 교역에 성공하면 둘 다 크게 한몫 챙겨 줄게."

---

28 월보에게 함께 가자고 말했을 때 홍라의 마음은 어떠했습니까? ( )

① 월보가 어떠한 대답을 해도 상관없었다.
② 월보에게 좋은 기회를 주게 되어 기뻤다.
③ 월보가 함께 간다고 할까 봐 조마조마했다.
④ 월보가 불만스러운 표정이어서 부담스러웠다.
⑤ 월보가 함께 가지 않겠다고 할까 봐 걱정스러웠다.

29 함께 떠나자는 말에 월보는 어떠한 반응을 보였습니까? ( )

① 좋아했다.
② 미안해했다.
③ 불만스러워했다.
④ 반응을 보이지 않았다.
⑤ 비녕자에게 대답을 미루었다.

30 월보와 비녕자가 함께 가겠다고 했을 때 홍라의 속마음은 어떠했는지 쓰시오.

( )

31 중요 홍라는 비녕자가 함께 간다고 하자 왜 애써 엄한 표정을 지었습니까? ( )

① 함께 가는 것이 싫었기 때문에
② 함께 가는 것이 불안하였기 때문에
③ 떠나는 것을 비밀로 해야 하기 때문에
④ 대상주로서 위엄을 갖추고자 했기 때문에
⑤ 함께 못 떠날지도 모른다는 생각이 들었기 때문에

중심내용 홍라는 상단을 꾸리고 교역을 떠날 준비를 몰래 했습니다.

④ 그렇게 교역을 떠날 상단이 꾸려졌다. 대상주 자격으로 상단을 이끄는 홍라, 무사 친샤, 천문생 월보, 일꾼 비녕자. 초라하기 그지없지만, ㉠중요한 임무를 ★띠고 있었다. 금씨 상단을 지키기 위한 마지막 기회인지도 몰랐다.

이틀 동안 길 떠날 준비를 했다. 준비랄 것도 없었다. <u>집안 일꾼들 모르게 몇 가지를 챙기는 게 전부였다.</u> 창고 **점검**을 한다는 **핑계**로 말린 고기며 곡식 가루를 좀 챙겼다. **노숙**을 해야 할지도 모르니 음식을 조리할 도구도 필요했다. 집에 있는 걸 가져가려니 일꾼들이 알아챌까 걱정스러웠다. 결국 친샤가 시장에서 몇 가지를 사 왔다. 그리고 돈피도 몇 장 챙겼다. → 사람들이 눈치채지 못하게 떠날 준비를 함.

(간단하게 떠날 준비를 함.)
(식량)

말은 모두 다섯 마리를 준비했다. 홍라와 친샤의 말에 월보와 비녕자가 탈 말도 필요했다. 짐 실을 말도 한 마리 있어야 했다.

홍라는 하인들에게 말을 팔 거라는 핑계를 대고 세 마리를 미리 빼돌렸다. 출발하는 날 아침에 조용히 집을 나서려고 미리 준비해 둔 것이다. 월보가 말들을 성문 근처의 **객줏집**에 맡겨 두었다. 홍라의 말 하늬와 친샤의 말은, 팔 거라는 핑계를 댈 수 없으니 그냥 집에 두었다.

(몰래 다른 곳에 두었다.)

■ 이야기의 구조를 확인하는 질문 예

• 이야기는 어떻게 시작하나요?
• 어느 부분에서 긴장감이 높게 느껴지나요?

★ 바르게 쓰기

띠고	띄고
(○)	(×)

낱말 사전

점검(點 점검할 점, 檢 단속할 검) 낱낱이 검사함.
핑계 어떤 일을 정당화하기 위하여 공연히 내세우는 구실.
노숙(露 이슬 노, 宿 묵을 숙) 사방과 하늘을 가리지 않은 집 밖의 장소에서 잠을 잠.
객줏집 이전에, 남의 물건을 맡아 팔거나 흥정을 붙여 주며, 그 상인들을 재워 주는 영업을 하는 집을 이르던 말.

---

32 ㉠은 무엇을 말하는 것입니까? (　　　　)

① 교역을 성공해야 한다.
② 어머니를 찾아야 한다.
③ 빚쟁이들을 설득해야 한다.
④ 상단으로부터 벗어나야 한다.
⑤ 사람들의 마음을 얻어야 한다.

33 홍라와 함께 교역을 떠날 사람은 누구누구인지 모두 쓰시오.
(　　　　　　　　　　　　　　　　　　)

중요
34 몰래 준비하는 사람들의 모습에서 어떠한 마음이 느껴지는지 쓰시오.
(　　　　　　　　　　　　　　　　　　)

서술형
35 34의 답과 같은 마음이 느껴졌던 경험을 떠올려 쓰고, 그때의 기분이 어떠했는지 쓰시오.

(1) **비슷한 경험**	
(2) **그때의 기분**	

도움말 사람들 몰래 교역을 준비하고 있는 홍라의 마음을 생각해 보고 비슷한 경험을 떠올려 봅니다.

낱말 사전

은밀히 겉으로 드러나지 않고 은근하게.
소동인 엄지손가락만 한 크기의 청동 인형.
고동쳤다 심하게 뛰었다.
모전 짐승의 털로 색을 맞추고 무늬를 놓아 두툼하게 짠 부드러운 요.

홍라는 월보를 **은밀히** 불렀다.

"내일 새벽, 성문을 여는 북소리가 울릴 때 만나자. 말을 맡겨 둔 객줏집에서."

비녕자와 월보는 그 객줏집에서 밤을 보내기로 했다.

 중심내용 준비를 마친 홍라는 교역을 떠날 생각을 하며 힘차게 뛰는 심장 박동을 느꼈습니다.

5 모든 준비를 마친 뒤, 홍라는 방으로 들어왔다. 탁자 앞에 앉아 옥상자를 열었다. 어머니가 남겨 준 열쇠, 그리고 아버지의 선물인 **소동인**이 있었다.

홍라는 소동인과 열쇠 두 개를 가죽끈에 꿰어 목에 걸었다. 이제 먼 길을 가는 내내 어머니, 아버지가 함께해 줄 것이다.

드디어 떠난다. 홍라의 가슴이 세차게 <u>고동쳤다.</u> 대상주가 되어 교역을 떠난다. 빚
<u>벅차고 떨리는 마음</u>
을 갚고 상단을 구할 것이다. <u>걱정거리가 없지 않지만, 다 이겨 낼 수 있을 것만 같았
<u>홍라의 굳은 각오가 느껴짐.</u>
다. 이겨 내야만 했다.</u>

홍라가 어머니를 따라 먼 교역길에 나서 본 게 세 번이었다. <u>신라, 일본, 그리고 당
<u>홍라가 가 본 곳</u>
나라의 장안</u>이었다.

서라벌에 갔던 건 너무 어려서라 기억에 남아 있는 게 없었다. 다만 그때 어머니가 사 준 신라 **모전**이 아직도 홍라 침상에 깔려 있었다. 그리고 이번에 일본에 다녀왔고, 이 년 전에는 장안에 간 적이 있었다.

---

36 홍라와 월보는 언제, 어디에서 만나기로 하였는지 쓰시오.

(1) 언제: (   )
(2) 어디에서: (   )

---

37 소동인과 열쇠 두 개를 가죽끈에 꿰어 목에 걸며 한 생각은 무엇입니까? (   )

① 불길한 일이 생길 것 같다.
② 부모님이 함께해 줄 것이다.
③ 이제 이 세상에 내 편은 없다.
④ 부모님을 만날 수 있을 것이다.
⑤ 행복은 더 이상 오지 않을 것이다.

---

38 중요 교역을 떠나는 홍라의 마음은 어떠했습니까? (   )

① 슬프다.
② 지겹다.
③ 미안하다.
④ 자랑스럽다.
⑤ 긴장이 된다.

 서술형 **39** 교역을 떠나는 홍라에게 어떤 말을 하면 좋을지 쓰시오.

_____

_____

도움말 홍라가 처한 상황을 살펴보고, 그에 알맞은 말을 생각해 봅니다.

장안. 당나라 황제의 대명궁이 있는 장안은 인구 백 만이 넘는 대도시로 비단처럼
<u>화려하고 세계 여러 나라 사람이 모이는 세계적인 교역의 도시</u> ★
화려한 빛깔로 눈부셨다. 푸른 하늘로 날아오를 듯 **맵시** 있는 기와지붕들이 물결치며
이어졌고, 밤이면 색색의 등불이 별빛보다 더 아름답게 반짝였다. 온갖 나라의 사람
들이 저마다의 멋을 뽐내며 거리거리를 수놓았다. 동방의 상인들이 장사하는 동부 시
장도 그랬지만, 서역 상인들의 서부 시장은 더욱 **경이로웠다**. 소그드 상인은 물론이고
페르시아나 로마에서 온 상인들도 진귀한 물건을 내놓고 팔았다. 장안은 세계적인 교
역 도시였다.

홍라는 장안을 떠나며 언젠가 자신의 상단을 이끌고 다시 오겠다고 다짐했다. 장안
<u>이 년 전에 장안을 떠나며</u>
까지, 아니 세상의 끝까지 가 보고 싶었다. 그 누구의 발도 닿지 않은 새로운 길로 떠
나고 싶었다.

그런 날이 생각보다 빨리 왔다. 생각했던 것과는 달리 너무도 **초라한** 출발이었다.
<u>상단을 이끌고 장안을 가는 날</u>
그러나 반드시 금씨 상단에 걸맞은 모습으로 돌아오리라. 홍라는 목에 건 소동인과
<u>화려하고 자신 있는 모습</u>   <u>어머니와 아버지가 주신 물건</u>
열쇠를 꼭 쥐었다. 쿵쿵쿵쿵. 힘차게 뛰는 심장 박동이 느껴졌다. 아버지와 어머니가
보내는 응원의 소리인지도 몰랐다.

■ 홍라가 본 장안의 모습
• 비단처럼 화려한 빛깔로 눈부셨습니다.
• 푸른 하늘로 날아오를 듯 맵시 있는 기와지붕들이 물결치며 이어졌습니다.
• 밤이면 색색의 등불이 별빛보다 더 아름답게 반짝였습니다.
• 온갖 나라의 사람들이 멋을 뽐내며 거리를 수놓았습니다.

★ 바르게 읽기

[맵씨]	[맵시]
(○)	(×)

낱말 사전

맵시 보기에 좋게 곱게 다듬은 모양새.
경이로웠다 놀랍고 이상스러웠다.
초라한 꾀죄죄하고 궁상스러운.

40 장안에 대한 설명으로 알맞지 <u>않은</u> 것은 어느 것입니까? ( )

① 교역의 도시이다.
② 황제의 대명궁이 있다.
③ 초라한 건물로 이루어져 있다.
④ 인구 백 만이 넘는 대도시이다.
⑤ 여러 나라 사람들이 모여드는 곳이다.

중요
42 제목에서 홍라를 '대상주'라고 부른 까닭은 무엇이겠습니까? ( )

① 돈이 매우 많기 때문에
② 홍라를 따르는 사람이 많기 때문에
③ 교역에 많은 재능을 지니고 있기 때문에
④ 교역로가 나타난 지도를 가지고 있기 때문에
⑤ 어머니를 대신해 상단을 꾸려 교역을 떠나기 때문에

서술형
43 작품 속 내용과 비슷한 자신의 경험을 떠올려 그때의 생각이나 느낌을 쓰시오.

_____

_____

도움말 작품 속 배경이나 홍라가 처한 상황과 비슷했던 경험을 떠올려 봅니다.

41 '쿵쿵쿵쿵' 뛰는 심장 박동 소리가 무엇과 같다고 느꼈는지 쓰시오.

( )

[44~46] 다음을 보고, 물음에 답하시오.

① 주제 정하기

자신의 경험을 떠올려 주제를 정한다.

② 자료를 수집하고 정리하기

정한 주제에 맞는 사진이나 그림, 영상을 수집해 영화 장면의 차례대로 나열한다.

③ 설명할 내용 정하기

사진이나 그림, 영상에 어울리는 설명을 간단히 기록한다.

④ 사진이나 영상 넣기

편집 프로그램을 활용해 사진이나 그림, 영상을 넣는다.

⑤ 음악과 자막 넣기

6학년 축구 대_

편집 프로그램을 활용해 음악과 자막을 넣는다.

⑥ 보완하기

마지막 운신을 다해

만든 영화를 보면서 부족한 부분을 찾아 보완해 완성한다.

중요
44 영화를 만들 때 가장 먼저 해야 할 일은 무엇인지 쓰시오.

(　　　　　　　　　　　)

45 영화를 만들 때 컴퓨터를 활용하여 하는 일은 무엇인지 두 가지 고르시오. (　　, 　　)

① 주제 정하기
② 등장인물 정하기
③ 음악과 자막 넣기
④ 사진이나 영상 넣기
⑤ 영상에 어울리는 설명 생각하기

46 영화를 만들 때 가장 마지막 부분에 해야 할 일은 무엇인지 쓰시오.

(　　　　　　　　　　　　)

서술형
47 자신이 만들고 싶은 영화의 제목과 주제를 쓰시오.

(1) 영화 제목	
(2) 영화 주제	

도움말 주제가 잘 드러나는 영화 제목을 정해 봅니다.

48 여행과 관련된 영화를 만들기 위해 수집해야 할 자료로 알맞지 <u>않은</u> 것은 무엇입니까? (　　　)

① 여행 지역의 지도
② 여행하면서 찍은 사진
③ 여행하면서 찍은 영상
④ 영화를 본 사람들의 반응
⑤ 여행 지역의 관광 안내 책자

서술형 수행 평가 돋보기

정답과 해설 **38**쪽

학교에서 출제되는
서술형 수행 평가를
미리 준비하세요.

1 내가 가장 인상 깊게 본 영화의 제목을 쓰시오.

_____

🔍 **문제 파악**

인상 깊게 본 영화를 떠올려 영화 감상문을 써 보는 문제입니다.

2 내가 본 영화에서 가장 인상 깊은 말이나 장면을 간단히 쓰시오.

┌─────────────────────────────────┐
│   │
│   │
│   │
│   │
└─────────────────────────────────┘

🔍 **해결 전략**

1 단계	인상 깊게 본 영화 제목 떠올리기

↓

2 단계	영화에서 인상 깊은 말이나 장면 떠올리기

↓

3 단계	영화 감상문에 쓰고 싶은 내용 정리하기

↓

4 단계	자신의 생각과 느낌을 담은 영화 감상문 쓰기

3 영화 감상문에 쓰고 싶은 내용을 동그라미로 표시해 보시오.

┌───┐
│ 영화를 보며   인물의 성격   영화를 본   │
│ 떠오른 자신의 경험   느낌과 감상   │
│   │
│ 가장 흥미로운   영화 감상문의 내용을   영화에서   │
│ 사건   잘 드러낼 수 있는 제목   영상의 특징 │
│   │
│   줄거리   영화 주제   인물들의 관계   │
└───┘

4 **3**에서 동그라미 표시한 내용이 드러나게 자신의 생각이나 느낌을 담은 영화 감상문을 쓰시오.

_____
_____
_____
_____
_____
_____

학교 선생님께서
알려 주시는 모범 답안과
채점 기준도 book ❸ 해설책에서
꼭 확인해 보자!

8. 작품으로 경험하기 **153**

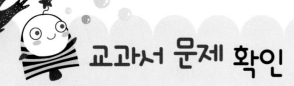 교과서 문제 확인

교과서 298~303쪽　　○ 영상을 보고 경험한 내용 이야기하기

• 여행 가고 싶은 곳과 그 까닭을 써 보세요.

여행 가고 싶은 곳	㉠ 지리산
그 까닭	㉠ 중학생이 되기 전에 지리산에 한번 올라가 보고 싶어서입니다.

• 여행 가고 싶은 곳의 자료를 찾아보세요.

　㉠ 도서관에 있는 책, 누리집에 있는 사진 자료와 영상 자료, 지역 소개 자료 따위에서 정보를 얻을 수 있습니다.

• 여행 계획서를 써 보세요.

여행 기간과 장소	㉠ • 여행 기간: 졸업한 뒤인 2월 중순 무렵에 2박 3일 동안 / • 장소: 지리산
같이 가고 싶은 사람과 준비할 일	㉠ • 같이 가고 싶은 사람: 가족 • 준비할 일: 겨울 산을 오르는 데 필요한 비상 식량, 물, 입장료, 지리산 지도 등
여행 일정	㉠ 먼저 성삼재 휴게소까지는 차로 이동해서 노고단까지 가는 길에 도전합니다. 거리상으로 1.1킬로미터라서 왕복 2시간 정도 걸리므로 크게 힘들이지 않고 겨울에 등반하기 좋기 때문입니다.
여행 비용	㉠ 입장료는 무료이지만 주차비와 교통비가 필요합니다.

「서로를 따뜻하게 감싸 안은 대한민국이 되자」　　○ 민호가 영화 「피부 색깔＝꿀색」을 보고 쓴 영화 감상문

• 영화에서 가장 인상 깊은 말이나 장면을 써 보세요.

　㉠ "난 어딜 가든 입양인이에요."

• 영화 감상문에 쓰고 싶은 내용에 ○표를 해 보세요.

㉠

영화를 보며 떠오른 자신의 경험 ○	줄거리 ○	인물의 성격 ☐
영화를 본 느낌과 감상 ☐	가장 흥미로운 사건 ○	영화 감상문의 내용을 잘 드러낼 수 있는 제목 ☐
영화 주제 ○	인물들의 관계 ☐	영화에서 영상의 특성 ☐

영화 감상문을 쓸 때에는 영화를 보게 된 까닭, 영화 속 내용과 비슷한 자신의 경험, 떠오르는 책이나 다른 영화도 소개할 수 있어.

교과서
316~317쪽

「대상주 홍라」

○ 실종이 된 어머니가 돌아오기 전 홍라가 빚을 갚기 위해 교역을 떠나기로 결심하면서 이를 준비하는 과정이 나타난 이야기

• 「대상주 홍라」를 읽고 질문을 만들어 친구들과 묻고 답해 봅시다.

이야기 구조를 확인하는 질문	• 이야기는 어떻게 시작하나요? 　(예 홍라가 어머니 말씀을 떠올리며 세상으로 나가려는 생각을 하며 시작합니다.) • 어느 부분에서 긴장감이 도나요? 　(예 빚쟁이들 몰래 상단을 꾸리는 장면에서 긴장감이 돕니다.)
이야기 내용을 추론하는 질문	• 제목에서 홍라를 '대상주'라고 부른 까닭은 무엇일까요? 　(예 어머니를 대신해서 상단을 살리려고 교역을 떠나기 때문에 대상주라고 한 것 같습니다.) • 홍라는 비녕자가 함께 간다고 하자 왜 애써 엄한 표정을 지었을까요? 　(예 속으로는 좋았지만 대상주로서의 위엄을 갖추고자 했기 때문일 것입니다.)
친구들 생각을 알고 싶은 질문	• 자신이 홍라라면 장안으로 길을 떠날 때 어떤 마음일까요? 　(예 매우 불안하지만 뭔가 희망이 보이는 듯한 느낌일 것 같습니다.) • 교역을 하러 떠나는 홍라에게 어떤 말을 해 주고 싶나요? 　(예 자신감을 가지고 잘할 수 있을 것이라는 격려를 해 주고 싶습니다.)

• 「대상주 홍라」에서 인상 깊은 장면과 떠오르는 자신의 경험을 비교하며 써 봅시다.

인상 깊은 장면	예 홍라가 은화를 바라보며 생각하는 장면. 즉 솔빈으로 가서 은화를 팔아 솔빈의 말을 사고 그것을 장안에서 팔아 장안의 비단을 싸게 사 오는 등 계획을 세우며 상단을 꾸려 떠날 결심을 하는 장면이 인상 깊습니다. 홍라는 "가자. 교역을 하러 가자. 어머니가 돌아오기 전에 빚을 갚는 거야. 상단을 지키는 거야. 대상주 금기옥의 딸답게."라고 다짐합니다. 그러면서 울지 않겠다며 상단을 지키려고 노력하는 홍라의 모습에서 감동을 받았습니다.
떠오르는 내 경험	예 나도 태권도 승급 심사에서 떨어져 방에서 혼자 울었던 기억이 있습니다. 그때 다시 열심히 해서 승급 시험에 반드시 붙겠다고, 승급되기 전까지는 절대 울지 않겠다고 다짐했습니다. 그래서 다음 승급 심사에서 멋지게 승급도 하고 태권도 사범님께 칭찬도 들었습니다. 홍라처럼 절대 좌절하지 않고 다시 이겨 낼 수 있는 방법을 찾아 계획을 세워 실천하면 반드시 이루어질 것이라고 생각합니다. 그런 면에서 홍라와 나는 닮은 것 같습니다.

작품과 자신의 경험을 비교하며 독서 감상문을 쓰면 작품을 더 잘 이해할 수 있어.

단원 정리 학습

핵심 1 　여행 계획서 쓰기

● 여행 계획을 세웁니다.

- 도서관에 있는 책, 누리집에 있는 사진 자료와 동영상 자료, 지역 소개 자료 따위에서 정보를 얻어서 여행 계획서를 작성해 봅니다.
- 정리한 자료를 활용해 여행 기간과 장소, 같이 가고 싶은 사람과 준비할 일, 여행 일정, 여행 비용 따위의 계획을 세워 봅니다.

● 여행 계획 세운 것을 바탕으로 하여 여행 계획서를 씁니다.

- 조사한 자료와 메모한 계획을 정리해 여행 계획서를 써 봅니다.

● 여행 계획서를 발표하고 의견을 나눕니다.

- 여행 계획서를 친구들과 보며 더 알고 싶은 것이 있는지 이야기해 봅니다.

핵심 2 　영화 감상문 쓰기

1 영화 감상문

● 영화 감상문이란 영화의 줄거리, 영화의 특징, 영화를 보고 난 후의 생각이나 느낌이 잘 드러나게 쓴 글입니다.

2 영화 감상문을 쓰는 방법

● 영화 속 내용과 비슷한 자신의 경험을 떠올려 씁니다.

● 영화를 보게 된 까닭을 씁니다.

● 자신이 주인공이라고 생각하고 씁니다.

● 영화 감상문의 내용을 잘 드러내거나 읽는 사람의 관심을 끌 수 있는 제목을 씁니다.

● 영화 줄거리를 씁니다.

● 자신이 본 영화나 책을 함께 떠올려 씁니다.

● 영화를 본 뒤의 전체적인 느낌이나 영화 주제도 씁니다.

3 영화 감상문을 쓴 글을 짝과 바꾸어 읽고 고쳐 쓰기

● 제목은 내용을 드러내거나 읽는 사람의 관심을 끄나요?

● 영화 내용이나 소개가 잘 담겨 있나요?

● 영화를 본 느낌과 감상이 잘 드러나나요?

● 문단에는 중심 문장이 잘 담겨 있나요?

● 문장 호응이 잘 이루어지나요?

> 영화 내용과
> 비슷한 자신의 경험,
> 떠오르는 책이나 다른 영화도
> 소개하면 좋아.

자신의 경험을 떠올리며 작품 감상하기

1 작품을 읽고 독서 감상문을 쓰는 방법

- 작품 속 내용과 비슷한 경험을 떠올려서 씁니다.
- 작품을 읽게 된 동기를 씁니다.
- 주인공을 자신이라고 생각해 보고 씁니다.
- 제목은 작품을 읽고 난 뒤의 소감을 가장 잘 표현하는 문장이나 문구로 정합니다.
- 줄거리를 간략하게 적습니다.
- 비슷한 영화나 책의 내용과 비교해 씁니다.

2 작품과 자신의 경험을 비교하며 독서 감상문을 쓸 때의 좋은 점

- 작품을 읽고 새로운 경험을 하게 되었습니다.
- 작품을 더 잘 이해하게 되었습니다.

경험한 내용을 영화로 만들기

● 주제 정하기

자신의 경험을 떠올려 주제를 정합니다.

● 자료를 수집하고 정리하기

정한 주제에 맞는 사진이나 그림, 영상을 수집해 영화 장면의 차례대로 나열합니다.

● 설명할 내용 정하기

사진이나 그림, 영상에 어울리는 설명을 간단히 기록합니다.

● 사진이나 영상 넣기

편집 프로그램을 활용해 사진이나 그림, 영상을 넣습니다.

● 음악과 자막 넣기

편집 프로그램을 활용해 음악과 자막을 넣습니다.

● 보완하기

만든 영화를 보면서 부족한 부분을 찾아 보완해 완성합니다.

단원 확인 평가

8. 작품으로 경험하기

[01~03] 다음 글을 읽고, 물음에 답하시오.

> (가) 「피부 색깔=꿀색」이라는 영화를 보았다. 제목부터가 뭔가 전하고 싶은 이야기가 많은 영화라고 생각했다. 이 영화는 벨기에에 입양된 우리 동포 융이라는 사람이 어린 시절을 회상하며 이야기가 시작된다.
>
> (나) 융은 다섯 살에 해외로 입양된다. 하지만 융은 벨기에의 가족과 자신의 피부색이 다르다는 사실과 한국에 친부모가 있을지도 모른다는 생각에 잘 적응하지 못하고 힘들어한다. 게다가 융의 가족은 한국에서 여자아이를 한 명 더 입양한다. 융은 한국에서 새로 입양된 여동생과 자신이 닮았다는 말을 듣기 싫어하며 동생과 가족을 멀리한다. 그리고 융은 학교에서 말썽을 일으키고 집에서 거짓말까지 하면서 점점 더 엇나가는 행동을 한다.
>
> (다) 융의 장난만큼은 아니지만 나도 가끔은 친구나 동생에게 심한 장난을 한다. 하지만 융의 행동이 주위의 관심과 사랑을 받고 싶고 자신이 누구인지를 찾으려는 몸부림이라는 것을 알았을 때 마음이 많이 아팠다.

01 이 글은 무엇을 보고 쓴 것인지 쓰시오.

(   )

중요
02 글 (가)~(다) 중에서 자신의 경험과 비교하며 쓴 내용이 나타나 있는 부분을 찾아 기호를 쓰시오.

(   )

03 융에 대한 글쓴이의 마음으로 알맞은 것은 어느 것입니까? (   )

① 고맙다.
② 부럽다.
③ 그립다
④ 미안하다.
⑤ 안타깝다.

[04~05] 다음 글을 읽고, 물음에 답하시오.

> (가) 홍라는 탁자 위에 지도를 펼쳤다. 오래된 가죽 냄새를 맡으니 어머니에 대한 그리움이 밀려들었다. 어머니는 지도를 펼치는 것으로 하루를 시작했다. 어머니 손길로 반들반들해진 지도였다. 지도에 새겨진 길을 손끝으로 더듬자 어머니의 목소리가 들려오는 것 같았다.
>
> 보아라, 길이다. 세상 모든 곳으로 통하는 길이다. 돈피 지도의 윗부분에는 금씨 상단이라는 네 글자와 목단꽃 그림이 새겨져 있었다. 그 아래에는 발해에서 사방으로 뻗어 나가는 교역로가 있었다.
>
> (나) 가자. 교역을 하러 가자. 어머니가 돌아오기 전에 빚을 갚는 거야. 상단을 지키는 거야. 대상주 금기옥의 딸답게.
>
> 홍라는 눈물을 닦았다. 언제부터인가 울고 있었던 것이다. 하지만 이제는 울지 않을 생각이었다. 상단을 이끌고 교역을 떠나야 했다. 상단을 지켜야 했다.

04 홍라가 어머니를 그리워하는 까닭은 무엇일지 쓰시오.

(   )

05 홍라가 결심한 것은 무엇입니까? (   )

① 상단을 떠나자.
② 빚을 갚지 말자.
③ 교역을 하러 가자.
④ 어머니를 찾아보자.
⑤ 지도를 없애 버리자.

[06~07] 다음 글을 읽고, 물음에 답하시오.

> "장안으로 교역을 나설 거야. 월보, 비녕자, 같이 갈 수 있지?"
>
> 선심 쓰는 듯 말했지만, 속으로 좀 걱정이 되었다. 월보에게도 아직 품삯을 주지 못했다. 상단이 망해 간다는 소문이 파다한데, 월보가 따라나서 줄지 걱정이었다. 비녕자의 불만에 찬 표정도 마음에 걸렸다.
>
> 하지만 월보는 반색해 주었다.
>
> "자, 장안이라고요? 네! 네, 갈게요. 가겠습니다!"
>
> 비녕자는 여전히 뚱한 얼굴이지만 그래도 고개를 끄덕였다.
>
> 반가워서 손이라도 잡아 주고 싶었다. 하지만 대상주답게 굴어야 했다. 홍라는 애써 엄한 표정을 지었다.
>
> "수선 피우지 마. 요란하게 떠날 입장이 아니야. 그러니 출발할 때까지 입조심해. 교역에 성공하면 둘 다 크게 한몫 챙겨 줄게."

06 홍라는 대상주답게 구는 것이 무엇이라고 생각합니까? ( )

① 셈을 정확하게 하는 것
② 사람들을 재미있게 대하는 것
③ 사람들을 솔직하게 대하는 것
④ 사람들을 친절하게 대하는 것
⑤ 사람들 앞에서 위엄을 세우는 것

07 이 글을 읽고 홍라에 대한 생각을 알맞게 말한 친구의 이름을 쓰시오.

> 성호: 홍라는 겁이 많고 소극적이야.
> 지민: 홍라는 의젓하고 지혜로운 인물이야.
> 주영: 홍라는 자기만 생각하는 이기적인 인물이야.

( )

08 영화를 만드는 차례에 알맞게 기호를 쓰시오.

> ㉮ 편집하기
> ㉯ 보완하기
> ㉰ 주제 정하기
> ㉱ 설명할 내용 정하기
> ㉲ 자료를 수집하고 정리하기

( ) → ( ) → ( ) → ( ) → ( )

09 영화를 만들 때에 편집 프로그램을 활용해서 할 일은 무엇인지 쓰시오.

_____

_____

도움말 영화를 만들 때 컴퓨터를 활용하여 할 일을 생각해 봅니다.

10 영화의 한 장면을 계획해 보고, 장면에 어울리는 문구를 쓰시오.

(1) 영화의 장면	
(2) 어울리는 문구	

도움말 먼저 경험을 떠올리거나 상상을 해 보고 영화를 만들고 싶은 장면을 떠올려 봅니다.

만점왕 국어 6-2 수록 작품(어문) 목록

단원	작품명	지은이	나온 곳
1단원	「의병장 윤희순」	정종숙	『의병장 윤희순』, (주)한솔수북, 2010.
	「마지막 숨바꼭질」	백승자	『열두 사람의 아주 특별한 동화』, 파랑새, 2016.
	「이모의 꿈꾸는 집」	정옥	『이모의 꿈꾸는 집』, 문학과지성사, 2010.
	「떨어져도 튀는 공처럼」	정현종	『노래의 자연』, 시인생각, 2013.
2단원	「물 쓰듯 쓰다」	방성운 · 송준혁 · 고유리	한국방송광고진흥공사, 2009.
	「도산 안창호 선생의 연설」 (원제목: 「대혁명당을 조직하고 임시 정부를 유지하자는 연설」)	안창호	도산안창호온라인기념관 누리집 (http://www.ahnchangho.or.kr)
3단원	「'그냥'이 아니라 '왜'」	이어령	『생각 깨우기』, 푸른숲주니어, 2012.
4단원	주요 농산물 주산지 이동 변화		통계청, 2018.
	「중독」	홍수경 · 박대훈 · 양선일	한국방송광고진흥공사, 2014.
	「휴대 전화 관련 교통사고 발생」		국민안전처, 2016.
	「온라인 언어폭력: 능력자」		한국방송광고진흥공사, 2017.
5단원	「무엇으로 보이십니까?」	오승준 · 박혜진 · 임상운	한국방송광고진흥공사, 2001.
	「내가 원하는 우리나라」	김구	『쉽게 읽는 백범 일지』, 돌베개, 2005.
	「착한 사마리아인의 법: 필요성」		「배움 너머」, 한국교육방송공사, 2012.
6단원	「파리 기후 협약 체결, 기온 상승 폭 2도 제한」		「MBC 뉴스투데이」, ㈜문화방송, 2015. 12. 13.
	「중형차 백만 대를 버렸다」		한국방송광고진흥공사, 2011.
	「디지털 자선냄비 등장」		「KBS 뉴스 9」, 한국방송공사, 2015. 12. 25.
7단원	환경 만화	원동민	환경부 누리집(http://www.me.go.kr)
8단원	「대상주 홍라」	이현	『나는 비단길로 간다』, (주)도서출판 푸른숲, 2012.

BOOK 1

개념책

BOOK 1 개념책으로
학습 개념을
확실하게 공부했나요?

예습·복습·숙제까지 해결되는 교과서 완전 학습서

만점왕

BOOK 2
실전책

PENGSOO

국어 6-2

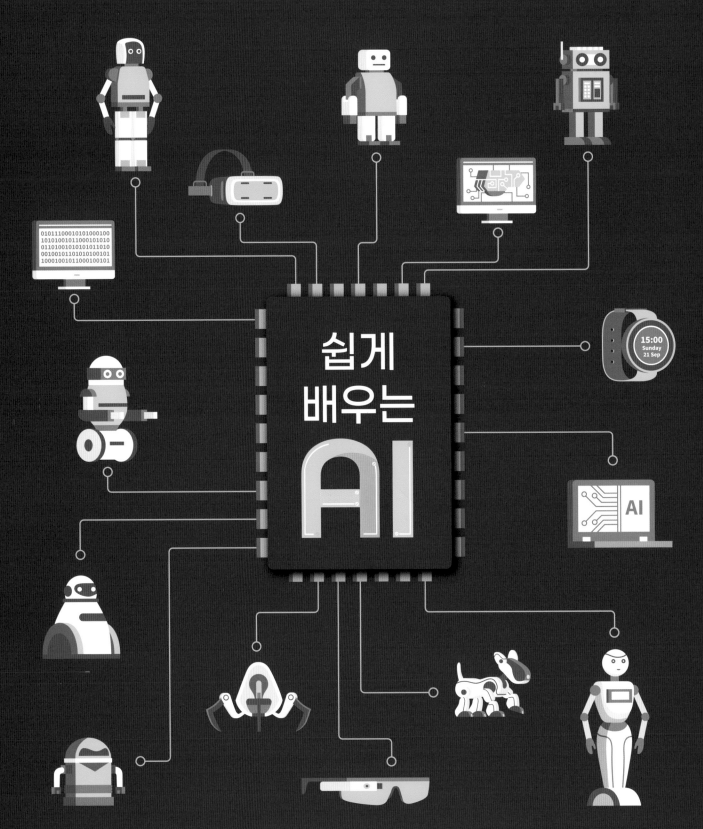

쉽게
배우는
AI

15:00
Sunday
21 Sep

AI

교육과정과 융합한
쉽게 배우는
인공지능(AI) 입문서

초등

중학

고교

초등 기본서

만점왕

국어

6·2

BOOK 2 실전책

자기주도 활용 방법

시험 2주 전 공부

시험이 2주 남았네요. 이럴 땐 먼저 핵심을 복습해 보면 좋아요.

만점왕 북2 실전책을 펴 보면 각 단원별로 핵심 정리와 쪽지 시험이 있습니다. 정리된 핵심을 읽고 확인 문제를 풀어 보세요. 확인 문제가 어렵게 느껴지거나 자신 없는 부분이 있다면 북1 개념책을 찾아서 다시 읽어 보는 것도 도움이 돼요.

시험 1주 전 공부

앗, 이제 시험이 일주일 밖에 남지 않았네요.
시험 직전에는 실제 시험처럼 시간을 정해 두고 문제를 푸는 연습을 하는 게 좋아요. 그러면 시험을 볼 때에 떨리는 마음이 줄어드니까요.
이때에는 **만점왕 북2의 학교 시험 만점왕과 수행 평가**를 풀어 보면 돼요. 시험 시간에 맞게 풀어 본 후 맞힌 개수를 세어 보면 자신의 실력을 알아볼 수 있답니다.

BOOK2 차례

독서력 향상 가이드

2015 개정 교육과정을 적용한 국어 교과서에는 초등학교 3학년부터 고등학교까지 특별 단원인 '독서 단원'이 새로 생겼습니다. '독서 단원'은 '매 학기 한 권, 교과서 밖의 책을 수업 시간에 끝까지 읽고, 다른 사람과 생각을 나누며, 자기 생각을 글로 쓸 수 있도록 하는 단원입니다. 이렇게 독서 교육의 중요성이 더욱 강조되고 있는 만큼, 만점왕 국어에서는 우리 학생들이 독서 습관을 기르고 효과적인 독서 방법을 익힐 수 있도록 '독서력 향상 가이드'를 제공합니다. 학생 스스로, 또 부모님이나 선생님과 함께 살펴보고 나의 독서 능력을 쑥쑥 키워 보세요. 또 실제로 독서할 때 활용할 '스스로 독서 활동지'가 EBS 초등 사이트(primary.ebs.co.kr)의 만점왕 국어 6-2 교재방〉교재 정답지에 있으니 여러 번 출력하여 자유롭게 사용해 보세요!

6-2 독서 단원 학습 목표 및 주요 활동

단원 학습 목표	세부 학습 목표
사람들의 삶을 다룬 책을 읽고 독서 능력과 태도를 기를 수 있다.	• 읽을 책을 정하고 책을 읽는 목적을 확인할 수 있다. • 다른 작품과 관련짓거나 질문하며 책을 읽을 수 있다. • 책 내용을 간추리고 생각을 나눌 수 있다.

6-2 독서 단원에서는 다양한 사람의 삶을 다룬 책을 읽고 그와 관련된 지식과 정보를 얻을 수 있는 능력을 길러 보자.

세부 단계

독서 준비 단계	독서 단계	독서 후 단계
읽을 책 정하기 ↓ 책을 읽는 목적 확인하기	다른 책 또는 작품과 관련지어 읽기 ↓ 질문하며 읽기	책 내용 간추리기 ↓ 생각 나누기 ↓ 정리하기

부모님, 기억해 주세요!

학생들 스스로 책을 선택하게 하되, 자기 수준에 맞는 책을 선택할 수 있도록 도움을 주세요.

독서 준비 단계　　🅞 읽을 책을 정하고 책을 읽는 목적 확인하기

🐟 읽을 책 정하기

자신이 하고 싶은 일 이야기하기

나는 북극곰에 관심이 많아. 그래서 북극곰이 살기 좋은 환경을 만들 수 있는 환경 운동가가 될 거야.

나는 요리하는 것이 정말 좋아. 세계적으로 유명한 요리사가 되고 싶어.

내가 하고 싶은 일과 그 까닭을 말해 보고, 시기별로 그 꿈을 이루기 위해 할 수 있는 일들을 생각해 보자.

자신이 하고 싶은 일과 관련한 책 찾기

| 관심 분야에서 일하는 사람이 쓴 책 살펴보기 | 꿈을 이루기 위한 과정이 나와 있는 책 찾아보기 |
| 관심 분야의 지식을 다룬 책 찾아보기 | 관심 분야의 훌륭한 인물을 다룬 책 찾아보기 |

자신의 꿈과 관련한 책을 찾아볼 때에는 도서 검색 누리집에서 자신의 꿈과 관련한 낱말을 검색하여 찾아보거나 도서관이나 서점을 자주 찾아가 책을 둘러보고 자신이 읽고 싶은 책을 찾을 수 있어.

읽을 책 정하기

책 분량이 어느 정도인지, 책 내용이 내가 이해할 수 있는 수준인지 등의 다양한 기준을 정하여 읽을 책을 정해 봐.

🐟 책을 읽는 목적 확인하기

나는 하고 싶은 일을 아직 찾지 못했기 때문에 다양한 직업 이야기를 다룬 이 책에서 흥미로워 보이는 직업을 찾아보고 싶어.

나는 역사가가 되고 싶어. 조선 시대에도 역사를 기록하는 사람이 있었는지 이 책을 통해 자세히 알고 싶어.

자신이 하고 싶은 일과 관련해 책을 읽을 때에는 책이 자신이 관심 있는 내용을 담고 있는지, 책에 나온 인물들의 삶에서 무엇을 배울 수 있는지, 책 내용이 자신의 꿈과 어떤 관련이 있는지 등을 생각해 보면서 책을 읽어야 해.

독서력 향상 가이드

독서 단계 　　　　　　○ 다른 작품과 관련짓거나 질문하며 책 읽기

🐟 책을 읽을 때 생각할 점 알기

| 다른 책 또는 작품과
관련지어 읽기 | 내용을 짐작하며
읽기 | 질문하며
읽기 | 책의 구조를
생각하며 읽기 | 꼼꼼히
따져 가며 읽기 |

위와 같은 점을 생각하며 책을 읽으면 책 내용을 더 깊이 이해할 수 있고,
생각을 키우는 데 도움이 돼.

🐟 다른 책 또는 작품과 관련지어 읽기

◆스스로 독서 활동지◆ 다른 책 또는 작품과 관련지어 읽기 ⑩

『북극곰 담담이의 여행』과 관련 있는 다른 책 또는 작품	『환경 시간 되돌리기』
관련 있는 다른 책 또는 작품을 선택한 기준	『북극곰 담담이의 여행』과 비슷한 주제임.
관련 있는 다른 책 또는 작품의 내용	극심한 환경 파괴로 멸종 위기에 처한 동식물들이 신이 되어 과거로 돌아감. 그곳에서 환경을 파괴하는 인간들로부터 자연을 지키기 위해 인간을 조종하여 환경을 지킨다는 내용임.

└ primary.ebs.co.kr 교재방＞교재 정답지에서 출력!

관련 있는 다른 책 또는 작품을 선택할 때에는 주제가 비슷한 책을 찾아보거나 같은 작가의 다른 작품을 찾아 읽을 수 있어. 그리고 다른 매체로 만들어진 작품을 볼 수도 있어.

🐟 질문하며 읽기

◆스스로 독서 활동지◆ 자신이 정한 책을 읽고 질문 만들기 ⑩

책의 제목	『북극곰 담담이의 여행』
질문 기준	**내가 만든 질문**
책에서 바로 답을 찾을 수 있는 질문	담담이는 왜 집을 떠났을까?
책 내용으로 미루어 생각했을 때 답을 찾을 수 있는 질문	담담이의 고향인 북극에 담담이 가족이 모여 살 수 있을까?
책 내용을 비판하거나 감상하기 위한 질문	대체 에너지의 비중 증가가 환경 오염을 막는 데 얼마나 도움이 될까?

└ primary.ebs.co.kr 교재방＞교재 정답지에서 출력!

독서 후 단계 ○ 책 내용을 간추리고 생각 나누기

🐟 책 내용 간추리기

| 핵심어와 주요 내용을
연결 지어 정리하기 | 글의 종류에 따라 핵심 질문과
답으로 내용 정리하기 | 책의 구조에 따라
내용 정리하기 |

위 방법 중에서 하나를 골라 책 내용을 정리해 보렴.

스스로 독서 활동지 장별로 핵심어와 주요 내용 떠올리기 예

장	핵심어	주요 내용
1. 담담이의 일상	지구 온난화	담담이의 터전이 지구 온난화로 점점 줄어들고 있습니다.
3. 숲으로 떠난 담담이	생태 숲	숲에 사는 동식물들을 보호하기 위해 사람들이 이곳을 생태 숲으로 지정하였다고 합니다.

ㄴ primary.ebs.co.kr 교재방＞교재 정답지에서 출력!

🐟 생각 나누기

독서 토의 하기

토의 주제를 정할 때에는 많은 사람이 관심을 가질 수 있는 주제, 중요한 정보를 제공하는 주제, 각자 읽은 책의 내용과 관련 있는 주제로 정하는 것이 좋아.

부모님, 기억해 주세요!

독서 토의를 할 때에는 '토의 주제 발표하기 → 역할 정하기 → 각자 발표하기 → 묻고 답하기 → 토의 내용 정리하기'의 절차를 거쳐서 해야 함을 알려 주세요.

스스로 독서 활동지 추천하는 글 정리하기 예

추천하고 싶은 책 제목	『북극곰 담담이의 여행』
추천하고 싶은 대상	멸종 위기 동물과 환경 문제에 관심이 많은 사촌 동생
추천하고 싶은 까닭	환경 파괴로 살 곳을 잃은 북극곰 담담이가 자신이 살 곳을 찾아 떠나는 여행 과정을 재미있는 만화와 함께 구성하여 지루하지 않게 읽을 수 있음. 그리고 환경 문제에 관한 다양한 자료를 제시하여 환경 문제의 심각성을 이해하기 쉽게 읽을 수 있음.

ㄴ primary.ebs.co.kr 교재방＞교재 정답지에서 출력!

정리하기　　○ 독서 활동 돌아보기 / 더 찾아 읽기 / 독서 습관 기르기

책을 읽는 과정을 떠올리며 자신의 독서 과정을 점검해 보자.

스스로 독서 활동지 독서 과정 점검하기 ㉠

매우 잘함: ★★★, 잘함: ★★, 보통임: ★

1	읽기 전 활동을 제대로 했는지 스스로 평가해 봅시다.	★ ★ ★
2	읽는 중 활동을 제대로 했는지 스스로 평가해 봅시다.	★ ★ ☆
3	읽은 후 활동을 제대로 했는지 스스로 평가해 봅시다.	★ ☆ ☆

└ primary.ebs.co.kr 교재방＞교재 정답지에서 출력!

스스로 독서 활동지 자신의 진로와 관련한 책 목록 작성하기 ㉠

번호	책 제목	글쓴이
1	『우리 역사 이야기』	손수민
2	『유럽 맛집 탐방』	이철호
3	『불국사 건축의 비밀』	신지영

└ primary.ebs.co.kr 교재방＞교재 정답지에서 출력!

책을 읽은 뒤에 그 책에서 새롭게 안 내용이나 인상 깊은 내용도 떠올려 보자.

스스로 독서 활동지 바람직한 독서 습관 점검표 작성하기 ㉠

번호	독서 습관
1	틈만 나면 책을 읽는다.
2	도서관에 자주 간다.
3	독서록을 많이 쓴다.

└ primary.ebs.co.kr 교재방＞교재 정답지에서 출력!

1 작품 속 인물의 삶 살펴보기

- 이야기를 읽고 인물의 삶을 파악하고, 인물과 관련해 떠오르는 생각이나 느낌을 이야기해 봅니다.
- 인물의 삶과 관련 있는 삶의 가치를 찾아봅니다.
- 인물이 살아가면서 겪은 문제와 그것을 해결하는 태도로 인물이 추구하는 삶을 알아봅니다.

  예 「마지막 숨바꼭질」에서 인물의 삶

인물이 겪은 문제	해결하는 태도	인물이 추구하는 삶의 가치
화재로 동생을 잃고, 부모님이 소방관이 되는 것을 반대함.	불에 대한 두려움과 부모님의 반대를 이겨 내려고 끈기 있게 노력하여 소방관이 됨.	도전, 끈기, 봉사

2 작품에서 인물이 추구하는 삶을 파악하는 방법

- 인물이 처한 상황을 떠올려 봅니다.
- 인물이 처한 상황에서 한 말이나 행동을 알아봅니다.
- 인물이 그렇게 말하고 행동한 까닭을 생각해 봅니다.
- 인물의 삶과 자신의 삶을 관련지어 생각해 봅니다.

  예 「이모의 꿈꾸는 집」에서 상수리가 추구하는 삶

상수리가 처한 상황	상수리의 말이나 행동	상수리가 추구하는 삶
피아니스트가 되기 위해 열심히 노력해 왔는데 얼마 전부터 피아노에서 소리가 나지 않아 힘들어하고 있음.	힘들어도 훌륭한 피아니스트가 되려고 놀거나 쉬는 시간을 아껴 가며 피아노 연습을 함.	성실하게 노력하는 삶을 추구함.

3 인물이 추구하는 삶을 파악하고 자신의 삶과 관련짓기

- 인물이 한 말이나 행동에서 관련 있는 가치를 찾고 인물이 추구하는 삶을 파악합니다.
- 인물이 추구하는 삶에 대한 자신의 경험을 떠올려 말합니다.
- 인물이 중요하게 여기는 가치를 자신이 중요하게 여기는 가치와 비교해 봅니다.
- 인물이 추구하는 삶과 관련지어 자신의 삶에 대한 다짐을 말해 봅니다.

  예 「마지막 숨바꼭질」의 인물인 아버지의 도전 정신을 본받아 저도 어렵다고 포기한 목표에 도전하겠습니다.

4 자신이 꿈꾸는 삶을 작품으로 표현하기

- 현재 자신의 모습을 되돌아보고 미래의 모습을 계획해 봅니다.
- 자신이 꿈꾸는 삶의 모습을 떠올려 다른 대상에 빗대어 표현해 봅니다.

  예 나는 새처럼 자유로운 삶을 살고 싶어. 하고 싶은 일을 하면서 마음껏 꿈을 펼치고 싶어.
- 자신이 꿈꾸는 삶의 모습을 다양한 작품으로 표현해 봅니다.

정답과 해설 **40**쪽

[01~02] 다음은 작품에서 인물이 추구하는 삶을 파악하는 방법입니다. ( ) 안에 들어갈 알맞은 말에 ○표를 하시오.

01 인물이 처한 상황에서 한 말이나 (행동 , 생김새)을/를 알아본다.

02 인물의 삶과 자신의 삶을 (원인 , 관련)지어 생각해 본다.

[03~05] 다음 글을 읽고, 물음에 답하시오.

> (가) 담비가 마을 아낙네들한테 「안사람 의병가」를 가르친 보람은 생각보다 크게 나타났다. 노래 하나가 사람들의 마음을 한 덩어리로 모았을 뿐만 아니라 전에 없던 용기마저 불끈 솟아나게 했던 것이다.
> (나) 마을 아낙네들의 눈길이 모두 윤희순에게 쏠렸다.
> "여태껏 우리 여자들은 집안을 돌보는 데 온 힘을 다해 왔습니다. 하지만 이제 왜놈들이 이 나라를 집어삼키려는 마당에 우리가 가만히 집 안에만 틀어박혀 있을 순 없는 노릇입니다. 그러니 우리도 사내들처럼
> ⊙   ."

03 이 글에 나타난 시대적 배경으로 알맞은 것을 찾아 ○표를 하시오.

(1) 우리나라가 다른 나라를 침략했다. ( )
(2) 일제에 나라를 빼앗길 위기가 닥쳤다. ( )

04 ⊙에 들어갈 윤희순의 말을 생각하여 쓰시오.

( )

05 윤희순이 추구하는 삶의 가치로 알맞은 것을 찾아 ○표를 하시오.

> 존중   배려   도전   행복

[06~07] 다음 글을 읽고, 물음에 답하시오.

> 그렇게 동생이 하늘나라로 간 뒤부터 내 가슴속에는 ⊙확실한 꿈 하나가 자리 잡았단다.
> 반드시 내 동생 경수를 삼켜 버린 불길과 싸워 이기겠다는 결심이었지. 나중에서야 불길은 싸울 대상이 아니라 잘 다스려야 이긴다는 걸 알게 되었지만 말이다.
> 불이라는 말만 들어도 가슴이 미어진다는 부모님의 반대를 무릅쓰고 나는 기어이 소방관의 꿈을 이루어 냈단다. 그리고 늘 기도하는 마음으로 맡은 일을 하지.

06 ⊙이 뜻하는 것을 쓰시오.

( )

07 아버지가 추구하는 삶의 모습에 ○표를 하시오.

(1) 불에 대한 두려움을 이겨 내려고 끈기 있게 노력하고 도전하는 삶 ( )
(2) 동생과 같은 일을 겪지 않으려고 항상 조심하며 자신의 안전을 지키는 삶 ( )

08 다음 인물의 말에서 알 수 있는 삶의 가치를 보기 에서 찾아 쓰시오.

> 보기
> 사랑   행복   성실   겸손   봉사

> "아니요, 당연히 힘들죠. 정말 어떨 땐 너무 힘들어서 다 그만두고 싶어질 때도 있어요. 그래도 꾹 참고 연습해요."

( )

학교 시험 만점왕

[01~03] 다음 글을 읽고, 물음에 답하시오.

> ㉠"아니, 조정 대신이란 놈들이 나라를 팔아먹으려 드는데 우리 같은 여자들이 나선다고 뭐가 달라지겠소? 자칫 괜한 목숨만 버릴 뿐이오."
> 그 말이 떨어지기가 무섭게 여기저기서 술렁거렸다. 기껏 뜨겁게 달아오른 열기가 금세 차갑게 식을 판이었다.
> "그럼 나라를 빼앗기고 왜놈들 종으로 살자는 것입니까?"
> 윤희순이 다시 마음을 가다듬고 큰 소리로 부르짖자 마을 아낙네들의 눈길이 또다시 윤희순에게 쏠렸다. 윤희순은 그 틈을 안 놓치고 곧장 말을 이었다.
> "여기 계신 분들 가운데 자식을 왜놈의 종으로 살게 내버려두고 싶은 사람은 한 분도 없을 것입니다. 그러니 우리 여자들도 사내들을 도와 왜놈들을 몰아내는 데 한몫을 해야 하지 않겠습니까?"

01 ㉠에서 알 수 있는 시대적 배경을 골라 ○표를 하시오.

(1) 남녀 차별이 있는 시대이다. ( )
(2) 의병 운동에 여자들이 적극적으로 참여한다.
( )

02 이 글에서 윤희순이 한 말과 행동은 무엇입니까?
( )

① 조정 대신의 편에 서서 활동했다.
② 사내들을 도와 왜놈들을 몰아냈다.
③ 나라를 구하기 위해 목숨을 버렸다.
④ 자식을 왜놈의 종으로 살게 내버려 두었다.
⑤ 의병 운동에 참여하자고 사람들을 설득했다.

03 윤희순이 추구한 삶의 가치를 알맞게 말한 친구의 이름을 쓰시오.

> 진영: '행복'이야. 자신의 행복을 위해서는 나라를 팔아도 된다고 생각했기 때문이야.
> 소리: '봉사'야. 자신의 생명이 위험해질 수 있는데도 나라를 위해 힘을 바쳐 애썼기 때문이야.

( )

[04~05] 다음 시를 읽고, 물음에 답하시오.

> 그래 살아 봐야지
> 너도 나도 공이 되어
> 떨어져도 튀는 공이 되어
>
> 살아 봐야지
> 쓰러지는 법이 없는 둥근
> 공처럼, 탄력의 나라의
> 왕자처럼
>
> 가볍게 떠올라야지
> 곧 움직일 준비 되어 있는 꼴
> 둥근 공이 되어
>
> 옳지 최선의 꼴
> 지금의 네 모습처럼
> 떨어져도 튀어 오르는 공
> 쓰러지는 법이 없는 공이 되어.

04 이 시에 대한 설명으로 알맞지 <u>않은</u> 것은 무엇입니까? ( )

① 말하는 이는 왕자처럼 살아야겠다고 생각한다.
② 공이 떨어지는 모습은 말하는 이가 겪은 힘든 상황을 표현한다.
③ 말하는 이는 자신이 추구하는 삶의 모습을 공에 빗대어 표현한다.
④ 말하는 이는 공처럼 쓰러지는 법이 없이 계속해서 노력하는 삶을 추구한다.
⑤ 다시 튀어 오르는 공의 모습에서 포기하지 않고 도전하는 삶의 모습을 느낄 수 있다.

서술형 05 말하는 이가 추구하는 삶과 자신의 삶을 비교해 보고 자신의 생각이나 느낌을 쓰시오.

_____

_____

(가) "꿈이야 있지. 근데 꿈이란 게 꼭 뭐가 되어야 하는 거야? 뭐가 안 되면 어때? 그냥 하면 되지. 내 꿈은 춤추는 거지. 신나게 춤추는 것. 그게 내 꿈이야."

풍은 진진의 물음에 꼬박꼬박 대답하면서도 허리를 흔들며 춤을 췄다. 풍의 몸짓을 따라 물결이 찰랑찰랑 일었다. 진진은 그런 풍을 잠시 지켜보다 다시 물었다.

"넌 이미 충분히 즐겁게 춤추고 있잖아?"

"오늘보다 내일은 더 즐겁게, 내일보다 모레는 더, 더 즐겁게. 모레보다 글피는 더, 더, 더 즐겁게, 글피보다 그글피는 더, 더, 더, 더 즐겁게. 내 꿈은 절대로 끝나지 않지."

(나) "이모, 이모는 꿈이 뭐예요?"

이모는 풍을 우물 속으로 던지고는 입을 삐죽거렸다.

"내 꿈? 나는 어른인데?"

"어른들도 꿈이 있잖아요. 꿈이 없는 사람이 어디 있어요?"

이모는 성큼성큼 다가와 진진의 눈앞에 쪼그려 앉더니 진진을 빤히 쳐다봤다. 빨간 안경 속 이모의 눈은 콩알만큼 작아 보였다.

"흥, 이젠 그렇게 생각한다는 말이지? ㉠너도 꽤 똑똑해졌구나."

그러고는 진진에게만 들리도록 조그맣게 속살거렸다.

"꿈꾸는 집, 이 집이 바로 내 꿈이야."

"이 집이 이모의 꿈이라고요?"

"그럼, 내 꿈은 이 세상 재미있는 책들을 모두 불러 모아서 함께 노는 거야. 낄낄대며 웃는 재미, 콩닥콩닥 가슴 뛰는 재미, 두근두근 설레는 재미, 눈물 나게 가슴 아린 재미, 궁금한 것들을 알게 되는 재미, 생각하지도 못했던 것을 상상하는 재미…… 재미있는 책들만 올 수 있는 집, 꿈꾸는 아이들만 올 수 있는 집, 이 집이 내 꿈이야."

06 '풍'에 대한 설명으로 알맞은 것은 무엇입니까?

( )

① 꿈이 없다.
② 춤추는 것을 좋아한다.
③ 어른이 되는 것이 꿈이다.
④ 책과 함께 노는 것이 꿈이다.
⑤ 꿈을 이루지 못해 슬퍼하고 있다.

07 이모가 ㉠과 같이 말한 까닭은 무엇인지 쓰시오.

( )

08 이모가 책을 읽으며 느끼는 재미로 볼 수 <u>없는</u> 것은 무엇입니까? ( )

① 낄낄대며 웃는 재미
② 두근두근 설레는 재미
③ 눈물 나게 가슴 아린 재미
④ 궁금한 것들을 알게 되는 재미
⑤ 오늘보다 내일이 더 즐거운 재미

09 풍과 이모가 공통적으로 추구하는 삶의 가치는 무엇이겠습니까? ( )

① 봉사와 희생
② 도전과 열정
③ 끈기와 노력
④ 정의와 용기
⑤ 즐거움과 행복

10 인물이 추구하는 삶과 자신의 삶을 비교하여 바르게 말한 친구의 이름을 쓰시오.

경수: 풍이 잠시 동안 꿈을 꾸는 즐거움을 잃기는 했지만 꿈을 이루려고 계속 노력하는 점이 배울 만하다고 생각해.
소진: 나는 자신감이 없어서 지금까지 누군가에게 꿈을 확실히 이야기하지 못했는데 앞으로 이모처럼 자신의 꿈을 명확하게 이야기할 수 있었으면 좋겠어.

( )

핵심 복습

1 관용 표현이란

* 둘 이상의 낱말이 합쳐져 그 낱말의 원래 뜻과는 다른 새로운 뜻으로 굳어져 쓰이는 표현입니다.
* 관용 표현에는 관용어와 속담 따위가 있습니다.
  * 관용어: 예 손꼽아 기다리다, 눈 깜짝할 사이, 간이 크다
  * 속담: 예 돌다리도 두들겨 보고 건너라, 쇠뿔도 단김에 빼라

2 관용 표현을 활용하면 좋은 점

* 전하고 싶은 말을 쉽게 표현할 수 있습니다.
* 듣는 사람의 관심을 불러일으킬 수 있습니다.
* 하려는 말을 상대가 쉽게 알아들을 수 있습니다.

3 여러 가지 관용 표현

관용 표현	관용 표현의 뜻
손꼽아 기다리다	기대에 찬 마음으로 날짜를 꼽으며 기다리다.
천하를 얻은 듯	매우 기쁘고 만족스럽다.
눈 깜짝할 사이	매우 짧은 순간.
금이 가다	서로의 사이가 벌어지거나 틀어지다.
막을 열다	무대 공연이나 어떤 행사를 시작하다.
간이 크다	겁이 없고 매우 대담하다.
귀가 얇다	남의 말을 쉽게 받아들인다.
눈에 띄다	두드러지게 드러나다.
애간장이 타다	몹시 초조하고 안타까워서 속을 많이 태우다.
하루에도 열두 번	매우 자주.
어금니를 악물다	고통이나 분노 따위를 참으려고 이를 악물어 굳은 의지를 나타내다.
쇠뿔도 단김에 빼라	어떤 일이든지 하려고 생각했으면 열이 올랐을 때 망설이지 말고 곧 행동으로 옮겨야 한다.
백지장도 맞들면 낫다	아무리 쉬운 일이라도 함께 협력해서 하면 훨씬 더 쉽고 효과적이다.
천 리 길도 한 걸음부터	아무리 큰 일이라도 그 첫 시작은 작은 일부터 비롯된다.

4 생각이 효과적으로 드러나는 표현을 활용해 말하기

* 말하는 상황과 내용에 알맞은 관용 표현을 활용해 자신의 생각을 말합니다.
* 말을 시작할 때 관용 표현을 활용하면 듣는 사람의 관심을 끌 수 있습니다.
* 말을 끝낼 때 관용 표현을 활용하면 생각을 효과적으로 정리할 수 있습니다.

01 다음 빈칸에 들어갈 알맞은 낱말을 쓰시오.

> 둘 이상의 낱말이 합쳐져 그 낱말의 원래 뜻과는 다른 새로운 뜻으로 굳어져 쓰이는 표현을 ☐☐☐ 표현이라고 합니다.

(   )

02 다음 중에서 관용 표현을 모두 찾아 ○표를 하시오.

(1) 다섯 손가락   (   )
(2) 애간장이 타다   (   )
(3) 쇠뿔도 단김에 빼라   (   )

03 다음과 같은 관용 표현의 빈칸에 공통으로 들어갈 말은 무엇인지 쓰시오.

> • ☐ 깜짝할 사이
> • ☐에 띄다
> • ☐을 돌리다

(   )

04 '의욕이 없어지는 상황'에서 쓸 수 있는 관용 표현을 찾아 ○표를 하시오.

(1) 금이 가다   (   )
(2) 김이 새다   (   )
(3) 눈이 동그래지다   (   )

05 다음 내용에 알맞은 관용 표현에 ○표를 하시오.

> 저는 어릴 적부터 겁이 없고 새로운 활동을 좋아해서 '(귀가 얇다, 간이 크다)'라는 말을 많이 들었습니다.

[06~08] 다음을 보고, 물음에 답하시오.

> ㉮ 발이 넓다
> ㉯ 눈이 작다
> ㉰ 머리를 맞대다
> ㉱ 손발을 맞추다

06 ㉮~㉱ 중에서 관용 표현을 모두 찾아 기호를 쓰시오.

(   )

07 ㉮~㉱ 중에서 성호에 대하여 사용할 수 있는 관용 표현을 찾아 기호를 쓰시오.

> 내 짝 성호는 아는 친구들이 참 많다.

(   )

08 06에서 찾은 관용 표현 중에서 한 가지를 활용해 짧은 글을 쓰시오.

(   )

학교 시험 만점왕

2. 관용 표현을 활용해요

[01~02] 다음을 보고, 물음에 답하시오.

너희는 네 명이 함께 그리는데도 문제가 전혀 없네.

너희는 역시 손발이 잘 맞아.

영철

은수

01 관용 표현을 사용하여 말한 친구의 이름을 쓰시오.

( )

서술형
02 은수와 영철이의 말 중에서 듣는 사람의 관심을 끌 수 있는 표현은 누구의 말인지 쓰고, 그렇게 생각한 까닭을 쓰시오.

_____

_____

03 다음 중에서 관용 표현이 아닌 것은 어느 것입니까?

( )

① 간이 크다
② 귀가 얇다
③ 발이 넓다
④ 손이 크다
⑤ 힘이 나다

[04~05] 다음을 읽고, 물음에 답하시오.

동생: 오빠, 나도 이제 휴대 전화를 사 달라고 할 거야. ㉠쇠뿔도 단김에 빼라고 당장 구경해 보자.

오빠: 안 돼. 아직 부모님과 의논도 안 했잖아. 다음에 보자.

동생: 에이, 당장 어떤 걸로 할지 결정하고 싶었는데, 오빠 때문에 김이 식어 버렸잖아.

04 ㉠의 뜻은 무엇입니까? ( )

① 잘 아는 일이라도 세심하게 주의하라.
② 최선을 다하면 좋은 결과를 얻을 수 있다.
③ 아무리 큰 일이라도 그 첫 시작은 작은 일부터 비롯된다.
④ 아무리 쉬운 일이라도 함께 협력해서 하면 훨씬 더 쉽고 효과적이다.
⑤ 어떤 일이든지 하려고 생각했으면 한창 열이 올랐을 때 망설이지 말고 곧 행동으로 옮겨라.

중요
05 다음과 같은 의미를 갖는 관용 표현을 대화에서 찾아 쓰시오.

재미나 의욕이 없어지다.

( )

[06~08] 다음 글을 읽고, 물음에 답하시오.

자기 자신에게 자신감을 가집시다. 앞날에 대해 고민이 많고 꿈을 어떻게 이룰 것인지 걱정하고 계신가요? 만약 그렇다면 여러분은 꿈을 펼칠 준비가 된 것입니다. ㉠꿈을 키워 나가는 일은 ㉡눈 깜짝할 사이에 이루어지지 않습니다. 저는 5학년 때까지 매우 허약한 체질이었지만, 경찰이 되려고 몇 년 동안 식습관을 바꾸고 체력을 길렀습니다. 당장은 실패하더라도 쉽게 포기하지 말고 꾸준히 노력해야 자신의 꿈을 찾을 수 있게 됩니다. 그 과정에서 좌절하거나 힘들어하지 말고, 열심히 노력하는 자기 자신을 충분히 칭찬해 줍시다.

06 글쓴이가 생각하는 ㉠에 대한 내용으로 알맞은 것은 무엇입니까? ( )

① 쉽게 이루어진다.
② 빨리 이루어진다.
③ 꾸준히 노력해야 이루어진다.
④ 실패하면 금방 포기해야 이루어진다.
⑤ 앞날에 대한 고민이 없어야 이루어진다.

07 ㉡의 뜻은 무엇입니까? ( )

① 무서운 순간
② 매우 짧은 순간
③ 매우 친밀한 사이
④ 비밀을 알고 있는 사이
⑤ 현실에서 있을 수 없는 일

서술형
08 관용 표현을 넣어 꿈에 대한 자신의 생각이 잘 드러나는 문장을 써 보시오.

_____

_____

_____

[09~10] 다음 글을 읽고, 물음에 답하시오.

오늘날 우리가 임시 정부를 위한 독립운동 단체를 조직하려면 준비할 것이 셀 수 없이 많습니다. 특히 사람이 많이 모이도록 힘써야 할 것이외다. 그러나 어려운 점이 있습니다. 누구나 자기가 한 가지 생각을 하면 다른 이의 생각을 무엇이든지 반대한다는 것입니다. 예를 들어 말하면 전쟁을 원하는 자가 대화를 원하는 자를 반대해 말하기를 "대화가 무엇이냐, 지금이 어느 때라고! 우리는 폭탄을 들고 나가야 한다."라고 떠듭니다. 또 대화를 원하는 자는 말하기를 "공연히 젊은 놈들이 ㉠애간장이 타서 당장 폭탄을 들고 나가면 우리 독립이 되는가?"라고 합니다. 우리가 서로 자기 생각만 옳은 줄 알고 그것만 해야 한다고 하는 것은 ㉡한 가지만 알고 두 가지는 모르는 까닭이외다.

09 ㉠의 뜻으로 알맞은 것은 어느 것입니까? ( )

① 슬프고 우울하다.
② 자신감이 넘치다.
③ 초조하고 안타깝다.
④ 자극을 받아 아프다
⑤ 미안하고 면목이 없다.

중요
10 ㉡의 뜻은 무엇이겠습니까? ( )

① 김구의 의견만 옳은 줄 알고
② 자신의 의견만 옳은 줄 알고
③ 지도자의 의견만 옳은 줄 알고
④ 선진국의 의견만 옳은 줄 알고
⑤ 다른 사람의 의견만 옳은 줄 알고

1 **주장에 대한 근거가 적절한지 판단하여 글 읽기**

◍ 근거의 타당성 판단하기

- 근거가 주장과 관련 있는지 판단해 봅니다.

- 근거가 주장을 뒷받침하는지 판단해 봅니다.

- 근거를 뒷받침하는 자료가 적절한지 판단해 봅니다.

㉠ 주장을 뒷받침하는 근거와 그렇지 못한 근거

주장	공정 무역 제품을 사용하자.

	주장을 뒷받침하는 근거	근거 1: 생산자에게 돌아갈 정당한 이익을 지켜 준다.
근거		근거 2: 아이들을 위험에서 보호할 수 있다.
		근거 3: 자연을 보호하고 생산자의 건강을 지키는 방법이 된다.
	주장을 뒷받침하지 못하는 근거	근거 4: 공정 무역 인증 표시는 국제기구가 생산지에서 공정 무역의 주요 원칙이 잘 지켜졌는지를 점검한 물건들에 붙일 수 있다. → 공정 무역 인증 표시에 대한 설명만 하고 있어서 주장을 직접적으로 뒷받침하지 못하기 때문에 타당하지 않다.

◍ 자료의 적절성 판단하기

- 자료가 근거의 내용과 관련 있는지 살펴봅니다.

- 믿을 수 있는 자료를 활용했는지 살펴봅니다.

- 수를 제시할 때에는 정확한 숫자를 사용했는지 살펴봅니다.

- 최신 자료를 사용했는지 살펴봅니다.

- 자료의 출처가 분명한지 확인합니다.

2 **수집한 자료를 활용해 논설문 쓰기**

◍ 자료 조사 방법에는 설문 조사 하기, 면담하기, 인터넷 검색하기, 책이나 신문에서 찾기 따위가 있습니다.

◍ 자료의 종류에는 기사문, 사진, 그림, 표, 동영상, 지도, 전문가의 말이나 글 따위가 있습니다.

◍ '서론 – 본론 – 결론'의 짜임에 맞게 씁니다.

제목	서론	본론	결론
• 주장이 드러나도록 제목을 붙입니다. • 읽는 사람의 흥미를 불러일으키면 좋습니다.	• 문제 상황이나 주장의 동기, 자신의 주장을 씁니다. • 흥미를 끄는 질문으로 시작해도 좋습니다.	• 주장을 뒷받침하는 근거 두세 가지를 제시합니다. • 구체적이고 사실적인 자료를 활용합니다.	• 본론을 요약하고 주장을 다시 한번 강조합니다. • 주장을 실천했을 때 나타날 긍정적 모습을 써도 좋습니다.

◍ 자신이 쓴 글을 읽고 스스로 점검해 봅니다.

◍ 글에 사용한 표현이 적절한지 점검하고 고쳐 써 봅니다.

정답과 해설 **42**쪽

01 다음 글에서 보기 의 주장에 대한 근거를 두 가지 찾아 밑줄을 그으시오.

> 보기
>
> 공정 무역 제품을 사용하자.

> (가) 공정 무역 제품을 사용해야 하는 까닭은 다음과 같습니다. 첫째, 생산자에게 돌아갈 정당한 이익을 지켜 줍니다.
> (나) 둘째, 아이들을 위험에서 보호할 수 있습니다. 일부 다국적 기업들은 물건의 생산 비용을 낮추려고 임금이 상대적으로 낮은 어린이를 고용하기도 합니다.

[02~03] 다음 빈칸에 들어갈 알맞은 말을 보기 에서 골라 쓰시오.

> 보기
>
> 주장   근거   자료

02 근거의 타당성을 판단할 때에는 근거가 □□을/를 뒷받침하고 있는지 판단해 봅니다.

( )

03 근거의 타당성을 판단할 때에는 근거를 뒷받침하는 □□이/가 적절한지 판단해 봅니다.

( )

04 근거를 뒷받침하려고 활용할 수 있는 자료의 예가 아닌 것의 기호를 쓰시오.

> ㉮ 사진   ㉯ 그림
> ㉰ 기사문   ㉱ 자신의 일기

( )

[05~06] 다음 빈칸에 들어갈 알맞은 말을 쓰시오.

05 자료의 적절성을 판단할 때, 최신 □□을/를 사용했는지 살펴봅니다.

( )

06 자료의 적절성을 판단할 때, 자료의 □□이/가 분명한지 확인합니다.

( )

07 다음의 주장으로 논설문을 쓰려고 합니다. 근거로 알맞지 않은 것의 기호를 쓰시오.

> 주장: 숲을 보호하자.

> ㉮ 숲은 홍수와 산사태를 막아 준다.
> ㉯ 숲은 소중한 자원을 제공해 준다.
> ㉰ 아마존은 세계에서 가장 큰 숲이다.

( )

08 논설문의 짜임과 각각에 해당하는 내용을 알맞게 선으로 이으시오.

(1) 서론 •   • ① 본론을 요약하고 주장을 다시 한 번 강조한다.

(2) 본론 •   • ② 주장을 뒷받침하는 근거 두세 가지를 제시한다.

(3) 결론 •   • ③ 문제 상황이나 주장의 동기, 자신의 주장을 쓴다.

학교 시험 만점왕

3. 타당한 근거로 글을 써요

[01~02] 다음 글을 읽고, 물음에 답하시오.

㉮ 우리는 아무 생각 없이 '그냥' 지내는 날이 얼마나 많은지 몰라. 그냥 먹고, 그냥 자고, 그냥 노는 날 말이야. 어떤 때에는 봄이 와서 꽃이 피어도, 아침이 되어 찬란한 태양이 떠올라도 아무 느낌 없이 그냥 흘깃 보고 지나쳐 버리기도 하지. 새들이 어떻게 짝을 지어 날아가고, 구름이 어떻게 모였다가 흩어지는지 몇 번이나 눈여겨보았니? 자신에게 또는 남들에게 궁금한 일을 몇 번이나 질문해 보았니? 남들이 하니까 그냥 따라 하고, 어른들이 시키니까 그냥 했던 일은 없었니?

㉯ '그냥 수염'을 달고 있는 사람은 어느 날 누가 "왜?" 또는 "어떻게?" 하고 물으면 아무 대답도 하지 못해. 아무리 자기가 한 일을 뒤돌아보고 생각해 내려고 애써도 지나온 날들은 이미 멀리 사라져 버려서 흔적조차 찾을 길이 없기 때문이지. 어느 날엔가 너한테도 누군가가 물어 올지 몰라. 그때를 위해서라도 '그냥'이라는 대답이 아닌 무언가를 준비해야겠지?

01 '그냥 수염'을 달고 있는 사람의 특징은 무엇입니까?
( )

① 아무 생각 없이 '그냥' 지내는 날이 없다.
② 자기가 한 일을 매번 되돌아보고 생각한다.
③ 자신에게 또는 남들에게 궁금한 일을 질문한다.
④ 누가 '왜?' 하고 물으면 자신 있게 대답을 잘 한다.
⑤ 누가 '어떻게?' 하고 물으면 아무 대답을 못 한다.

02 다음은 글쓴이의 주장입니다. 빈칸에 알맞은 말을 보기 에서 골라 쓰시오.

> 보기
>
> 왜   누가   그냥   어떻게

'(   )'(이)라고 생각하지 말고 '(   )' 또는 '(   )'을/를 생각하자.

[03~05] 다음 글을 읽고, 물음에 답하시오.

㉮ 공정 무역 제품을 사용해야 하는 까닭은 다음과 같습니다. 첫째, ㉠생산자에게 돌아갈 정당한 이익을 지켜 줍니다. 흔히 볼 수 있는 과일 가운데 하나인 바나나의 경우, 우리가 3천 원짜리 바나나 한 송이를 산다면 약 45원만이 생산자인 농민에게 이익으로 돌아갑니다. 그 까닭은 바나나 생산국에서 우리 손에 오기까지 바나나 농장 주인, 수출하는 회사, 수입하는 회사, 슈퍼마켓 등이 총수익의 98.5퍼센트를 가져가기 때문입니다. 공정 무역에서는 생산자 조합과 공정 무역 회사를 만들어 이러한 중간 유통 단계를 줄이고 실제로 바나나를 재배하는 생산자의 이익을 보장해 주었습니다.

㉯ 넷째, ㉡공정 무역 인증 표시는 국제기구가 생산지에서 공정 무역의 주요 원칙이 잘 지켜졌는지를 점검한 물건들에 붙일 수 있습니다. 국제공정무역기구의 조사원들은 농장과 관련 기관들을 찾아가서, 그들이 공정 무역의 규칙에 맞게 생산 활동을 하는지 평가합니다.

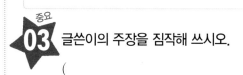

03 글쓴이의 주장을 짐작해 쓰시오.
(   )

04 공정 무역으로 생산자의 이익을 보장해 주기 위한 구체적인 실천 방법은 무엇인지 두 가지를 고르시오.
(,   )

① 중간 유통 단계를 줄인다.
② 바나나를 3천 원에 판매한다.
③ 생산자인 농민에게 45원의 이익을 준다.
④ 생산자 조합과 공정 무역 회사를 만든다.
⑤ 수출하는 회사와 수입하는 회사를 없앤다.

05 ㉠과 ㉡ 중에서 글쓴이의 주장에 대한 근거로 타당하지 않은 것의 기호를 쓰시오.
(   )

06 논설문에서 근거의 타당성을 판단하는 방법에 대해 한 가지만 쓰시오.

_____

_____

[07~08] 다음은 논설문을 쓰기 위해 자료를 수집한 것입니다. 물음에 답하시오.

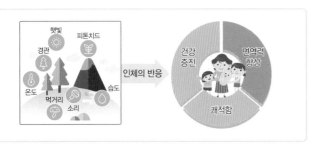

07 수집한 자료를 통해 알려 주려고 하는 내용은 무엇입니까? ( )

① 숲의 다양한 생물
② 숲이 만들어진 유래
③ 세계 여러 나라의 숲
④ 숲이 점점 줄어드는 이유
⑤ 숲이 우리에게 주는 좋은 점

08 수집한 자료를 바탕으로 논설문을 쓸 때, 알맞은 주장을 쓰시오.

_____

_____

[09~10] 다음은 성민이가 누리 소통망에 쓴 글입니다. 물음에 답하시오.

㈎ 얼마 전, 누리 소통망에 퍼진 「△△식당 불매 운동」이라는 글을 보신 적이 있나요? 그 가게는 바로 저희 어머니께서 운영하시는 식당입니다. 하지만 누리 소통망에 실린 이야기는 사실과 다릅니다.

㈏ △△식당에서 짜장면을 먹었는데 맛이 이상한 짜장면을 그냥 먹으라고 하고 사과는커녕 자신을 밀치며 불친절하게 말했다는 겁니다. 사람들은 댓글에 모두 저희 가게를 욕하며 불매 운동을 벌이고 있었습니다. 게다가 저를 아는 누군가가 제 이름과 다니는 학교까지 인터넷에 올리는 바람에 학교에도 소문이 났습니다. 그리고 그 사건 뒤 저희 가게에는 정말 손님이 뚝 끊겨 저희 가족은 힘든 나날을 보내고 있습니다.

인터넷에 떠도는 소문이 아닌 제 말을 믿어 주시고, 이 글을 널리 퍼뜨려 주세요. 저희 가게를 도와주세요.

09 이 글을 통해 알 수 있는 누리 소통망의 단점을 두 가지 고르시오. (,)

① 개인 정보가 유출될 수 있다.
② 다양한 정보를 얻을 수 있다.
③ 시간을 유익하게 보낼 수 있다.
④ 잘못된 정보가 쉽게 퍼질 수 있다.
⑤ 사람들이 의견을 나누며 교류할 수 있다.

10 글 ㈏를 읽은 친구가 누리 소통망 사용에 대해 주장하는 글을 쓰려고 합니다. 알맞은 주제를 골라 기호를 쓰시오.

㉮ 누리 소통망을 올바르게 사용하자.
㉯ 누리 소통망을 사용할 때 어른들의 허락을 받자.
㉰ 누리 소통망을 사용하는 시간대를 정해서 사용하자.

( )

1 매체 자료의 종류와 효과

- 어떤 사실이나 정보, 의견을 담아서 듣는 사람에게 전하려고 매체 자료를 활용할 수 있습니다.
- 매체 자료에는 영상, 사진, 표, 지도, 도표, 그림, 소리, 음악 등이 있습니다.
- 발표 내용과 발표를 듣는 대상의 특성, 발표 상황에 맞는 매체 자료를 알맞게 활용하면 발표 효과를 높일 수 있습니다.

예

발표 내용	매체 자료의 종류	얻을 수 있는 효과
민속춤에 대해 소개하는 내용	영상	민속춤의 움직임이나 특징을 더 자세하게 파악할 수 있음.
보행 중 휴대 전화 사용을 조심하자는 내용	도표	연도별로 휴대 전화 관련 교통사고 발생량이 크게 늘어난 것을 알 수 있음.

2 영상 자료를 만드는 방법 알기

- 영상 자료를 제작하고 발표할 때에는 발표 상황 파악하기, 주제 정하기, 내용 및 장면 정하기, 촬영 계획 세우기, 촬영하기, 편집하기, 발표하기의 순서로 합니다.

단계	고려할 점
① 발표 상황 파악하기	• 발표 목적과 듣는 사람이 누구인지 파악한다.
② 주제 정하기	• 발표 상황과 관련한 자료를 더 찾아본다. • 듣는 사람들이 흥미를 느낄 만한 주제를 정한다.
③ 내용 및 장면 정하기	• 주제를 효과적으로 전할 수 있는 내용을 정한다. • 주제와 내용이 체계적으로 전달되고 이해하기 쉽도록 장면 내용과 차례를 정한다.
④ 촬영 계획 세우기	• 배려하고 솔선하는 태도로 역할(연출, 편집, 촬영, 대본)을 정한다. • 장면 번호, 촬영 내용, 촬영 일시와 장소, 준비물 등을 준비한다.
⑤ 촬영하기	• 전하려는 내용이 잘 드러나게 촬영한다. • 보완할 점이 있으면 다시 촬영하거나 여러 번 촬영해 알맞은 장면을 골라 사용할 수 있다.
⑥ 편집하기	• 알맞은 영상 편집 프로그램을 정한다. • 장면을 차례에 맞게 편집하고 제목, 자막, 배경 음악 등을 넣는다.
⑦ 발표하기	• 발표 전이나 발표 뒤에 말할 소개하거나 부탁하는 내용을 다양한 방법으로 준비한다. • 발표를 하거나 들을 때 집중하고 듣는 사람이나 발표하는 사람을 존중한다. • 다른 모둠의 발표를 들을 때는 전하려는 주제를 파악하며 듣고 촬영이나 편집에서 효과적인 부분을 찾으며 듣는다.

3 영상 자료를 만들어서 인터넷에 올릴 때 주의할 점

- 영상 자료가 보는 사람들에게 좋은 영향을 주는지 생각하고 영상에 나오는 사람의 동의를 얻습니다.
- 영상에 매체 자료를 넣을 때에는 출처를 밝힙니다.

01 다음 상황에서 활용하면 효과적인 매체 자료를 골라 ○표를 하시오.

> 학습 발표회에서 할 독도의 날 기념 율동을 친구에게 설명할 때

(영상 , 사진 , 도표 , 지도)

02 다음 내용에 알맞은 매체 자료를 골라 ○표를 하시오.

> 방학 때 제주도에서 봤던 주상 절리의 기이한 모습을 말로만 설명할 때에는 친구가 이해하기 어려워했는데, (사진 , 음악)을 제시해 주었더니 금세 이해했어.

[03~04] 다음은 친구가 발표를 할 때 활용한 그림지도입니다. 물음에 답하시오.

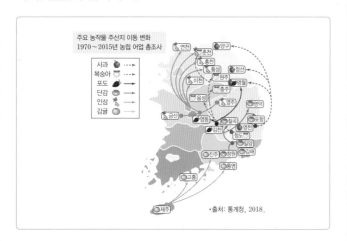

03 이 매체 자료를 보고 알 수 있는 내용을 찾아 ○표를 하시오.

(1) 주요 농작물 주산지의 변화 ( )
(2) 주요 농작물 생산량의 변화 ( )

04 영천에서 정선, 영월, 양구로 주산지가 이동한 과일은 무엇인지 쓰시오. ( )

[05~06] 다음을 보고, 물음에 답하시오.

이 자료는 공익 광고야.

05 이 매체 자료에서 전하려는 주제를 쓰시오.

( )

06 이 매체 자료의 특징을 골라 ○표를 하시오.

(1) 주제에 어울리는 음악을 사용하여 주제를 더 효과적으로 전달한다. ( )
(2) 질문 형태의 글을 사용하여 보는 사람으로 하여금 더 생각하게 한다. ( )

[07~08] 다음은 영상 자료를 제작하고 발표하는 과정입니다. 물음에 답하시오.

> 발표 상황 파악하기 → ☐ → 내용 및 장면 정하기 → 촬영 계획 세우기 → 촬영하기 → 편집하기 → 발표하기

07 빈칸에 들어갈 과정은 무엇인지 쓰시오.

( )

08 다음은 어떤 단계에서 고려할 점인지 쓰시오.

> 촬영 내용, 촬영 일시와 장소 등을 정한다.

( )

학교 시험 **만점왕**

4. 효과적으로 발표해요

[01~04] 다음을 보고, 물음에 답하시오.

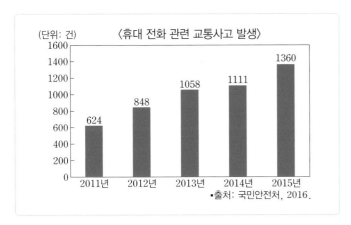

(단위: 건) 〈휴대 전화 관련 교통사고 발생〉
- 2011년: 624
- 2012년: 848
- 2013년: 1058
- 2014년: 1111
- 2015년: 1360

▪출처: 국민안전처, 2016.

01 이 매체 자료의 종류는 무엇인지 쓰시오.

( )

02 이 매체 자료의 내용으로 알맞은 것은 무엇입니까?

( )

① 휴대 전화 관련 교통사고 발생량이 점점 증가하고 있다.
② 휴대 전화 관련 교통사고 발생량이 점점 감소하고 있다.
③ 2015년에 발생한 교통사고 발생량은 1000건 이하이다.
④ 2011년에 비해 2015년에 교통사고가 3배 이상 증가했다.
⑤ 2014년에 휴대 전화 관련 교통사고가 가장 많이 발생했다.

03 이 매체 자료에서 전하려는 주제로 알맞은 것은 무엇입니까? ( )

① 안전띠를 꼭 하자.
② 음주 운전을 하지 말자.
③ 보행 안전시설을 늘리자.
④ 운전할 때 교통질서와 교통 신호를 잘 지키자.
⑤ 걷거나 운전할 때 휴대 전화 사용을 하지 말자.

04 (중요) 이 매체 자료의 특징을 골라 기호를 쓰시오.

㉮ 해설과 자막을 통해 내용을 더 쉽게 이해할 수 있다.
㉯ 움직임이나 대상의 특징을 더 자세하게 파악할 수 있다.
㉰ 한눈에 실태를 파악할 수 있고 정확한 통계를 알 수 있다.
㉱ 음악과 소리를 사용하여 주제를 효과적으로 표현할 수 있다.

( )

05 보기 중에서 한 가지 주제를 골라 기호를 쓰고, 그 주제를 어떤 매체 자료를 활용하여 소개할지 쓰시오.

보기
㉮ 독도의 자연 환경
㉯ 베트남의 전통 의상
㉰ 언어폭력을 하지 말자.

(1) 선택한 주제: ( )
(2) 활용할 매체: ( )

06 그림에서 알려 준 발표 상황에서 고려할 점이 <u>아닌</u> 것은 무엇입니까? ( )

○○ 방송국

> 학교 방송국에서 '건강 주간'을 맞아 건강을 주제로 한 매체 자료를 공모합니다. 뽑힌 작품은 전교생에게 발표할 예정입니다. 많이 참여해 주세요.

> 우리 반도 '건강한 생활을 위해 실천하면 좋은 일'을 직접 영상으로 만들어 보자!

① 발표 목적이 무엇인지 파악한다.
② 듣는 사람이 누구인지 파악한다.
③ 건강에 도움을 줄 수 있어야 한다.
④ 전교생이 보게 되므로 이해하기 쉬운 내용으로 정한다.
⑤ 선생님의 흥미를 끌 수 있는 새로운 내용으로 정한다.

07 **06**의 친구들이 정할 수 있는 발표 주제로 알맞지 <u>않은</u> 것은 무엇입니까? ( )

① 손 씻기의 중요성
② 긍정적인 생각하기
③ 맨발 걷기의 좋은 점
④ 라면을 맛있게 끓이는 방법
⑤ 교실에서 할 수 있는 스트레칭

08 다음은 영상 자료를 만드는 과정 중 어떤 단계에서 고려할 점입니까? ( )

> • 제목, 자막, 배경 음악 등을 넣는다.
> • 알맞은 영상 편집 프로그램을 정한다.
> • 촬영한 영상에서 발표에 사용할 장면을 고른다.

① 장면 정하기
② 촬영 계획 세우기
③ 촬영하기
④ 편집하기
⑤ 발표하기

09 촬영한 영상 자료를 점검하는 방법을 바르게 말한 친구 두 사람의 이름을 쓰시오.

> 정은: 수정하거나 보완할 점을 찾아봐야 해.
> 은광: 주제가 잘 전달되지 않는 부분은 어디인지 생각해 봐야 해.
> 여진: 친구를 존중하는 태도로 좋은 점만 칭찬하며 듣는 것이 좋아.

(,)

서술형
10 자신이 친구들에게 발표하고 싶은 주제를 정하고, 주제를 잘 전달하기 위해 촬영할 내용을 쓰시오.

(1) 발표하고 싶은 주제: ( )

(2) 촬영할 내용: _____

_____

_____

5 단원 핵심 복습

1 사람마다 관점이 다른 까닭 이해하기

- 관점의 뜻
  - 사물이나 현상을 관찰할 때 그 사람이 바라보는 태도나 방향 또는 처지를 뜻합니다.
- 사람마다 관점이 다른 까닭
  - 사람마다 가지고 있는 지식이 다르기 때문입니다.
  - 사람마다 경험이 다르기 때문입니다.
  - 사람마다 속한 문화가 다르기 때문입니다.

2 글쓴이의 생각을 파악하는 방법

- 제목과 글에 사용한 표현을 보면 글쓴이의 생각을 알 수 있습니다.
  - 예 「로봇세 도입을 늦추어야 한다」 / '부담', '걸림돌', '막대한 특허 사용료를 외국에 지급'
- 글의 내용 파악으로 글쓴이가 알려 주고 싶은 생각을 찾을 수 있습니다.
  - 예 로봇세 도입이 로봇 산업 발전에 도움이 되지 않습니다.
- 예상 독자가 누구일지 생각해 봅니다.
  - 예 우리 같은 학생이나 로봇에 관심 있는 사람들, 기업인 따위를 예상 독자로 생각하고 글을 썼을 거야.
- 글에 포함된 사진이나 그림을 살펴봅니다.
  - 예 자신의 생각을 강조하려고 그림을 넣었을 것 같아.
- 글쓴이가 글을 쓴 의도와 목적을 살펴봅니다.
  - 예 로봇세 도입이 필요하다고 생각하는 사람들에게 다른 관점으로도 생각할 수 있게 하려고 이 글을 썼을 거야.

3 글쓴이의 생각과 자신의 생각 비교해 보기

- 글쓴이의 생각과 자신의 생각을 비교하며 같은 점과 다른 점을 이야기해 봅니다.
- 글을 읽고 자신의 생각에 변화가 있는지 생각해 봅니다.
- 자신의 생각에 변화가 있었다면 변화된 생각과 그 까닭을 이야기해 봅니다.

> 토론을 통해 나와 다른 생각을 알게 되니 내용을 더 깊이 있게 이해할 수 있어.

4 자신의 생각과 상대의 생각을 비교하며 토론하기

- 주제에 대한 자신의 생각을 정합니다.
- 토론을 준비합니다.
- 토론을 합니다.
- 정리 및 평가를 합니다.

정답과 해설 **44**쪽

01 다음이 설명하는 것은 무엇인지 쓰시오.

> 사물이나 현상을 관찰할 때 그 사람이 바라보는 태도나 방향 또는 처지를 뜻함.

( )

02 사람마다 관점이 다른 까닭이 <u>아닌</u> 것을 찾아 기호를 쓰시오.

> ㉮ 사람마다 경험이 다르기 때문
> ㉯ 사람마다 속한 문화가 다르기 때문
> ㉰ 사람마다 생긴 모습이 다르기 때문
> ㉱ 사람마다 가지고 있는 지식이 다르기 때문

( )

[03~04] ( ) 안에 들어갈 알맞은 말을 보기 에서 찾아 쓰시오.

보기

> 의도와 목적   제목

03 글의 ( )은/는 글쓴이의 생각을 잘 드러낼 수 있어야 합니다.

04 글쓴이의 생각을 파악하며 글을 읽으면 글쓴이가 글을 쓴 ( )을/를 알 수 있습니다.

[05~06] 다음 글을 읽고, 물음에 답하시오.

> 로봇 산업이 본격적으로 발전하면 로봇은 인간을 대신하여 일을 하게 된다. 이럴 경우에 인간은 위험하거나 단순한 일, 반복적인 일에서 해방될 수 있다. 그런데 인간을 대신하여 일을 할 로봇에게 성급하게 세금을 부과한다면 로봇 산업 발전을 더디게 할 것이다. 특히 로봇 개발자는 개발 비용에 세금까지 더하여 마음의 부담을 느낄 수 있다. 로봇 개발자가 느끼는 마음의 부담은 로봇을 개발하는 과정에서 혁신적인 생각을 발전시키거나 과감한 투자를 하는 데에 걸림돌이 될 수 있다. 로봇세는 이제 발전하려는 로봇 산업에 방해가 된다.

05 글쓴이의 주장으로 짐작되는 것에 ○표를 하시오.

(1) 로봇세를 도입해야 한다. ( )

(2) 로봇세 도입을 늦추어야 한다. ( )

06 글쓴이의 생각을 알 수 있게 해 주는 표현을 두 가지 찾아 기호를 쓰시오.

> ㉮ 부담   ㉯ 로봇 개발자   ㉰ 걸림돌

(,)

[07~08] ( ) 안에 들어갈 알맞은 말을 보기 에서 찾아 쓰시오.

보기

> 예상 독자   제목   내용 파악

07 이 글은 우리 같은 학생이나 로봇에 관심을 가진 사람들, 기업인 따위를 ( )(으)로 생각하고 썼을 것 같습니다.

08 글을 자세히 읽고 ( )을/를 해야 글쓴이의 생각을 알 수 있습니다.

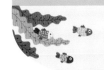

학교 시험 만점왕

[01~03] 다음 글을 읽고, 물음에 답하시오.

나는 우리나라가 세계에서 가장 아름다운 나라가 되기를 원한다. 가장 부강한 나라가 되기를 원하는 것은 아니다. 내가 남의 침략에 가슴이 아팠으니, 내 나라가 남을 침략하는 것을 원치 아니한다. 우리의 부는 우리 생활을 풍족히 할 만하고, 우리의 힘은 남의 침략을 막을 만하면 족하다. 오직 한없이 가지고 싶은 것은 높은 문화의 힘이다. 문화의 힘은 우리 자신을 행복하게 하고, 나아가서 남에게도 행복을 주기 때문이다.

01 글쓴이가 높은 문화의 힘을 가지고 싶어 하는 까닭은 무엇입니까? ( )

① 지금 우리에게 무력과 경제력이 필요하므로
② 우리의 부가 우리 생활을 풍족하게 해 주므로
③ 세계에서 가장 부강한 나라가 될 수 있으므로
④ 남의 침략을 막을 만한 힘을 가지고 있으므로
⑤ 우리 자신을 행복하게 하고 남에게도 행복을 주므로

02 글쓴이는 이 글의 제목을 「내가 원하는 우리나라」라고 정했습니다. 그렇게 정한 까닭으로 알맞지 <u>않은</u> 것의 기호를 쓰시오.

㉮ 읽는 이의 관심을 끌 수 있다.
㉯ 글의 내용을 잘 설명할 수 있다.
㉰ 자신의 생각을 잘 드러낼 수 있다.
㉱ 글을 통해 사람들에게 재미를 줄 수 있다.

( )

03 이와 같은 글을 읽을 때 글쓴이의 생각을 파악하며 글을 읽어야 하는 까닭은 무엇입니까? ( )

① 글을 빨리 읽을 수 있다.
② 글의 짜임을 쉽게 파악할 수 있다.
③ 글의 내용을 마음대로 상상할 수 있다.
④ 글의 내용을 그대로 받아들일 수 있다.
⑤ 글쓴이의 의도나 목적을 파악할 수 있다.

[04~06] 다음 글을 읽고, 물음에 답하시오.

㉮ 세계 경제 포럼은 로봇이나 인공 지능이 이끄는 4차 산업 혁명으로 수많은 사람이 일자리를 잃을 것이라고 전망했다. 로봇 때문에 일자리를 잃고 소득을 얻지 못하는 사람들은 새로운 일자리를 찾기 위해 재교육을 받아야 한다. 로봇세를 도입하면 그 세금으로 일자리를 잃은 사람들에게 진로 상담이나 적성 검사, 기술 교육 등을 할 수 있다. 또 로봇세를 활용하면 일자리를 잃은 사람들이 재교육을 받고 새로운 일자리를 찾는 데 도움을 줄 수 있다.

㉯ 미래 사회에는 소수의 사람이 로봇으로 소득을 독점할 수 있다. 로봇을 소유하고 이용하는 사람이나 로봇에게 세금을 부과하면 소득의 독점을 막을 수 있다. 그런데 로봇에게 세금을 부과하려면 ㉠법적 근거를 마련해야 한다. 법적인 의미에서 자연인과 법인에게만 세금을 부과할 수 있다. 현행법으로는 기계인 로봇에게 세금을 부과할 수 없다.

04 글쓴이는 로봇세 도입에 찬성하는지 반대하는지 쓰시오.

( )

05 ㉠과 관련된 내용으로 알맞은 것의 기호를 쓰시오.

㉮ 로봇은 사람과는 엄연히 구별되는 기계일 뿐이다.
㉯ 로봇은 특수한 권리와 의무를 가진 전자 인간이다.

( )

06 글쓴이가 이 글을 쓴 의도와 목적은 무엇인지 생각하여 쓰시오.

_____

_____

㈎ 로봇을 소유한 기업이나 로봇에게 세금을 부과하자는 주장이 나오고 있다. 로봇이 인간의 일거리를 대신 맡아 할 수 있기 때문에 인간에게 필요한 비용을 로봇세로 보충하려는 것이다. 하지만 로봇세 도입은 로봇 산업의 발전과 국가의 미래 경쟁력에 부정적인 영향을 끼칠 수 있다.

㈏ 로봇 산업이 본격적으로 발전하면 로봇은 인간을 대신하여 일을 하게 된다. 이럴 경우에 인간은 위험하거나 단순한 일, 반복적인 일에서 해방될 수 있다. 그런데 인간을 대신하여 일을 할 로봇에게 성급하게 세금을 부과한다면 로봇 산업 발전을 더디게 할 것이다. 특히 로봇 개발자는 개발 비용에 세금까지 더하여 마음의 부담을 느낄 수 있다.

㈐ 지금도 로봇 기술은 외국의 대기업들이 독차지하고 있다. 그래서 우리의 기술 없이 로봇을 만들면 막대한 특허 사용료를 외국에 지급해야 한다. 그렇게 될 경우 로봇세를 도입한 국가는 다른 국가에 비해 기술 개발이 늦어질 수 있다. 국가의 미래 경쟁력을 기르려면 로봇 기술의 개발이 먼저 이루어져야 한다.

중요

07 이 글에 나타난 글쓴이의 생각은 무엇입니까? ( )

① 로봇세를 도입하자.
② 로봇세 도입을 늦추어야 한다.
③ 새로운 로봇을 많이 개발하자.
④ 로봇 산업을 크게 발전시키자.
⑤ 사람들에게 로봇세를 널리 알리자.

08 글쓴이가 자신의 생각을 뒷받침하기 위해 근거로 제시한 내용이 아닌 것은 무엇입니까? ( )

① 로봇 산업 발전을 더디게 할 것이다.
② 로봇은 인간을 대신하여 일을 하게 된다.
③ 로봇 기술의 개발이 먼저 이루어져야 한다.
④ 로봇 산업 발전과 국가의 미래 경쟁력에 부정적인 영향을 끼칠 수 있다.
⑤ 로봇 개발자는 개발 비용에 세금까지 더하여 마음의 부담을 느낄 수 있다.

서술형

09 '착한 사마리아인의 법'의 내용은 무엇인지 쓰시오.

_____

_____

10 그림을 보고 다음과 같이 생각한 친구가 자신의 생각에 대한 근거로 제시할 수 있는 것은 무엇입니까? ( )

> '착한 사마리아인의 법'을 법으로 제정하면 안 된다.

① 도덕적 의무와 법은 서로 비슷하다.
② 도덕까지 법으로 규제하는 것은 강압이다.
③ 도덕적 의무는 반드시 따라야 하기 때문이다.
④ 도덕적 의무를 따르지 않으면 처벌해야 한다.
⑤ 대부분의 사람들은 '착한 사마리아인의 법'을 잘 모른다.

1 뉴스가 우리 생활에 미치는 영향

- 사람들에게 새로운 정보를 알려 줍니다.
- 어떤 일을 긍정적이거나 비판적인 시각으로 보게 합니다.
- 여러 사람의 생각에 영향을 주어 여론을 형성합니다.

2 광고의 표현 특성

- 주제가 잘 드러나도록 글, 그림, 사진을 효과적으로 사용합니다.
- 오래 기억되도록 같은 말을 반복해 사용합니다.
- 효과적으로 표현하려고 강조법을 사용합니다.

3 광고를 보는 바람직한 자세

- 과장하거나 감추는 내용을 담은 부분을 비판적으로 보아야 합니다.
- 광고에 나타난 표현의 적절성을 알아보아야 합니다.

4 뉴스의 짜임

| 진행자의 도입 | 뉴스에서 보도할 내용을 유도하거나 전체를 요약해 안내합니다. |

↓

| 기자의 보도 | 시청자의 이해를 도우려고 면담 자료나 통계 자료로 설명합니다. |

↓

| 기자의 마무리 | 전체 내용을 요약하거나 핵심 내용을 강조합니다. |

5 뉴스의 타당성 판단하기

- 가치 있고 중요한 뉴스인지 살펴봅니다.
- 뉴스의 관점과 보도 내용이 서로 관련 있는지 살펴봅니다.
- 활용한 자료들이 뉴스의 관점을 뒷받침하는지 살펴봅니다.
- 자료의 출처가 명확한지 살펴봅니다.

정답과 해설 45쪽

[01~03] 다음 빈칸에 들어갈 알맞은 말을 보기 에서 골라 쓰시오.

보기

여론   정보   비판적

01 뉴스는 사람들에게 새로운 ☐☐☐☐을/를 알려 줍니다.

(   )

02 뉴스는 어떤 일을 긍정적이거나 ☐☐☐인 시각으로 보게 합니다.

(   )

03 뉴스를 보거나 듣는 여러 사람의 생각에 영향을 주어 ☐☐☐을/를 형성합니다.

(   )

04 광고를 볼 때 비판적으로 보아야 할 부분으로 알맞은 것을 두 가지 골라 기호로 쓰시오.

㉠ 큰 글씨로 표현한 부분
㉡ 감추는 내용을 담은 부분
㉢ 상품의 이름이 나타난 부분
㉣ 과장하는 내용을 담은 부분

(,   )

[05~07] 다음 뉴스 보도 내용을 읽고, 물음에 답하시오.

⑺ 올해 구세군에 모금된 금액은 44억 원으로 지난해보다 4억 원이 많아졌습니다. 사랑의 열매에는 1700억 원 넘게 모여서 목표액의 절반 이상을 채웠고 사랑의 온도 탑도 수은주가 50도를 넘어섰습니다. 어려운 경기 속에도 이렇게 기부가 늘어난 데는 재미와 감동이 함께하는 이른바 '스마트 기부'가 한몫을 하고 있습니다. 신방실 기자가 전해 드립니다.

⑻ 거리에 등장한 자선냄비가 뭔가 색다릅니다. 한 시민이 돼지 저금통을 갈라 모금함에 돈을 넣는가 했더니, 먼저 주사위를 모니터 위에 놓습니다. 선택한 것은 여성과 다문화, 기부 대상을 직접 고를 수 있는 스마트 자선냄비입니다.

〈면담〉 ○○○(서울시 용산구)

"자기가 마음 가는 단체에 기부할 수 있어서 편리한 것 같습니다. 좋은 것 같습니다."

05 ⑺와 ⑻ 중에서 진행자의 도입은 어느 부분인지 기호를 쓰시오.   (   )

06 ⑺와 ⑻ 중에서 기자가 면담 자료로 설명하는 부분의 기호를 쓰시오.   (   )

07 뉴스의 관점을 뒷받침하기 위해 이용한 자료의 예에 해당하는 것을 찾아 쓰시오.

면담 자료   연구 결과

(   )

08 다음 빈칸에 들어갈 알맞은 말을 쓰시오.

뉴스의 ☐☐☐을/를 판단하기 위해서는 가치 있고 중요한 뉴스인지 살피고, 뉴스의 관점과 보도 내용이 서로 관련 있는지 살펴보아야 합니다.

(   )

학교 시험 만점왕

6. 정보와 표현 판단하기

[01~02] 다음 뉴스 보도 내용을 읽고, 물음에 답하시오.

> 지구 온난화를 막기 위해 전 세계가 참가한 보편적 기후 변화 협정이 프랑스 파리에서 체결됐습니다.
>
> 31쪽 분량의 '파리 협정' 최종 합의문 핵심은 지구의 기온 상승 폭을 산업화 이전 대비 섭씨 2도 아래로 억제하고, 가능하면 섭씨 1.5도까지 낮추는 것입니다.
>
> 또 온실가스 감축을 위해 선진국들이 2020년까지 매년 천억 달러, 우리 돈 118조 원의 기금을 개발 도상국에 지원하도록 하는 내용도 담겼습니다.
>
> 파리 협정은 선진국만 온실가스 감축 의무가 있었던 교토 의정서와는 달리, 개발 도상국을 포함한 195개 당사국 모두가 지켜야 하는 구속력 있는 첫 합의입니다.

01 이 뉴스의 주제로 알맞은 것은 무엇입니까? (   )

① 파리 협정 체결
② 온실 가스의 위험
③ 교토 의정서와 개발 도상국
④ 지구의 기온 상승폭의 변화
⑤ 지구 온난화와 지구의 미래

중요
02 이 뉴스를 본 사람들의 반응이 다음과 같을 때, 관련 있는 뉴스의 역할은 무엇입니까? (   )

기후 협약이 체결되면 우리나라에서도 온실가스 배출 규정이 강화될 거야.

참여하지 않는 나라는 비판 받을 만해.

① 사람들을 즐겁게 해 준다.
② 사람들에게 재미와 감동을 준다.
③ 사람들에게 새로운 정보를 알려 준다.
④ 여러 사람의 생각에 영향을 주어 여론을 형성한다.
⑤ 어떤 일을 긍정적이거나 비판적인 시각으로 보게 한다.

[03~05] 다음 광고를 보고, 물음에 답하시오.

03 바다에 버려지는 자동차는 무엇에 비교한 것입니까? (   )

① 사람들의 잘못된 생각
② 바다에 버려지는 쓰레기
③ 버려지는 음식물 쓰레기
④ 실제로 버려지는 자동차
⑤ 사람들이 맛있게 먹는 음식

04 이 광고가 전하려고 하는 것은 무엇입니까? (   )

① 자동차 사고를 줄이자.
② 불량 식품을 만들지 말자.
③ 잘못된 음식 문화를 고치자.
④ 바다에 쓰레기를 버리지 말자.
⑤ 자동차를 바다에 버리지 말자.

05 이 광고에 사용된 광고의 표현 특성으로 알맞지 <u>않은</u> 것을 골라 ○표를 하시오.

(1) 사람들의 기억에 오래 남도록 영화의 장면을 이용했다. (   )
(2) 주제가 잘 드러나도록 글, 그림, 사진을 효과적으로 사용했다. (   )
(3) 효과적으로 표현하려고 중요한 글자의 배경을 빨간색으로 표시했다. (   )

[06~08] 다음 광고를 보고, 물음에 답하시오.

06 이 광고의 의도로 알맞은 것의 기호를 쓰시오.

> ㉮ 신바람 자전거를 팔기 위해서이다.
> ㉯ 신바람 자전거를 만들기 위해서이다.
> ㉰ 신바람 자전거를 선물로 주기 위해서이다.

(   )

07 이 광고에서 다음의 표현이 과장하거나 감추는 내용이라고 생각하는 까닭은 무엇이겠습니까? (   )

> 소비자 만족도 1위

① 다른 광고의 표현을 인용하였다.
② '소비자'라는 표현이 잘못되었다.
③ 다른 글자보다 글씨의 크기를 크게 하였다.
④ 소비자 만족도 1위는 현실적으로 불가능하다.
⑤ 어떤 조사에서 1위였는지에 대한 정보가 없다.

 서술형

08 이와 같은 광고를 볼 때 표현의 적절성을 알아보며 광고를 보아야 하는 까닭을 쓰시오.

_____

_____

[09~10] 다음 뉴스 원고를 읽고, 물음에 답하시오.

㉮ 독감 때문에 요즘 감염 걱정이 많죠? 하지만 '30초 손 씻기'만 제대로 실천해도 웬만한 감염병은 막을 수 있다고 합니다. '30초의 기적'이라고까지 하는 올바른 손 씻기 방법을 이선주 기자가 알려 드립니다.

㉯ | 면담 | 금성혜 6학년 3반 학생 |
"그냥 물휴지 정도로 닦는 편이에요."

손을 어떻게 씻어야 손에 번식하는 세균을 없앨 수 있을지 알아보려고 손에 형광 물질을 바르고 실험했습니다. 10초 동안 비누로 손바닥과 손가락을 비벼 가며 열심히 씻는 것이 중요합니다. 이렇게 수시로 30초 동안 손을 씻으면 감염병의 70퍼센트는 예방할 수 있습니다.

㉰ 특히 중요한 것은 손으로 얼굴을 자주 만지지 않는 것입니다. 우리는 평균 한 시간에 3.6회나 얼굴을 만진다는 연구 결과도 있는데요, 이렇게 자주 얼굴을 만지면 눈, 코, 입으로 세균이 들어가 감염되기 쉽습니다. △△△ 뉴스 이선주입니다.

09 ㉮~㉰ 중에서 다음에 해당하는 부분의 기호를 각각 쓰시오.

(1) 전체 내용을 요약하거나 핵심 내용을 강조한다. (   )
(2) 시청자의 이해를 돕기 위해 면담 자료나 통계 자료로 설명한다. (   )

 중요

10 이 뉴스의 타당성을 기준에 맞게 바르게 판단한 친구의 이름을 쓰시오.

> 재호: 가치 있고 중요한 뉴스인지 살펴보았는데, 감염병을 예방할 수 있는 올바른 손 씻기 방법을 알려 주어서 가치 있고 중요한 뉴스라고 생각해.
> 민서: 사람들이 좋아하는 뉴스의 관점인지 살펴보았는데, 많은 어린이가 이 뉴스를 좋아하는 것을 보니 사람들이 좋아하는 뉴스의 관점인 것 같아.

(   )

7단원 핵심 복습

① 글을 고쳐 쓰면 좋은 점

- 적절하지 않은 낱말이나 틀린 문장이 없으면 읽는 사람이 글을 더 쉽게 이해할 수 있습니다.
- 군더더기 없는 글을 쓰면 자신의 생각을 더 잘 전달할 수 있습니다.
- 필요한 내용을 더 쓰면 자세하고 내용이 풍부한 글이 됩니다.

② 글을 고쳐 쓰는 방법

- 글 수준
  - 글의 내용이 잘 드러나는 제목으로 고쳐 씁니다.
  - 글을 쓴 목적에 맞게 고쳐 씁니다.
  - 글에서 더하거나 뺄 내용을 살펴봅니다.
- 문단 수준
  - 글의 흐름에 맞게 고쳐 씁니다.
  - 중심 문장의 내용과 관련 없는 문장을 삭제합니다.
  - 중심 문장을 뒷받침 문장들과 어울리게 고쳐 씁니다.
- 문장 수준
  - 문장 호응에 맞게 고쳐 씁니다.
    - 예 요즘 많은 어린이가 이야기할 때 은어나 비속어를 사용했다.
      - ➡ 요즘 많은 어린이가 이야기할 때 은어나 비속어를 사용한다.
        ㄴ '요즘'은 현재를 나타내는 말이고 '사용했다'는 과거를 나타내는 말이므로 고쳐 씀.
  - 표현이 적절하지 않은 문장을 고쳐 씁니다.
    - 예 무조건 고운 말을 사용하는 것만이 우리말을 아름답게 가꾸고 지키는 일이다.
      - ➡ 고운 말을 사용하는 것은 우리말을 아름답게 가꾸고 지키는 일이다.
        ㄴ 주장하는 글을 쓸 때에는 지나치게 단정적이거나 불확실한 표현을 사용하지 않는 것이 좋음.
  - 지나치게 긴 문장은 나누어 씁니다.
- 낱말 수준
  - 알맞은 낱말을 골라 추가합니다.
  - 뜻에 맞지 않게 사용한 낱말을 고쳐 씁니다.

③ 여러 가지 교정 부호

교정 부호	쓰임	사용한 예	교정 부호	쓰임	사용한 예
∨	띄어 쓸 때	기분 좋은하루	⌣	여러 글자를 고칠 때	온 가족이 모여서 마신게(맛있게) 먹었다.
⌒	붙여 쓸 때	사랑 하는 사람을	♂	글자를 뺄 때	가족과 함께 저녁 음식을 먹었다.
⊙	한 글자를 고칠 때	마나라 간다.(만)	Y	글의 내용을 추가할 때	내가 사랑하는 사람은 가족이다.(바로)

정답과 해설 **46**쪽

01 다음 빈칸에 들어갈 알맞은 말을 쓰시오.

> 글을 쓰고 나서 내용과 표현이 알맞도록 다시 쓰는 것을 ☐☐☐☐(이)라고 한다.

( )

02 다음 문단에서 필요 없는 문장을 찾아 밑줄을 그으시오.

> 고운 말을 사용하면 서로 존중하는 마음을 전할 수 있다. 흔히 말이 눈에 보이지 않는 마음임을 표현할 때 "말은 마음의 거울"이라는 격언을 사용한다. 고운 말을 사용해야 하는 것은 어린이만이 아니다. 존중하는 마음이 없다면 고운 말도 나오지 않는다.

03 다음 밑줄 그은 부분을 바르게 고쳐 쓰시오.

> 요즘 많은 어린이가 이야기할 때 은어나 비속어를 사용했다.

( )

04 다음 중 문장 호응이 알맞은 것을 골라 ○표를 하시오.

(1) 아무리 맛있어서 먹으면 안 됩니다. ( )

(2) 만약 학생 열 명이 있다면 적어도 아홉 명은 비속어를 사용한 적이 있는 것이다. ( )

05 다음 밑줄 그은 부분을 알맞게 고쳐 쓰시오.

> 아침밥을 먹어야 하는 <u>까닥</u>은 무엇일까?

( )

[06~08] 다음을 보고, 물음에 답하시오.

> ㉮ ∨   ㉯ ⌒   ㉰ Y   ㉱ ⌒

06 ㉮~㉱ 중에서 글의 내용을 추가할 때 사용하는 교정 부호를 찾아 기호를 쓰시오.

( )

07 ㉮~㉱ 중에서 한 글자를 고칠 때 사용하는 교정 부호를 찾아 기호를 쓰시오.

( )

08 ㉮~㉱ 중에서 교정 부호 한 가지만 사용하여 다음 문장을 알맞게 고쳐 쓰시오.

> 기분 좋은하루

학교 시험 만점왕

[01~03] 다음은 '고쳐쓰기'를 하지 않은 글입니다. 잘 읽고, 물음에 답하시오.

> ### 쓰레기가 되는 불량 식품
>
> 여러분, 불량 식품을 먹지 맙시다. ㉠불량 식품을 먹고 나서 쓰레기를 버리는 사람이 많습니다. 그렇게 버린 쓰레기들이 우리 학교 주변을 더럽혀 보기에도 좋지 않고, 악취도 납니다. 불량 식품에는 무엇이 들어갔는지, 그리고 유통 기한은 언제까지인지 정확히 적혀 있지 않습니다. 불량 식품을 먹으면 해로운 물질이 몸에 들어가 병에 걸리기 쉽습니다. 불량 식품은 아무리 맛있어도 먹으면 안 됩니다.

01 ㉠이 어색한 까닭은 무엇입니까? (　　　)

① 글자가 틀려서
② 불확실한 표현을 사용하여서
③ 문장의 호응 관계가 맞지 않아서
④ 글의 주제와 관련 없는 내용이어서
⑤ 뒤에 나오는 내용을 자세하게 설명해서

02 ㉠을 고쳐 쓰려고 할 때 알맞은 방법은 무엇입니까? (　　　)

① 제목 바꾸기
② 내용 추가하기
③ 내용 삭제하기
④ 틀린 글자 고치기
⑤ 꾸며 주는 말 넣기

03 이 글의 제목을 글의 주제에 알맞게 바꾸어 쓰시오.

(　　　　　　　　　　　　　　　)

[04~05] 다음 글을 읽고, 물음에 답하시오.

> ㉮ 고운 말은 다른 사람을 존중하는 마음을 전할 수 있게 하고, 다른 사람과 대화를 원활하게 할 수 있게 한다. 또 ㉠무조건 고운 말을 사용하는 것만이 우리말을 아름답게 가꾸고 지키는 일이다.
>
> ㉯ 고운 말을 사용하면 다른 사람과 원활하게 대화할 수 있다. 은어나 비속어는 대화를 어렵게 하고 오해를 불러일으킨다. 단순히 재미있으려고 은어나 비속어를 사용했다가 친구들끼리 ㉡투쟁으로 이어지는 경우도 있고, 어른과 어린이의 일상적인 대화가 어려워지는 경우도 있다.

중요
04 ㉠을 알맞게 고친 문장을 골라 ○표를 하시오.

(1) 고운 말을 사용하는 것은 우리말을 아름답게 가꾸고 지키는 일이다. (　　　)

(2) 무조건 고운 말을 사용하는 것만이 우리말을 아름답게 가꾸고 지키는 일이었다. (　　　)

(3) 무조건 고운 말을 사용하는 것만이 우리말을 아름답게 가꾸고 지키는 일이 될 것이다.
(　　　)

05 ㉡을 알맞은 말로 바꾸어 쓰시오.

(　　　　　　　　　　　　　　　)

[06~07] 다음 글을 읽고, 물음에 답하시오.

(가) 의약품 따위를 만드는 실험으로 전 세계에서 해마다 약 6억 마리의 동물이 희생되고 있다. 개발한 약품을 사람에게 바로 사용하지 않고 동물을 대상으로 먼저 실험해 보기 때문이다. 예를 들면 피부에 사용하는 약품을 개발할 때 토끼의 눈에 화학 물질을 넣어 부작용이 생기는지 확인한다. 토끼는 눈 깜박임과 눈물이 적어 실험 결과를 오래 관찰할 수 있기 때문이다.

(나) 동물 실험을 반대하는 사람들이 늘어나고 있다. 사람과 동물의 몸은 차이가 크기 때문에 이러한 동물 실험은 소용이 없다고 주장한다. 실제로 동물 실험을 통과한 신약 후보 열 개 가운데 아홉 개는 사람에게 효과가 없거나 부작용을 일으킨다고 한다.

(다) 동물 실험도 하지 않고 개발한 약을 사람들에게 사용하면 부작용이 발생할 수 있다. 1937년에 한 제약 회사에서 술파닐아미드라는 약을 새롭게 개발했다. 그런데 동물 실험을 거치지 않고 사람들에게 이 약을 판매했다. 그 결과, 이 약을 복용한 많은 사람이 부작용으로 사망하는 불행한 일이 일어났다.

06 글 (가)는 어떤 주장을 뒷받침할 수 있는 근거입니까?

( )

① 동물 실험에 반대한다.
② 동물 실험이 필요하다.
③ 신약품 개발에 관심을 가져야 한다.
④ 의약품은 무분별하게 사용하면 안 된다.
⑤ 건강을 지키려면 꾸준한 노력이 필요하다.

07 글 (가)~(다)가 뒷받침할 수 있는 주장을 생각해 보고, 입장이 <u>다른</u> 하나는 무엇인지 기호를 쓰시오.

( )

08 자신이 쓴 글을 고쳐 쓰려고 할 때 생각해야 할 점검 질문을 한 가지만 쓰시오.

- 필요 없는 문장이 있는가?
- 글 내용에 어울리는 제목을 붙였는가?
-

( )

09 다음 문장을 교정 부호를 사용하여 고쳐 쓰시오.

날마다 아침밥을 거르면 밤새 분비된 위산이 중화되지 않아 위가 불편해졌다.

10 인간과 자연이 조화를 이루며 발전해야 하는 까닭과 실천 방안을 알맞게 쓰시오.

(1) 인간과 자연이 조화를 이루며 발전해야 하는 까닭	
(2) 실천 방안	

8
단원 **핵심 복습**

1 영화 감상문 쓰기

- 영화 감상문
  - 영화의 줄거리, 영화의 특징, 영화를 보고 난 후의 생각이나 느낌이 잘 드러나게 쓴 글입니다.
- 영화 감상문 쓰는 방법
  - 제목은 영화 감상문의 내용을 잘 드러내거나 읽는 사람의 관심을 끌 수 있도록 씁니다.
  - 내용은 영화를 보며 떠오른 자신의 경험, 줄거리, 가장 흥미로운 사건, 인물의 성격, 인물들의 관계, 영화 주제, 영화에서 영상의 특성 등을 넣어 씁니다.

2 자신의 경험을 떠올리며 작품 감상하기

- 독서 감상문
  - 책을 읽고 책의 줄거리, 책의 특징, 책을 읽고 난 후의 생각이나 느낌 등이 잘 드러나게 쓴 글입니다.
- 독서 감상문 쓰는 방법
  - 작품 속 내용에 대해 친구들과 묻고 답해 봅니다.
  - 작품에서 인상 깊은 장면과 떠오르는 자신의 경험을 비교해 봅니다.
  - 자신의 경험을 떠올리며 독서 감상문을 써 봅니다.

3 경험한 내용을 영화로 만들기

① 주제 정하기	자신의 경험을 떠올려 주제를 정합니다.

⬇

② 자료 수집과 정리하기	정한 주제의 사진이나 그림, 영상을 수집해 영화 장면의 차례대로 나열합니다.

⬇

③ 설명할 내용 정하기	사진이나 그림, 영상에 어울리는 설명을 간단히 기록합니다.

⬇

④ 사진이나 영상 넣기	편집 프로그램을 활용해 사진이나 그림, 영상을 넣습니다.

⬇

⑤ 음악과 자막 넣기	편집 프로그램을 활용해 음악과 자막을 넣습니다.

⬇

⑥ 보완하기	만든 영화를 보면서 부족한 부분을 찾아 보완해 완성합니다.

정답과 해설 47쪽

01 여행 계획서를 작성할 때 교통비를 조사하여 정리해야 할 부분은 무엇인지 ○표를 하시오.

(1) 여행 기간 ( )
(2) 여행 장소 ( )
(3) 여행 일정 ( )
(4) 여행 비용 ( )

[02~06] 다음 글을 읽고, 물음에 답하시오.

(가) 「피부 색깔=꿀색」이라는 영화를 보았다. 제목부터가 뭔가 전하고 싶은 이야기가 많은 영화라고 생각했다. 이 영화는 벨기에에 입양된 우리 동포 융이라는 사람이 어린 시절을 회상하며 이야기가 시작된다.

(나) 융은 다섯 살에 해외로 입양된다. 하지만 융은 벨기에의 가족과 자신의 피부색이 다르다는 사실과 한국에 친부모가 있을지도 모른다는 생각에 잘 적응하지 못하고 힘들어한다. 게다가 융의 가족은 한국에서 여자아이를 한 명 더 입양한다. 융은 한국에서 새로 입양된 여동생과 자신이 닮았다는 말을 듣기 싫어하며 동생과 가족을 멀리한다. 그리고 융은 학교에서 말썽을 일으키고 집에서 거짓말까지 하면서 점점 더 엇나가는 행동을 한다.

02 이와 같이 영화의 줄거리, 영화의 특징, 영화를 보고 난 후의 생각이나 느낌이 잘 드러나게 쓴 글을 무엇이라고 하는지 쓰시오.

( )

03 무엇을 보고 쓴 글인지 영화 제목을 쓰시오.

( )

04 이 영화에서 주인공은 누구인지 쓰시오.

( )

05 글 (나)에 대한 설명으로 알맞은 말에 ○표를 하시오.

글 (나)는 주로 (영화의 줄거리, 영화를 보고 뒤의 전체적인 느낌)에 대한 내용으로 이루어져 있습니다.

06 주인공이 어린 시절 벨기에에서 잘 적응하지 못한 까닭은 무엇인지 쓰시오.

( )

07 다음 글에 나타난 홍라의 마음으로 알맞은 것에 ○표를 하시오.

드디어 떠난다. 홍라의 가슴이 세차게 고동쳤다. 대상주가 되어 교역을 떠난다. 빚을 갚고 상단을 구할 것이다. 걱정거리가 없지 않지만, 다 이겨 낼 수 있을 것만 같았다. 이겨 내야만 했다.

(1) 벅차고 떨림. ( )
(2) 지치고 힘듦. ( )
(3) 도망치고 싶음. ( )

학교 시험 만점왕

[01~04] 다음 글을 읽고, 물음에 답하시오.

(가) 「피부 색깔=꿀색」이라는 영화를 보았다. ㉠제목부터가 뭔가 전하고 싶은 이야기가 많은 영화라고 생각했다. 이 영화는 벨기에에 입양된 우리 동포 융이라는 사람이 어린 시절을 회상하며 이야기가 시작된다.

(나) 융은 다섯 살에 해외로 입양된다. 하지만 융은 벨기에의 가족과 자신의 피부색이 다르다는 사실과 한국에 친부모가 있을지도 모른다는 생각에 잘 적응하지 못하고 힘들어한다. 게다가 융의 가족은 한국에서 여자아이를 한 명 더 입양한다. 융은 한국에서 새로 입양된 여동생과 자신이 닮았다는 말을 듣기 싫어하며 동생과 가족을 멀리한다. 그리고 ㉡융은 학교에서 말썽을 일으키고 집에서 거짓말까지 하면서 점점 더 엇나가는 행동을 한다.

(다) 융의 장난만큼은 아니지만 나도 가끔은 친구나 동생에게 심한 장난을 한다. 하지만 ㉢융의 행동이 주위의 관심과 사랑을 받고 싶고 자신이 누구인지를 찾으려는 몸부림이라는 것을 알았을 때 마음이 많이 아팠다.

(라) 예전에 「국가대표」라는 영화를 보았다. 그 영화에서 주인공은 엄마를 찾으려고 국가대표가 되려고 했다. 해외 입양 문제는 우리나라의 아픈 역사를 보여 주는 한 부분이다.

(마) 이 영화를 보면서 나는 융이라는 사람에게 이런 말을 해 주고 싶었다. "비록 우리나라의 아픈 역사 때문에 벨기에에서 살지만 우리는 똑같은 한국인입니다."라고 말이다. 영화를 보는 내내 나는 입양된 사람들이 우리 역사에서 겪은 아픔을 생각했다. 본인의 의지와 상관없이 다른 나라에서 살아야 하는 사람들, 그리고 우리나라에 온 사람들까지. ㉣나는 우리가 지금 서로를 따뜻하게 감싸 안아야 할 때라고 생각한다.

01 이 글의 특징은 무엇입니까? (   )

① 재미와 감동을 주기 위해 쓴 글이다.
② 책을 읽고 난 뒤의 생각을 쓴 글이다.
③ 그리운 마음을 전하기 위해 쓴 글이다.
④ 영화를 보고 난 뒤의 생각이나 느낌을 쓴 글이다.
⑤ 하루에 있었던 일에 대한 생각이나 느낌을 쓴 글이다.

02 이 글에 나타나 있는 내용으로 알맞지 <u>않은</u> 것은 어느 것입니까? (   )

① 줄거리
② 느낌과 감상
③ 다른 영화를 봤던 경험
④ 영화 음악에 대한 감동
⑤ 영화를 보며 떠오른 어렸을 때의 경험

03 ㉠~㉣ 중에서 글쓴이의 생각이 나타난 부분이 <u>아닌</u> 것을 찾아 기호를 쓰시오.

(   )

04 이 글의 제목으로 어울리는 것은 무엇인지 알맞은 것의 기호를 쓰시오.

> ㉮ 우리 역사를 바로 알자
> ㉯ 피부 색깔을 '꿀색'이라고 부르자
> ㉰ 서로를 따뜻하게 감싸 안는 대한민국이 되자

(   )

05 자신이 인상 깊게 본 영화 제목을 쓰고, 그렇게 생각한 까닭을 쓰시오.

(1) 인상 깊게 본 영화	
(2) 그렇게 생각한 까닭	

홍라는 탁자 위에 지도를 펼쳤다. 오래된 가죽 냄새를 맡으니 어머니에 대한 그리움이 밀려들었다. 어머니는 지도를 펼치는 것으로 하루를 시작했다. 어머니 손길로 반들반들해진 지도였다. 지도에 새겨진 길을 손끝으로 더듬자 어머니의 목소리가 들려오는 것 같았다.

보아라, 길이다. 세상 모든 곳으로 통하는 길이다.

돈피 지도의 윗부분에는 금씨 상단이라는 네 글자와 목단꽃 그림이 새겨져 있었다. 그 아래에는 발해에서 사방으로 뻗어 나가는 교역로가 있었다.

상경에서 동경을 거쳐 뱃길로 가는 일본도, 상경에서 서쪽으로 곧장 뻗어 나가는 거란도, 상경에서 동경을 거쳐 해안을 따라 남하하는 신라도, 그리고 상경에서 출발해 서경을 지나 압록강 하구의 박작구에서 배를 타고 등주를 거쳐 장안으로 가는 압록도, 상경에서 거란의 영주를 거쳐 육로를 통해 장안으로 가는 영주도가 있었다.

06 홍라에게 어머니를 떠올리게 한 물건은 무엇인지 쓰시오.

(   )

07 이 글에서 알 수 있는 홍라의 마음은 어떠합니까?

(   )

① 귀찮음   ② 그리움
③ 즐거움   ④ 뿌듯함
⑤ 자랑스러움

08 이 글을 읽고 이야기 내용을 추론하는 질문을 생각하여 한 가지만 쓰시오.

(   )

모든 준비를 마친 뒤, 홍라는 방으로 들어왔다. 탁자 앞에 앉아 옥 상자를 열었다. 어머니가 남겨 준 열쇠, 그리고 아버지의 선물인 소동인이 있었다.

홍라는 소동인과 열쇠 두 개를 가죽끈에 꿰어 목에 걸었다. 이제 먼 길을 가는 내내 어머니, 아버지가 함께해 줄 것이다.

드디어 떠난다. 홍라의 가슴이 세차게 고동쳤다. 대상주가 되어 교역을 떠난다. 빚을 갚고 상단을 구할 것이다. 걱정거리가 없지 않지만, 다 이겨 낼 수 있을 것만 같았다. 이겨 내야만 했다.

홍라가 어머니를 따라 먼 교역길에 나서 본 게 세 번이었다. 신라, 일본, 그리고 당나라의 장안이었다.

서라벌에 갔던 건 너무 어려서라 기억에 남아 있는 게 없었다. 다만 그때 어머니가 사 준 신라 모전이 아직도 홍라 침상에 깔려 있었다. 그리고 이번에 일본에 다녀왔고, 이 년 전에는 장안에 간 적이 있었다.

09 홍라는 어떤 준비를 마쳤습니까? (   )

① 새 집을 짓는 것
② 지도를 만드는 것
③ 전쟁을 일으키는 것
④ 어머니와 아버지를 만나는 것
⑤ 대상주가 되어 교역을 떠나는 것

10 이 글을 읽고 인상 깊은 장면을 알맞게 말하지 못한 친구는 누구인지 이름을 쓰시오.

지우: 홍라가 어머니를 따라 서라벌에 갈 생각을 하다니 정말 대단해.
형민: 홍라가 빚을 갚고 상단을 구할 거라고 다짐하는 부분이 인상 깊어.
선영: 걱정거리가 생기더라도 이겨 낼 것이라고 각오를 다지는 홍라가 대견해.

(   )

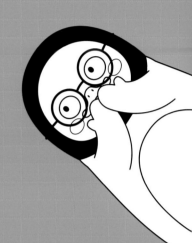

EBS

새 교육과정 반영

중학 내신 영어듣기,
**초등부터
미리 대비하자!**

영어 듣기 실전 대비서

초등 영어듣기평가 완벽대비

전국 시·도교육청 영어듣기능력평가 시행 방송사 EBS가 만든
초등 영어듣기평가 완벽대비

'듣기 - 받아쓰기 - 문장 완성'을 통한 반복 듣기 → 듣기 집중력 향상 + 영어 어순 습득

다양한 유형의 **실전 모의고사 10회** 수록 → 각종 영어 듣기 시험 대비 가능

딕토글로스* 활동 등 **수행평가 대비 워크시트** 제공 → 중학 수업 미리 적응

* Dictogloss, 듣고 문장으로 재구성하기

EBS 초등⊙

https://on.ebs.co.kr

★ ★ ★ ★ ★
초등 공부의 모든 것
EBS 초등ON

제대로 배우고 익혀서 (溫)
더 높은 목표를 향해 위로 올라가는 비법 (ON)
초등온과 함께 즐거운 학습경험을 쌓으세요!

아직 기초가 부족해서
차근차근
공부하고 싶어요.

조금 어려운 내용에
도전해보고 싶어요.

영어의 모든 것!
체계적인
영어공부를 원해요.

조금 어려운
내용에
도전해보고
싶어요.

학습 고민이 있나요?

초등온에는
친구들의 고민에 맞는
다양한 강좌가 준비되어 있답니다.

학교 진도에
맞춰
공부하고
싶어요.

초등 ON 이란?

EBS가 직접 제작하고 분야별 전문 교육업체가 개발한
다양한 콘텐츠를 바탕으로,

대표강좌

초등 목표달성을 위한 <초등온> 서비스를 제공합니다.

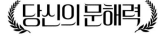

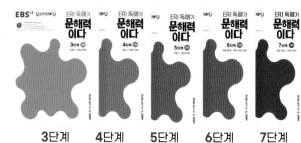

초등 기본서

만점왕

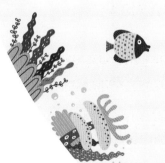

국어

6·2

BOOK 3 해설책

차례

1 단원
작품 속 인물과 나

교과서 내용 학습

8~26쪽

01 예 항일 의병 운동의 자금을 지원하려고 / 의병 운동을 도와주기 위해서 02 ① 03 ③, ⑤ 04 (3) ○ 05 ⑤ 06 한빛 07 ⑤ 08 예 '도전'이다. 윤희순이 살던 시대는 여자와 남자의 역할이 다르다고 생각하던 때인데 여자임에도 의병 운동에 적극적으로 나섰기 때문이다. / '용기'이다. 당시 시대 상황에서 여자가 일제에 맞서 싸우고 뜻을 펼치는 것이 쉽지 않았을 텐데 그것을 이겨 냈기 때문이다. 09 예 사람들의 흩어진 마음을 하나로 모으기 위해서 / 여자들도 나라를 구하는 일에 참여하라고 설득하기 위해서 10 ③ 11 (3) ○ 12 예 윤희순과 함께 안사람 의병대에 참여하여 나라를 되찾기 위해 노력했을 것이다. / 나는 겁이 많은 편이라 적극적으로 참여하진 않겠지만 윤희순이 하는 모금 운동에는 참여했을 것이다. 13 ③ 14 예 불, 소방 호스 15 주연 16 ④ 17 ③ 18 ② 19 (3) ○ 20 예 희생과 봉사의 마음이 느껴져 소방관에게 고마운 생각이 든다. 21 ⑤ 22 ⑤ 23 예 나도 사람의 목숨을 구하기 위해 뛰어들었을 것이다. / 죽음에 대한 두려움과 가족에 대한 걱정으로 뛰어들지 못했을 것이다. 24 (1) ○ 25 ⑤ 26 ② 27 효민 28 예 의젓한 인사를 하는 경민이가 많이 커서 기특하다는 생각을 했을 것이다. / 가족에 대한 사랑을 느꼈을 것이다. 29 ② 30 (2) ○ 31 장독 뒤 32 ④ 33 ③ 34 ④ 35 ② 36 예 아버지는 화재 사건으로 동생을 잃었다. / 아버지는 동생과 숨바꼭질을 하다가 불이 나서 동생을 잃었다. 37 예 동생을 삼켜 버린 불길과 싸워 이기려고 소방관이 되었다. 38 수영 39 ③ 40 예 다른 사람을 위해 봉사하고 희생하시는 아버지의 모습처럼 나도 다른 사람을 도와줄 수 있는 사람이 되기로 결심했다. / 다른 사람의 생명을 구하는 것도 중요하지만 나는 내 생명과 나의 안전이 더 중요하다고 생각한다. 41 진진, 이모, 상수리 42 ③ 43 (1) ○ 44 (3) ○ 45 ②

46 예 나는 꿈이 자주 바뀌어서 내가 정말 원하는 게 무엇인지 혼란스러웠던 경험이 있다. / 내가 원하는 꿈과 부모님이 원하는 꿈이 달라 고민해 본 적이 있다. 47 ①, ⑤ 48 예 하늘을 나는 것 49 ① 50 예 내가 어기라면 속상해서 나는 것을 포기했을지도 모르는데 꿈을 이루는 것보다 꿈꾸는 그 자체를 즐거워하는 점이 멋지다. / 꿈을 위해 포기하지 않고 긍정적으로 행동하는 점이 본받을 만하다. 51 ④ 52 ③ 53 「백구」, 「젓가락 행진곡」, 「고향의 봄」 54 ④ 55 ⑤ 56 (2) ○ 57 예 즐거운 마음으로 피아노를 쳤던 일 / 피아노를 칠 때 느꼈던 행복감 58 ④ 59 ④ 60 (3) ○ 61 ④ 62 예 꿈을 이루는 것도 중요하지만 즐겁게 꿈꾸며 연주하는 네가 되었으면 좋겠어. / 다시 나와 즐겁고 행복하게 연주하자. 63 예 신나게 춤추는 것 64 (3) ○ 65 (3) ○ 66 예 무대에서 열정적으로 공연하는 뮤지컬 배우가 되고 싶다. / 전 세계를 돌아다니며 100명의 친구를 사귀고 싶다. 67 ④ 68 ④, ⑤ 69 자연 70 예 둥근 공 / 떨어져도 튀는 공 71 ① 72 (1) ○ (3) ○ 73 ② 74 예 나는 소금 같은 삶을 살고 싶어. 어디서든 없으면 안 되는 꼭 필요한 사람이 되고 싶거든.

01 윤희순은 자금이 많이 부족했던 항일 의병 운동의 자금을 지원하기 위해서 숯을 구워서 팔았습니다.

02 「안사람 의병가」는 여성들에게 독립운동에 참여하자는 내용이 담긴 노래로, 윤희순이 만들어 마을 아낙네들의 마음을 하나로 만드는 데 도움을 주었습니다.

03 이 글의 시대적 배경은 일본이 우리나라를 침략했던 시기입니다. 이러한 시대적 상황을 알 수 있는 말을 찾아보면 '항일 의병 운동, 안사람 의병가, 왜놈' 등이 있습니다.

04 '우리도 사내들처럼 다 함께 의병 운동에 나서야 할 것입니다.'라는 윤희순의 말에서 윤희순의 주장을 짐작할 수 있습니다.

05 윤희순은 독립 운동가로, 나라를 위해서는 남자든 여자든 힘을 모아야 한다고 생각하며 어려운 상황에서도 나

라를 위해 힘을 바쳤습니다.

06 ㉠의 조정 대신들이 나라를 팔아먹는다는 말에서는 절망감을 느낄 수 있고, 자칫 괜한 목숨만 버릴 뿐이라는 말에서는 말하는 사람이 안전이나 생명을 중요시한다는 것을 알 수 있습니다.

07 여자들도 독립운동에 참여해야 한다고 마을 아낙네들을 설득하기 위해서는 어떤 목소리가 어울리는지 생각해 봅니다.

08 윤희순이 삶에서 추구한 가치와 관련이 있다고 생각하는 낱말을 고르고, 그렇게 생각한 까닭을 써 봅니다.

채점 기준
보기에 있는 낱말을 고르고 그 낱말을 선택한 까닭을 윤희순의 말이나 행동과 관련하여 썼으면 정답으로 인정합니다.

09 담비의 노래는 흩어진 아낙네들의 마음을 하나로 모았고 의병 운동에 참여하게 했습니다.

10 안사람 의병대는 집집마다 찾아다니며 모금 운동을 했고, 사람들을 설득하여 얻은 자금으로 춘천 의병 부대를 지원했습니다.

11 윤희순은 당시 시대 상황에서 여자가 맞서 싸우고 뜻을 펼치는 것이 쉽지 않았음에도 의병 운동에 적극적으로 참여했습니다.

> 윤희순이 한 말과 행동을 살펴보면 인물이 추구하는 삶의 태도를 알 수 있어.

12 인물이 처한 상황과 겪고 있는 문제가 무엇인지 파악한 후 만약 자신이라면 어떻게 행동했을지 생각하여 써 봅니다.

채점 기준
일제에 나라를 빼앗긴 상황에서 자신이 할 말이나 행동을 마

을 아낙네의 입장에서 적절하게 표현했으면 정답으로 인정합니다.

13 일요일에 경민이는 아버지 옆에서 동화책을 읽고 있었습니다. 경민이 아버지는 소방관 일로 피곤하셔서 주무시고 계십니다.

14 "아버지는 오늘 꿈속에서도 불을 끄시나……?"와 '소방 호스에 부딪힌 왼쪽 어깨'라는 부분에서 경민이 아버지의 직업을 추측할 수 있습니다.

15 아버지가 힘들고 고단하셔서 주무신다는 것이 이해는 되지만 모처럼 아버지와 함께 맞은 일요일에 아버지가 잠만 주무셔서 경민이는 속상하고 서운한 마음이 들었을 것입니다.

16 어머니는 고단한 아버지가 편히 주무셨으면 하는 마음도 있고, 서운해하는 경민이의 마음을 풀어 주고 싶은 마음도 있습니다. 이를 통해 어머니는 가족에 대한 '배려'를 추구하고 있다는 것을 알 수 있습니다.

17 어머니는 경민이에게 어제 화재 현장에서 아버지에게 있었던 일을 말씀해 주셨습니다.

18 ①은 경험을 묻는 질문, ③과 ④는 내용을 바탕으로 추론하는 질문, ⑤는 자신의 생각을 묻는 질문입니다.

19 '무엇보다 먼저 사람의 목숨을 구한다!'라는 부분에서 아버지는 생명을 존중하고 다른 사람을 위해 자신을 희생하고 봉사하는 삶을 산다는 것을 알 수 있습니다.

20 소방관들의 약속에서 소방관들이 추구하는 삶의 가치를 생각해 보고, 그것에 대한 자신의 생각이나 느낌을 써 봅니다.

채점 기준
소방관들의 약속에 담긴 삶의 가치를 이해하고 그것과 관련하여 자신의 생각이나 느낌을 썼다면 정답으로 인정합니다.

21 아버지는 건물에 갇힌 두 사람을 구조했고, 불이 크게 번지자 구조를 중단하고 건물에서 빠져나왔습니다. 함께 일했던 동료를 잃고 눈물을 흘렸고, 화재 현장에서 있었던 일을 어머니에게 이야기했습니다.

22 말릴 새도 없이 뛰어 들어간 구조 대원의 행동에서 용기와 열정을 떠올릴 수 있습니다.

23 인물이 중요하게 여기는 삶의 가치와 자신이 중요하게 여기는 삶의 가치를 비교하여 만약 자신이라면 그 상황에서 어떻게 행동했을지 생각하여 써 봅니다.

채점 기준
구조 대원의 입장에서 자신이 어떻게 행동할지 까닭과 함께 썼으면 정답으로 인정합니다.

더 알아보기
인물의 삶과 자신의 삶을 관련짓는 방법
• 인물이 중요하게 여기는 가치를 찾아 자신이 중요하게 여기는 가치와 비교합니다.
• 인물이 덜 중요하게 여기는 가치에 대해 자신의 생각과 비교합니다.

24 ㉡에는 아버지가 목숨을 잃지 않고 살아서 돌아온 것에 대해 감사하는 마음과 아버지에 대한 사랑이 나타나 있습니다.

25 경민이는 재래시장에서 일어난 화재에서 아버지가 목숨을 잃을 뻔했다는 어머니의 이야기를 듣고, 위험 속에서 무사하신 아버지에게 고마운 마음이 들었습니다.

26 집에 돌아왔을 때 아버지는 경민이의 책상 서랍을 고쳐 놓고, 현관문의 손잡이도 고치고 계셨습니다.

27 이야기와 관련된 자신의 경험을 이야기한 친구는 효민이입니다. 인범이는 글을 읽고 인물의 마음을 추론한 내용을 말했습니다.

28 자신이 아버지였다면 개구쟁이인줄 알았던 아들이 의젓한 말을 했을 때 어떤 생각이나 느낌이 들었을지 생각해 봅니다.

채점 기준
아버지의 입장에서 어떤 생각이나 느낌이 들었을지 내용과 관련지어 썼으면 정답으로 인정합니다.

29 아버지의 말에는 가족에 대한 사랑과 가족이 이해해 주는 것에 대해 감사하는 마음이 드러납니다.

30 소방관은 언제 무슨 일이 닥칠지 모르는 위험한 상황에

서 다른 사람의 생명을 구합니다. 화재 진압을 마치고 나서 소방관들은 자신의 생명을 안전하게 지켰기 때문에 "다시 태어났다."라고 말했을 것입니다.

31 아버지는 동생을 놀리고 싶어서 술래임에도 불구하고 장독 뒤에 숨었습니다.

32 사건이 일어난 때는 장마가 시작될 무렵이었지만 번개 때문에 불이 났다는 내용은 나타나 있지 않습니다.

33 불이 난 집에 동생이 있고 어린 나이의 아버지는 당황하여 어떻게 해야 할지 모르는 상황입니다.

34 아버지는 어린 마음에도 동생을 찾아야한다는 마음 하나로 불꽃이 널름거리는 방문 앞까지 몇 번이나 다가갔다가 물러 나왔습니다.

35 불이 난 집에 있는 동생을 구할 수 없는 상황에서 어린 나이의 아버지는 불에 대한 공포감이나 두려움, 또 어떻게 해야 할지 알 수 없는 막막함과 절망감이 들었을 것입니다.

36 이야기를 읽고 중심이 되는 사건은 무엇인지 생각하며 중심 내용을 간추려 써 봅니다.

채점 기준
이야기의 구조와 사건의 흐름에 맞게 내용을 간추려 썼으면 정답으로 인정합니다.

글 **6**은 이 글의 구조에서 절정에 해당하는 부분이야.

37 아버지는 동생을 삼켜 버린 불길과 싸워 이기기 위해서 소방관이 되기로 결심했습니다.

38 부모님의 반대를 무릅쓰고 소방관이 된 아버지의 모습에서는 이기심보다는 부모님의 반대를 이겨 내기 위해

끈기 있게 도전하고 노력하는 모습을 느낄 수 있습니다.

39 아버지를 끌어안고 얼굴을 비비며 아버지가 자랑스럽다고 말한 경민이의 행동에서 경민이의 마음을 짐작해 볼 수 있습니다.

40 인물의 삶과 자신의 삶을 관련지어 아버지가 중요하게 여기는 삶의 가치와 자신이 중요하게 생각하는 삶의 가치를 비교해 봅니다.

채점 기준
아버지가 중요하게 여기는 삶의 가치를 잘 파악하고 자신이 중요하게 여기는 삶의 가치와 비교하는 내용으로 썼으면 정답으로 인정합니다.

41 글 **1**에 나오는 등장 인물은 진진, 이모, 상수리입니다.

42 상수리는 피아니스트라는 꿈을 이루려고 열심히 노력했는데 얼마 전부터 피아노에서 소리가 나지 않아 힘들어하고 있습니다.

43 상수리는 훌륭한 피아니스트가 되기 위해서 힘들어도 꾹 참고 연습했습니다. 여기에서 알 수 있는 상수리가 추구하는 삶은 성실하게 노력하는 삶입니다.

44 "데리고 와서 물로 깨끗하게 목욕시켜 준 다음 널어 줘. 그러면 걔네들도 기분이 좀 나아질 거야."라는 부분에서 이모가 상수리에게 시킨 일을 알 수 있습니다.

45 상수리는 열심히 연습했는데 피아노 소리가 나지 않아서 속상해하고 있습니다.

46 꿈이나 장래 희망을 고민하거나 걱정해 본 경험을 떠올려 씁니다.

채점 기준
이야기와 관련 있는 자신의 경험을 썼으면 정답으로 인정합니다.

47 초리는 어기에게 나는 법을 가르쳐 주는 잔소리쟁이 새이며 까만 날개를 가지고 있습니다.

48 "어떻게 하면 날 수 있을까?", "자, 쉬었으니 또 신나게 날아오르러 가 볼까?"라는 어기의 말에서 어기의 꿈을

집작해 볼 수 있습니다.

49 어기는 날마다 연습을 해도 날지 못하지만 힘들거나 속상해하지 않고 스스로 즐겁게 꿈을 꾸고 있습니다.

50 어기가 추구하는 삶이 무엇인지 생각하며 자신의 생각이나 느낌을 써 봅니다.

채점 기준
어기가 추구하는 삶의 모습이 무엇인지 바르게 이해하고 어기가 추구하는 삶과 자신의 삶을 비교하거나 어기가 추구하는 삶에 대한 자신의 생각이나 느낌을 썼으면 정답으로 인정합니다.

어기는 꿈이 이루어진 상황보다는 꿈을 이루기 위해 노력하는 과정을 더 중요시하고 있어.

51 '도로롱 도로롱'은 바람에 피아노 건반이 흔들리며 내는 소리입니다.

52 빨랫줄에 매달린 피아노 건반이 바람에 흔들리면서 피아노 소리가 들렸습니다.

53 피아노 곡의 제목은 「백구」, 「젓가락 행진곡」, 「고향의 봄」임을 글의 내용에서 찾을 수 있습니다.

54 피아노 소리를 들은 상수리는 눈을 감고 피아노 소리를 듣기도 하고 나지막한 목소리로 노래를 따라 불렀지만 피아노를 연주하지는 않았습니다.

55 상수리는 「고향의 봄」을 듣고, 돌아가신 할머니를 떠올리며 눈물을 흘렸습니다.

56 "돌아가시기 전에 오랫동안 몸이 안 좋으실 때도, 난 피아노 학원 간다는 핑계로 한 번도 가질 않았어."라는 말을 하고 눈물을 흘린 상수리의 모습에서 상수리의 마음

을 짐작해 볼 수 있습니다.

57 상수리는 「백구」를 들으며 피아노를 처음 시작할 때의 신기함과 기쁨을, 「젓가락 행진곡」을 들으며 첫사랑이었던 친구와 함께 연주했던 즐거움을, 「고향의 봄」을 들으며 할머니와의 추억과 사랑을 떠올렸습니다. 이 세 곡은 어려운 곡은 아니지만 상수리의 피아노에 대한 즐거움과 추억이 담긴 곡입니다.

58 글의 마지막 부분에 상수리는 자신이 꿈을 위해 열심히 노력해 왔지만 꿈을 이루는 데 급급한 나머지 행복하게 꿈꾸는 것을 잊었다는 것을 깨달았다는 내용이 나타나 있습니다.

59 상수리는 훌륭한 피아니스트가 되기 위해 놀 시간도 없이 피아노 연습만 해서 지긋지긋한 기분이었지만 이모의 집에서 피아노를 치는 즐거움을 깨닫고 다시 피아노 치는 것이 행복해졌습니다.

60 글의 내용을 간추릴 때에는 글에서 가장 중심이 되는 내용을 요약해야 합니다. 글 **❻**에서 가장 중요한 내용은 상수리가 다시 피아노를 치는 즐거움을 찾았다는 것입니다.

61 '풀이 죽다.'는 '활기나 기세가 꺾이다.'라는 뜻입니다. ③은 '뜻한 바를 이루어 만족한 마음이 얼굴에 나타난.', ④는 '기운이 없어지고 풀이 죽은.', ⑤는 '기세가 매우 높고 힘찬.'을 뜻합니다.

62 피아노의 입장에서 상수리에게 하고 싶은 말을 표현해 봅니다.

채점 기준
피아노의 입장에서 피아노의 생각이나 마음이 드러나게 표현했으면 정답으로 인정합니다.

63 "내 꿈은 춤추는 거지. 신나게 춤추는 것. 그게 내 꿈이야."라는 부분에서 찾을 수 있습니다.

64 퐁은 자신이 하고 싶은 일을 행복하게 열정적으로 하면서 현재를 즐겁게 사는 삶을 추구하고 있습니다.

65 진진은 진짜 꿈을 찾고 떠난 상수리의 모습을 떠올리며 자신의 진짜 꿈이 무엇인지에 대해 고민하고 있습니다.

66 직업과 관련하여 되고 싶은 것뿐 아니라 자신이 하고 싶은 일에 대해 다양하게 생각해 봅니다.

채점 기준
자신이 하고 싶고, 되고 싶은 것에 대한 생각을 썼으면 정답으로 인정합니다.

67 이모가 퐁을 우물에 던지는 모습, 퐁이 담아 올려 온 물을 마시는 모습에서 퐁이 '두레박'임을 알 수 있습니다.

68 이모의 꿈은 이 세상 재미있는 책들을 모두 불러 모아서 함께 노는 것과 꿈꾸는 아이들이 올 수 있는 집을 만드는 것입니다.

69 민호는 자신의 삶을 이야기 속 인물이 추구하는 삶과 비교하지 않았고, 태욱이는 진진이 추구하는 삶을 잘못 이해하고 있습니다. 진진은 행복을 위해 신나게 사는 것이 아니라 아직 자신의 진짜 꿈이 무엇인지 찾지 못해서 고민하고 있습니다.

더 알아보기

인물이 추구하는 삶과 자신의 삶을 비교하는 방법
• 인물이 처한 상황에서 한 말이나 행동에서 인물이 추구하는 삶이 무엇인지 생각해 봅니다.
• 만약 인물과 같은 상황이라면 자신은 어떻게 할지 생각해 봅니다.
• 자신의 삶과 비슷한 점이나 다른 점은 무엇인지 생각해 보며 인물이 추구하는 삶과 자신의 삶을 비교해 봅니다.

70 '그래 살아 봐야지 / 너도 나도 공이 되어'라는 부분에서 찾을 수 있습니다.

71 '공'은 말하는 이가 추구하는 삶의 모습을 나타내는 낱말로, 떨어져도 튀어 오르고 쓰러지는 법이 없으며 가볍게 떠오르고 항상 움직일 준비가 되어 있다는 특성이 있습니다.

72 이 시의 주제는 떨어져도 튀어 오르는 공처럼 힘든 일에도 포기하지 않고 도전하는 삶의 모습입니다. 말하는 이가 좋아하는 운동에 대한 내용은 나타나 있지 않습니다.

73 말하는 이는 '떨어져도 튀는 공'을 통해서 힘들어도 포기하거나 좌절하지 않고 다시 일어나서 도전하는 삶의 모습을 추구하고 있습니다.

74 자신이 꿈꾸는 삶의 모습은 무엇인지 생각해 보고, 그런 삶의 모습을 가장 잘 나타낼 수 있는 대상을 찾아 빗대어 표현해 봅니다.

채점 기준

자신이 추구하는 삶의 모습이 나타나 있고, 삶의 모습을 다른 사물이나 대상에 빗대어 표현하여 썼으면 정답으로 인정합니다.

서술형 수행 평가 돋보기
27쪽

1 예 생명 존중 / 희생과 봉사 / 도전과 열정

2 예

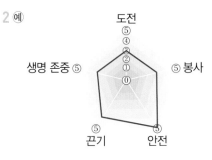

도전
⑤
④
②
①
⓪
생명 존중 ⑤   ⑤ 봉사

끈기   안전

3 예 안녕하세요. 저는 ○○초등학교에 다니는 ☆☆(이)라고 합니다. 다른 사람의 생명을 구하기 위해 아저씨 자신의 목숨을 희생하신 것을 보고 마음이 많이 아팠어요. 만약 나라면 불길 속으로 뛰어들 수 있었을까 생각해 보니 자신이 없었어요. 아저씨와 같은 구조 대원들이 계셔서 제가 지금 이렇게 안전하게 살고 있다고 생각하니 정말 감사한 생각이 들었습니다. 아저씨가 보여 주신 구조 대원으로서의 사명감이나 용기가 정말 대단했어요. 저도 아직 제 꿈이 무엇인지 잘 모르지만 나중에 직업을 갖게 된다면 아저씨처럼 다른 사람에게 도움이 되도록 사명감을 가지고 열심히 해야겠다는 생각을 했습니다. 우리나라에서 구조 대원들의 안전에도 더 관심을 기울였으면 좋겠어요. 감사합니다.

---

1 말릴 새도 없이 깨진 창문 사이로 뛰어 들어간 구조 대원의 행동에서 생명을 구하기 위한 '생명 존중'과, '도전', '열정'을 느낄 수 있습니다. 또한 자신의 안전보다 남을 위해 '희생'하고 '봉사'하는 구조 대원의 삶의 가치도 알 수 있습니다.

2 가치 도표에 쓰여 있는 '도전, 생명 존중, 끈기, 안전, 봉사'의 뜻을 떠올려 보고 구조 대원이 중요하게 여기는 가치와 자신이 중요하게 여기는 가치를 비교하여 가치 도표에 그려 봅니다.

3 구조 대원이 추구하는 삶을 생각하며 자신의 생각이나 느낌을 담아 구조 대원이 추구하는 삶과 자신이 추구하는 삶을 비교하며 편지를 써 봅니다.

채점 기준

상	구조 대원이 추구하는 삶에 대한 자신의 생각이나 느낌을 담아 자신의 삶과 비교하며 편지의 내용을 썼으면 만점입니다.
중	구조 대원이 추구하는 삶을 파악하여 자신의 생각이나 느낌을 썼지만 자신의 삶과 관련지어 편지의 내용을 쓰지 않아 아쉽습니다.
하	구조 대원이 추구하는 삶에 대한 자신의 생각이나 느낀 점이 미흡하게 표현되었다면 점수를 받기 어렵습니다.

위험한 상황에서 다른 사람을 구하기 위해 희생한 구조 대원의 삶의 모습을 보고 자신의 생각이나 느낌을 표현해 봐.

단원 확인 평가

01 ⑩ 집집마다 찾아다니며 모금을 했다. / 마을 사람들에게 의병을 도와 달라고 설득했다.　02 ⑤　03 ②　04 ⑩ 불이 난 건물에 갇힌 사람들을 업어 내왔다.　05 ①　06 ⑵ ○　07 소정　08 ③　09 ⑩ 힘들어도 포기하지 않거나 좌절하지 않고 다시 일어서서 도전하는 삶 / 포기하지 않고 도전하는 삶　10 ⑩ 나는 힘들거나 지치면 쉽게 포기했는데 나도 말하는 이처럼 바로 포기하지 않고 다시 한 번 도전할 수 있는 용기를 내봐야겠어. / 나도 말하는 이와 똑같아. 나는 실패하면 오기가 생기고 더 잘해야겠다는 생각이 들거든. "실패는 성공의 어머니"라는 말도 있으니 앞으로도 계속 도전할 거야.

01 안사람 의병대는 집집마다 찾아다니며 모금을 했고, 사람들을 찾아다니며 의병을 도와 달라고 설득했습니다.

02 일제가 우리나라를 침략한 어려운 상황에서 남자뿐 아니라 여자도 의병대를 만들어 독립운동에 참여했습니다.

03 아버지는 어제 화재 현장에서 두 사람의 생명을 구했지만 자신의 동료를 잃고 말았습니다.

04 인물이 처한 상황은 무엇인지, 그 상황에서 인물이 어떻게 행동했는지 찾아봅니다. 소방관인 아버지께서는 화재 현장에 출동하여 불이 난 건물에 뛰어 들어가서 사람들을 구했습니다.

더 알아보기

인물이 추구하는 삶을 파악하는 방법
- 인물이 처한 상황을 떠올려 봅니다.
- 인물이 처한 상황에서 한 말이나 행동을 알아봅니다.
- 인물이 그렇게 말하고 행동한 까닭을 생각해 봅니다.
- 인물의 삶과 자신의 삶을 관련지어 생각해 봅니다.

05 윤희순은 안사람 의병대를 만들어 사람들을 설득하고 모금을 하는 등 의병 운동을 위해 노력했고, 구조 대원은 자신의 목숨을 잃으면서까지 다른 사람의 목숨을 살리기 위해 애를 썼습니다. 이처럼 윤희순과 구조 대원은 모두 자신이 올바르다고 생각하는 행동을 열정적으로 하는 삶의 모습을 추구하고 있습니다.

06 어기는 하늘을 나는 것이 꿈이지만 아직 날지 못하고 있습니다. 하지만 포기하거나 속상해하지 않고 즐겁게 나는 연습을 하고 있습니다.

07 어기가 날마다 연습하면서도 날지 못하는 것이 남들에게는 힘들게 보일지 모르지만 '어기' 자신에게는 당장 꿈을 이루지 못하더라도 희망을 가지고 즐겁게 도전하는 삶을 추구하는 것입니다.

08 글 ⑷는 힘들어도 포기하거나 좌절하지 않고 다시 일어서서 도전하는 삶의 모습을 잘 보여 주는 시이므로 말하는 이가 쓰러져 있는 장면은 어울리지 않습니다.

09 떨어져서 움직이지 않는 공의 모습이 아닌, 다시 한 번 튀어 오르는 모습에서 어려운 상황에서도 포기하지 않고 다시 도전하는 삶의 모습이 떠오릅니다.

10 말하는 이가 추구하는 삶과 자신의 삶이 어떻게 다르거나 같은지 생각하여 씁니다.

채점 기준

말하는 이가 추구하는 삶의 모습을 잘 파악하고 자신의 삶의 모습과 관련지어 썼으면 정답으로 인정합니다.

I단원에서는 작품 속 인물이 추구하는 삶의 가치를 찾아서 자신의 삶의 가치와 비교해 보았어. 인물이 추구하는 삶을 자신의 경험과 관련지어 생각해 보면 잘 이해할 수 있을 거야.

교고서 내용 학습 38~45쪽

01 ④ 02 (1) ○ 03 ⑤ 04 영철이 05 영철이 06 예
전하고 싶은 말을 간단하게 표현할 수 있다. / 재미있는 표현
이어서 듣는 사람의 관심을 불러일으킬 수 있다. 07 쇠뿔도
단김에 빼라 08 (2) ○ 09 ⑤ 10 예 내일 비가 와서 캠핑
을 갈 수가 없게 되어서 김이 식어 버렸다. 11 ⑤ 12 ①
13 ④ 14 ㉠ 15 ㉡ 16 ② 17 ⑤ 18 쇠뿔도 단김에
빼라 19 ② 20 자기 자신에게 자신감을 가집시다. 21 예
눈 깜짝할 사이에 일 년이 지나갔다. 22 물 쓰듯 (쓰다) 23
① 24 ② 25 예 사람들이 광고에 흥미를 느낄 수 있다. /
광고를 보는 사람들을 쉽게 설득할 수 있다. 26 임시 정부
를 위한 독립운동 단체 27 ⑤ 28 ④ 29 예 자신의 의견
만을 고집하고 더 많은 의견의 장점을 알지 못한다는 뜻이다.
30 하루에도 열두 번 31 ③ 32 ③, ⑤ 33 (3) ○ 34 예
고운 말을 사용하자는 것 35 규영 36 (2) ○ 37 혜선
38 ㉣ 39 예 우리 반을 행복하게 하려면 학급의 중요한 일
은 머리를 맞대고 의논해서 결정해야 한다.

01 '눈이 번쩍 뜨인다'는 정신이 갑자기 든다는 뜻입니다.

02 '발 없는 말이 천 리 가는구나'라는 말은 사람들이 하는
   말은 발이 없지만 천 리 밖까지도 순식간에 퍼진다는
   뜻입니다.

더 알아보기

관용 표현의 뜻을 알아보는 방법
• 관용 표현이 활용된 앞뒤의 내용을 살펴봅니다.
• 관용 표현에 포함된 낱말의 뜻을 되짚어 봅니다.
• 사전에서 뜻을 찾아봅니다.

03 ①은 사귀어 아는 사람들이 많아서 활동하는 범위가 넓
   다는 뜻이고, ②는 결국 비슷하다는 뜻, ③은 어릴 때
   몸에 밴 버릇은 나이가 들어서도 고치기 힘들다는 뜻,
   ④는 확실한 일이라도 다시 한 번 확인하고 조심하라는
   뜻입니다.

04 영철이는 같은 상황에 대하여 더 간단하게 표현했습니다.

05 영철이의 말은 관용 표현으로, 한 번 더 생각하게 하며
   관심을 끌 수 있는 표현입니다.

06 관용 표현을 활용하면 간단한 말로 자신의 생각을 표현
   할 수 있고 사람들의 관심을 불러일으킬 수 있습니다.
   또, 하려는 말을 상대가 쉽게 알아들을 수 있습니다.

채점 기준
전하고 싶은 내용을 쉽게 표현할 수 있고 하려는 말을 상대가
쉽게 알아들을 수 있다는 내용을 넣어 썼으면 정답으로 인정
합니다.

07 '쇠뿔도 단김에 빼라'라는 부분은 관용 표현입니다.

08 '쇠뿔도 단김에 빼라'라는 말은 어떤 일이든지 하려고
   생각했으면 망설이지 말고 곧 행동으로 옮겨야 한다는
   뜻입니다.

09 '김이 식다'는 재미나 의욕이 없어졌다는 뜻입니다.

10 어떤 일을 하지 못하게 되어 재미나 의욕이 없어졌다는
   의미의 짧은 글을 써 봅니다.

채점 기준
관용 표현을 알맞게 넣어 짧은 글을 썼으면 정답으로 인정합
니다.

11 대화 내용을 통해 문구점에서 준비물을 사는 상황이라
   는 것을 알 수 있습니다.

12 '간 떨어지다'는 매우 놀라다는 뜻입니다.

13 지현이가 안나에게 양을 많이 준비한다는 뜻으로 활용
   할 수 있는 관용 표현은 '손이 크다'입니다.

더 알아보기

글에 나오는 관용 표현과 그 뜻 알아보기

관용 표현	관용 표현의 뜻
간이 크다	겁이 없고 매우 대담하다.
귀가 얇다	남의 말을 쉽게 받아들인다.
발이 넓다	아는 사람들이 많다.
손발이 잘 맞는다	어떤 한 일을 두고 마음이나 의견, 행동이 서로 잘 맞는다.

14 기대에 찬 마음으로 오늘을 기다렸다는 관용 표현을 찾아봅니다.

15 '천하를 얻은 듯'은 매우 기쁘고 만족스럽다는 뜻입니다.

더 알아보기
글에 나오는 관용 표현과 그 뜻 알아보기

관용 표현	관용 표현의 뜻
손꼽아 기다리다	기대에 차 있거나 안타까운 마음으로 날짜를 꼽으며 기다리다.
천하를 얻은 듯	매우 기쁘고 만족스러움.
눈 깜짝할 사이	매우 짧은 순간.
금이 가다	서로의 사이가 벌어지거나 틀어지다.
막을 열다	무대의 공연이나 어떤 행사를 시작하다.
쇠뿔도 단김에 빼라	어떤 일이든지 하려고 생각했으면 한참 열이 올랐을 때 망설이지 말고 곧 행동으로 옮겨야 한다.

16 선배는 후배들에게 꿈을 펼치는 세 가지 방법에 대하여 말하고 있습니다.

17 선배는 6학년 때 안전 교육을 해 주신 경찰을 직접 만나 여러 가지 이야기를 들으면서 경찰이 되고 싶다는 생각을 했다고 말했습니다.

18 '쇠뿔도 단김에 빼라'는 관용 표현은 어떤 일을 하려고 생각했으면 한창 열이 올랐을 때 망설이지 말고 곧 행동으로 옮기라는 뜻입니다. '단김에'는 '열기가 채 식지 않았을 때에, 좋은 기회가 지나기 전에'라는 의미이므로 뜻을 확대해 보면 '좋은 기회를 놓치지 말고 바로'라는 뜻입니다.

19 선배는 꿈을 이루기 위해 단계적으로 실천할 행동 목표를 정해 꾸준히 노력했습니다.

20 선배는 꿈을 펼치기 위해서 자기 자신에게 자신감을 가져야 한다고 했습니다.

21 '눈 깜짝할 사이'는 '매우 짧은 순간'이라는 뜻입니다. 금방 어떠한 일이 지나갔다는 뜻에 어울리는 짧은 글을 써 봅니다.

채점 기준
관용 표현의 뜻에 알맞게 문장을 만들어 썼으면 정답으로 인정합니다.

22 이 광고에 나타나 있는 관용 표현은 '물 쓰듯'입니다.

23 '물 쓰듯'이라는 말은 '물건을 헤프게 쓰거나, 돈 따위를 흥청망청 낭비하다.'는 뜻입니다.

24 이 광고에서 하고 싶은 말은 물을 쓰는 것이 아주 헤프게 쓴다는 뜻으로 쓰이지 않도록 물을 아껴 쓰자는 것입니다.

25 이와 같이 관용 표현을 사용하여 광고를 만들면 사람들이 광고에 흥미를 느끼게 할 수 있고, 전하려는 말을 효과적으로 나타낼 수 있습니다.

채점 기준
관용 표현을 활용했을 때의 좋은 점을 생각하여 알맞게 썼으면 정답으로 인정합니다.

26 도산 안창호 선생을 비롯한 사람들은 임시 정부를 위한 독립운동 단체를 조직하려고 합니다.

27 사람들은 다른 이의 생각을 무엇이든지 반대하며 자신의 생각만 옳다고 주장하고 있습니다.

28 '애간장이 타다'는 몹시 초조하고 안타까워서 속을 많이 태우다는 뜻입니다.

29 표현의 뜻을 추론할 때에는 글 앞뒤에 있는 내용을 살펴보고, 표현에 쓰인 낱말이 평소에 어떤 뜻으로 쓰이는지 생각해 봅니다. 또 그러한 표현을 쓴 의도를 생각해 봅니다.

채점 기준
글 속에 담긴 표현의 의미를 알맞게 썼으면 정답으로 인정합니다.

30 '하루에도 열두 번'이라는 관용 표현은 '매우 자주'라는 뜻입니다.

31 '깃발 아래'는 하나의 목표를 품자는 뜻입니다.

32 안창호 선생은 사람들의 의견을 하나로 모으고, 독립운동 단체의 지도자를 뽑으려고 연설했습니다.

33 글에 쓰인 표현의 의미를 추론할 때에는 글 앞뒤에 있는 내용을 살펴보고 표현에 쓰인 낱말이 평소에 어떤 뜻으로 쓰이는지 생각해 봅니다.

34 친구들은 고운 말 사용에 대하여 이야기하고 있습니다.

35 규영이는 관용 표현을 사용하지 않고 말했습니다.

36 고운이와 혜선이는 '가는 말이 고와야 오는 말이 곱다.'라는 관용 표현을 사용하여 말했습니다.

37 고운이처럼 말을 시작할 때 관용 표현을 활용하면 듣는 사람의 관심을 끌 수 있고, 혜선이처럼 말을 끝낼 때 관용 표현을 활용하면 생각을 효과적으로 정리할 수 있습니다.

38 열심히 준비한 후 좋은 결과가 있을 것이라고 말하는 상황에는 '공든 탑이 무너지랴'라는 속담이 어울립니다.

39 우리 반을 행복하게 하려면 우리가 할 일에 대한 내용에 어울리는 관용 표현을 활용하여 하고 싶은 말을 써 봅니다.

채점 기준
관용 표현을 사용하여 주제에 알맞은 내용을 썼으면 정답으로 인정합니다.

더 알아보기
관용 표현의 적절성 평가하기
• 말하는 상황과 관용 표현이 어울리는지 생각해야 합니다.
• 관용 표현이 말하는 내용을 적절하게 표현하는지 생각해야 합니다.

단원 확인 평가
50~51쪽

01 눈이 번쩍 뜨인다! **02** ② **03** ③ **04** 눈 깜짝할 사이
05 ① **06** 예 독립운동을 하려고 모인 사람들이 자신의 의견만을 주장해 하나의 의견으로 합하지 못하고 있는 상황
07 ④ **08** ㉢ **09** 예 독립운동을 위해 단결하자. **10** (1) 예 학급 회의에서 학예회 발표 종목을 함께 정하는 상황 (2) 예 머리를 맞대다 (3) 예 우리의 재능을 잘 보여 줄 수 있는 종목을 머리를 맞대어 정합시다.

01 '눈이 번쩍 뜨인다'는 정신이 갑자기 든다는 뜻의 관용 표현입니다.

02 '발 없는 말이 천 리 간다'라는 말은 사람들이 하는 말은 비록 발이 없지만 천 리 밖까지도 순식간에 퍼진다는 뜻입니다.

03 '간 떨어지다'는 매우 놀라다는 뜻의 관용 표현으로 안나가 깜짝 놀랐을 때 쓸 수 있는 표현입니다.

04 '눈 깜짝할 사이'는 '매우 짧은 순간'이라는 뜻의 관용 표현입니다.

05 이 글에서는 꿈을 펼치기 위해서 자기 자신에게 자신감을 가져야 한다고 했습니다.

06 사람들은 다른 이의 생각을 무엇이든지 반대하며 자신의 생각만 옳다고 주장하고 있습니다.

07 사람들의 의견이 나누어진 상황에서 안창호 선생은 자신의 의견만 주장하지 말고 뜻을 하나로 모으자는 말을 하였을 것입니다.

08 '깃발 아래'는 하나의 목표를 품자는 뜻입니다.

09 안창호 선생은 자신의 의견만을 주장하는 사람들에게 독립운동을 위해 의견을 하나로 모으고 단결하자고 주장하고 있습니다.

10 여러 가지 관용 표현을 생각하여 보고 상황에 알맞은 관용 표현을 골라 하고 싶은 말을 써 봅니다.

채점 기준
상황에 알맞은 관용 표현을 사용하여 하고 싶은 말을 썼으면 정답으로 인정합니다.

2단원에서는 관용 표현을 활용해 말하는 방법을 배웠어.

교과서 내용 학습

01 ③　02 예 할아버지가 주무실 때 수염을 이불 안에 넣는지, 아니면 꺼내 놓는지에 대한 것　03 예 한 번도 그런 (자신이 수염을 이불 안에 넣고 자는지, 꺼내 놓고 자는지에 대한) 궁금증을 지녀 본 적이 없어서　04 ①　05 ⑤　06 ③　07 정훈　08 예 읽는 사람의 흥미를 불러일으킬 수 있다. / 감동을 바탕으로 하여 주장하는 내용을 설득할 수 있다.　09 ㉮　10 ④　11 예 어떤 행동이나 일을 할 때 습관적으로 그냥 하는 것이 아니라 '왜' 또는 '어떻게'를 생각해야 한다.　12 예 습관적으로 그냥 살지 말고 자기 안에 물음표를 가지고 살자. / '그냥'이라고 생각하지 말고 '왜' 또는 '어떻게'를 생각하자.　13 ㉮　14 공정 무역　15 ①　16 ⑤　17 예 물건의 생산 비용을 낮추려고　18 ③　19 (1) 아이들을 위험에서 보호할 수 있다. (2) 자연을 보호하고 생산자의 건강을 지키는 방법이 된다.　20 ⑤　21 ③　22 인증 표시　23 ①　24 예 적절하지 않다. 공정 무역 제품을 사용해야 하는 까닭이 아니라 공정 무역 인증 표시에 대한 설명만 하고 있어서 주장을 직접적으로 뒷받침하지 못하기 때문에 타당하지 않다.　25 ⑤　26 ①　27 예 숲은 미세 먼지를 잡아 주어 공기를 깨끗하게 해 준다. / 숲은 홍수와 산사태를 막아 준다. / 숲은 지구 온난화를 막아 준다. / 숲은 소중한 자원을 제공해 준다.　28 ④　29 ⑤　30 ⑤　31 예 사실인지 확인해 보아야 한다.　32 ㉯　33 예 많은 사람이 보게 하려고　34 ①, ③　35 ㉰　36 (1) ○ (3) ○　37 예 문제 상황, 주장을 하게 된 동기, 주장하는 내용, 흥미를 끌 수 있는 질문　38 지윤　39 ⑤　40 ①　41 ②

01 아이는 할아버지 가슴팍까지 내려온 하얗고 긴 수염을 신기한 눈으로 바라보았습니다.

02 아이는 할아버지에게 "할아버지! 할아버지는 주무실 때 그 수염을 이불 안에 넣나요, 아니면 꺼내 놓나요?"라고 물어보았습니다.

03 아이가 한 질문에 할아버지는 바로 대답하지 못했습니다. 수염을 기른 채 몇십 년 동안이나 살아왔지만, 그때까지 한 번도 그런 궁금증을 지녀 본 적이 없었기 때문입니다.

04 할아버지는 이불 속에 수염을 넣고 잤습니다. 그런데 너무 갑갑하고 거북해서 아무래도 수염을 밖에 내놓고 자야 할 것 같았습니다.

05 할아버지는 밤새도록 수염을 넣었다 꺼냈다 하느라고 한숨도 잘 수가 없었습니다.

06 글쓴이는 자신의 주장을 뒷받침하기 위해 긴 수염 할아버지 이야기를 자료로 활용했습니다.

07 누가 질문을 할 때 가끔 '그냥'이라고 대답한 적이 있다면, 그 '그냥'이라는 말이 바로 자신의 수염이라고 했습니다.

08 재미있는 일화를 자료로 활용하면 읽는 사람의 흥미를 불러일으킬 수 있고, 감동을 바탕으로 하여 주장하는 내용을 설득할 수 있습니다.

채점 기준
'읽는 사람의 흥미를 불러일으킬 수 있다.', '감동을 바탕으로 하여 주장하는 내용을 설득할 수 있다.' 등과 비슷한 의미가 들어가도록 썼으면 정답으로 인정합니다.

09 우리는 아무 생각 없이 '그냥' 지내는 날이 있습니다. 봄이 와서 꽃이 피어도, 아침이 되어 찬란한 태양이 떠올라도 아무 느낌 없이 그냥 흘깃 보고 지나쳐 버리고, 새들이 어떻게 짝을 지어 날아가고, 구름이 어떻게 모였다가 흩어지는지 눈여겨보지 않습니다. ㉯와 ㉰는 의미 있는 행동입니다.

10 '그냥 수염'을 달고 있는 사람은 어느 날 누가 "왜?" 또는 "어떻게?" 하고 물으면 아무 대답도 하지 못합니다. 남들이 하니까 그냥 따라 하고, 어른들이 시키니까 그냥 하는 사람들입니다.

11 '그냥 수염'을 달지 않으려면 어떤 행동이나 일을 할 때 습관적으로 하는 것이 아니라 "왜" 또는 "어떻게"에 대하여 생각해 보아야 합니다.

12 글쓴이는 이 글에서 습관적으로 삶을 살지 말고 자기 안에 물음표를 가지고 살아가자고 하였습니다. 이것은 '그냥'이라고 생각하지 말고 '왜' 또는 '어떻게'를 생각하며 사는 삶입니다.

13 논설문은 '서론 – 본론 – 결론'의 짜임으로 구성되어 있습니다. 글 **1**은 논설문의 '서론'에 해당합니다.

14 공정 무역이란 생산자의 노동에 정당한 대가를 지불해 생산자가 경제적 자립과 발전을 하도록 돕는 무역입니다.

15 공정 무역에서는 생산자 조합과 공정 무역 회사를 만들어 중간 유통 단계를 줄이고 생산자의 이익을 보장해 줍니다.

16 글쓴이는 공정 무역 제품을 사용해야 하는 까닭으로 첫째, 생산자에게 돌아갈 정당한 이익을 지켜 주기 때문이라고 했습니다.

17 다국적 기업들은 물건의 생산 비용을 낮추려고 임금이 상대적으로 낮은 어린이를 고용하기도 합니다.

18 공정 무역은 "안전하고 노동력 착취 없는 노동 환경이 유지되어야 한다."라는 조건을 지켜야 하기 때문에 아이들의 노동력 착취를 막을 수 있습니다.

19 공정 무역 제품을 사용해야 하는 근거로 아이들을 위험에서 보호할 수 있고, 자연을 보호하고 생산자의 건강을 지키는 방법이 된다고 했습니다.

더 알아보기

「공정 무역 제품을 사용합시다」의 주장에 대한 근거
• 주장: 공정 무역 제품을 사용합시다.
• 근거 1: 생산자에게 돌아갈 정당한 이익을 지켜 줍니다.
• 근거 2: 아이들을 위험에서 보호할 수 있습니다.
• 근거 3: 자연을 보호하고 생산자의 건강을 지키는 방법이 됩니다.

• 근거 4: 공정 무역 인증 표시는 국제기구가 생산지에서 공정 무역의 주요 원칙이 잘 지켜졌는지를 점검한 물건들에 붙일 수 있습니다.

20 이와 같은 글은 주장하는 글입니다. 주장하는 글에서 글쓴이가 제시한 근거의 타당성을 판단할 때에는 근거가 주장과 관련 되어 있는지, 근거가 주장을 뒷받침하는지, 근거를 뒷받침하는 자료는 적절한지에 대해 판단해야 합니다. 또 제시한 자료는 믿을 수 있는 자료인지에 대해서도 살펴보아야 합니다.

21 공정 무역은 농민들이 농약과 화학 비료를 적게 쓰고 유기농으로 농사를 짓게 하여 생산자의 건강을 지키려고 노력하고 있습니다. 또 공정 무역 제품에는 공정 무역 인증 표시를 붙일 수 있습니다.

22 공정 무역 인증 표시는 국제기구가 생산지에서 공정 무역의 주요 원칙이 잘 지켜졌는지를 점검한 물건들에 붙일 수 있습니다. 소비자들은 이 인증 표시를 보고 윤리적인 소비를 할 수 있습니다.

23 글쓴이는 공정 무역 제품을 사용하자고 주장하고 있습니다.

24 글 **5**의 내용은 공정 무역 인증 표시에 대한 것입니다. 이 내용은 '공정 무역 제품을 사용하자.'라는 글쓴이의 주장을 뒷받침하기에 적절하지 않은 내용입니다.

더 알아보기

자료가 근거를 잘 뒷받침하는지 판단하는 방법
• 자료가 근거의 내용과 관련 있어야 합니다.
• 믿을 수 있는 자료를 활용해야 합니다.
• 수를 제시할 때에는 정확한 숫자를 사용해야 합니다.
• 최신 자료를 사용해야 합니다.
• 자료의 출처가 분명한지 확인합니다.

25 그림 자료를 살펴보면 숲은 사람들의 건강을 증진시키고, 면역력을 향상시키고, 쾌적함을 준다는 것을 알 수 있습니다. ⑤의 내용은 나와 있지 않습니다.

26 그림 자료와 동영상 자료를 살펴보면 숲은 사람들의 건강을 증진시키고, 면역력을 향상시키고, 쾌적함을 준다는 것을 근거로 하여 '숲을 보호하자.'라는 주장을 한다는 것을 짐작할 수 있습니다.

27 '숲을 보호하자.' 라는 주장에 대한 근거로 적절해야 합니다. 숲을 보호해야 하는 까닭, 숲을 보호하면 좋은 점 등의 내용이 근거가 될 수 있습니다.

채점 기준

'숲은 미세 먼지를 잡아 준다.', '숲은 공기를 깨끗하게 해 준다.', '숲은 홍수와 산사태를 막아 준다.', '숲은 소중한 자원을 제공해 준다.' 등과 비슷한 의미가 들어가도록 썼으면 정답으로 인정합니다.

28 제시한 자료는 기사문입니다.

29 소희 오빠는 누리 소통망에서 △△식당을 이용한 손님이 쓴 글을 읽고 △△식당에 대한 정보를 얻었습니다.

30 소희는 이웃집 아주머니의 의견과 누리 소통망에 글을 쓴 사람의 의견이 달라서 누구의 말을 믿어야 하는지 알 수 없었습니다.

31 누리 소통망은 많은 사람에게 정보를 쉽게 전달할 수 있지만, 잘못된 정보가 쉽게 퍼질 수 있으므로 사실 여부에 대해 확인을 해 보면 좋습니다.

채점 기준

'그대로 받아들이지 않고 사실인지 확인한다.' 등의 내용과 비슷한 의미가 들어가도록 썼으면 정답으로 인정합니다.

32 소희네 가족은 한 곳에 모여 의논하기 어려웠기 때문에 단체 대화방에서 저녁 먹을 곳을 정했습니다. 누리 소통망의 단체 대화방을 이용하면 사람들이 모이지 않아도 함께 대화를 하며 의논을 할 수 있습니다.

더 알아보기

누리 소통망의 장점과 단점

[장점]

· 한곳에 모이지 않고도 의논을 하거나 이야기를 나눌 수 있습니다.

· 많은 사람에게 쉽게 전달할 수 있습니다.

· 다른 사람이 쓴 정보를 쉽게 접할 수 있습니다.

· 다른 의견을 쉽게 제시할 수 있습니다.

[단점]

· 잘못된 정보가 쉽게 퍼질 수 있습니다.

· 개인 정보가 유출되기 쉽습니다.

33 성민이와 손님이 누리 소통망에 글을 쓴 까닭은 많은 사람이 보게 하기 위해서입니다.

34 손님이 누리 소통망에 쓴 글로 인해 가게에 손님이 뚝 끊겼고, 성민이의 개인 정보가 유출되어 학교에도 소문이 났습니다.

35 누리 소통망을 잘못 사용하였을 때에 발생할 수 있는 문제점을 생각해 봅니다. 누리 소통망을 잘못 사용하면 개인 정보가 유출될 수 있고, 잘못된 정보가 쉽게 퍼질 수 있습니다. 또 중독되어 시간을 낭비할 수도 있습니다.

36 누리 소통망을 잘못 사용하였을 때에 발생할 수 있는 문제점과 관련된 실제 사례를 자료로 수집할 수 있을 것입니다.

37 논설문의 서론 부분은 주로 문제 상황, 주장을 하게 된 동기, 주장하는 내용을 밝히거나 흥미를 끄는 질문으로 시작합니다.

채점 기준

'문제 상황', '주장을 하게 된 동기', '주장하는 내용', '흥미를 끄는 질문' 등과 비슷한 의미가 들어가도록 썼으면 정답으로 인정합니다.

더 알아보기

수집한 자료를 바탕으로 논설문 쓰기

[제목]

· 주장이 드러나도록 제목을 붙입니다.

· 읽는 사람의 흥미를 불러일으키면 좋습니다.

[서론]

· 문제 상황이나 주장의 동기, 자신의 주장을 씁니다.

· 흥미를 끄는 질문으로 시작해도 좋습니다.

[본론]

· 주장을 뒷받침하는 근거 두세 가지를 제시합니다.

· 구체적이고 사실적인 자료를 활용합니다.

[결론]

· 본론을 요약하고 주장을 다시 한번 강조합니다.

• 주장을 실천했을 때 나타날 긍정적 모습을 써도 좋습니다.

38 지윤이는 우리 동네의 좋은 점을 말하고 있습니다.

39 제시된 포스터의 목적은 더 좋은 동네를 만들고자 논설문을 공모하는 것입니다.

40 더 좋은 동네가 되기 위해 실천할 수 있는 내용들을 생각해 봅니다. 매일 일기 쓰는 습관을 가지자고 주장하는 것은 좋은 주장이긴 하지만 더 좋은 동네를 만들기 위해 실천할 수 있는 주장은 아닙니다.

41 논설문을 평가할 때에는 실천할 수 있는 주장인지, 근거가 주장을 뒷받침하는지, 자료가 내용을 뒷받침하는지 확인해야 합니다. 또 믿을 만한 자료를 활용했는지, 사용한 표현이 적절한지 살펴봐야 합니다.

서술형 수행 평가 돋보기   64쪽

1 예 더 좋은 우리 동네 만들기

2 예

주장	쓰레기를 아무 곳에나 버리지 맙시다.
근거	1. 쓰레기를 아무 곳에나 버리면 거리가 지저분해집니다. 2. 사람들에게 우리 마을에 대해 좋은 인상을 심어 줄 수 있습니다.

3 예 더 좋은 우리 동네를 만들기 위해서 쓰레기를 아무 곳에나 버리지 않아야 한다고 생각합니다.

그 이유로는 첫째, 쓰레기를 아무 곳에나 버리면 거리가 지저분해집니다. 거리가 지저분하면 보는 사람의 기분도 좋지 않습니다. 사람들이 쓰레기를 함부로 버리지 않고 깨끗한 마을이 되면 이를 보는 마을 사람들의 기분도 좋아집니다. 둘째, 사람들에게 우리 마을에 대해 좋은 인상을 심어 줄 수 있습니다. 누군가가 우리 마을의 깨끗한 거리를 본다면 우리 마을에 대해 좋게 생각할 것이고, 좋은 인상을 가지게 됩니다.

우리 모두 쓰레기를 함부로 버리지 않도록 노력한다면 우리 마을은 더 살기 좋고, 더 아름다운 곳이 될 것입니다.

1 포스터의 공모 주제는 '더 좋은 우리 동네 만들기'입니다.

2 더 좋은 우리 동네를 만들기 위한 실천 방법을 주장할 수 있습니다. 예를 들어 '쓰레기를 아무 곳에나 버리지 맙시다.' 라는 주장을 할 수 있고, 이 주장에 대한 근거로 쓰레기를 아무 곳에나 버리지 말아야 하는 까닭을 두세 가지 제시할 수 있습니다.

3 더 좋은 동네를 만들기 위해 할 수 있는 할 수 있는 일을 생각해 보고, 그렇게 해야 하는 까닭을 생각해 봅니다.

채점 기준

상	논설문의 짜임(서론, 본론, 결론)을 잘 갖추고, 서론에서는 주장, 본론에서는 주장에 대한 근거, 결론에서는 주장을 강조하는 내용 잘 들어가도록 써서 만점입니다.
중	주장과 근거가 나타나 있지만, 논설문의 짜임(서론, 본론, 결론)을 갖추지 못해서 아쉽습니다.
하	주장과 근거가 잘 나타나 있지 않고, 논설문의 짜임(서론, 본론, 결론)을 갖추지 못해서 점수를 받기 어렵습니다.

단원 확인 평가   70~71쪽

01 예 공정 무역 제품을 사용하자.   **02** ①   **03** ④   **04** ①
05 예 타당하다. 주장과 근거가 관련이 있고, 근거가 주장을 뒷받침하고 있기 때문이다.   **06** ②   **07** ②   **08** ④   **09** ④
10 예 밤늦게 아파트 공원에서 시끄럽게 하지 맙시다.

01 글쓴이는 '공정 무역 제품을 사용하자.'라는 주장과 이에 대한 근거를 제시하고 있습니다.

02 글 (다)에서 글쓴이는 자신이 제시한 근거를 뒷받침하기 위해 『인간의 얼굴을 한 시장 경제, 공정 무역』이라는 책의 내용을 자료로 제시했습니다.

「공정 무역 제품을 사용합시다」에서 근거를 뒷받침하려고 활용한 자료

자료	내용	종류
1	일반 무역 유통 단계와 공정 무역 유통 단계 비교	그림
2	카카오 농장에서 일하는 아이들의 실태를 담은 「초콜릿 감옥」	동영상
3	『인간의 얼굴을 한 시장 경제, 공정 무역』	책
4	공정 무역 인증 표시	그림

03 공정 무역에서는 생산자 조합과 공정 무역 회사를 만들어 이러한 중간 유통 단계를 줄이고 실제로 바나나를 재배하는 생산자의 이익을 보장해 주었습니다.

04 공정 무역은 자연을 보호하고 생산자의 건강을 지키는 방법이 됩니다. 공정 무역에서는 지구 환경을 보호하는 친환경 농사법을 권장합니다.

05 글쓴이가 제시한 근거 '생산자에게 돌아갈 정당한 이익을 지켜 줍니다. 자연을 보호하고 생산자의 건강을 지키는 방법이 됩니다.'는 글쓴이의 주장과 관련 있고, 근거가 주장을 뒷받침하고 있으므로 타당한 근거라고 할 수 있습니다.

채점 기준

타당하다는 의견과 그에 대한 까닭으로 '주장과 근거가 관련 있고, 근거가 주장을 뒷받침하고 있다.'라는 내용이 들어가도록 썼으면 정답으로 인정합니다.

06 근거를 뒷받침하는 자료는 근거의 내용과 관련 있어야 합니다. 나무와 관련된 동요와 속담들은 제시한 근거의 내용과 관련 없습니다.

07 근거를 뒷받침하는 자료를 수집할 때에는 자료 수집 계획을 세워야 합니다. 자료 수집 계획을 세우면 어떤 자료가 필요한지 미리 생각할 수 있고, 자료 내용을 보고 조사 방법을 미리 생각할 수 있습니다. 또 다양한 종류의 자료를 수집하는 데에도 도움이 됩니다.

08 논설문의 서론 부분은 문제 상황이나 주장의 동기, 흥미를 끄는 질문으로 시작하면 좋습니다. 본론에는 주장을 뒷받침하는 근거 두세 가지를 제시하고 구체적이고 사실적인 자료를 제시합니다. 결론에서는 본론을 요약하고 주장을 다시 한번 강조하는 내용, 주장을 실천했을 때 나타날 긍정적 모습을 쓰면 좋습니다.

09 논설문을 심사할 기준은 논설문이 타당하게 잘 쓰여졌는지를 평가하는 기준이어야 합니다.

10 더 좋은 동네를 만들기 위해 우리가 실천할 수 있는 내용에는 어떤 것들이 있는지 생각해 봅니다.

채점 기준

더 좋은 동네를 만들기 위해 우리가 실천할 수 있는 내용으로 주장을 알맞게 제시하여 썼으면 정답으로 인정합니다.

3단원에서는 타당한 근거로 논설문을 쓰기 위해 자료를 활용하는 방법을 공부했어. 신문이나 주장하는 글을 읽을 때에는 알맞은 자료를 활용했는지 확인해 보자.

교과서 내용 학습

74~81쪽

01 (1) 사진 (2) 영상 02 예 영상이다. 사진보다 영상이 율동 동작을 더 쉽게 이해할 수 있기 때문이다. / 사진보다 영상이 율동 동작을 더 생생하게 잘 알 수 있기 때문이다. 03 지용 04 ④ 05 ⑤ 06 ⑤ 07 (2) ◯ 08 인호 09 ③ 10 (1) 예 조선 시대 궁궐의 특징 / 폴란드의 민속춤 (2) 예 사진이다. 친구들에게 소개하고 싶은 부분을 크게 확대하여 보여 주고 싶기 때문이다. / 영상이다. 영상을 보면서 민속춤을 따라 출 수 있기 때문이다. 11 ④ 12 ② 13 (3) ◯ 14 ④ 15 ㉮, ㉰ 16 ④ 17 ①, ③ 18 시준 19 예 온라인 언어폭력 피해를 다룬 도표를 찾아 보여 줄 것이다. / 누리 소통망 서비스의 댓글을 저장하여 사진으로 직접 보여 줄 것이다. 20 현재 21 ④ 22 예 '건강 주간'을 맞아 건강을 주제로 한 작품을 발표하려고 한다. 23 ⑤ 24 예 친구들과 토의해서 다양한 의견을 나눈다. / 발표 상황과 관련한 자료를 더 찾아본다. 25 ⑤ 26 ⑤ 27 (3) ◯ 28 ⑤ 29 ㉯, ㉱ 30 ② 31 ③ 32 ④ 33 예 보는 사람들에게 좋은 영향을 주는 자료일지 생각한다. / 영상에 나오는 사람의 동의를 얻는다. / 영상에 매체 자료를 넣을 때에는 그 자료의 출처를 밝힌다. 34 (2) ◯ 35 ② 36 ③ 37 ④ 38 ③

01 **1**에서는 사진을 보여 주며 설명하고, **2**에서는 영상을 보여 주며 설명하고 있습니다.

02 율동 동작을 보고 익힐 때에 사진과 영상 중 어느 것이 더 효과적일지 생각해 봅니다.

채점 기준
더 효과적인 매체 자료로 영상을 선택하고, 그 까닭을 알맞게 썼으면 정답으로 인정합니다.

03 두 사람의 대화를 통해 율동을 설명하려고 할 때는 사진보다 영상이 더욱 효과적이라는 것을 알 수 있습니다. 발표 내용의 특징에 맞는 매체 자료를 사용하면 내용을 더 효과적으로 전달할 수 있습니다.

04 ①~⑤ 중에서 주상 절리의 모습을 소개하려고 할 때 가장 효과적인 매체는 사진입니다. 사진은 설명하는 대상을 정확하게 한눈에 보여 줄 수 있습니다.

05 소리나 음악도 매체 자료에 해당합니다. 소리나 음악을 잘 사용하면 연극 장면의 느낌이나 분위기를 효과적으로 표현할 수 있습니다.

06 제시된 그림에서 활용한 매체 자료는 그림지도입니다.

07 그림지도에서 사과의 주산지는 영천에서 영월, 정선, 양구로 이동하고 있습니다.

08 그림지도를 보면 농산물의 주산지가 점차 북쪽으로 이동하고 있는 것을 알 수 있습니다. 이것은 지구 온난화 현상 때문에 기온이 상승하여 농산물의 주산지가 점차 북쪽으로 이동하는 것입니다.

09 민속춤은 영상, 달팽이 요리는 사진이나 영상, 판소리는 소리나 음악, 건축물은 사진이나 영상을 이용하는 것이 가장 효과적입니다.

사진을 보면 베트남의 전통 의상이 어떤 것인지 쉽게 이해할 수 있어.

10 친구들에게 소개하고 싶은 내용을 한 가지 정하고 어떤 매체 자료를 활용하여야 효과적으로 전달할 수 있을지 생각해 봅니다.

채점 기준
친구들에게 소개하고 싶은 내용을 한 가지 쓰고, 활용하고자 하는 매체를 소개하고 싶은 내용에 맞게 선택하여 썼으면 정답으로 인정합니다.

11 **가**는 휴대 전화에 사람이 꽉 잡혀 있는 공익 광고 사진을 제시하며 휴대 전화 중독에 대한 내용을 알려 주고,

11 ❹는 휴대 전화와 관련한 교통사고 발생 상황을 도표로 나타내어 휴대 전화 관련 교통사고가 점점 늘어나고 있다는 것을 알려 주고 있습니다.

12 ❼에서는 여러 가지 매체 자료 중 사진을 활용했습니다.

13 ❼에서는 휴대 전화가 사람을 꽉 붙잡고 있는 모습을 보여 주며 휴대 전화에 중독된 사람이 많다는 것을 표현했습니다.

14 ❹는 휴대 전화와 관련한 교통사고 발생 상황을 보여 주는 도표입니다.

15 도표의 장점은 정확한 수치를 나타낼 수 있으며, 주제와 관련된 수치를 통해 변화 모습을 한눈에 보여줄 수 있다는 것입니다. ⓑ는 영상 자료, ⓓ는 ❼에 대한 설명입니다.

16 ❷와 ❺에서는 손가락이 악마도 되고 천사도 되는 모습을 비교하여 보여 주며 온라인 댓글을 긍정적으로 쓰자는 주제를 전하고 있습니다.

17 이 영상 자료는 대조적인 장면 구성, 음악과 소리, 자막과 해설을 통해 주제를 효과적으로 표현했습니다.

영상 자료에서는 장면 구성이나 음악, 소리, 자막, 해설을 통해 주제를 효과적으로 표현할 수 있어.

18 ㉠은 마지막 장면에서 자막으로 넣은 질문으로, 영상을 보는 사람이 스스로를 돌아보게 하고, 좋은 댓글을 쓸지 나쁜 댓글을 쓸지 선택할 수 있도록 했습니다.

19 이 영상에서 전하려는 주제는 온라인 언어폭력을 하지 말고, 읽는 사람을 배려하면서 긍정적인 댓글을 쓰자는 것입니다. 이러한 주제를 잘 나타낼 수 있는 다른 매체 자료에는 어떤 것이 있는지 생각해 봅니다.

채점 기준
온라인 언어폭력에 대한 주제를 효과적으로 나타낼 수 있는 자료를 찾아서 썼으면 정답으로 인정합니다.

20 은지는 음악을, 민용이는 사진을 활용하여 발표했습니다.

21 영상 자료를 제작하고 발표하는 과정에서 가장 먼저 해야 할 일은 '발표 상황 파악하기'입니다. 발표 상황을 알아야 그에 알맞은 발표 주제와 내용을 정할 수 있기 때문입니다.

22 학교 방송에서는 '건강 주간'을 맞아 건강을 주제로 한 매체 자료를 공모한다는 내용을 알려 주고 있습니다.

23 많은 내용을 넣어 영상 자료의 길이를 길게 하는 것보다 주제와 목적에 알맞은 필요한 내용만 보여 주는 것이 더 효과적입니다.

24 발표 주제를 정할 때에는 발표 상황과 관련이 있어야 하며 듣는 사람들이 흥미를 느낄 만한 주제를 정해야 합니다.

채점 기준
발표 주제를 정할 때 고려할 점을 썼으면 정답으로 인정합니다.

25 친구들은 발표 주제와 관련이 있는 발표 내용을 정하고 있습니다.

26 ①은 편집할 때, ②는 촬영할 때, ③은 촬영 계획을 세울 때, ④는 영상 자료를 인터넷에 올릴 때 고려할 점입니다.

27 영상 자료의 주제가 '맨발 걷기의 좋은 점'이므로 맨발 걷기를 하지 않는 사람을 면담하는 장면은 촬영할 내용으로 알맞지 않습니다.

28 알맞은 영상 편집 프로그램을 정하는 것은 '촬영 계획 세우기'가 아닌 '편집하기' 단계에서 정합니다.

29 발표 영상 자료를 촬영할 때에는 전하려는 내용이 잘 드러나게 촬영해야 하며 화면을 이동할 때에는 너무 빠르지 않게 하여 흔들림이 생기지 않도록 해야 합니다. 또 촬영을 할 때 음성이 기록되는지 확인해야 하고, 보완할 점이 있으면 다시 촬영하거나 여러 번 촬영해 알맞은 장면을 골라 사용할 수 있습니다.

30 '편집하기' 단계에서는 촬영한 영상에서 발표에 사용할 필요한 장면을 고르고, 제목, 알맞은 자막, 배경 음악 등을 넣습니다.

31 맨발 걷기를 하는 장면에 가장 어울리는 음악은 경쾌하고 빠른 분위기의 음악입니다.

32 어떤 내용의 자막을 넣을지 생각해야 하는 단계는 '편집하기' 단계입니다.

33 영상 자료를 만들어서 인터넷에 올리기 전에 먼저 영상에 나오는 사람들의 동의를 얻어야 하며 영상에 매체 자료를 넣을 때에는 그 자료의 출처를 밝혀야 합니다. 또한 영상 자료가 보는 사람들에게 좋은 영향을 주는지 생각해 보아야 합니다.

채점 기준
영상 자료를 만들어서 인터넷에 올릴 때 주의할 점을 알맞게 썼으면 정답으로 인정합니다.

34 발표를 듣는 사람은 전교생이 아닌 6학년 학생들이고, '5분 영상 발표회'이므로 영상 자료의 분량은 5분 이내로 해야 합니다.

발표할 때에는 시청각실에서 6학년 학생들에게 주변 인물에 대해 5분 이내로 말해야 해.

35 주제와 발표 내용이 관련 있어야 하므로 발표할 내용을

모두 포함할 수 있는 주제가 무엇인지 생각해 봅니다.

36 영상물의 기술적인 완성도가 중요한 것이 아니기 때문에 굳이 비싼 촬영 장비가 있어야 하는 것은 아닙니다.

37 면담할 때의 질문 내용을 미리 준비하는 것은 촬영을 하는 방법에 해당합니다.

38 친구들에게 제작한 영상을 발표하기 전 점검할 때 할 수 있는 질문은 주제가 잘 전달되지 않는 부분은 어디인지, 부족한 자료나 더 보완할 점은 무엇인지에 대한 내용입니다. 나머지 보기들은 영상을 발표한 후 친구들에게 소감을 물어볼 수 있는 내용의 질문입니다.

서술형 수행 평가 돋보기 82쪽

1 (1) 영상 (2) 사진
2 (1) 예 민속춤의 움직임이나 특징을 더 자세하게 파악할 수 있고 영상을 보면서 민속춤을 따라 출 수 있다. (2) 예 매체 자료 없이 설명하면 상상만 해야 하는데 사진을 보면 어떤 전통 의상인지 쉽게 이해할 수 있다.
3 예 아프리카 원주민의 의식주 문화를 소개하면서 책에 있는 사진과 설명을 보여 줄 것이다. / 인도 문화를 소개하면서 인도에 가서 직접 찍은 사진과 영상을 같이 보여 줄 것이다. / 우리나라의 지역별 민요의 특징을 소개하면서 지도와 함께 음악을 들려줄 것이다.

---

1 진아는 폴란드의 민속춤을 영상으로 소개하려고 하고 있고, 별이는 베트남의 전통 의상을 사진으로 소개하려고 하고 있습니다.

2 친구들이 소개하려는 내용을 말로만 표현할 때와 영상이나 사진 등의 매체 자료를 활용하여 소개할 때 어떤 차이점이 있을지 생각해 봅니다. 민속춤을 소개할 때

영상을 활용하면 민속춤의 움직임이나 특징을 더 자세하게 파악할 수 있으며 영상을 보면서 민속춤을 따라 출 수 있습니다. 또한 베트남 전통 의상을 말로만 설명하면 정확한 모습이 떠오르지 않지만 사진 자료를 활용하여 설명하면 어떤 전통 의상인지 쉽게 이해할 수 있습니다.

3 자신이 친구들에게 소개하고 싶은 나라의 문화를 한 가지 정하고, 그 내용을 가장 효과적으로 전달할 수 있는 매체 자료가 무엇일지 생각하여 써 봅니다.

채점 기준

상	자신이 소개하고 싶은 나라의 문화를 한 가지 정하여 쓰고, 그 문화를 가장 잘 전달할 수 있는 매체 자료를 선택하여 글로 썼으면 만점입니다.
중	자신이 소개하고 싶은 나라의 문화를 썼지만 문화를 소개하기 위해 선택한 매체 자료가 내용과 어울리지 않아 아쉽습니다.
하	자신이 소개하고 싶은 나라의 문화만 쓰고, 그에 적합한 매체 자료를 제시하지 못했다면 점수를 받기 어렵습니다.

단원 확인 평가

88~89쪽

01 예 연극 공연을 할 때 음악을 사용하니 장면의 느낌이 더 잘 전달되었다. / 친구에게 태국 문화를 소개할 때 태국에 가서 직접 찍은 사진과 영상을 보여 주니 더 쉽게 이해했다.
02 ② 03 ⑵ ○ 04 그림지도 05 ①, ② 06 ③ 07 예 휴대 전화 사용 시간 연도별 통계를 나타낸 도표를 보여 줄 것이다. / 휴대 전화 중독으로 어려움을 겪고 있는 사람들의 면담 영상을 찾아서 제시할 것이다. 08 ㉣, ㉧, ㉡, ㉢ 09 ④
10 예 동의

---

01 매체 자료에는 영상, 사진, 표, 지도, 도표, 그림, 소리, 음악 등이 있습니다. 이런 매체 자료를 활용한 경험을 떠올려 씁니다.

채점 기준

영상, 사진, 표, 지도, 도표, 그림, 소리, 음악 등을 활용한 경험을 떠올려 알맞게 썼으면 정답으로 인정합니다.

02 세미는 친구에게 학습 발표회에서 독도의 날 기념 율동을 하자고 말하면서 사진을 보여 주며 설명하고 있습니다.

03 세미는 친구에게 사진을 보여 주며 독도의 날 기념 율동에 대해 설명하고 있습니다. 사진만으로는 친구가 율동에 대한 정보를 충분히 얻지 못하므로 전하려는 내용을 잘 전달하기 위해서는 사진보다 영상을 활용하는 것이 더 효과적입니다.

04 발표자가 활용한 매체 자료는 그림지도입니다.

그림지도를 활용하여 발표를 하면 주제에 대한 내용을 한눈에 쉽게 이해할 수 있어.

05 지구 온난화 현상으로 인해 주요 농작물의 주산지가 점점 남쪽에서 북쪽으로 이동하고 있습니다. 이것은 주요 생산지가 이동하고 있다는 것이지 원래 지역에서 더 이상 농사를 짓지 못한다는 것은 아닙니다.

06 제시된 공익 광고에서는 사람이 휴대 전화를 잡고 있지만 휴대 전화도 사람을 꽉 붙잡고 있습니다. '잡고 있습니까? 잡혀 있습니까?'라는 부분을 보면 휴대 전화에 중독되지 말고 알맞게 사용하자는 주제를 나타내고 있다는 것을 알 수 있습니다.

07 제시된 공익 광고가 '휴대 전화에 중독되지 말자.'는 주제를 나타내고 있으므로 휴대 전화에 중독이 되거나 휴대 전화 때문에 어려움을 겪고 있는 상황이 나타난 자료를 활용하면 효과적으로 표현할 수 있습니다.

채점 기준

'휴대 전화 중독에서 벗어나야 한다.', '휴대 전화를 알맞게 사용해야 한다.'라는 주제를 잘 전달할 수 있는 다른 매체 자료를 활용한 내용을 썼으면 정답으로 인정합니다.

08 영상 자료를 제작하고 발표하는 과정은 발표 상황 파악하기, 주제 정하기, 내용 및 장면 정하기, 촬영 계획 세우기, 촬영하기, 편집하기, 발표하기의 순서로 이루어집니다.

09 영상 자료를 만들 때에는 주제를 효과적으로 전달할 수 있는 내용과 장면을 정해야 합니다. 요리사가 하는 일에 대해 소개하는 영상이므로 요리를 하는 촬영자의 모습은 어울리지 않습니다.

10 영상 자료를 인터넷에 올릴 때에는 미리 영상에 나오는 사람의 동의를 얻어야 하며, 영상에 매체 자료를 넣을 때에는 그 자료의 출처를 꼭 밝혀야 합니다.

4단원에서는
매체 자료를 활용하여
내용을 효과적으로 전할 수 있는
발표 자료를 만드는 방법을
알아보았어. 잘 기억해 둬.

교과서 내용 학습

92~99쪽

01 (1) 알파벳 'E' (2) 우리말의 'ㅌ'　02 ②　03 ⑩ 우리말을 사랑하자.　04 ⑩ 사람마다 가지고 있는 지식이 다르기 때문이다. / 사람마다 경험이 다르기 때문이다. / 사람마다 속한 문화가 다르기 때문이다.　05 ⑤　06 ④　07 ③　08 미소 09 ①, ⑤　10 ⑤　11 ②　12 ⑩ 글 내용을 잘 설명할 수 있는 제목이다. / 읽는 이의 관심을 끌 수 있는 제목이다. / 자신의 생각을 잘 드러낼 수 있는 제목이다.　13 ⑤　14 정은 15 일본　16 ⑤　17 ④　18 ②　19 교육　20 ⑩ 글의 내용을 좀 더 깊이 있게 이해할 수 있다. / 글쓴이가 글을 쓴 의도나 목적을 알 수 있다.　21 ①　22 ⑩ 로봇이나 인공 지능이 이끄는 4차 산업 혁명으로 수많은 사람이 일자리를 잃을 것이다.　23 ⑩ 일자리를 잃은 사람들에게 재교육 비용으로 사용할 수 있다.　24 ④　25 (2) ○　26 ①　27 ㉮, ㉯　28 ⑩ 로봇 산업 발전에 걸림돌이 될 수 있으므로 로봇세 도입을 늦추어야 한다.　29 ④　30 ④　31 (1) – ② (2) – ①　32 ⑩ 찬성이다. 우리 사회는 혼자 사는 사회가 아니고 사람들이 함께 어울려 살아가는 사회이기 때문에 위험에 처한 사람들을 돕는 것은 당연한 의무이기 때문이다.

01　사람들은 'ㅌ'를 알파벳 'E', 우리말의 'ㅌ'으로 봅니다.

02　광고에 의하면 지금 우리의 아이들은 우리말의 'ㅌ'보다 알파벳의 'E'를 먼저 배우고 있고, 아이에서부터 어른에 이르기까지 국어보다 영어에 익숙해졌다고 했습니다.

03　광고에서는 아이들이 우리말의 'ㅌ'보다 알파벳의 'E'를 먼저 배우고 있고, 아이에서부터 어른에 이르기까지 국어보다 영어에 익숙해졌다고 하는 상황을 언급하면서 우리말을 사랑하자는 의미를 전하고 있습니다.

더 알아보기

공익 광고

공익 광고는 개인적인 이익이 아니라 나라와 국민 전체의 이익을 위하여 만든 광고를 말합니다. 담배는 몸에 해롭다든지, 에너지를 아껴 쓰자는 내용의 광고들이 그 예입니다.

04　사람마다 관점이 다른 까닭은 사람마다 가지고 있는 지식이 다르고, 경험이 다르고, 속한 문화가 다르기 때문입니다.

채점 기준

'사람마다 가지고 있는 지식이 다르다.', '사람마다 경험이 다르다.', '사람마다 속한 문화가 다르다.' 등과 같이 비슷한 내용으로 썼으면 정답으로 인정합니다.

05　글쓴이는 우리나라가 세계에서 가장 아름다운 나라가 되기를 원한다고 했습니다.

06　글쓴이는 오직 한없이 가지고 싶은 것은 높은 문화의 힘이라고 하면서 그 이유로 문화의 힘은 우리 자신을 행복하게 하고, 나아가서 남에게도 행복을 주기 때문이라고 했습니다.

07　글쓴이는 인류가 현재에 불행한 근본 까닭은 인의가 부족하고, 자비가 부족하고, 사랑이 부족하기 때문이라고 했습니다.

08　이와 같은 글을 읽을 때에는 글에 담긴 글쓴이의 생각을 파악하며 읽어야 합니다.

09　글쓴이는 이 일을 하기 위해 우리가 할 일은 사상의 자유를 확보하는 정치 양식의 건립과 국민 교육의 완비라고 했습니다.

10　글쓴이는 대한 사람이라면 간 데마다 신용을 받고 대접을 받아야 한다고 했습니다.

11　글쓴이는 우리가 증오의 투쟁을 버리고 화합의 건설을 일삼을 때라고 했습니다.

12　제목은 글 내용을 잘 설명할 수 있는 제목이어야 하고, 읽는 이의 관심을 끌 수 있는 제목이어야 하며, 또 자신의 생각을 잘 드러낼 수 있는 제목이어야 합니다.

채점 기준

'글 내용을 잘 설명할 수 있는 제목이다.', '읽는 이의 관심을 끌 수 있는 제목이다.', '자신의 생각을 잘 드러낼 수 있는 제목이다.' 등과 같이 비슷한 의미가 들어가도록 썼으면 정답으로 인정합니다.

13 남의 것을 빼앗거나 남의 덕을 보려는 사람이 아니라 가족에게, 이웃에게, 동포에게 주는 것을 즐거움으로 삼는 사람이 우리말에 이른바 선비요 점잖은 사람이라고 했습니다.

14 글쓴이는 힘든 일은 내가 앞서하니 사랑하는 동포를 아낌이요, 즐거운 것은 남에게 권하니 사랑하는 자를 위하기 때문이고, 이것이 우리 조상들이 좋아하던 인자하고 어진 덕이라고 했습니다.

15 내가 이기심으로 남을 해하면 천하가 이기심으로 나를 해할 것이니, 이것은 조금 얻고 많이 빼앗기는 것이라고 하면서 일본이 이번 전쟁에 패해 보복당한 것은 국제적·민족적으로 그것을 증명하는 가장 좋은 실례라고 했습니다.

16 문화의 힘을 기르면 우리나라 산에는 삼림이 무성하고, 들에는 오곡백과가 풍성하며, 촌락과 도시는 깨끗하고 풍성하고 화평할 것이라고 했습니다. 그리하여 대한 사람은 남자나 여자나 얼굴에는 항상 화기가 있고, 몸에서는 어진 향기를 발할 것이라고 했습니다.

17 글 **6**의 첫 부분에서 '이상에 말한 것은 내가 바라는 새 나라의 용모의 일단을 그린 것이다.'라고 하였으므로, 그 앞부분에는 글쓴이가 바라는 새 나라의 모습에 대한 내용이 나왔을 것입니다.

18 '동포 여러분!'이라는 표현을 통해 글쓴이는 동포들이 이 글을 읽을 것이라고 예상하며 글을 썼다는 것을 알 수 있습니다.

19 글쓴이는 '앞으로 세계 인류가 모두, 우리 민족의 문화를 이렇게 사모하도록 하지 아니하려는가.'라고 하면서 교육의 힘으로 반드시 이 일이 이루어질 것이라고 믿는다고 했습니다.

20 글을 읽을 때 글쓴이의 생각을 파악하며 글을 읽으면 글의 내용을 좀 더 깊이 있게 이해할 수 있습니다. 또 글쓴이가 글을 쓴 의도나 목적을 알 수 있습니다.

채점 기준

'글의 내용을 좀 더 깊이 있게 이해할 수 있다.', '글쓴이가 글을 쓴 의도나 목적을 알 수 있다.'와 비슷한 의미가 들어가도록 썼으면 정답으로 인정합니다.

더 알아보기

글쓴이의 생각을 파악하는 방법 알기
• 제목과 글에 사용한 표현을 보면 글쓴이의 관점을 알 수 있습니다.
• 글의 내용 파악으로 글쓴이가 알려 주고 싶은 생각을 찾을 수 있습니다.
• 예상 독자가 누구일지 생각해 봅니다.
• 글에 포함된 사진이나 그림을 살펴봅니다.
• 글쓴이가 글을 쓴 의도와 목적을 생각해 봅니다.

21 글쓴이는 인간과 로봇이 공존하는 방법을 찾을 수 있도록 지금이라도 로봇세를 도입해야 한다고 주장하고 있습니다.

22 세계 경제 포럼은 로봇이나 인공 지능이 이끄는 4차 산업 혁명으로 수많은 사람이 일자리를 잃을 것이라고 전망했습니다.

23 글쓴이는 로봇세를 도입하면 그 세금을 활용하여 일자리를 잃은 사람들에게 재교육 비용으로 사용할 수 있다고 했습니다.

24 글에 나타난 글쓴이의 생각을 파악하기 위해서는 글 제목과 글에 사용한 표현을 살펴보고, 글의 내용을 파악하고, 예상 독자가 누구일지 생각해 보아야 합니다.

더 알아보기

글 내용만 이해하고 읽을 때와 글쓴이의 생각을 파악하며 읽을 때 비교하기
• 글쓴이의 생각이 담기는 경우가 많은 제목을 살펴보고 글을 읽는 사람들은 글에 호기심을 느낄 수 있습니다.
• 글에서 인상 깊은 부분은 글쓴이의 생각을 파악하며 읽을 때 찾을 수 있습니다.
• 글쓴이의 생각을 파악하며 읽으면 글의 주제를 찾을 수 있습니다.
• 글 내용을 깊이 있게 이해할 수 있습니다.
• 글을 쓴 의도와 목적을 알 수 있습니다.

25 글쓴이는 로봇세 도입을 하지 말자는 주장이 아니라 아직은 로봇세를 도입하기에 때가 너무 이르다는 주장을 하고 있습니다.

26 글쓴이는 로봇세 도입은 산업 발전에 부정적인 영향을 줄 것이기 때문에 아직은 너무 빠르다는 입장입니다. 로봇세가 로봇 산업에 방해 요인이 될 수 있고, 세금 이상의 부담으로 작용할 것이고, 로봇 산업 발전에 도움이 되지 않는다는 표현을 통해 로봇세 도입을 반대하는 입장이라는 것을 짐작할 수 있습니다.

27 글쓴이는 로봇세 도입이 빠르다고 하면서 그 근거로 첫째, 로봇세 도입은 로봇 산업 발전에 도움이 되지 않고, 둘째, 지금은 로봇세가 아니라 로봇 기술 개발에 더 집중할 때라고 했습니다.

28 글쓴이는 로봇세 도입은 로봇 산업 발전에 부정적인 영향을 줄 것이기 때문에 로봇세 도입을 늦추어야 한다고 하면서 그에 대한 근거를 제시하고 있습니다.

채점 기준
'로봇세 도입은 로봇 산업 발전에 부정적인 영향을 줄 것이기 때문에 로봇 산업을 키울 수 있도록 로봇세 도입을 늦추어야 한다.'와 비슷한 의미가 들어가도록 썼으면 정답으로 인정합니다.

29 젊은이를 상대로 소송을 낸 익사자 가족은 "그때 도와줬다면 내 아들은 죽지 않았어요."라고 했습니다.

30 '착한 사마리아인의 법'은 위험에 처한 사람을 돕지 않으면 처벌할 수 있는 법 제도입니다.

31 (1)의 의견에 대해서는 '당연히 지켜야 할 도덕적 의무를 따르지 않는다면 법으로 처벌하는 게 옳다.'라는 근거를 제시할 수 있습니다. (2)의 의견에 대해서는 '도덕까지 법으로 규제하는 것은 옳지 않다.'라는 근거를 제시할 수 있습니다.

32 찬성의 입장에서는 착한 사마리아인의 법을 제정해야 하는 까닭과 그렇게 했을 때의 좋은 점을 생각해 볼 수 있습니다. 반대의 입장에서는 착한 사마리아인의 법을 제정하지 않아야 하는 까닭과 착한 사마리아인의 법에 대한 문제점을 생각해 볼 수 있습니다.

채점 기준
찬성 혹은 반대의 입장을 명확히 밝히고, 그에 대한 알맞은 근거를 제시하였으면 정답으로 인정합니다.

서술형 수행 평가 돋보기
100쪽

1 예 로봇세 도입은 로봇 산업 발전에 도움이 되지 않을 것이기 때문에 늦추어야 한다.

2 • 같은점 예 로봇 개발에 필요한 원천 기술에 더 집중하고 로봇 산업 발전에 투자해야 한다. • 다른 점 예 로봇세를 도입해야 한다고 생각한다. 로봇세를 도입하면 그 돈으로 로봇 산업이나 로봇 기술 개발에도 투자할 수 있기 때문이다.

3 예 로봇세를 도입해야 한다고 생각한다. 현재 우리 생활 주변 많은 곳에서 사람 대신 로봇이 일을 하고 있다. 사람의 일을 대신하는 로봇이라면 당연히 세금을 내야 한다. 그리고 그 세금은 로봇 개발 기술에 투자하여 로봇 산업이 더욱 발전할 수 있게 해야 할 것이다. / 예 이 글을 읽기 전에는 로봇세를 도입해야 한다고 생각했는데, 이 글을 읽은 후 로봇세 도입이 아직은 빠르다는 생각이 들었다. 로봇 기술 개발에 투자해야 할 돈을 세금으로 내야 한다면 그만큼 로봇 기술 개발에 걸림돌이 될 것이기 때문이다.

1 글쓴이는 로봇세 도입은 산업 발전에 도움이 되지 않을 것이기 때문에 로봇세 도입을 늦추어야 한다는 입장입니다.

2 글쓴이의 생각과 내 생각이 비슷할 수도 있고, 다를 수도 있습니다. 로봇세에 대한 자신의 생각을 정리해 보고, 어떤 점이 비슷하고 어떤 점이 다른지 생각하여 씁니다.

3 로봇세에 대한 자신의 생각을 쓰고, 그렇게 생각한 까닭을 씁니다. 글을 읽은 후 자신의 생각이 변화가 있었다면 변화된 생각과 그 까닭을 씁니다.

단원 확인 평가

106~107쪽

01 ③, ⑤   02 예 「내가 바라는 우리나라」 / 「우리가 원하는 나라」   03 예 로봇은 기계이기 때문이다.   04 ③   05 ⑤   06 규빈   07 ㉡   08 ㉣   09 ④   10 예 제목과 글에 사용한 표현을 살펴본다. / 글의 내용을 파악한다. / 글에 포함된 사진이나 그림을 살펴본다.

01 글쓴이는 인류가 현재에 불행한 근본 까닭은 인의가 부족하고, 자비가 부족하고, 사랑이 부족한 때문이라고 하면서 이 마음만 발달이 되면, 현재의 물질력으로 인류 20억이 다 편안히 살아갈 수 있을 것이라고 했습니다.

02 글쓴이의 생각을 잘 드러낼 수 있는 제목으로 생각해 봅니다.

03 현행법으로 로봇에게 세금을 부과할 수 없습니다. 법적인 의미에서 자연인과 법인만이 세금을 납부할 수 있는데 로봇은 기계이기 때문입니다.

04 글쓴이는 지금이라도 로봇세를 도입해야 한다고 주장하고 있습니다. 로봇세를 부과하여 그 세금으로 사람들이 여유로운 삶을 살 수 있다고 하는 것은 로봇세 도입을 찬성하는 입장입니다.

05 글쓴이는 로봇에게 세금을 부과하면 로봇 때문에 일자리를 잃은 사람들을 위한 재교육 비용으로 사용할 수 있다고 했습니다.

06 하은이는 글쓴이와 반대되는 생각을 갖고 있습니다.

07 글쓴이는 로봇세 도입은 로봇 산업의 발전에 도움이 되지 않을 것이기 때문에 아직은 너무 이르다고 주장하고 있습니다.

08 글쓴이는 로봇세 도입이 너무 이르다고 하면서 그 이유로 로봇세 도입은 로봇 산업 발전에 도움이 되지 않고, 지금은 로봇세가 아니라 로봇 기술 개발에 더 집중할 때라고 했습니다.

09 글의 제목을 정할 때에는 글의 내용을 잘 설명할 수 있는 제목 혹은 읽는 이의 관심을 끌 수 있는 제목으로 정합니다. 또 자신의 생각을 잘 드러낼 수 있는 제목을 정하는 것도 좋습니다. 이 글의 글쓴이는 로봇세 도입이 너무 이르다는 생각을 가지고 있으므로 그런 생각을 잘 나타낼 수 있는 제목을 정하면 좋습니다.

10 글에 나타난 글쓴이의 생각을 파악하기 위해서는 제목과 글에 사용한 표현을 살펴봅니다. 또 글의 내용을 파악하고, 글에 포함된 사진이나 그림을 살펴보는 것도 좋습니다.

110~117쪽

교과서 내용 학습

01 ② 02 ① 03 ① 04 재윤 05 ㉮ 06 ㉔ 우리 후손들을 위해 환경을 더 이상 훼손하지 말고 보호하고 가꾸어야 한다. / 환경오염을 막을 수 있는 대책을 마련해야 한다. 07 ②, ④ 08 의도 09 태형 10 ① 11 ⑤ 12 ㉔ 음식물 쓰레기의 낭비를 줄이자. / 잘못된 음식 문화를 고치자. 13 ③ 14 신바람 자전거 15 ① 16 ①, ② 17 ④ 18 ① 19 이보다 가벼울 수는 없다! 20 ㉔ 광고의 내용을 그대로 믿게 된다. 21 ⑤ 22 ③ 23 진행자 24 (1) 진행자의 도입 (2) 기자의 보도 (3) 기자의 마무리 25 ④ 26 기자의 마무리 27 ㉮, ㉯, ㉰ 28 ①, ③ 29 ㉔ 감염병을 예방할 수 있는 올바른 손 씻기 방법을 알려 주므로 가치 있고 중요한 뉴스라고 생각한다. 30 **1** 31 ① 32 ④ 33 ② 34 해인

01 뉴스에서는 전 세계가 참가한 보편적 기후 변화 협정인 '파리 협정'에 대해 알려 주고 있습니다.

02 세계 여러 나라는 지구 온난화를 막기 위해 기후 변화 협정을 체결하여 지구의 기온 상승 폭을 낮추려고 하고, 온실가스 감축을 하려고 합니다.

03 '파리 협정' 최종 합의문의 핵심은 지구의 기온 상승 폭을 산업화 이전 대비 섭씨 2도 아래로 억제하고, 가능하면 섭씨 1.5도까지 낮추는 것입니다. 또 온실가스 감축을 위해 선진국들이 2020년까지 매년 천억 달러의 기금을 개발 도상국에 지원하도록 하고, 195개 당사국 모두가 지켜야 하는 구속력 있는 첫 합의입니다.

04 뉴스에서는 전 세계가 참가한 보편적 기후 변화 협정인 '파리 협정'에 대해 알려 주고 있고, 이를 위해 전 세계가 함께 노력해야 한다는 내용을 전하고 있습니다. 재윤이는 이러한 내용을 잘못 이해했습니다.

05 대화 ㉮는 뉴스에서 알려 준 기후 협약이 무엇인지에 대해 대화하는 내용입니다.

> **더 알아보기**
>
> **「파리 기후 협약 체결, 기온 상승 폭 2도 제한」을 본 사람들의 반응**
> • 기후 협약이 무엇인지 궁금합니다.
> • 기후 협약은 지구 온난화를 막으려고 여러 나라가 체결한 협약입니다.
> • 기후 협약이 체결되면 우리나라에서도 온실가스 배출 규정이 강화될 것입니다.
> • 기후 협약에 참여하지 않는 나라는 비판받을 만합니다.
> • 지금은 힘들겠지만 다음 세대를 위해 환경을 보전하는 일은 꼭 필요합니다.
> • 우리가 실천할 수 있는 방법을 찾아봐야겠습니다.

06 뉴스는 환경오염으로 인한 지구 온난화의 심각성과 세계적으로 이에 대한 심각성을 알고 대처해야 한다는 내용입니다. 뉴스를 본 사람들은 환경을 보전해야 한다고 생각하고 있습니다.

> **채점 기준**
>
> '환경을 보호하고 가꾸어야 한다.', '환경오염에 대한 대책을 마련해야 한다.'와 비슷한 의미가 들어가도록 썼으면 정답으로 인정합니다.

07 뉴스는 사람들에게 새로운 정보를 알려 주고, 어떤 일을 긍정적이거나 비판적인 시각으로 보게 합니다. 또 여러 사람의 생각에 영향을 주어 여론을 형성합니다.

08 광고에서 전하려고 하는 것을 광고의 의도라고 합니다.

09 태형이는 세계의 기아와 빈곤 문제에 대해 말하고 있습니다. 정국이와 민아의 의견은 세계 지역의 문제라고 보기 어렵습니다.

10 광고에서는 한 해에 버려지는 음식물 쓰레기를 중형차 백만 대를 버리는 것에 비교하였습니다.

> **더 알아보기**
>
> **112쪽 공익 광고에 드러난 의도와 표현 특성**
> • 주제가 잘 드러나도록 글, 그림, 사진을 효과적으로 사용했습니다.
> • 오래 기억되도록 같은 말을 반복해 사용했습니다.
> • 효과적으로 표현하려고 강조법을 사용했습니다.

11 제시된 광고는 쉽게 눈에 띄게 하려고 중요한 글자의 배

경을 빨간색으로 표시하고 더 크게 하여 강조했습니다.

12 제시된 광고는 음식물 쓰레기의 경제적 손실이 연간 약 20조 원이라고 하면서 버려야 할 것은 잘못된 음식 문화라고 했습니다.

13 광고는 전하려고 하는 내용을 잘 전달하기 위한 다양한 표현 특성을 가지고 있습니다. 인상 깊은 사진이나 그림을 넣기도 하고, 글씨체나 글씨 크기에 변화를 주기도 합니다. 또 오래 기억되도록 같은 말을 반복해서 사용하기도 하고, 효과적으로 표현하기 위해 강조법을 사용하기도 합니다.

14 광고에서는 신바람 자전거를 광고하고 있습니다.

15 광고를 보고 친구들과 광고의 내용이나 표현 방법 등에 대해 다양한 생각을 나눌 수 있습니다. 예를 들어 광고에서 과장하거나 감추는 내용이 있는지, 글과 그림은 어떻게 구성되어 있는지, 글자의 모양과 크기를 다르게한 까닭은 무엇인지, 광고 화면을 밝고 긍정적으로 표현한 까닭은 무엇인지 등에 관한 생각을 나눌 수 있습니다.

16 광고에서 오래 기억하도록 하기 위해 '신바람', '최고'라는 표현을 반복적으로 사용했습니다.

더 알아보기

113쪽 광고의 광고 문구에서 과장하거나 감추는 내용

광고 문구	과장하거나 감추는 내용 ⑩
당신의 일상에 신바람이 일어납니다.	자전거를 탄다고 누구나 신바람이 나는 것은 아니므로 과장된 내용이다.
당신의 즐거운 일상과 건강한 체력을 책임져 줄 단 한 가지!	'단 한 가지'가 신바람 자전거만 될 수 있는 것이 아니므로 과장된 표현이다.
소비자 만족도 1위	언제, 어떤 조사에서 소비자 만족도가 1위였는지와 관련한 정보를 감추고 있다.
기분 최고, 건강 최고, 기술력 최고! 신바람 자전거가 선사합니다.	기분, 건강, 기술력에 각각 '최고'라는 표현이 과장되었다.

17 광고를 볼 때에는 광고의 내용을 그대로 믿지 말고 과장하거나 감추는 내용을 담은 부분을 비판적으로 보아야 합니다.

더 알아보기

광고 내용을 그대로 믿으면 생기는 문제점

- 비판하지 않고 광고를 보면 그 내용을 모두 사실이라고 믿을 수 있기 때문에 위험합니다.
- 광고 내용을 모두 믿고 제품을 구입하면 피해를 입을 수 있습니다.

18 광고는 깃털 책가방을 판매하기 위해 만든 광고입니다.

19 '이보다 가벼울 수는 없다!'라는 광고 문구는 더 가벼운 책가방이 있을 수 있기 때문에 과장된 표현이라고 할 수 있습니다.

더 알아보기

광고 「깃털 책가방」의 광고 문구에서 과장하거나 감추는 내용

광고 문구	과장하거나 감추는 내용 ⑩
이보다 가벼울 수는 없다!	더 가벼운 책가방이 있을 수 있기 때문에 과장되었다.
교과서를 모두 넣어도 찢어질 염려 없는	교과서를 모두 넣을 때 무거우면 찢어질 수도 있기 때문에 과장되었다.
거품 없는 가격과 최고의 품질	가격에 거품이 있을 수 있고, 최고의 품질이라는 말은 과장되었다.
멘 듯 안 멘 듯 깃털처럼 가벼운	멘 듯 안 멘 듯 깃털처럼 가볍다는 말은 소비자에 따라 느낌이 다를 수 있으므로 과장되었다.
해외로 수출하는 우수 제품입니다.	어떤 나라로 수출하는지와 관련 있는 자세한 정보를 감추고 있다.

20 광고를 볼 때 비판적으로 보지 않으면 과장 광고나 허위 광고가 무엇인지 판단하며 광고를 볼 수 없게 되고, 광고의 내용을 그대로 믿을 수 있습니다.

21 광고에 나타난 표현의 적절성을 알아보면 과장 광고나 허위 광고가 무엇인지 판단하며 광고를 볼 수 있어서 좋습니다. 또 광고의 내용을 그대로 수용하지 않고 비판적으로 볼 수 있어서 좋습니다.

과장 광고와 허위 광고

- 과장 광고: 상품이 잘 팔리게 하려고 상품 기능을 실제보다 부풀린 광고입니다.
- 허위 광고: 있지도 않은 상품 기능을 있는 것처럼 설명하는 광고입니다.

22 뉴스에서는 재미와 감동이 함께하는 '스마트 기부'가 확산된다는 내용을 알려 주고 있습니다.

23 뉴스의 진행자는 뉴스에서 보도할 내용을 유도하거나 핵심 내용을 요약해 안내합니다. 기자는 취재한 내용을 보도하고, 전체 내용을 요약하거나 핵심 내용을 강조합니다.

24 ㉠은 진행자가 핵심 내용을 요약해 안내하는 '진행자의 도입', ㉡은 기자가 취재한 내용을 보도하는 '기자의 보도', ㉢은 뉴스 전체의 내용을 요약하고 정리하는 '기자의 마무리'입니다.

25 뉴스에서 사람들의 이해를 돕고 뉴스 내용을 일목요연하게 보여 주기 위해 면담한 내용을 자료로 사용했습니다.

26 ㉠은 전체 내용을 요약하거나 핵심 내용을 강조하는 기자의 마무리 부분입니다.

27 뉴스의 관점을 뒷받침하려고 관련 실험, 전문가 면담, 주제와 관련된 연구 결과 등을 활용했습니다.

28 뉴스의 타당성을 판단할 때에는 가치 있고 중요한 뉴스인지, 뉴스의 관점과 보도 내용이 서로 관련이 있는지, 자료가 뉴스의 관점을 뒷받침하는지, 자료의 출처가 명확한지 등에 대해 살펴보아야 합니다.

뉴스가 타당성이 있도록 의견 제시하기

타당성을 판단하는 방법	의견 더하기 예
가치 있고 중요한 뉴스인지 살피기	감염병을 예방할 수 있는 올바른 손 씻기 방법을 알려 주어서 가치 있고 중요한 뉴스라고 생각한다.
뉴스의 관점과 보도 내용이 서로 관련 있는지 살피기	뉴스의 관점과 관련해 사람들의 손 씻는 방법이 제각각임을 소개하고, 올바른 손 씻기 방법을 제시했다.
활용한 자료들이 뉴스의 관점을 뒷받침하는지 살피기	뉴스의 관점을 뒷받침하려고 관련 실험, 전문가 면담, 주제와 관련한 연구 결과를 활용했는데, 조금 더 자세하고 타당하게 실험 결과나 연구 결과를 밝히면 좋을 것 같다.
자료의 출처가 명확한지 살피기	전문가와 관련한 정보를 정확히 밝혔다. / 기자의 마무리 부분에 제시한 연구 결과의 출처가 없으므로 명확하게 제시해야 한다.

29 '감염병을 예방할 수 있는 올바른 손 씻기 방법'은 우리가 생활하면서 꼭 알아야 할 내용이고, 우리 생활에 많은 도움을 주는 뉴스입니다. 이러한 내용은 가치 있고 중요한 뉴스라고 할 수 있습니다.

'감염병을 예방할 수 있는 올바른 손 씻기 방법을 알려 주므로 가치 있고 중요한 뉴스라고 생각한다.' 등과 같은 의미가 들어가도록 썼으면 정답으로 인정합니다.

30 뉴스를 만드는 과정 중 어떤 내용을 보도할지 회의할 때에는 새로운 정보는 무엇인지 생각해 보고, 우리 주변에서 최근 일어난 일은 무엇인지 살펴보아야 합니다.

31 뉴스를 만들 때 기자는 알리려는 내용을 취재하는 일을 합니다.

32 뉴스 원고를 쓸 때에는 사람들에게 쉽고 분명하게 그 내용을 전달될 수 있도록 정확한 표현을 사용합니다. 또 짧고 간결한 표현을 사용하고, 타당한 정보를 제시하도록 합니다.

33 운동장에서 안전하게 노는 방법에 대해 알고 싶어 하므로 안전한 운동장 놀이 방법에 대한 뉴스 주제가 알맞습니다.

34 자신이 쓴 뉴스 원고를 고칠 때는 모호한 표현을 지우고 내용이 분명하게 전달될 수 있는 표현을 쓰는 것이 좋습니다. 뉴스 원고는 뉴스를 보는 사람을 고려해서 써야 합니다. 어려운 말은 쉽게 풀어서 말하듯이 쓰고, 인격을 존중하는 말을 사용해야 합니다.

뉴스를 발표할 때 주의할 점

• 누구나 알아들을 수 있도록 말하는 빠르기가 적절해야 합니다.

• 뉴스를 보도할 때에는 진지한 자세로 뉴스 내용을 전해야 합니다.

• 쓴 뉴스 원고를 단순히 따라 읽는 것이 아니라 자연스럽게 말해야 합니다.

• 정확한 내용을 간결하게 전달해야 합니다.

• 적절하지 않은 표현이나 부정확한 내용은 뉴스 내용으로 구성하지 않아야 합니다.

서술형 수행 평가 돋보기

118쪽

1 ⑩ 올바른 손 씻기 방법

2 ⑩ 관련 실험, 전문가 면담, 주제와 관련한 연구 결과 등을 활용했다.

3 ⑩

기준	뉴스의 타당성
가치 있고 중요한 뉴스인가?	감염병을 예방할 수 있는 올바른 손 씻기 방법을 알려 주어서 가치 있고 중요한 뉴스이다.
뉴스의 관점과 보도 내용이 서로 관련 있는가?	뉴스의 관점과 관련해 사람들의 손 씻는 방법이 제각각임을 소개하고, 올바른 손 씻기 방법을 제시하고 있으므로 뉴스의 관점과 보도 내용이 서로 관련 있다.
활용한 자료들이 뉴스의 관점을 뒷받침하는가?	조금 더 자세하고 타당하게 실험 결과나 연구 결과를 밝히면 좋을 것 같다.

1 뉴스에서는 올바른 손 씻기 방법에 대해 알려 주고 있습니다.

2 뉴스에서는 올바른 손 씻기 방법과 관련하여 학생들을 대상으로 한 실험, 전문가 면담, 손 씻기와 관련한 연구 결과 등을 활용하여 뉴스의 관점을 뒷받침하고 있습니다.

3 제시된 뉴스가 가치 있고 중요한 뉴스인지, 뉴스의 관점과 보도 내용이 서로 관련 있는지, 활용한 자료들이 뉴스의 관점을 뒷받침하는지에 대한 타당성을 판단해 봅니다.

채점 기준

상	제시된 세 가지 기준에 대해 각각의 기준에 맞게 뉴스의 타당성을 잘 판단하여 써서 만점입니다.
중	제시된 세 가지 기준에 대해 1~2가지 기준에 맞게 뉴스의 타당성을 판단하여 써서 아쉽습니다.
하	제시된 세 가지 기준에 대해 각각의 기준에 맞게 뉴스의 타당성을 잘 판단하지 못하여 점수를 받기 어렵습니다.

단원 확인 평가

124~125쪽

01 ③   02 ②   03 소율   04 ㉠   05 ⑩ 과장 광고나 허위 광고가 무엇인지 판단하며 광고를 볼 수 있다. / 광고를 그대로 수용하지 않고 비판적으로 볼 수 있다.   06 진행자의 도입   07 ①, ⑤   08 기자   09 타당성   10 ③

01 광고에서 자동차가 바다에 떨어지는 장면을 보여 준 까닭은 그 장면이 음식물 쓰레기를 버리는 장면과 비슷하기 때문입니다.

02 제시된 광고는 음식물 쓰레기의 경제적 손실이 연간 약 20조 원이라고 하면서 버려야 할 것은 잘못된 음식 문화라고 했습니다.

03 광고 화면을 밝고 긍정적으로 표현하면 신바람 자전거의 이미지를 소비자에게 긍정적으로 전달할 수 있습니다.

04 '당신의 일상에 신바람이 일어납니다.', '건강한 체력을 책임져 줄 단 한 가지', '소비자 만족도 1위', '기분 최고, 건강 최고, 기술력 최고!' 등은 모두 과장하거나 감추는 내용이라고 할 수 있습니다.

05 광고에서 표현의 적절성을 알아보면 과장 광고나 허위 광고가 무엇인지 판단하며 광고를 볼 수 있습니다. 또 광고를 그대로 수용하지 않고 비판적으로 볼 수 있습니다.

채점 기준

'과장 광고나 허위 광고가 무엇인지 판단하며 광고를 볼 수 있다.', '광고를 그대로 수용하지 않고 비판적으로 볼 수 있다.' 등의 의미가 들어가도록 썼으면 정답으로 인정합니다.

06 ㉠은 '진행자의 도입'에 해당하는 부분으로 뉴스의 핵심 내용을 요약해 안내합니다.

07 뉴스에서는 뉴스 내용에 대한 사람들의 이해를 돕고, 뉴스의 관점을 뒷받침하기 위해 시민 면담, 전문가 면담 내용을 자료로 제시합니다.

08 뉴스에서 기자는 취재한 내용을 뉴스로 보도합니다. 진행자는 뉴스의 핵심 내용을 요약해 안내합니다.

09 뉴스의 타당성을 판단할 때에는 가치 있고 중요한 뉴스인지, 뉴스의 관점과 보도 내용이 서로 관련 있는지, 자료가 뉴스의 관점을 뒷받침하는지, 자료의 출처가 명확한지 등에 대해 살펴보아야 합니다.

10 뉴스를 만들 때에는 가장 먼저 어떤 내용을 보도할지 회의합니다. 회의 결과에 따라 내용이 정해지면 알리려는 내용을 취재하고, 뉴스 원고를 씁니다. 그리고 취재한 내용을 효과적으로 알리기 위한 뉴스 영상을 제작하고 편집한 후, 마지막으로 사람들에게 전하려는 내용을 보도합니다.

6단원에서는 광고나 뉴스를 볼 때 무엇을 판단하며 보아야 하는지 공부했어. 광고나 뉴스를 볼 때에는 표현의 적절성과 정보의 타당성을 판단해 보자.

글 고쳐 쓰기

교과서 내용 학습

128~133쪽

01 ①, ②   02 예 주제를 잘 드러내는 제목이 아니기 때문이다.   03 ③   04 ①   05 예 맛있어도   06 ②   07 예 요즘 많은 어린이가 이야기할 때 은어나 비속어를 사용한다.   08 ③   09 예 고운 말을 사용하면 서로 존중하는 마음을 전할 수 있기 때문이다.   10 ①   11 (1) 예 고운 말을 사용하는 것은 우리말을 아름답게 가꾸고 지키는 일이다. (2) 예 이제라도 고운 말을 사용하는 바른 언어 습관을 기르려고 노력하자.   12 ❸   13 ⑤   14 예 비록 한 끼라서〔일지라도〕 아침밥을 거르거나 대충 때우면 하루 온종일 열량과 영양소가 부족해 건강을 잃게 된다.   15 (1) ○   16 ③   17 예 사람과 동물의 몸은 차이가 크기 때문에   18 ②   19 도현   20 ①   21 (1) ○   22 예 시간이 오래 걸리고 비용이 많이 든다.   23 (1) 예 동물 실험에 찬성한다. / 예 동물 실험을 반대한다. (2) 예 사람의 안전을 위해서는 동물의 희생이 필요하다. / 예 동물의 생명도 사람의 생명만큼 소중하다.   24 (1) ㉠ (2) ㉡ (3) ㉮   25 ⑤   26 ①, ⑤   27 예 장바구니를 사용한다. / 친환경 제품을 사용한다.   28 (1) ○ (3) ○   29 ③, ④   30 ⑤

01 글 ㉮에는 맞춤법이 틀린 낱말이 없고, 은어나 비속어가 나타나 있지 않습니다.

02 글쓴이가 나타내고자 하는 주장과 그에 대한 근거가 무엇인지 살펴보고 제목을 바꾸어 쓴 까닭을 생각해 봅니다.

> **채점 기준**
> 글 ㉮의 제목이 주제나 글의 중심 내용 등을 대표하지 않는다는 내용이 들어가 있으면 정답으로 인정합니다.

03 글 ㉮와 ㉯에는 '불량 식품을 먹지 말자.'는 글쓴이의 주장이 나타나 있습니다.

04 ㉠은 글의 주제와 관련이 없는 내용이기 때문에 글 ㉯에서는 삭제했습니다.

05 '아무리'는 '~아도/어도'와 호응하므로 '맛있어도'로 고쳐 씁니다.

06 이 글은 주장하는 글로, 고운 말을 사용하자고 읽는 사람을 설득하기 위해 쓴 글입니다.

07 '요즘'은 현재를 나타내는 말이고 '사용했다'는 과거를 나타내는 말이므로, '사용했다'를 '사용한다'로 고쳐 씁니다.

08 '만약'과 호응하는 말은 '~다면'입니다.

09 글 ❷에서는 고운 말을 사용하면 서로 존중하는 마음을 전할 수 있기 때문에 고운 말을 써야 한다고 했습니다.

10 글의 제목은 글쓴이의 생각을 나타내거나 글 내용에 대해 궁금증을 불러일으켜야 하기 때문에 글쓴이의 주장이 무엇인지 살펴보고 제목을 고쳐 써야 합니다.

11 주장하는 글을 쓸 때에는 지나치게 단정적이거나 불확실한 표현을 사용하지 않는 것이 좋습니다.

> **채점 기준**
> 단정적이거나 불확실한 표현을 사용하지 않고 글의 내용에 알맞게 고쳤으면 정답으로 인정합니다.

12 주장하는 글의 결론 부분에서는 글 ❸과 같이 지금까지 쓴 내용을 정리하고 주장을 다시 한번 강조합니다.

13 뒷받침 문장에는 고운 말을 사용해 우리말을 지켜야 한다는 내용이 나타나 있으므로 중심 문장을 뒷받침 문장에 알맞게 고쳐 씁니다.

14 '한 끼라서'는 '한 끼일지라도'로 고쳐 쓸 수 있고, '하루'는 삭제해야 합니다.

15 두 번째 문단에서 동물 실험을 한다고 해도 부작용을 일으키는 경우가 있다는 것을 알 수 있습니다.

16 동물 실험을 하지 않을 때 일어날 수 있는 일은 ③입니다.

17 사람과 동물의 몸은 차이가 크기 때문에 동물 실험을 통과한 신약이라도 효과가 없거나 부작용을 일으키는 경우가 많습니다.

18 이 글은 동물 실험에 반대하는 주장이 나타나 있는 자료입니다.

19 이 글은 동물 실험을 하지 말자는 내용이므로 동물 실험을 하는 것을 금지하는 법에 대해 말한 도현이의 말이 뒷받침할 수 있는 자료로 알맞습니다.

20 이 글에는 동물 실험이 새로운 약을 개발하는 데에 중요한 역할을 하고 있다는 내용과 함께 동물 실험이 필요하다는 주장이 나타나 있습니다.

21 동물 실험을 해야 한다는 주장을 뒷받침하는 근거로 알맞은 내용은 무엇인지 생각해 봅니다.

22 동물 실험을 다른 방법으로 대체하면 동물을 보호할 수 있지만 대체 방법을 개발하는 동안 긴 시간과 많은 비용이 필요합니다.

23 동물 실험에 대해 찬성이나 반대의 주장을 정하고 그에 대한 근거를 정리하여 씁니다.

> **채점 기준**
> 동물 실험에 대한 자신의 주장과 그에 대한 근거가 적절하면 정답으로 인정합니다.

24 주장하는 글은 서론, 본론, 결론으로 구성되며, 문제 상황에 대한 글쓴이의 주장과 주장을 뒷받침하는 근거가 나타나 있습니다.

25 가에서는 콘크리트로 덮여 있던 하천이나 생활 하수로 악취가 나던 하천을 복원하여 자연을 보호하고 있습니다.

26 나의 사람들은 내복을 입고 문틈의 찬 바람을 막는 방법으로 에너지를 절약해서 인간과 자연이 조화를 이루기 위해 노력하고 있습니다.

27 인간과 자연이 조화를 이루며 발전하기 위해 할 수 있는 일에는 장바구니 사용하기, 친환경 제품 사용하기, 동물들의 삶의 터전 보전하기 등이 있습니다.

> **채점 기준**
> 인간과 자연이 조화를 이루며 발전하기 위해 실천할 수 있는 방안이 나타나 있으면 정답으로 인정합니다.

28 자연은 인간만의 것이 아니고 자연을 보호할 때 인간이

행복하게 살 수 있기 때문에 인간과 자연이 조화를 이루며 발전해야 합니다.

29 인간과 자연이 조화를 이루며 발전해야 한다는 내용을 뒷받침할 수 있는 자료에는 친환경 제품의 예, 전기차의 사용 현황, 인간과 자연이 조화를 이루며 발전한 나라의 사례 등이 있습니다.

30 글을 고쳐 쓸 때에는 한 문단에 중심 생각이 한 개만 나타나도록 써야 합니다.

서술형 수행 평가 돋보기   134쪽

1 예 건강을 해치는 불량 식품

2 예 그리고 비록 유통 기한을 알 수 없어 신선하지 않은 식품을 먹게 될 수도 있습니다.

3 예 불량 식품을 먹지 말자.

4 예 건강을 해치는 불량 식품

　여러분, 불량 식품을 먹지 맙시다. 불량 식품에는 무엇이 들어갔는지, 그리고 유통 기한은 언제까지인지 정확히 적혀 있지 않습니다. 불량 식품을 먹으면 해로운 물질이 몸에 들어가 병에 걸리기 쉽습니다. 그리고 유통 기한을 알 수 없어 신선하지 않은 식품을 먹게 될 수도 있습니다. 불량 식품은 아무리 맛있어도 먹지 말아야 합니다.

1 글의 제목을 글의 내용에 어울리게 바꾸어 봅니다.

2 알맞은 교정 부호를 사용하여 문장에서 적절하지 않은 낱말이나 띄어 쓰기를 고쳐 씁니다.

3 글쓴이는 '불량 식품을 먹지 말자.'고 주장하고 있습니다.

4 1~2에서 답한 내용을 떠올리며 글의 내용을 알맞게 고쳐 써 봅니다.

상	글의 제목과 글의 내용을 알맞게 고쳐 썼으면 만점입니다.
중	글의 제목과 글의 내용 중에 일부분만 고쳐 쓴 점이 아쉽습니다.
하	글의 제목과 글의 내용을 대부분 고쳐 쓰지 못하였다면 점수를 받기 어렵습니다.

단원 확인 평가

138~139쪽

01 (1) – ① (2) – ② 02 ⑳ 불량 식품은 아무리 맛있어서도
03 원활한 04 ⑳ 투쟁, 싸움 05 ⑳ 은어나 비속어를 사용
한다면 그것이 우리 후손에게 그대로 전해질 것이다. 고운 말
을 사용해 아름다운 우리말을 지켜야 한다. 06 해설 참조
07 ② 08 ⑷ 09 ⑳ 인간을 위한 동물 실험을 반대한다.
동물실험을 통과한 약도 효과가 없거나 사람들에게 부작용을
일으킬 수 있기 때문이다. 10 ①

01 ㉠은 글의 주제와 관련 없는 내용이기 때문에 문장을
삭제했고, ㉢은 앞 문장을 더 자세히 설명하기 위해 내
용을 추가했습니다.

02 '아무리'는 '~아도/어도'와 호응하기 때문에 '아무리 맛
있어도'로 고쳐 써야 합니다.

03 은어나 비속어를 사용하면 듣는 사람이 잘 이해할 수
없으므로 '원활한'을 넣는 것이 자연스럽습니다.

04 '투쟁'은 어떤 대상을 극복하려고 싸우거나 집단 간에
싸우는 일을 일컫는 말이므로 '투쟁'을 '싸움'이나 '다툼'
등으로 바꾸는 것이 더 자연스럽습니다.

05 지나치게 긴 문장은 이해하기 어려우므로 나누어 씁니다.

06 '불편해졌다'는 '불편해진다'로 고쳐 쓰고, '오래지속되
면'은 '오래 지속되면'이라고 고쳐 써야 합니다.

> ⑳ 아침밥은 장수의 필수 조건이다. 날마다 아침밥
> 을 거르면 밤새 분비된 위산이 중화되지 않아 위가
> 불편해졌다. 이런 습관이 오래지속되면 위염이나
> 위궤양으로 진행될 수 있다.

07 글 ⑺는 동물 실험을 해서는 안 된다는 주장이므로 동
물 실험으로 희생되는 동물에 대한 내용이 뒷받침하는
근거로 알맞습니다.

08 글 ⑺에는 동물 실험의 단점이 나타나 있고, 글 ⑷에는
동물 실험의 장점이 나타나 있습니다.

09 동물 실험과 관련한 자신의 생각이 잘 드러나게 글을
쓰고, 글에서 고쳐 쓸 부분이 있는지 다시 점검해 봅
니다.

채점 기준

동물 실험과 관련한 자신의 생각과 그에 대한 까닭이 잘 나타
나 있고, 교정 부호를 사용하여 글의 내용을 알맞게 고쳤으면
정답으로 인정합니다. 동물 실험과 관련한 자신의 생각과 그
에 대한 까닭이 잘 나타나 있고, 글의 내용에서 고칠 부분이
없다면 교정 부호를 사용하지 않았어도 정답으로 인정합니다.

10 글을 고쳐 쓸 때에는 글의 내용, 문단, 문장과 낱말 등
에서 고칠 부분이 있는지 점검해야 합니다.

8단원
작품으로 경험하기

교과서 내용 학습

142~152쪽

01 (1) 예 강원도 (2) 예 아름다운 바다도 보고 맛있는 음식을 먹을 수 있어서 기쁘고 즐거웠다.   02 (1) 예 경주 (2) 예 신라 시대의 여러 유적과 유물을 직접 보고 싶기 때문이다.   03 ④   04 예 책, 누리집의 사진 자료나 영상 자료, 지역 소개 자료   05 ④   06 예 여러 사람을 만나고 그 나라의 문화를 접할 수 있다. / 다양한 경험을 할 수 있다. / 아름다운 풍경을 볼 수 있다.   07 ⑤   08 「피부 색깔=꿀색」   09 한국에서 새로 입양된 여동생과 닮았다는 말   10 ③   11 ①   12 ②   13 ④   14 ②   15 (1) ㉮ (2) ㉰ (3) ㉯   16 ⑤   17 ②   18 ⑤   19 ②   20 서역 상인들이 초피를 사러 오는 길이기 때문에   21 ④   22 ⑤   23 ④   24 ①   25 ②   26 ⑤   27 예 홍라는 친샤를 어떻게 생각하고 있는 것 같나요?   28 ⑤   29 ①   30 예 반갑고 기뻤다.   31 ④   32 ①   33 친샤, 월보, 비녕자   34 예 사람들에게 들킬까 봐 조마조마하다.   35 (1) 예 동생이 같이 가자고 할까 봐 동생 몰래 나가서 친구들을 만난 적이 있었다. (2) 예 동생이 쫓아올까 봐 조마조마했다.   36 (1) 내일 새벽, 성문을 여는 북소리가 울릴 때 (2) 객줏집   37 ②   38 ⑤   39 예 홍라야, 교역을 떠날 준비를 하는 모습을 보니 무척 의젓하구나. 잘할 수 있을 거야. 자신감을 잃지 마.   40 ③   41 예 아버지와 어머니가 보내는 응원의 소리   42 ⑤   43 예 중국 베이징에 갔던 기억이 떠오른다. 중국의 정치, 문화, 관광의 중심지를 볼 수 있다는 생각에 설렜다. / 『열하일기』를 읽었던 기억이 떠오른다. 장면에 대한 묘사와 박지원이 중국 문물을 소개하는 부분이 비슷하게 느껴졌다.   44 예 주제 정하기 / 자신의 경험을 떠올리며 주제를 정한다.   45 ③, ④   46 예 보완하기 / 만든 영화를 보면서 부족한 부분을 찾아 보완해 완성한다.   47 (1) 예 바다에서의 하루 (2) 예 여름에 바다로 놀러 가서 물놀이를 한 것   48 ④

01 여행 가 본 곳 중에 한 곳을 떠올려 그때의 생각이나 느낀 점을 떠올려 정리해 봅니다.

02 여행을 가고 싶은 곳과 그렇게 생각한 까닭이 잘 드러나게 정리해 봅니다.

채점 기준
여행 가고 싶은 곳이 구체적이고 그곳을 가고 싶은 까닭이 잘 드러났으면 정답으로 인정합니다.

03 '여행 장소에서 보고 들은 것'은 여행 계획서에서 작성하는 것이 아니라 여행을 한 후 작성할 수 있는 내용입니다.

더 알아보기
여행 계획서 세우기 예

여행 기간과 장소	• 여행 기간: 졸업한 뒤인 2월 중순 무렵에 2박 3일 동안 • 장소: 지리산
같이 가고 싶은 사람과 준비할 일	• 같이 가고 싶은 사람: 가족 • 준비할 일: 겨울 산을 오르는 데 필요한 비상 식량, 물, 입장료, 지리산 지도 등
여행 일정	먼저 성삼재 휴게소까지는 차로 이동해서 노고단까지 가는 길에 도전합니다. 거리상으로 1.1킬로미터라서 왕복 두 시간 정도 걸리므로 크게 힘들지 않고 겨울에 등반하기 좋기 때문입니다.
여행 비용	입장료는 무료이지만 주차비와 교통비가 필요합니다.

04 여행에 대한 정보를 얻을 수 있는 방법은 책이나 누리집, 소개 자료, 경험자에게 물어 보기 등이 있습니다.

05 입장료, 관람료, 주차비, 교통비에 대한 내용은 여행 계획서 중에서 여행 비용에 해당하는 내용입니다.

06 여행을 하면 여행지의 문화나 자연 환경 등을 경험할 수 있습니다.

채점 기준
여행을 했을 때의 좋은 점이 드러나게 썼으면 정답으로 인정합니다.

07 이 글은 영화를 읽고 그에 대한 생각이나 느낌을 쓴 영화 감상문입니다.

08 글쓴이는 「피부 색깔=꿀색」이라는 영화를 보고 이 글을 썼습니다.

09 융은 입양된 여동생과 자신이 닮았다는 말을 듣기 싫어합니다.

10 융은 한국에 친부모님이 있을지도 모른다고 생각하며 자신이 누구인지 고민했습니다.

11 글쓴이는 융의 장난스러운 행동이 관심을 받으려고 한 행동임을 알았을 때 마음이 많이 아팠다고 했습니다.

12 『 』부분에서는 「국가대표」라는 영화를 본 경험에 대하여 이야기하고 있습니다.

13 영화에 나타나 있는 해외 입양 문제는 우리의 아픈 역사를 보여 줍니다.

14 이 글에는 영화의 줄거리, 영화 속 인물에 대한 생각과 해 주고 싶은 말, 영화를 본 후의 생각이나 느낌에 대하여 나타나 있습니다.

더 알아보기

이 글 전체의 내용 구성

- 첫 번째 문단: 영화를 보게 된 까닭
- 두 번째 문단: 영화 줄거리
- 세 번째 문단: 영화 속 내용과 비슷한 자신의 경험을 떠올린 것 / 자신의 경험과 영화 속 내용을 비교한 것
- 네 번째 문단: 예전에 보았던 영화에 대한 내용
- 다섯 번째: 영화를 본 뒤의 전체적인 느낌이나 주제

15 영화의 내용을 확인하는 질문, 영화의 내용을 토대로 미루어 짐작할 수 있는 추론 질문, 친구들 생각을 알고 싶은 질문으로 나누어 생각해 봅니다.

더 알아보기

질문을 만들어 친구들과 묻고 답하기 (예)

영화 내용을 확인하는 질문	• 주인공 이름은 무엇인가요? • 영화는 어떤 장면으로 시작하나요?
영화 내용을 추론하는 질문	• 영화에는 왜 흑백 만화가 함께 있을까요? • 주인공은 외국에 처음 갔을 때 어떤 마음이 들었을까요?
친구들 생각을 알고 싶은 질문	• 주인공을 만난다면 어떤 말을 해 주고 싶나요?

16 이 글에서는 홍라가 지도를 펼쳐 놓고 어머니를 그리워

하고 있습니다.

17 홍라는 실종된 어머니를 그리워하고 있습니다.

18 지도에는 발해에서 사방으로 뻗어 나가는 교역로가 나타나 있습니다.

19 지도를 보며 홍라에게 하셨던 어머니의 말에서는 희망과 자신감, 단호함 등을 느낄 수 있습니다.

20 '담비의 길'은 서역 상인들이 초피를 사러 오는 길이기 때문에 붙여진 이름입니다.

21 홍라는 소그드의 은화를 보며 교역을 통해 돈을 벌어 빚을 갚고 상단을 지켜야겠다고 결심했습니다.

22 홍라는 교역을 통해 실종된 어머니가 돌아오시기 전에 빚을 갚겠다고 했습니다.

23 홍라는 솔빈으로 가서 말을 사고, 장안으로 가서 말을 팔아 비단을 사서 오면 돈을 벌 수 있다고 생각했습니다.

24 홍라는 풍랑을 만나서 상단의 일꾼을 잃게 되었습니다.

25 홍라는 빚쟁이들의 눈총이 무서워서 교역을 함께 떠날 사람들을 표 나게 모을 수 없었습니다.

26 비녕자는 아비와 어미를 잃고 상단에 의지하고 지내기 위해서 홍라를 찾아왔습니다.

27 친구들이 이야기에 대하여 어떠한 생각을 하고 있는지 알 수 있는 질문을 생각해 봅니다.

채점 기준

친구들의 생각을 알 수 있는 내용으로 질문을 만들어 썼으면 정답으로 인정합니다.

더 알아보기

질문을 만들어 친구들과 묻고 답하기 (예)

이야기 구조를 확인하는 질문	• 이야기는 어떻게 시작하나요? • 어느 부분에서 긴장감이 도나요?
이야기 내용을 추론하는 질문	• 제목에서 홍라를 '대상주'라고 부른 까닭은 무엇일까요? • 홍라는 비녕자가 함께 간다고 하자 왜 애써 엄한 표정을 지었을까요?

친구들 생각을 알고 싶은 질문	• 자신이 홍라라면 장안으로 길을 떠날 때 어떤 마음일까요? • 교역을 하러 떠나는 홍라에게 어떤 말을 해 주고 싶나요?

28 월보에게 함께 가자고 하였을 때 월보가 함께 가지 않겠다고 할까 봐 홍라는 걱정스웠습니다.

29 홍라의 함께 떠나자는 말에 월보는 반색을 했습니다.

30 월보와 비녕자가 함께 간다고 하자 홍라는 반갑고 기뻤지만 애써 엄한 표정을 지었습니다.

31 홍라는 대상주답게 굴어야 한다는 생각에 기쁜 마음을 감추고 엄한 표정을 지었습니다.

32 홍라는 금씨 상단을 지키기 위해 교역에 성공해야 하는 중요한 임무를 띠고 길을 떠나려고 합니다.

33 홍라와 함께 교역을 함께 떠날 사람은 친샤, 월보, 비녕자입니다.

34 홍라는 사람들에게 교역을 떠나는 것을 들키지 않으려고 했습니다.

35 누군가 몰래 어떠한 일을 하였던 경험과 그때의 마음을 떠올려 봅니다.

채점 기준

홍라의 경험과 비슷한 경험과 그때의 기분 두 가지 모두 알맞게 썼으면 정답으로 인정합니다.

36 홍라는 월보에게 내일 새벽 성문 여는 북소리가 울릴 때 객줏집에서 만나자고 했습니다.

37 부모님이 남겨 주신 소동인과 열쇠 두 개를 목에 걸며 홍라는 어머니, 아버지가 함께해 줄 것이라고 생각했습니다.

38 교역을 떠나는 홍라의 가슴이 세차게 고동쳤습니다.

39 어린 나이에 대상주가 되어 교역을 떠나는 홍라에게 해 주고 싶은 말을 정리해 봅니다.

채점 기준

홍라에게 해 주고 싶은 말을 상황에 맞게 썼으면 정답으로 인정합니다.

40 장안은 황제의 대명궁이 있는 교역의 도시로 여러 나라 사람들이 모여드는 곳입니다.

41 홍라는 '쿵쿵쿵쿵' 뛰는 심장 박동 소리가 아버지와 어머니가 보내는 응원의 소리일지도 모른다고 했습니다.

42 홍라가 어머니를 대신해 상단을 꾸려 교역을 나가기 때문에 제목에서 '대상주 홍라'라고 했을 것입니다.

43 작품에서 있었던 일이나 장면 등을 떠올려 보고 자신의 경험을 비교해 봅니다.

44 영화를 만드는 과정은 '주제 정하기 → 자료 수집과 정리하기 → 설명할 내용 정하기 → 사진이나 영상 넣기 → 음악과 자막 넣기 → 보완하기'의 차례입니다.

더 알아보기

영화를 만드는 방법과 차례 알기
① 자신의 경험을 떠올려 주제를 정합니다.
② 정한 주제에 맞는 사진이나 그림, 영상을 수집해 영화 장면의 차례대로 나열합니다.
③ 사진이나 그림, 영상에 어울리는 설명을 간단히 기록합니다.
④ 편집 프로그램을 활용해 사진이나 그림, 영상을 넣습니다.
⑤ 편집 프로그램을 활용해 음악과 자막을 넣습니다.
⑥ 만든 영화를 보면서 부족한 부분을 찾아 보완해 완성합니다.

45 영화를 만들 때 컴퓨터 편집 프로그램을 활용하여 사진이나 그림, 영상을 넣고, 그에 어울리는 음악이나 자막을 넣습니다.

46 영화를 만든 후 마지막 부분에는 만든 영화를 보면서 부족한 부분을 찾아 보완해야 합니다.

47 경험을 떠올려 만들고 싶은 영화를 생각해 봅니다.

채점 기준

영화의 제목과 그에 어울리는 영화 주제를 썼으면 정답으로 인정합니다.

48 영화를 본 사람들의 반응은 영화를 상영한 후에 수집해야 할 자료입니다.

1 예 「마당을 나온 암탉」

2 예 나그네가 자신의 알을 지키기 위해 족제비와 결투를 하는 장면이 가장 기억에 남는다.

3 예 영화를 보며 떠오른 자신의 경험, 줄거리, 영화를 본 느낌과 감상

4 예 감동적인 모성애가 느껴지는 영화 「마당을 나온 암탉」

지난 여름방학에 「마당을 나온 암탉」이라는 영화를 재미있게 보았다. 「마당을 나온 암탉」은 주인공 잎싹이 갇혀 있던 양계장을 나오게 되면서 겪는 이야기로 웃음과 감동을 주는 만화 영화이다.

주인공 잎싹은 마당을 나와 자신을 구해 준 청둥오리 나그네의 알을 품게 된다. 청둥오리 나그네는 둥지를 노리는 족제비와 싸움을 벌이던 중 목숨을 잃게 된다. 잎싹은 알에서 태어난 초록이를 키우게 되는데 족제비로부터 초록이를 지키기 위해 고군분투한다.

이 영화를 보면서 초록이를 돌보는 잎싹의 모습에서 사랑으로 나를 키워 주시는 엄마의 모습이 떠올랐다. 또, 초록이가 사춘기가 되어 잎싹에게 반항을 할 때는 안타까운 마음도 들었다. 초록이를 떠나보내고 족제비를 위해 자신을 희생하는 잎싹의 모습에서는 눈물이 핑 돌기도 했다.

아름다운 영상과 따뜻한 마음이 느껴지는 「마당을 나온 암탉」을 친구들도 꼭 한번 보았으면 좋겠다.

1 내가 가장 인상 깊게 본 영화가 무엇인지 생각해 보고 정확한 영화 제목을 써 봅니다.

2 영화에서 인상 깊었던 말이나 장면을 자세히 써 봅니다.

3 4에서 쓸 영화 감상문에 어떠한 내용을 쓰면 좋을지 골라 봅니다.

4 3에서 고른 쓰고 싶은 내용을 중심으로 영화 감상문을 써 봅니다.

채점 기준

상	영화 감상문에 영화의 내용과 그에 대한 생각이나 느낌이 잘 드러나게 썼으면 만점입니다.
중	영화 감상문에 영화의 내용은 드러나 있으나 그에 대한 생각이나 느낌이 드러나 있지 않아 아쉽습니다.
하	영화 감상문에 영화에 대한 내용이나 영화에 대한 생각이나 느낌이 모두 잘 드러나지 않았다면 점수를 받기 어렵습니다.

더 알아보기

영화 감상문 쓰는 방법
• 영화 속 내용과 비슷한 자신의 경험을 떠올려 씁니다.
• 영화를 보게 된 까닭을 씁니다.
• 자신이 주인공이라고 생각하고 씁니다.
• 감상문의 전체 내용을 잘 드러내거나 읽는 사람의 관심을 끌 수 있는 제목을 씁니다.
• 영화 줄거리를 씁니다.
• 자신이 본 영화나 책을 함께 떠올려 씁니다.
• 영화를 본 뒤의 전체적인 느낌이나 주제도 씁니다.

단원 확인 평가

01 영화 「피부 색깔=꿀색」 **02** (다) **03** ⑤ **04** 예 어머니가 돌아오시지 않기 때문에 **05** ③ **06** ⑤ **07** 지민 **08** (다)→(마)→(라)→(가)→(나) **09** 예 사진이나 그림, 영상을 넣거나 음악과 자막을 넣는다. **10** (1) 예 학교 체육 대회에서 이어 달리기를 하는 장면 (2) 예 아슬아슬 신나는 이어 달리기

01 이 글은 영화 「피부 색깔=꿀색」을 보고 쓴 감상문입니다.

02 (다)에서 글쓴이는 융의 모습이 자신이 친구들이나 가족에게 장난치는 모습과 비슷하다고 생각했습니다.

03 글쓴이는 융이 한 장난이 사람들의 관심을 받으려고 한 행동임을 알고 마음이 많이 아팠다고 했습니다.

04 (나)에서 '어머니가 돌아오기 전에'라는 부분에서 어머니가 지금 함께 있지 않다는 것을 짐작할 수 있습니다.

05 홍라는 빚을 갚고 상단을 지키기 위해 상단을 이끌고 교역을 떠나기로 결심했습니다.

06 홍라는 반가운 표정보다 애써 엄한 표정을 짓는 것이 대상주답게 구는 것이라고 생각합니다.

07 홍라가 한 말이나 행동 등을 통해 홍라가 어떠한 인물인지 짐작할 수 있습니다.

08 영화를 만들 때에는 맨 처음 주제를 정하고, 자료를 수집하고 정리한 후 문구를 정하고 영상, 사진, 음악, 자막 등을 넣으며 편집합니다. 영화를 만든 후에는 완성된 영화를 다시 살펴보고 보완합니다.

09 영화를 만드는 순서를 생각해 보고, 과정에 따라 주의할 점이 무엇이 있는지 생각해 봅니다.

채점 기준

편집 프로그램을 활용해 사진이나 그림, 영상, 음악과 자막을 넣는다는 내용을 알맞게 썼으면 정답으로 합니다.

10 영화의 주제를 정한 후에 어떤 장면으로 영화를 만들지 생각해 봅니다.

채점 기준

영화의 장면과 그에 어울리는 문구를 썼으면 정답으로 인정합니다.

8단원에서는 자신의 경험을 떠올리며 작품을 감상하는 것을 배웠어.

 쪽지 시험 10쪽

01 행동 02 관련 03 (2) ○ 04 ㉑ 의병 운동에 참여합시다 05 도전 06 ㉑ 소방관이 되는 것 07 (1) ○ 08 성실

11~12쪽

학교 시험 **만점왕**　　　　1. 작품 속 인물과 나

01 (1) ○ 02 ⑤ 03 소리 04 ① 05 ㉑ 나는 힘들거나 잘 안 될 때 금세 포기하는 일이 많았는데 나도 말하는 이처럼 포기하지 않고 계속해서 도전해 보고 싶은 마음이 생겼다. / 나도 말하는 이처럼 포기하지 않는 끈기를 가지고 있는 점이 비슷하다고 생각한다. 앞으로도 목표를 이룰 때까지 끊임없이 도전할 것이다. 06 ② 07 ㉑ 어른들도 꿈이 있다고 말해서 / 꿈이 없는 사람은 없다고 말해서 08 ⑤ 09 ⑤ 10 소진

01 여자들이 나선다고 뭐가 달라지겠냐는 말에서 남녀 차별이 있던 시대라는 것을 알 수 있습니다.

02 윤희순은 일제에 나라를 빼앗길 위기 상황에서 남자든 여자든 힘을 모아야 한다고 아낙네들을 설득하고 있습니다.

03 자신의 목숨이 위험할 수 있는 상황에서도 나라를 위해 힘을 바쳐 애쓰는 행동을 보았을 때 윤희순이 추구한 삶의 가치는 '봉사'라는 것을 알 수 있습니다.

04 말하는 이는 자신이 추구하는 삶의 모습을 공에 빗대어 공처럼 살아 봐야겠다고 표현했습니다.

05 말하는 이는 공처럼 쓰러지는 법이 없이 계속해서 도전하고 노력하는 삶을 추구하고 있습니다. 말하는 이와 자신의 삶을 비교하여 자신의 생각을 써 봅니다.

채점 기준

시에서 말하는 이가 추구하는 삶의 모습을 바르게 이해하고,

자신의 삶의 모습과 비교하는 형식으로 썼으면 정답으로 인정합니다.

06 '퐁'의 꿈은 신나게 춤추는 것이며 매일 더 즐겁게 춤을 추며 살고 싶어 합니다.

07 어른도 꿈이 있고, 꿈이 없는 사람은 없다는 진진의 말에 이모는 진진이 꽤 똑똑해졌다고 생각했습니다.

08 이모는 책을 읽으면서 낄낄대며 웃는 재미, 콩닥콩닥 가슴 뛰는 재미, 두근두근 설레는 재미, 눈물 나게 가슴 아린 재미, 궁금한 것들을 알게 되는 재미, 생각하지도 못했던 것을 상상하는 재미를 느끼고 있습니다.

09 퐁은 무언가가 되는 것이 꿈이 아니라 현재를 즐겁게 사는 것을 꿈이라고 생각하고 있고, 이모도 자신이 좋아하고 가치 있다고 생각하는 것을 꾸준히 하는 즐거움이 있는 삶을 추구합니다.

10 퐁은 꿈을 꾸는 즐거움을 잃지 않고 자신이 하고 싶은 일을 행복하게 열정적으로 하고 있으므로 경수가 말한 퐁이 잠시 동안 꿈을 꾸는 즐거움을 잃었었다는 내용은 알맞지 않습니다.

쪽지 시험　2단원　14쪽

01 관용　**02** (2) ○　(3) ○　**03** 눈　**04** (2) ○　**05** 간이 크다　**06** ㉮, ㉰, ㉱　**07** ㉮　**08** 예 행복한 우리 반을 만들기 위해 머리를 맞대고 고민해야 한다.

15~16쪽

학교 시험 만점왕　　2. 관용 표현을 활용해요

01 영철이　**02** 영철이, 예 재미있는 표현이어서 듣는 사람의 관심을 불러일으킬 수 있기 때문이다.　**03** ⑤　**04** ⑤　**05** 예 김이 식어 / 김이 식어 버렸잖아　**06** ③　**07** ②　**08** 예 젖 먹던 힘을 다해 꿈을 이루기 위해 노력할 것이다.　**09** ③　**10** ②

01 영철이는 문제 없이 모둠 활동을 잘하는 모습을 '손발이 잘 맞다'라는 관용 표현을 사용하여 표현했습니다.

02 영철이는 관용 표현을 사용하여 말했기 때문에 생각을 효과적으로 표현할 수 있고 듣는 사람들의 관심을 더 끌 수 있습니다.

채점 기준

관용 표현을 사용하여 말했을 때의 좋은 점을 알맞게 썼으면 정답으로 인정합니다.

03 '간이 크다, 귀가 얇다, 발이 넓다, 손이 크다'는 관용 표현입니다.

04 '쇠뿔도 단김에 빼라'라는 말은 어떤 일이든지 하려고 생각했으면 한창 열이 올랐을 때 망설이지 말고 곧 행동으로 옮겨야 한다는 뜻입니다.

05 '김이 식다'는 재미나 의욕이 없어졌을 때 쓸 수 있는 말입니다.

06 글쓴이는 꿈을 키워 나가는 일은 짧은 순간에 이루어지는 게 아니고 당장은 실패하더라도 꾸준히 노력해야 이루어진다고 했습니다.

07 '눈 깜짝할 사이'는 '매우 짧은 순간'이라는 뜻의 관용 표현입니다.

08 관용어나 속담을 넣어 꿈에 대한 자신의 생각이 잘 드러나게 문장을 만들어 봅니다.

채점 기준

관용 표현을 넣어 꿈에 대한 자신의 생각이 잘 드러나게 문장을 만들어 썼으면 정답으로 인정합니다.

09 '애간장이 타다'는 '몹시 초조하고 안타까워서 속을 많이 태우다'라는 뜻입니다.

10 '한 가지만 알고 두 가지는 모른다'라는 것은 '자신의 의견만 옳은 줄 알고 다른 사람의 의견은 모른다'는 뜻입니다.

01 생산자에게 돌아갈 정당한 이익을 지켜 줍니다. / 아이들을 위험에서 보호할 수 있습니다. **02** 주장 **03** 자료 **04** ㉣ **05** 자료 **06** 출처 **07** ㉢ **08** (1) – ③ (2) – ② (3) – ①

학교 시험 만점왕 | **3. 타당한 근거로 글을 써요**

01 ⑤ **02** 그냥, 왜/어떻게, 어떻게/왜 **03** 공정 무역 제품을 사용하자. **04** ①, ④ **05** ㉡ **06** ⑳ 근거가 주장과 관련 있는지 판단해 본다. / 근거가 주장을 뒷받침하는지 판단해 본다. / 근거를 뒷받침하는 자료가 적절한지 판단해 본다. **07** ⑤ **08** ⑳ 숲을 보호하자. **09** ①, ④ **10** ㉮

01 '그냥 수염'을 달고 있는 사람은 어느 날 누가 "왜?" 또는 "어떻게?" 하고 물으면 아무 대답도 하지 못합니다.

02 글쓴이는 이 글에서 습관적으로 삶을 살지 말고 자기 안에 물음표를 가지고 살아가자고 했습니다. 이것은 '그냥'이라고 생각하지 말고 '왜' 또는 '어떻게'를 생각하며 사는 삶입니다.

03 글쓴이는 공정 무역 제품을 사용하자고 주장하고 있습니다.

04 공정 무역에서는 생산자 조합과 공정 무역 회사를 만들어 이러한 중간 유통 단계를 줄이고 바나나를 재배하는 생산자의 이익을 보장해 주었습니다.

05 ㉡은 공정 무역 인증 표시에 대한 것입니다. 이 내용은 '공정 무역 제품을 사용하자.'라는 글쓴이의 주장을 뒷받침하기에 적절하지 않은 내용입니다.

06 논설문에서 글쓴이가 제시한 근거의 타당성을 판단할 때에는 근거가 주장과 관련 있는지, 근거가 주장을 뒷받침하는지, 근거를 뒷받침하는 자료는 적절한지에 대해 판단해야 합니다. 또 제시한 자료는 믿을 수 있는 자료인지에 대해서도 살펴보아야 합니다.

채점 기준

'근거가 주장과 관련 있는지 판단한다.', '근거가 주장을 뒷받침하는지 판단한다.', '근거를 뒷받침하는 자료가 적절한지 판단한다.' 등과 비슷한 의미가 들어가도록 썼으면 정답으로 인정합니다.

07 제시된 자료는 숲이 우리에게 주는 좋은 점에 대한 내용을 담고 있습니다.

08 숲이 우리에게 주는 좋은 점에 대한 내용을 담고 있으므로, 이런 내용이 근거가 될 수 있는 주장이어야 합니다. 예를 들어 '숲을 보호하자.', '숲을 아끼고 가꾸자.'와 같은 주장이면 됩니다.

채점 기준

'숲을 보호하자.', '숲을 아끼고 가꾸자.' 등과 비슷한 의미가 들어가도록 썼으면 정답으로 인정합니다.

09 손님이 누리 소통망에 쓴 글로 인해 잘못된 정보가 퍼져 가게에 손님이 뚝 끊겼고, 성민이의 개인 정보가 유출되어 학교에도 소문이 났습니다.

10 누리 소통망을 잘못 사용하면 개인 정보가 유출되고, 잘못된 정보가 쉽게 퍼질 수 있으므로 '누리 소통망을 올바르게 사용하자.'라는 내용이 글과 관련하여 알맞은 주제입니다.

단원 쪽지 시험 22쪽

01 영상 **02** 사진 **03** (1) ○ **04** 사과 **05** 예 하루 종일 휴대 전화를 잡고 있는 등 휴대 전화에 중독된 사람이 많다. **06** (2) ○ **07** 주제 정하기 **08** 촬영 계획 세우기

23~24쪽

학교 시험 만점왕 **4. 효과적으로 발표해요**

01 도표 **02** ① **03** ⑤ **04** ㉰ **05** (1) 예 ㉮ / ㉯ (2) 예 사진 / 영상 **06** ⑤ **07** ④ **08** ④ **09** 정은, 은광 **10** (1) 예 미리 알아보는 중학교 생활 (2) 예 초등학교와 중학교의 공통점과 차이점을 비교한 내용과 우리 학교를 졸업한 중학생 선배를 면담하여 중학교 생활에 대해 궁금한 점을 알아본다.

01 제시된 매체 자료는 연도별로 휴대 전화 관련 교통사고 발생량을 표시한 도표입니다.

02 제시된 매체 자료를 보면 휴대 전화 관련 교통사고가 가장 많이 발생한 해는 2015년이며 2011년에 비해 2015년에 교통사고가 약 2배 이상 증가했습니다. 휴대 전화 관련 교통사고 발생량은 점점 증가하고 있습니다.

03 제시된 매체 자료에서는 휴대 전화 관련 교통사고 발생량이 점점 늘어나는 모습과 휴대 전화 사용으로 생긴 교통사고가 2012년 이후 1년에 1000건이 넘어가는 통계를 보여 주면서 걸을 때나 운전할 때 휴대 전화를 사용하면 위험하다는 것을 알려 주고 있습니다.

04 발표 자료로 도표를 활용하면 한눈에 실태를 파악할 수 있고, 수치도 보여 주므로 더 정확한 통계를 알 수 있습니다.

05 발표 내용과 상황에 알맞은 매체 자료를 활용하면 내용을 효과적으로 전할 수 있습니다. 주제를 고르고 어떤 매체를 활용하는 것이 효과적일지 생각하여 써 봅니다.

06 '발표 상황 파악하기' 단계에서는 발표 목적과 듣는 사람을 먼저 파악해야 합니다. 듣는 사람이 전교생이므로 선생님의 흥미를 끌 수 있는 내용보다는 전교생이 모두

07 발표 목적이 건강 주간을 맞아 건강을 주제로 한 공모전에 참여하는 것이므로 건강과 관련 있는 주제가 알맞습니다.

08 알맞은 영상 편집 프로그램을 정하고 제목, 자막, 배경음악을 넣는 단계는 '편집하기' 단계입니다.

09 모둠이 촬영한 영상 자료를 점검할 때에는 주제가 잘 전달되는지 확인하거나 촬영이나 편집에서 효과적인 부분이나 보완할 점이 무엇인지 생각해야 합니다.

10 자신이 발표하고 싶은 주제가 무엇인지 생각해 보고, 그 주제를 잘 전달하기 위해 촬영해야 할 내용이 무엇인지 생각하여 씁니다.

채점 기준

발표하고 싶은 주제와 주제에 알맞은 촬영할 내용을 썼으면 정답으로 인정합니다.

5
단원

쪽지 시험

26쪽

01 관점   02 ㉰   03 제목   04 의도와 목적   05 (2) ○
06 ㉮, ㉰   07 예상 독자   08 내용 파악

27~28쪽

학교 시험 만점왕   **5. 글에 담긴 생각과 비교해요**

01 ⑤   02 ㉣   03 ⑤   04 찬성   05 ㉯   06 예 로봇세가
로봇 산업에 부정적일 것이라고만 생각하는 사람들에게 다른
관점으로도 생각할 수 있게 하기 위해서 썼다.   07 ②
08 ②   09 예 위험에 처한 사람을 돕지 않으면 처벌할 수
있다.   10 ②

01 글쓴이는 문화의 힘은 우리 자신을 행복하게 하고, 나
아가서 남에게도 행복을 준다고 했습니다.

02 글의 제목은 글 내용을 잘 설명할 수 있어야 하고, 읽는
이의 관심을 끌 수 있어야 합니다. 또 자신의 생각을 잘
드러낼 수 있어야 합니다.

03 글에 담긴 글쓴이의 생각을 파악하며 읽으면 글의 내용
을 좀 더 깊이 있게 이해할 수 있고, 글쓴이가 글을 쓴
의도나 목적을 잘 파악할 수 있습니다.

04 글쓴이는 로봇세 도입에 대해 찬성의 입장에서 말하고
있습니다.

05 글쓴이는 법적인 의미에서 자연인과 법인만이 세금을
납부할 수 있는데, 로봇은 기계이므로 세금을 부과할
수 없다고 하면서 법적 근거를 마련해야 한다고 했습니다.

06 글쓴이는 인간과 로봇이 공존하는 방법을 찾을 수 있도
록 로봇세 도입을 미루지 말아야 한다고 주장하고 있습
니다. 글쓴이는 읽는 이에게 이러한 자신의 생각을 전
하고 싶을 것입니다.

채점 기준

'로봇세가 로봇 산업에 부정적일 것이라고만 생각하는 사람들

에게 다른 관점으로도 생각할 수 있게 하려고' 등과 비슷하게
썼으면 정답으로 인정합니다.

07 글쓴이는 로봇세 도입을 늦추어야 한다고 하며 그에 대
한 근거를 제시하고 있습니다.

08 글쓴이는 로봇세 도입을 늦추어야 한다고 하면서 그 이
유로 로봇세 도입은 로봇 산업 발전에 도움이 되지 않
고, 지금은 로봇 기술 개발에 더 집중할 때라고 했습니다.

09 '착한 사마리아인의 법'은 위험에 처한 사람을 돕지 않
으면 처벌할 수 있는 법 제도입니다.

10 '착한 사마리아인의 법'을 법으로 제정하면 안 된다고
생각하는 사람들은 도덕까지 법으로 규제하는 것은 강
압이라고 생각하기 때문입니다.

01 정보　**02** 비판적　**03** 여론　**04** ㉰, ㉱　**05** ㈎　**06** ㈏
07 면담 자료　**08** 타당성

31~32쪽

학교 시험 만점왕　　　**6. 정보와 표현 판단하기**

01 ①　**02** ⑤　**03** ③　**04** ③　**05** (1) ○　**06** ㈎　**07** ⑤
08 예 과장 광고나 허위 광고가 무엇인지 판단하며 광고를 볼 수 있다. / 광고의 내용을 비판적으로 볼 수 있다.　**09** (1) ㈐ (2) ㈏　**10** 재호

01 이 뉴스에서는 전 세계가 참가한 보편적 기후 변화 협정인 '파리 협정의 체결'에 대해 알려 주고 있습니다.

02 그림 속 인물은 뉴스를 보고, "참여하지 않는 나라는 비판받을 만해."라고 했습니다. 이는 어떤 일을 긍정적이거나 비판적인 시각으로 보게 한 것입니다.

03 이 광고에서는 한 해에 버려지는 음식물 쓰레기를 중형차 백만 대가 버려지는 것에 비교하였습니다.

04 제시된 광고는 음식물 쓰레기의 경제적 손실이 연간 약 20조 원이라고 하면서 버려야 할 것은 잘못된 음식 문화라고 했습니다.

05 이 광고에서는 주제가 잘 드러나도록 하기 위해 글, 그림, 사진을 효과적으로 사용했습니다. 또 효과적으로 표현하기 위해 중요한 글자의 배경을 빨간색으로 표시하였습니다.

06 이 광고에서는 신바람 자전거를 팔기 위해 신바람 자전거를 광고하고 있습니다.

07 '소비자 만족도 1위'는 어떤 조사에서 소비자 만족도가 1위였는지에 대한 정보가 없습니다.

08 광고에 나타난 표현의 적절성을 알아보면 과장 광고나 허위 광고가 무엇인지 판단하며 광고를 볼 수 있어서 좋습니다. 또 광고의 내용을 그대로 수용하지 않고 비판적으로 볼 수 있어서 좋습니다.

채점 기준

'과장 광고나 허위 광고가 무엇인지 판단하며 광고를 볼 수 있다.', '광고의 내용을 비판적으로 볼 수 있다.' 등과 비슷한 의미가 들어가도록 썼으면 정답으로 인정합니다.

09 뉴스의 짜임에서 ㈎는 진행자의 도입, ㈏는 기자의 보도, ㈐는 기자의 마무리 부분입니다. '진행자의 도입' 부분에서는 뉴스에서 보도할 내용을 유도하거나 전체를 요약해 안내합니다. '기자의 보도' 부분에서는 시청자의 이해를 돕기 위해 면담 자료나 통계 자료로 설명합니다. '기자의 마무리' 부분에서는 전체 내용을 요약하거나 핵심 내용을 강조합니다.

10 뉴스의 타당성을 판단할 때에는 가치 있고 중요한 뉴스인지, 뉴스의 관점과 보도 내용이 서로 관련 있는지, 자료가 뉴스의 관점을 뒷받침하는지, 자료의 출처가 명확한지 등에 대해 살펴보아야 합니다.

01 고쳐쓰기 **02** 고운 말을 사용해야 하는 것은 어린이만이 아니다. **03** 사용한다 **04** (2) ○ **05** 까닭 **06** ㉰ **07** ㉴
08 기분 좋은하루

학교 시험 만점왕   **7. 글 고쳐 쓰기**

01 ④ **02** ③ **03** ㉲ 건강을 해치는 불량 식품 **04** (1) ○
05 ㉲ 싸움 **06** ① **07** (다) **08** ㉲ 문장 호응이 잘 이루어지는가? / 알맞지 않은 낱말이 있는가? / 한 문단에 하나의 중심 생각만 있는가? **09** ㉲ 날마다 아침밥을 거르면 밤새 분비된 위산이 중화되지 않아 위가 불편해졌다. **10** (1) ㉲ 지구는 인간만의 것이 아니기 때문이다. / 동물에게도 행복하게 살 권리가 있기 때문이다. / 깨끗한 자연 속에서 인간이 행복하게 살 수 있기 때문이다. (2) ㉲ 장바구니를 사용한다. / 동물들의 삶의 터전을 보전한다. / 친환경 제품을 사용한다.

01 ㉠은 '불량 식품을 먹지 말자.'는 글쓴이의 주장과 관련 없는 내용이기 때문에 글의 내용과 어울리지 않습니다.

02 글의 주제와 관련 없는 내용은 삭제합니다.

03 이 글의 주제는 '건강을 해치는 불량 식품을 먹지 말자.'입니다.

04 '무조건', '것만이'는 주장하는 글에 알맞지 않은 지나치게 단정적인 표현이므로 '무조건'은 삭제하고 '~ 것은'이라고 고쳐야 합니다.

05 '투쟁'은 어떤 대상을 극복하려고 싸우거나 집단 간에 싸우는 일을 일컫는 말이므로 '투쟁'을 '싸움'으로 바꾸는 것이 더 자연스럽습니다.

06 글 ㈎는 동물 실험을 반대한다는 주장에 대한 근거입니다.

07 글 ㈎와 ㈏는 동물 실험을 반대한다는 주장을 뒷받침할 수 있는 자료이고, 글 ㈐는 동물 실험이 필요하다는

주장을 뒷받침할 수 있는 자료입니다.

08 글 전체의 내용, 문단, 문장, 낱말 등을 살펴보고, 고쳐 쓰기를 할 때 어떤 부분에 주의할지 생각해 봅니다.

09 '불편해졌다'를 '불편해진다'로 고치면 되기 때문에 한 글자를 고칠 때 사용하는 교정 부호로 글자를 고쳐 씁니다.

10 인간과 자연이 조화를 이루며 살아가야 하는 까닭을 생각해 보고 그렇게 하기 위한 실천 방안과 함께 씁니다.

채점 기준

인간과 자연이 조화를 이루며 발전해야 하는 까닭과 실천 방안을 모두 알맞게 썼으면 정답으로 인정합니다.

8단원 쪽지 시험
38쪽

01 (4) ○   02 영화 감상문   03 「피부 색깔=꿀색」   04 융
05 영화의 줄거리   06 예 피부색이 가족과 달라서 / 친부모님이 있을지도 모른다는 생각에   07 (1) ○

39~40쪽

학교 시험 만점왕   8. 작품으로 경험하기

01 ④   02 ④   03 ㉡   04 ㉢   05 (1) 예 「인생은 아름다워」
(2) 예 어려운 환경 속에서도 아들을 사랑하는 아버지의 마음이 재미있고 감동적으로 표현되었기 때문이다.   06 지도
07 ②   08 예 홍라에게 어떤 일이 생긴 것일까요? / 지도를 통해 짐작할 수 있는 것은 무엇일까요?   09 ⑤   10 지우

01 이 글은 「피부 색깔=꿀색」이라는 영화를 보고 쓴 영화 감상문입니다.

02 이 글에는 영화 음악에 대한 내용이 나타나 있지 않습니다.

03 ㉠, ㉢, ㉣은 글쓴이의 생각이 나타난 부분이고, ㉡은 영화에 대한 내용을 정리한 것입니다.

04 제목은 글의 내용을 대표할 수 있는 것으로 정합니다.

05 재미있게 보거나 오랫동안 기억에 남는 영화를 떠올려 정리해 봅니다.

채점 기준
인상 깊게 본 영화와 그렇게 생각한 까닭을 모두 알맞게 썼으면 정답으로 인정합니다.

06 홍라는 어머니의 손길로 반들반들해진 지도를 펼쳐 보고 있습니다.

07 홍라는 오래된 가죽 냄새를 맡으니 어머니에 대한 그리움이 밀려든다고 하였습니다.

08 이야기 내용을 추론할 수 있는 질문을 만들어 봅니다.

09 홍라는 대상주가 되어 교역을 떠나기 위해 준비를 마쳤습니다.

6학년 2학기
국어 공부를 잘 마쳤구나.
앞으로도 지금처럼 꾸준히
잘해 나갈 수 있지?

메모